근대 한국의 개혁 구상과 유길준

근대 한국의 개혁 구상과 유길준

최덕수 외

KOREA
UNIVERSITY
PRESS
고려대학교
출판문화원

책머리에

유길준(1856-1914)은 19세기 후반 한국 사회가 오늘날과 같은 규모의 세계와 만나면서 겪었던 역사적 상황을 직시하고 개혁을 모색하였던 사상가·정치가였으며, 말년에는 사회운동에 투신한 인물이었다. 전통에서 근대로의 이행 과정을 압축적으로 보여 주고 있는 유길준에 대해 한국 인문학의 각 영역은 끊임없는 관심을 기울여 왔다.

유길준 연구의 본격적인 서막을 열었던 계기는 1971년《兪吉濬全書》(일조각, 5권)의 간행이었다. 하지만《兪吉濬全書》가 출간된 이후 많은 연구가 축적되어 왔으나, 한국 인문학계는 유길준 관련 자료의 발굴에서 새롭게 성과를 산출해 내지 못하였다. 전서의 범례에서 공언하였던 "앞으로 자료가 수집되는 대로 보유편(補遺編)을 낼 예정이다"라는 약속은 유길준 서거 100년이 지난 지금까지 이루어지지 않았다.《兪吉濬全書》에 수록된 원고의 기초 정보를 체계적으로 정리한 해제 역시 나오지 못하였다. 유길준의 삶과 사상을 분석한 연구가 40년 넘게 양적으로 축적되어 왔으며 다양한 연구 관점과 방법론이 시도되었던 것과 비교해 보자면, 유길준 관련 자료에 대한 발굴과 자료학적 연구는 40년 전 그대로의 답보 상태를 면치 못하고 있는 실정이었던 것이다.

유길준 관련 자료의 정리는 우선 다음과 같은 두 가지 과제에 직면한 것으로 생각할 수 있다. 첫째,《兪吉濬全書》에 실린 원고의 저술 시기와 저본 원고의 존재, 저술 의도, 각 원고들 간의 연계 등을 밝혀 기존 유길준 관련 자료에 대한 자세한 해제를 작성하는 것이다. 둘째, 유길준의 행적과 지적·인적 네트워크를 파악할 수 있는 새 자료의 발굴이다. 이러한 가운데 2003년 고려대학교 박물관은 유길준 유족이 소장하고 있던 귀중한 자료를 기증받았다. 위에 언급한 두 번째 과제에 대하여 해결책이 제시된 것이었다. 40년이 넘는 자료학 연구의 공백을 극복할 수 있는 좋은 여건이 마련되었다고 할 수 있다. 기증된 자료에는《兪吉濬全書》에 실린 일부 원고의 저본에 해당하는 자료도 포함되어 있었다. 이는 첫 번째 과제를 해결하는 실마리를 제시해 준 것임과 동시에, 기존 자료에 대한 철저한 분석을 요하는 것이기도 하였다.

고려대학교 한국사학과에서 개항기를 전공하고 있는 편자와 대학원의 신진 연구자들은 2010년 이래 대학원 수업과 서거 100년 학술대회 등의 자리를 통해 해방 후 유길준 연구 성과의 검토에서부터 출발하여 앞으로 연구가 나아가야 할 방향, 방법론 등에 대해 다각도로 고민해 왔다. 우선, 기존에 간행된 자료와 연구들을 검토하고, 새로운 자료와의 비교를 통해 유길준의 저작을 새롭게 읽어 낼 수 있는 단초를 마련하였다. 이 책에 실린 일곱 편의 논문과 역주작업을 한 두 편의 글, 새로 소개하는 신문자료 한 편은 그간 진행해 온 유길준 재조명 작업의 첫 결실에 해당한다. 이러한 작업을 통해 유길준 연구 '40년의 공백'을 뛰어넘어 '한국적 근대'를 해명하기 위한 연구에 새롭게 활력을 불어넣을 수 있기를 기대한다.

끝으로 유길준 정본에 대한 연구는 2014년부터 한국연구재단의 토대연구사업에 선정되었다. 향후 연구를 지속적이고도 적극적으로 추진할 수 있는 좋은 환경이 마련되었다고 할 것이다. 아울러 그동안 연구의 추진 과정에서 협조를 아끼지 않았던 고려대학교 박물관과 출판을 맡아 준 고려대학교 출판문화원에 깊이 감사를 드린다.

2015년 8월
집필자들을 대표하여 최덕수 씀

차례

1부

유길준 연구의 현황과 과제

해방 후 유길준 연구의 성과와 과제

1. 머리말

2014년은 구당(矩堂) 유길준(1856-1914) 서거 100주년이 되는 해였다. 이에 맞추어 이 해 9월 30일부터 고려대학교 박물관은 '유길준, 세계를 들어 민족을 깨우다'라는 제목으로 100주기 특별전을 개최한 바 있다. 유길준은 전 생애를 통해 전환기 조선의 제일선에서 활동하였던 개혁가였고, 그의 사상과 활동을 뒷받침하는 저술을 남김으로써 그에 관한 연구는 역사학 분야를 비롯하여 정치학과 국문학, 그리고 교육학 분야 등에서 지속적으로 연구가 이루어졌다. 이 글에서는 '구당 유길준 선생 100주기 특별전' 개최를 맞이하여 그동안 한국 학계에 축적되어 온 유길준에 대한 연구 성과를 되짚어 보고, 향후 유길준 연구가 나아가야 할 방향과 과제에 대하여 다루어 보려 한다.

1856년 10월 서울 북촌에서 태어났던 유길준이 유년 시기에 조우했던 역사적 사건은 11세 되던 해인 1866년에 발발한 병인양요였다. 프랑스 군함이 한강의 양화진 앞에 나타나자 당시 유길준과 그 가족들은 전쟁을 피해 경기도 광주로 피난을 갔다. 그 날 이후 생을 마치는 날까지 유길준의 일생은 19세기 후반, 소위 제국주의 시대에 가장 늦게 서구 자본주의 열강에게 국내 시장을 개방한 조선이 겪었던 고난의 역사를 관통하는 것이었다.

1914년 10월 1일자 《每日新報》는 〈兪吉濬氏의 逝去〉라고 하는 제하의 기사를 통해 유길준의 부음을 전하고 있다. 또한 장례와 관련된 향후 일정과 동정에 대한 기사와 동시에 〈矩堂先生小傳〉, 〈泉下의 尙遺餘恨 — 金允植子의 談〉, 〈第二의 金玉均氏 — 趙重應子의 談〉 등의 기사를 함께 게재하여 1914년 당시 유길준의 죽음에 대한 동시대인의 관심을 보여주고 있다. 유길준의 사망 소식을 전하는 《每日新報》 지면의 상단은 '世界的 大戰亂'이란 커다란 제목 아래 '獨軍攻擊은 總不利', '日本軍派遣을 要求 — 英佛露三國에서 我는 婉曲히 拒絶', '皇軍一威振驚東西 — 靑島防禦線占領, 孤城落日의 獨軍' 등 제1차 세계대전의 전황 보도로 채워져 있다. 이 당시는 제1차 세계대전의 전황이 유럽 전선에서는 독일이 불리해지는 상황 아래 삼국 협상국이 일본의 참전을 요청하던 시기로, 중국 전선에서는 일본군이 산둥(山東) 반도의 독일 조차지 칭다오(靑島)를 참전 불과 2-3일 사이에 포위하면서 기세가 등등해지는 시기이기도 했다.

이처럼 유길준은 조선 사회가 오늘날과 같은 규모의 세계와 조우하며 겪었던 역사적 전환기를 청년기와 장년기에는 개혁적 관료와 정치가로, 후반기는 사회운동가로 활동하였다. 뿐만 아니라 생애 전 시기를 통해 다양한 분야에 걸친 방대한 저술을 남긴 사상가였다. 그가 생을 마친 뒤에도 반세기가 더 지난 1971년에 《兪吉濬全書》를 편집·간행한 유길준전서 편찬위원회는 전서의 발문에서 그를 '한국근대사상계의 루소'라고 명명하였다. 유길준이 한국근대사상계에서 차지하는 위상을 상징적으로 보여 주는 표현이라 할 수 있을 것이다.

2. 유길준의 저작과 시기 구분

일찍이 한국 근대사상의 흐름을 체계적으로 설명하고자 하였던 연구자 강재언은 그의 대표적 저서인《조선의 개화사상》[1]을 회고하는 자리에서 그간에 있었던 한국 근대사상의 주류세력이었던 개화파와 그들의 사상 형성 과정에 대한 연구가 가진 약점을 언급한 바 있다. 즉, 개화사상의 형성과 발전 과정을 설명하면서 방법론상의 문제점으로 인맥과 계보 중심으로 논리를 전개해 왔던 점을 지적하였다. 실제로 근대화 정책을 주도하였던 세력으로 알려진 주요 인물들은 자신들의 생각을 체계적으로 정리하여 남긴 저작물이 적은 편이다. 김옥균의 〈治道略論〉과《甲申日錄》, 박영효는 1888년에 작성하였던 〈개화 상소문〉을 중심으로 연구가 진행되었다. 이들 주 자료를 보완하는 사료의 대부분은 관련 인물들이 뒷날 남겼던 기록이나 회고담 자료 등이었고 이를 토대로 그들의 사상을 복원하였던 것이다.

이들과 비교하면 유길준은 조선이 당면한 개혁에 대하여 각 시기별로 저술과 기록을 남기고 있으며, 자신의 견문록과 다양한 역사 번역서 등을 출판하였다. 이러한 사실은 그가 개항 이후 조선의 대표적인 개혁운동의 중심에서 활동하였던 인물이었을 뿐만 아니라 이들 활동에 사상적인 기반을 제공하였던 대표적인 저술가였음을 보여 준다. 논의의 진전을 위해 이 글에서는 그의 생애와 저술 활동을 시론적으로 크게 다섯 시기로 구분하여 간략하게 정리해 보려 한다.[2]

---

1 姜在彦, 1980,《朝鮮の開化思想》, 岩波書店(明石書店에서 1996년 간행한《姜在彦著作選》제3권에 재수록).

2 유길준의 일대기에 대한 전반적인 설명은 다음을 참조하였다. 兪東濬, 1987,《兪吉濬傳》, 一潮閣; 李光麟, 1992,《유길준 — 닫힌 사회에 던진 충격》, 동아일보사; 한철호,

첫 번째는 그가 유년기 전통적인 유학 교육을 받으면서 1870년 이후 박규수(朴珪壽)의 지도로 신학문을 접촉하던 시기이다. 이때 유길준은 박규수를 통해 김옥균, 박영효, 서광범 등의 개화파 인물들과 만났고, 《海國圖志》 등의 서적을 공부하며 해외 문물에 대해 알기 시작했다. 한편 유학 교육에 입각한 과거를 통해 관료로 진출하려는 관심에서 벗어나 경세(經世)와 양무운동(洋務運動)에 관심을 가졌던 시기였다. 과거제도에 대한 그의 생각은 〈과문폐론(科文弊論)〉(1877)과 〈언사소(言事疏)〉(1883)에 잘 나타나 있는데 과거의 폐해로 허명을 중시하고 실리를 가볍게 여겨 나라가 빈약하게 되었음을 들어 이를 폐지하고 실용 교육에 힘쓰자고 주장하였다.

두 번째 시기는 일본과 미국에서의 유학 시절이다. 1881년 일본에 파견된 조사시찰단 어윤중(魚允中)의 수행원으로 동행하였던 유길준은 일본의 근대사상가인 후쿠자와 유키치(福澤諭吉)가 운영하던 게이오기주쿠(慶應義塾)에 입학하여 한국 최초의 일본 유학생으로서 수학하였다. 그는 1883년 1월 귀국하여 통리교섭통상사무아문의 주사로 《漢城旬報》 발간의 실무를 맡았다가 4월에 자리에서 물러났다. 유길준은 이 시기에 〈競爭論〉, 〈苧社輯譯〉, 《世界大勢論》 등을 저술하였다. 그리고 그해 7월 보빙사 민영익(閔泳翊)의 수행원 자격으로 미국에 건너갔다. 그는 최초의 미국 유학생으로 덤머 아카데미(Governer Dummer Academy)에서 수학하다가 갑신정변 소식을 듣고 1885년 말에 귀국하였다. 이때 그는 갑신정변을 일으킨 개화파의 일당으로 간주되어 체포되었는데, 그의 선진 학문을 높이 평가했던 한규설의 도움으로 극형을 면하였다. 귀국 직후인

2000, 〈유길준의 생애와 사상〉, 《韓日關係史研究》 13, 한일관계사학회; 정용화, 2004, 《문명의 정치사상 — 유길준과 근대한국》, 문학과지성사.

1885년 12월, 유길준은 〈중립론(中立論)〉을 써서 조선의 당면 외교에 대한 정책을 제안하였다. 한규설의 집에서 연금생활을 하는 가운데 1888년에는 〈國權〉, 1891년에는 〈地制議〉와 〈稅制議〉, 1892년에는 〈漁採論〉 등을 작성하는 등 조선의 대내외 개혁 현안에 대하여 대처할 수 있는 논리적 근거를 《萬國公法》이나 데니의 《清韓論》 등에서 끌어오면서 비판적으로 자신의 의견을 피력하였다. 그리고 1889년 그의 나이 34세 때 대표작으로 꼽히는 《西遊見聞》을 완성하였다.

세 번째는 갑오개혁 당시 관료로 활동하면서 개혁을 추진하던 시기이다. 1894년 갑오 내각이 성립되자 유길준은 내부협판으로 참여하였고, 1895년 당시 내부대신이었던 박영효와 함께 지방제도개혁을 적극적으로 추진하였다. 의정부 도헌의 신분으로 보빙대사 의화군을 수행하여 일본에도 다녀오면서 후쿠자와 유키치가 설립한 코쥰샤(交詢社)를 통해 《西遊見聞》을 자비로 1천 부 출간한 것도 이 시기의 일이다. 그러나 1895년 박영효의 망명, 명성황후 살해 사건 등으로 갑오정권의 정치적 입지가 축소되어 나갔다. 그러한 가운데 그는 내부대신으로 단발령을 강행함으로써 개화에 대한 강한 의지를 보여 주었지만, 속출하는 유생들의 반발에 직면하게 되었다. 결국 1896년 2월 고종이 러시아 공사관으로 피신하면서 김홍집 내각은 무너졌고, 생명의 위협을 느낀 유길준은 일본으로 피신할 수밖에 없었다.

네 번째는 유길준이 일본에서 12년 간 망명을 하면서 보낸 시기이다. 일본 망명 중에도 조국의 개혁을 갈망했던 유길준은 일본 육군사관학교 출신의 한국인 청년 장교들이 조직한 혁명일심회와 함께 고종 폐위 쿠데타를 계획하기도 했다. 그러나 이 음모가 한일 간의 외교적인 분규로 비화하자 1902년 일본 정부는 유길준을 오가사와라 섬(小笠原島)에 유폐하였다. 1년 후 다시 도쿄 근처의 하치조지마(八丈島)로 옮겨졌고, 1906년까지 그곳에 머물렀다. 유길준은 1907년 고종의 퇴위 이후 사면되어 귀국할 때까지 12년 동안 일본에 체류해야 했다. 이 기간 동안 그는 조선이 폴란드와 같이 망할 것이라는 위기감을 가지고 《폴란드쇠망사(波蘭國衰亡史)》를 번역하였다. 그리고 후발 국가로 부국강병에 성공한 모범을 찾기 위해 《프러시아 프리드리히대왕 7년 전사(普魯士國厚禮斗益大王七年戰史)》도 번역하는 작업을 하였다. 이 외에도 《크리미아 전쟁사(英法露土諸國哥利米亞戰爭史)》, 《이탈리아 독립전사(伊太利獨立戰史)》 등을 번역하였다. 비록 번역서이기는 하나 서구의 정치이론, 정치형태 등을 소개하고 있는 《政治學》도 이 시기에 나온 저작이다.

다섯 번째는 유길준이 일본에서 망명 생활을 마치고 귀국하여 1914년 사망할 때까지 각종 사회활동을 전개하던 시기이다. 1907년 일본에 의해 고종이 폐위된 후 조선으로 돌아온 유길준은 귀국 직후 제출한 〈사직납품소(辭職納品疏)〉에 첨부한 〈평화극복책(平和克復策)〉에서 일본과 협조관계를 유지하면서 실력양성운동을 추진해야 한다는 의견을 개진하였다. 이후 그 자신은 흥사단, 계산학교, 노동야학회 등을 설립하면서 계몽운동에 주력하였다. 이 시기 《朝鮮文典》, 《大韓文典》 등의 어문관련 문헌, 《勞動夜學讀本》 등의 계몽서를 출간하였다. 동시에 국민경제회, 호남철도회사 등을 설립하여 경제활동을 병행하였다. 한성부민회 회장을 역임한 것도 이 시기의 주요 활동 가운데 하나이다. 1910년 8월 '한국병합'이 단행된 이후 유길준은 일제가 수여한 남작의 작위를 거절하고 이를 반환하였다. '한국병합' 이후 1913년까지 그는 한성부 참사, 1914년까지 한성부협의회원 등을 지내다가, 1914년 9월 30일 생을 마쳤다.

3. 기존 연구의 흐름과 현황

유길준에 관한 연구는 앞에서 지적한 대로 1971년《兪吉濬全書》[3]의 간행이 계기였다. 이 자료집은 유길준의 유족이 보관하고 있던 유길준 관련 자료 등을 고려대학교에 기증하고, 이를 바탕으로 편집하여 전서를 출간한 것이었다. 전서는 총 5권인데, Ⅰ권은 西遊見聞, Ⅱ권은 文法, 教育編, Ⅲ권은 歷史編, Ⅳ권은 政治·經濟編, Ⅴ권은 詩文編으로 분류하였다. 이후 유길준에 대한 연구는 이 전서의 간행에 힘입은 바가 크다.

전서 간행 이전에도 김희일, 김영호, 김인순 등이 그의 대표적인 저작인《西遊見聞》을 중심으로 시론적인 연구를 진행한 바 있었다.[4] 하지만 유길준 연구가 본격적인 궤도에 오르기 시작한 것은 전서가 간행되고, 개항 100주년이라는 시점을 맞이하여 개화사상에 대한 연구자들의 관심이 증폭되는 것과 맞물린 1970년대에 들어서부터였다. 전서에 수록된 자료들을 통해 유길준의 중립론(강만길), 경제사상(김용섭, 김병하) 등에 대한 연구가 본격적으로 진행되기 시작하였고,[5] 유길준에 대하여 꾸준한 자료 수집과 소개를 통해서 유길준의 삶에 대한 전반적인 복원이 이루어졌다.[6]

---

3 兪吉濬全書編纂委員會 編, 1971,《兪吉濬全書》Ⅰ-Ⅴ, 一潮閣.

4 김희일, 1965, 〈1880년대 개화사상연구 —《서유견문》을 중심으로 하여〉,《력사과학》 1965년 제6호, 사회과학연구소; 金泳鎬, 1968, 〈兪吉濬의 開化思想〉,《創作과 批評》 11, 창작과비평사; 金仁順, 1968, 〈朝鮮における1894年內政改革の研究 — 兪吉濬の開化思想を中心に〉,《國際關係論》 3(《갑신 갑오기의 근대변혁과 민족운동》, 청아출판사, 1983에 번역 수록).

5 姜萬吉, 1973, 〈兪吉濬의 韓半島 中立化論〉,《創作과 批評》 30(《分斷時代의 歷史認識》, 創作과批評社, 1978 수록); 金容燮, 1974, 〈甲申·甲午改革期 開化派의 農業論〉,《東方學志》 15, 연세대학교 국학연구원; 金炳夏, 1974, 〈兪吉濬의 經濟思想〉,《東洋學》 4, 단국대 동양학연구소.

6 李光麟, 1968, 〈美國留學時節의 兪吉濬을 찾아서〉,《新東亞》 2월호(改訂版《韓國開化史研究》, 1974, 一潮閣에 수록); ____, 1977, 〈兪吉濬의 開化思想〉,《歷史學報》 75·76,

1980년대 이후로는 유길준이 작성한 각 주제별 텍스트를 기초로, 정치·사회·경제·교육 등 각 분야별로 활발한 분석 작업이 진행되었다. 이전과는 달리 일본이나 중국과의 사상사적 비교가 시도되기 시작한 것도 이 시기 이후의 일이라고 할 수 있다.[7] 이러한 연구성과의 축적을 기초로 유길준을 단일 주제로 삼은 박사논문이 제출되기 시작한 것도 이 시기 이후였다. 그 대표적인 성과로는 김봉렬(〈兪吉濬 開化思想의 硏究〉, 1989), 김봉진(〈東アジア知識人の国際秩序 — 鄭観応·福沢諭吉·兪吉濬の比較考察〉, 1991), 윤병희(〈大韓帝國末期 兪吉濬의 思想과 活動〉, 1993), 정용화(〈유길준(兪吉濬)의 정치사상 연구 — 전통에서 근대로의 복합적 이행〉, 1998)를 들 수 있다. 위의 성과들은 주로 유길준의 '사상'이나 '문명관', '정치론'이라는 측면에 주목하여 분석이 이루어졌다.[8]

1990년대 이후로는 대외 인식의 구조, 혹은 사상의 흐름과 수용이라는 측면에서 더욱 확장된 연구가 이루어졌다. 유길준의 대외 인식 가운데 '독립' 혹은 '양절체제'는 이미 초기적 연구[9]가 존재하였는데, 1990년대 이후부터 본격적으로 주목받아 현재까지 꾸준히 연구가 이루어지고 있

歷史學會(《韓國開化思想硏究》, 一潮閣, 1979 수록); ____, 1989, 〈일본망명시절의 유길준〉, 《開化派와 開化思想硏究》, 一潮閣; ____, 1992, 《유길준 — 닫힌 사회에 던진 충격》, 동아일보사.

7 林承豹, 1986, 〈兪吉濬과 鄭觀應의 政治觀 比較; 〈西遊見聞〉과 〈易言〉-〈盛世危言〉을 中心으로〉, 《弘益史學》 3, 홍익대학교 사범대학 역사교육과.

8 이들의 연구성과는 모두 단독 저서로 출간되었다. 金鳳烈, 1998, 《兪吉濬 開化思想의 硏究》, 경남대학교출판부; 尹炳喜, 1998, 《兪吉濬硏究》, 國學資料院; 金鳳珍, 2004, 《東アジア〈開明〉知識人の思惟空間 — 鄭観応·福沢諭吉·兪吉濬の比較硏究》, 九州大学出版会; 정용화, 2004, 《문명의 정치사상 — 유길준과 근대한국》, 문학과지성사.

9 原田環, 1979, 〈朝鮮の近代化構想 — 兪吉濬と朴泳孝の獨立思想〉, 《史學硏究》 143, 廣島史學硏究會; ____, 1981, 〈韓-中 〈兩截體制〉成立前史 — 李裕元と李鴻章の書翰を通じて〉, 《近代朝鮮の社會と思想》, 未來社.

다.[10] 그리하여 1888년 데니가 작성한 《淸韓論》과의 관련성 등이 밝혀졌으며, 이를 통해 유길준의 당시 국제법 이해 수준과 인식의 정도를 파악할 수 있게 되었다. 하지만 논자에 따라서 유길준이 구사한 '양절'이란 표현의 의미와 이것을 당시의 대청관계 속에서 어떻게 해석할지를 두고는 아직 편차가 큰 편이다.

한편 사상의 흐름과 수용이라는 측면에서는 번역어의 유입 및 개념어의 형성과정에 주목하는 연구도 새롭게 등장하였다.[11] 그 결과 유길준이 저서에서 쓰기 시작한 용어를 분석하여 후쿠자와 유키치가 쓴 《西洋事情》 및 《文明論之槪略》 등과의 관련성 검토[12], 《勞動夜學讀本》 등에서 추출할 수 있는 '국민' 형성의 문제 등으로 분석의 외연이 넓어지게 되었다.[13] 특히 근래 들어서 《勞動夜學讀本》에 나타나는 '노동' 개념의 성격에 주목한 연구가 나오고 있어 주목된다. 김윤희는 《西遊見聞》에서 유길준

10 月脚達彦, 1991, 〈開化思想の形成と展開 — 兪吉濬の對外観を中心に〉, 《朝鮮史研究會論文集》28, 朝鮮史研究會(《朝鮮開化思想とナショナリズム》, 東京大學出版會, 2009에 수록); 김용구, 1997, 《세계관 충돌의 국제정치학》, 나남출판, 244-261쪽; 구선희, 2005, 〈19세기 후반 조선사회와 전통적 조공관계의 성격〉, 《史學研究》 80, 한국사학회; 金榮作, 2005, 〈韓日両国の西洋受容に関する比較研究 — 兪吉濬と福澤諭吉の国際政治観を中心に〉, 渡辺浩·朴忠錫 編, 《韓国·日本·〈西洋〉》, 慶應義塾大学出版会; 김민규, 2005, 〈개화기 兪吉濬의 국제질서관 연구〉, 《한국인물사연구》 3, 한국인물사학회.

11 정치학이나 외교사, 법학 등의 사회과학 분야에서 1990년대부터 주목했던 것으로 보이는데, 마루야마 마사오와 가토 슈이치의 저서를 통한 '근대'와 '번역'의 문제, 그리고 최근 들어서 활발하게 소개되고 있는 독일 학자 라인하르트 코젤렉의 '개념사' 등이 적지 않은 영향을 미쳤다.

12 김봉진, 2009, 〈서구 '권리' 관념의 수용과 변용 — 유길준과 후쿠자와 유키치의 비교고찰〉, 《東方學志》 145, 연세대학교 국학연구원; 노대환, 2010, 《문명》, 小花; 문준영, 2010, 《법원과 검찰의 탄생 — 사법의 역사로 읽는 대한민국》, 역사비평사, 131-156쪽; 하영선, 2011, 《역사 속의 젊은 그들》, 을유문화사, 133-175쪽.

13 김소영, 2008, 〈한말 계몽운동기 教科書 속의 '國民' 인식〉, 《大東文化研究》 63, 성균관대 대동문화연구원; 성숙경, 2008, 〈대한제국기 '게으른 조선인' 담론과 근대적 노동자 만들기〉, 《韓國史學報》 31, 고려사학회.

이 국가와 사회의 발전이라는 가치를 통해 '노동'을 발견하였으며, 이것이 《勞動夜學讀本》 집필 단계에 이르러 '노동'을 생산성과 효율성의 관점에서 재배치하였고, 생산성 제고를 지속적으로 유지시키려는 분할과 위계의 정렬 구조를 만들어 내려는 의도가 있었음을 지적하였다.[14] 황호덕은 국민국가 기획과 깊숙이 연관된 문체의 문제에 착안하여 유길준의《勞動夜學讀本》에는 통치, 자본, 계몽이 결합되어 있으며, 다양한 문체 실험을 동반한 노동윤리의 구상이 담겨 있다고 하였다.[15]

이 외에도 문명, 사회진화론, 대외인식, 정치체제 구상, 평화, 권리, 도덕, 법사상 등의 특정 개념을 중심으로 하여 같은 시기를 살았던 윤치호, 안중근, 후쿠자와 유키치 등과 사상을 비교하면서, 유길준의 독자적인 사상으로서 이들과 다르게 부각되는 부분을 검토하는 작업도 나타났다.[16] 이러한 사상 분야 이외에도 1907년 귀국 이후 한성부민회에서의 활

14 김윤희, 2015, 〈근대 노동 개념의 위계성 — 《서유견문》에서 《노동야학독본》까지〉, 《史林》 52, 수선사학회.

15 황호덕, 2014, 〈자본과 언어, 유길준의 《노동야학독본》의 노동 개념과 문체의 테크놀로지 — 통치, 계몽, 지휘의 결합 관계를 중심으로〉, 《개념과 소통》 14, 한림대학교 한림과학원.

16 金信在, 1992, 〈兪吉濬의 政體改革構想과 그 特質; 《西遊見聞》과 《政治學》을 중심으로〉, 《慶州史學》 11, 경주사학회; 岡克彦, 1997, 〈유길준이 파악한 《항구법(恒久法)》의 관념에 관한 한 고찰〉, 《法學研究》 7, 延世大學校 法科大學 法學研究所; 金鳳珍, 1998, 〈兪吉濬の近代國家観〉, 《東洋文化研究所紀要》 136, 東京大學 東洋文化研究所(김봉진, 2010, 〈유길준의 근대국가관〉, 《동양정치사상사》 10, 한국동양정치사상사학회로 번역 게재); 장인성, 1999, 〈유길준에 나타난 "도덕"과 "정치" — 자기-타자인식의 정치적 사유〉, 《국제문제연구》 23-1, 서울대학교 국제문제연구소; 이영록, 2001, 〈실천적 역사주의자의 천분인권설 수용 — 《서유견문》에 나타난 유길준 법사상의 종합적 이해를 위하여〉, 《법철학연구》 4-2, 한국법철학회; 허동현, 2002, 〈1880년대 開化派 인사들의 社會進化論 수용양태 비교 연구〉, 《史叢》 55, 高麗大 歷史研究所; 현광호, 2006, 〈유길준과 안중근의 동아시아 인식 비교〉, 《역사비평》 76, 역사비평사; 김신재, 2007, 〈유길준의 민권의식의 특질〉, 《동학연구》 22, 한국동학학회; 김경일, 2008, 〈문명론과 인종주의, 아시아 연대론 — 유길준과 윤치호의 비교를 중심으로〉, 《사회와 역사》 78, 한국사회사학회; 현광호, 2008, 〈유길준의 "한국 독립" 인식〉, 《인문연

동이나 실업에 대한 인식, 유길준 집안의 활동 등에 대해서까지 규명이 이루어져 이제까지 상대적으로 소홀했던 유길준 생애의 후반기에 대해서도 이해가 한층 넓어지게 되었다.[17] 이외에 국문학계에서는 《서유견문》을 비롯한 유길준의 저작물에 담겨 있는 어휘나 문체에 주목하여 사회 문화적으로 개화기의 변화 양상이 어떻게 진행되고 있었는지를 검토하는 작업도 이루어지고 있다.[18] 일본어문학 분야에서도 어휘 쪽에 집중하여 일본으로부터 새롭게 수용된 한자어나 개념이 유길준의 저작 속에서 어떻게 수용되고 있었는지를 검토하는 작업 또한 진행되었다.[19]

구》 55, 영남대학교 인문과학연구소; 우남숙, 2010, 〈유길준과 에드워드 모스 연구 — 사상적 교류를 중심으로〉, 《동양정치사상사》 9-2, 한국/동양정치사상사학회; 우남숙, 2011, 〈사회진화론의 동아시아 수용에 관한 연구 — 역사적 경로와 이론적 원형을 중심으로〉, 《동양정치사상사》 10-2, 한국/동양정치사상사학회; 노대환, 2010, 〈1880년대 문명 개념의 수용과 문명론의 전개〉, 《韓國文化》 49, 서울대학교 규장각한국학연구원; 윤대식, 2013, 〈유길준, 혼돈과 통섭의 경계 — 사회 진화론(進化論)과 유학(儒學)의 상호 병용〉, 《한국인물사연구》 19, 한국인물사연구회; 이삼성, 2014, 《제국》, 小花.

17 月脚達彦, 1997, 〈保護條約以後の〈實力養成運動〉の論理と運動 — 兪吉濬と漢城府民會を中心に〉, 《朝鮮學報》 165, 朝鮮學會(《朝鮮開化思想とナショナリズム》, 東京大學出版會, 2009에 수록); 鄭英熹, 2000, 〈漢城府民會의 組織과 活動에 관한 硏究〉, 《龜泉元裕漢敎授定年紀念論叢(上)》, 혜안; 강재순, 2003, 〈대한제국 말기 兪吉濬 집안의 自强運動과 國家觀〉, 《釜大史學》 27, 부산대 사학회; 강재순, 2004, 〈한말 兪吉濬의 實業活動과 勞動觀〉, 《역사와 경계》 50, 부산경남사학회; 이용창, 2004, 〈'漢城府民會'의 조직과정과 활동〉, 《한국독립운동사연구》 22, 한국민족운동사학회.

18 김영민, 2009, 〈근대계몽기 문체 연구 — 유길준을 중심으로〉, 《동방학지》 148; 임상석, 2012, 〈유길준의 국한문체 기획과 문화의 전환 — 신채호, 최남선과의 비교연구〉, 《우리어문연구》 43; 이준환·남경완·박정신, 2013, 〈국어학 — 〈서유견문〉의 어휘 분석을 통한 서구 문화 수용 양상 — 정부, 교육 관련 어휘를 중심으로〉, 《배달말》 53; 최석재, 2013, 〈개화기 문체의 시작과 변화 — 서유견문과 신찬초등소학을 중심으로〉, 《인문언어》 15-1; 남경완·박정선·이준환, 2014, 〈《서유견문》의 상업 관련 어휘와 유길준의 근대 지향성〉, 《한민족문화연구》 45.

19 李漢燮, 1987, 〈《西遊見聞》에 받아들여진 日本의 漢字語에 對하여〉, 《日本學》 6, 동국대 일본학연구소; 이한섭, 1999, 〈서유견문에 나타난 외국지명 및 인명의 한자표기에 대하여〉, 《일본어학연구》 1; 이한섭 외 편저, 2000, 《西遊見聞 — 語彙索引》, 박이정; 남창임, 2004, 〈유길준의 《조선문전》에 보이는 일본 한자어〉, 《일본문화연구》 11; 박혜진, 2010, 〈유길준 역 《普魯士國厚禮大益大王七年戰史》에 나타난 일본어 어휘 연구〉,

하지만 유길준에 대한 연구는 최근에 들어 새로운 방향으로 연구가 나아가지 못하고 있는 것으로 생각된다. 2000년에 역사학계에서 두 차례의 특집을 통해 유길준에 대한 조명을 시도했으나,[20] 논의가 활발해지는 계기를 제공하였다고 평가하기는 어려울 것 같다. 최근 정치학이나 외교학계의 연구가 훨씬 풍성한 상황이기는 하나, 여기서도 기존의 유길준 연구를 넘어서는 내실 있는 성과가 나왔다기보다 같은 논의가 반복되고 있는 듯한 경향이 있다.

이와 같은 현상은 유길준의 생애 전반기에서는 활용할 수 있는 자료가 《兪吉濬全書》로 한정되어 있다는 점, 특히 관련된 연구가 전서 가운데 몇 가지의 핵심 자료, 예를 들어 《西遊見聞》을 비롯하여 〈中立論〉, 〈國權〉 등을 반복적으로 추출하여 활용되는데 그치고 있다는 점에서 기인한다고 생각한다. 생애 후반기의 경우 유길준이 일본에서 귀국한 1907년 중반 이후로 통감부 시기에 해당하는데, 현재 대부분의 연구는 주로 그가 몸담고 활동했던 사회단체를 중심으로 민간 차원의 활동에 초점을 맞추어 계몽운동의 양상을 규명하고 있다. 오랜 망명 생활로 인하여 국내 정치세력과의 연계성이 약화된 유길준이 나름대로 자신의 정치적 입지를 확보하기 위해서 활용한 것이 바로 사회단체 조직이었다고 할 수 있다. 현재로서는 당대의 정치적 변동과 유길준의 활동이 갖는 정치적 함의에 대해서까지 유기적으로 연결시켜 설명을 해냈다고 보기는 어렵다.

《일본어학연구》 27.

20 《韓日關係史研究》 13호(2000년) : 한철호, 〈유길준의 생애와 사상〉; 이기용, 〈兪吉濬과 福澤諭吉의 政治論 比較研究 — 韓·日 近代化 方向 차이를 중심으로〉; 윤병희, 〈兪吉濬의 사회활동〉; 月脚達彦, 〈유길준의 일본관〉; 國分典子, 〈韓國에서의 西洋法思想 수용과 兪吉濬〉, 《震檀學報》 89호(2000년); 한철호, 〈유길준의 개화사상서 《서유견문》과 그 영향〉; 朴枝香, 〈兪吉濬이 본 서양〉; 정용화, 〈한국 근대의 정치적 형성 — 《서유견문》을 통해 본 유길준의 정치사상〉; 李秉根, 〈兪吉濬의 語文使用과 《西遊見聞》〉.

위와 같은 연구사상의 여러 가지 문제점을 감안해 보았을 때 현재 유길준에 관한 연구는 새로운 방법론을 모색해야 할 시점이 아닐까 한다. 아울러 남아 있는 유길준 자료 가운데 그동안 논의에서 그리 주목하지 않았던 자료에 대해서도 시선을 돌려 당대의 유길준이 처해 있던 정치적 상황 속에서 좀 더 적극적으로 복원해 낼 필요가 있다. 이러한 점을 감안할 때 근래《韓國史學報》에 게재된 유길준 관련 신진 연구자들의 논문들은 앞으로 이어질 연구에 시사점을 제공하는 바가 적지 않은 편이다. 이 연구들은 기존 연구에서 크게 주목하지 않았던 갑오개혁 이전 시기의 저작(《世界大勢論》, 〈稅制議〉 등 경제 관련 저술, 〈地制議〉 등)을 중심으로 연구를 진행하거나, 재정 문제에 대한 유길준의 구상 등을 조망한 것이다. 각 연구 성과의 내용을 간단하게 소개해 보면 다음과 같다.

박한민의 연구는 1883년에 작성된《世界大勢論》을 기본 텍스트로 삼아 내용을 분석한 것이다.[21] 후쿠자와 유키치 저작물 가운데《西洋事情》,《世界国盡》과의 내용 비교 검토하여《世界大勢論》에 부분적으로 들어가 있는 내용을 확인한 다음, 비교 검토할 대상의 외연을 한층 넓혀 우치다 마사오(內田正雄)의 저작인《輿地地略》과의 비교를 통해 상관성을 규명하였다. 이러한 작업을 통해 유길준이 우치다의 저작 내용을 저본으로 그대로 번역하거나, 아니면 생략 혹은 요약해 가면서 자신의 문제의식이나 의견을 내용 곳곳에 삽입하면서 서술하였다는 사실을 밝혔다. 최근 일본에서도 이와 비슷한 문제의식에서 유길준과 우치다의 저작을 비교하는 가운데 유길준이 구상하고 있었던 조선의 '독립'과 '문명' 문제까지

21 박한민, 2013, 〈유길준《世界大勢論》(1883)의 전거(典據)와 저술의 성격〉,《韓國史學報》53, 고려사학회.

확장하여 다룬 연구가 나온 바 있어서 주목된다.[22]

김형근의 연구는 1891년 작성한 〈地制議〉를 기본 텍스트로 삼아 세밀하게 분석하는 가운데 그 내용을 재조명한 것이다.[23] 내용을 크게 셋으로 나누어 그 구조를 검토하였다. 이러한 분석작업을 통해 〈地制議〉가 지닌 짜임새의 견고함을 논증하였으며, 유길준의 글을 관통하고 있는 '수량화-총량화'적 인식과 함께 구제도의 개선과 신제도의 도입이라는 측면에서 특징을 분석하였다.

유바다의 연구는 '양절체제론'에 나타나 있는 유길준의 사상을 동시대 국제법적 개념이 드러나는 텍스트를 기본 자료로 삼아 분석을 진행한 것이다.[24] 기존 연구에서는 '조공국은 속국과 구별되는 독립국'이라는 유길준의 입론이 19세기 말 당시 국제법에서 통용된 개념이었다는 점을 인정하는 편이다. 반면에 이 연구는 유길준의 '양절체제론'이 데니의 〈淸韓論〉을 모티프로 하여 입안되었음을 재확인한 다음, 당시 대표적인 국제법 서적이었던 《萬國公法》과 《公法會通》의 한문 번역본을 영어·독일어 원문과 엄밀히 비교하여 유길준 및 데니가 지니고 있던 국제법론의 근본적인 문제점을 지적하였다. 이 연구를 통해서 조선=조공국=독립국이라는 유길준과 데니의 기본 전제가 당시 국제법 이론에 비추어 볼 때 치명적인 약점을 지니고 있었음이 확인되었다.

양진아의 연구는 유길준이 저술한 세제(稅制) 관련 저작들에 주목하여 정부재정적 관점에서 유길준이 추구한 재정개혁론의 성격이 무엇인지

---

22 月脚達彦, 2013, 〈兪吉濬《世界大勢論》における〈獨立〉と〈文明〉—内田正雄《輿地誌略》との比較から〉, 《東洋史研究》 72-3, 東洋史研究会.

23 김형근, 2013, 〈兪吉濬作 〈地制議〉의 구조와 특징〉, 《韓國史學報》 53, 고려사학회.

24 유바다, 2013, 〈兪吉濬의 贈貢國 獨立論에 대한 비판적 검토〉, 《韓國史學報》 53, 고려사학회.

를 분석한 것이다.[25] 유길준이 생각하기에 재정을 확충할 수 있는 관건은 조세 수입에 있었고, 그것을 실현하기 위한 방법으로 인민의 조세 납부와 내외국채 모집을 제시하였다. 조세 수입을 늘리기 위한 방법으로 동산으로까지 수세의 확대 실시, 무명잡세의 정식 조세로의 전환, 직접세와 간접세의 도입 등을 구상하였다. 이러한 관점은 절용을 중시하는 전통적 재정관을 탈피한 것으로, 일본에서 후쿠자와 유키치가 지세를 거두어 정부 재정에 충당하자고 주장하였던 것과 유사한 성격을 갖고 있었다.

4. 유길준 연구의 향후 과제와 전망

유길준의 생애와 각 시기별 정치, 사회, 외교적 활동에 대해서는 1970년대 이후 지금까지 비교적 많은 수의 연구가 이루어졌다. 이렇게 된 데에는 무엇보다도 개항기의 다른 인물에 비해 남겨놓은 자료가 풍부하기 때문이다. 《兪吉濬全書》가 간행된 이후로 각 텍스트를 중심으로 분석과 의미 부여가 역사학계, 정치외교학계, 교육학계, 국문학계 등에서 활발하게 이루어질 수 있었던 것이다. 하지만 기존연구에서는 유길준이 남긴 여러 텍스트 가운데 한정된 사료에 집중하여 분석이 집중되었고,[26] 특히 시기상

25 양진아, 2014, 〈갑신정변 이후 유길준의 재정개혁론〉, 《韓國史學報》 57, 고려사학회.

26 예를 들어 '양절' 체제에 대한 논의가 대표적인데, 유길준의 텍스트에서 그 용어가 언급되는 것은 한두 번에 지나지 않는다. 그 시기에 대한 유길준의 통찰력을 보여 주는 단어임에는 분명하지만, 하라다 다마키의 지적 이래로 기존 연구에서는 이를 두고 과도하게 의미를 부여한 감이 없지 않다. 이에 대한 보충적인 연구로서 유길준이 저술한 동 시대에 주진대원으로 파견되었던 남정철이나 박제순의 청국 내 활동, 주일공사로 파견되었던 김가진 등의 일본 내 활동과 유기적으로 연결시키면서 당시 조선이 추구하고 있던 '외교'나 국제법에 대한 이해를 거시적 차원에서 종합해 볼 필요가 있을 것이다.

으로 갑오개혁 이전의 자료에 편중되어 분석이 진행되었다 할 것이다. 유길준의 사상 형성 과정에 대한 분석에서도 일본과 미국에서의 유학 경험을 통한 새로운 지식·개념의 학습과 수용만을 강조하는 등의 문제점이 적지 않게 나타나고 있다. 이러한 기존 연구의 난점에 유념하여 아래에서는 크게 자료의 수집·이용과 관련된 문제 그리고 다른 하나는 방법론의 개발 측면에서 몇 가지 과제를 제시하고자 한다.

자료의 확장 측면에서 두 가지를 지적할 수 있다. 유길준 사상의 전모를 파악하기 위해서는 그리고 그가 글 속에서 남긴 논리를 체계적으로 이해하기 위해서는 무엇보다 먼저 기존 연구가 몇몇 자료에 집중되어 연구가 진행되어 왔다는 한계를 지적해야 할 것이다. 비단 유길준 연구뿐만 아니라, 사상사·인물사로 구별되는 영역의 연구는 텍스트상으로 나타난 논리와 실제 활동 속에서 나타나는 정치적 의도 등을 복합적으로 분석해야 한다. 이는 무엇보다도 유길준의 활동상을 통시적으로 체계화하는 작업을 통해서 구현될 수 있을 것이다. 첫째, 유길준 연구의 가장 기초적인 작업으로, 그가 남긴 저작물을 작성 시기와의 연관 속에서 번역하고 역주를 다는 작업이 요청된다. 이미 부분적으로는 그의 텍스트 가운데 일부가 한글로 번역되어 출판된 바 있다.[27] 여전히 《兪吉濬全書》에 실려 있는

27 《서유견문》에 대한 한글 번역은 여러 판본이 존재한다. 이 가운데 허경진이 번역하여 발간한 책의 경우 한문 투를 쉬운 한글로 풀어 쓰고 관련 사진이나 그림을 새롭게 집어넣어 대중들이 다가가기 쉽게 만든 판본에 해당한다. 일본에서는 최근 쓰키아시 다쓰히코가 개화파 사상가들의 텍스트를 일본어로 역주하여 발간한 자료집 안에 《서유견문》의 핵심적인 내용을 담고 있는 장절과 〈중립론〉이 수록되었다. 그 이외의 유길준 텍스트에 대한 번역으로는 허동현의 편역서가 있으며, 최근 《노동야학독본》도 한글로 번역된 책이 출간되기도 하였다. 蔡壎 譯, 1973, 《西遊見聞》, 大洋書籍(2003년 명문당을 통해서 재간행); 金泰俊 譯, 1976, 《西遊見聞》, 博英社; 崔根德 譯, 1986, 《西遊見聞》, 三星美術文化財團; 許東賢 編譯, 1987, 《兪吉濬論疏選》, 一潮閣; 허경진, 2004, 《서유견문 — 조선 지식인 유길준 서양을 번역하다》, 서해문집; 조윤정 편역, 2012, 《노동야학독본》, 경진; 月脚達彦, 2014, 《朝鮮開化派選集 — 金玉均·朴泳孝·兪吉濬·徐

산문이나 한시 등 언급되지 않은 자료를 이용한 연구가 시급하다 할 것이다.[28] 또한 그동안 주목하지 않았던 자료들에 대해서도 앞으로의 폭넓은 연구를 위해 번역하는 작업이 있어야 할 것이다.

유길준 자료에 대한 번역에 있어서도《西遊見聞》이 몇 차례 번역된 바 있고, 최근 들어서 쉽게 풀어서 정리한 저작물이 나왔지만 여전히 부족한 점이 있음을 지적하지 않을 수 없다. 곧 기존 연구에서도 지적한 것이었지만《西遊見聞》을 저술하는데 유길준이 참고하였던 일본이나 중국측 자료에 대한 명확한 대조와 규명이 체계적으로 이루어진 바 없다. 서지학적 차원에서의 정리, 그리고 텍스트 내부에서 사용된 개념이나 지리정보에 대한 정리,[29] 그리고 그에 입각한 정확한 역주 번역본을 만드는 것이 향후의 과제 가운데 하나일 것이다. 아울러 원전의 복원이라는 차원에서도《서유견문》은 서울에서 탈고(1889년)되었지만 도쿄에서 출판(1895년)됨으로서 시공간적 차이가 존재한다는 점에 주목해야 한다. 이는 저술과 출판의 외적 조건이 달라짐으로 인해 텍스트의 의도가 변화되었을 가능성을 시사하기 때문이다. 따라서 1895년 출판된《서유견문》은 출판 이전

載弼》, 平凡社.

28 특히 역사학 쪽 연구의 경우《兪吉濬全書》에 수록된 텍스트 가운데 특정 몇 가지만 집중적으로 다루고 있다는 점은 사료의 활용 폭이 상당히 제한적이라는 사실을 잘 보여 준다. '부조적 수법'으로 서술하면서 의미를 부여한다는 비판을 받기 쉬운 지점이라 할 수 있다. 최근 국문학 쪽에서 유길준의 시를 중점적으로 다루면서 그의 사상적 변화를 검토한 성과가 나왔는데, 향후의 연구에 많은 참고가 될 것으로 보인다. 許聖一, 2005,《兪吉濬의 사상과 시문학》, 한국문화사.

29 예컨대 유길준의 지리 인식 및 표기의 경우《世界大勢論》과《西遊見聞》을 중심으로 해서 검토가 가능할 것이다. 최근 일본 이와쿠라 사절단의 견문 기록이자 보고서인《特命全權大使 米歐回覽實記》에 나타나는 서양 지명의 표기 방식의 양상을 비슷한 시기 중국 측의 지명 표기와 비교하여 검토한 연구도 나온 바 있으므로 참고가 된다(朴省姬, 2012, 〈明治期 日本의 西洋地名 表記 硏究〉, 고려대학교 일어일문학과 박사학위논문).

에 작성된《서유견문》의 초고와의 감교를 통해 유길준의 의도에 충실한 텍스트로의 복원 과정도 필요하다.

비교할 만한 사례로는 일본에서 후쿠자와 유키치의 주요 저작에 대한 고증과 현대어 역주 작업이 지속적으로 이루어지고 있는 것을 들 수 있다.[30] 아직까지도 일부에 집중되어 있는 유길준 자료에 대한 번역과 역주 작업을 자료 전반에 걸쳐 확대해 나가야 한다고 본다.《兪吉濬全書》가 간행된 지 이미 40년이 넘은 만큼 그의 저작물에 대하여 현재까지 축적된 연구 성과를 바탕으로 하여 전체적으로 번역과 역주 작업이 이루어질 필요가 있다고 본다. 이는 의미의 명확한 전달뿐만 아니라, 다른 텍스트와의 비교를 위한 토양을 만들 수 있을 것이다. 이와 같은 기초적인 작업이야말로 유길준 연구, 더 나아가 개항기의 한국사 연구를 한층 더 심화시키는 데 기여할 수 있을 것이다.

둘째, 유길준의 행적을 확인할 수 있는 국내외 신문이나 다른 기록물을 집대성할 필요가 있다. 이는 그가 남긴 텍스트만이 아니라 당대의 다른 기록 속에 유길준의 행적이 어떻게 나타나고 있으며, 다른 시선에서 보았을 때 유길준이 어떻게 평가를 받고 있었는지를 확인하는데 유용한 작업이라 할 수 있다. 갑오개혁 이전 시기의 경우도《兪吉濬全書》나 공식 문서를 통해 그의 행적을 확인할 수 있는 자료의 내용은 매우 부족한 실정이다. 그러나 동시대 일본에서 발간되던 다양한 신문(《東京日日新聞》,《時事新報》,《萬朝報》,《郵便報知新聞》,《東京朝日新聞》 등)이나 미국 측의 신문 등을 통해서 그와 관련된 기사로 유길준의 행적을 보완하는 작업을 통

30 게이오기주쿠대학 출판회에서 발간한《福澤諭吉著作集》,《福澤諭吉書簡集》, 그리고 게이오기주쿠 후쿠자와 연구센터(慶應義塾福澤研究センター)에서 연속간행물로 발행하고 있는《近代日本研究》의 자료 소개 등이 여기에 해당한다.

해 활동을 보다 충실히 복원해 낼 수 있을 것이다. 특히 연구의 공백 지대로 남아 있는 일본 망명 이후 시기의 경우 유길준의 행적에 대해 국내 신문인《皇城新聞》이나《大韓每日申報》,《京鄕新聞》,《제국신문》등에서도 비교적 빈번하게 언급되고 있다. 그러므로 각 신문별 기사의 수집과 정리 작업이 체계적으로 이루어진 후에는 유길준에 대한 보도 논조의 차이 등을 확인해 보는 작업도 가능할 것이라 생각한다. 또한 특정 인물에 대한 자료는 그가 생산한 것만으로 한정될 필요가 없는 만큼 그 인물의 행적이 언급되고 있는 당대의 기록뿐만 아니라 식민지 시기에 간행되었던 국내외 신문 기사 등에 대한 수집, 정리 작업도 이루어져야 한다. 요컨대 유길준에 대한 이해를 좀 더 심화하기 위해서는 기존 연구에서 단편적으로 언급되었던 자료들을 체계적으로 모아 일종의 유길준 관계 문서의 간행이 있어야 할 것이다.

방법론의 개발 측면에서는 두 가지로 나누어 방향을 제시하고자 한다. 첫 번째로 유길준과 비슷한 시대를 살았던 인물들과 다방면에 걸쳐 그 궤적을 비교하는 작업이 필요하다. 기존 연구에서는 주로 개화파라는 범주 안에서 유길준의 생애와 대응 논리를 평가해 왔다. 급진 대 온건, 변법 대 시무 등의 구분이 대표적인데, 이것만으로 한 인물의 전체적인 궤적과 각 시기별 인식의 변화를 설명하기에는 많은 무리가 따른다고 본다. 여기에는 일종의 '개념화의 오류'가 발생할 여지가 존재한다. 오히려 같은 범주로 설정한 인물들 속에서도 연배에 따라 경험한 바가 전혀 다르고, 출신 배경에 따라 사고하는 방식에도 다른 지점이 존재하는 만큼 서로 상이한 궤적을 걷게 된 지점을 부각시켜 줄 필요가 있다고 본다. 남아 있는 기록으로 볼 때는 김윤식, 윤치호 등이 하나의 표본일 수 있지만, 예를 들어 조사시찰단으로 일본에 파견되었던 이헌영, 민종묵, 박정양 등의 인물로도 비교의 외연을 넓혀 볼 수 있을 것이다. 이들 인물들에 대하여 어떻게 비교하면서 서술해 나갈 것인가 하는 방법론에 대한 적극적인 개발이 요청된다.

두 번째로 유길준이 생애 전반에 걸쳐 구축하였던 인적·지적 네트워크에 대한 심도 있는 분석이 필요하다. 기존 연구에서는 갑신정변 이전 시기의 경우 박규수 문하 여러 개화파들과의 관계, 미국 유학 이후에는 한규설, 민영익 등과의 관계, 그리고 갑오개혁 시기에는 김학우, 권형진, 조희연 등과의 친분 등이 흔히 거론되었다. 비단 유길준의 개혁 사상에 대한 연구뿐만 아니라 활동에 대해서도 생애 후반부에 대한 자료 수집과 연구는 소략한 편이다. 망명지에서 그리고 1907년 귀국 이후 활발한 사회활동을 하였던 시기에 그가 맺고 있었던 인적 네트워크가 어떻게 작동하고 있었고, 각 시기별로 어떤 인적 네트워크가 형성되었는지에 대한 기초적인 자료 수집 작업과 분석이 제시되어야 할 것이다. 인물들과의 폭넓은 관계망 속에서 좀 더 심층적으로 연결시켜야 그의 행적을 이해하는 데 도움이 될 것이다. 예컨대 망명 시기 일본인들과의 교류 관계 등에 대한 분석이 하나의 방법론으로 제시될 수 있다. 이러한 인적 네트워크의 연계를 바탕으로 유길준 전 생애에 걸쳐서 그가 유학 혹은 유배 생활을 하면서 어떻게 경제활동을 영위하였으며, 유길준이 맺고 있었던 인적 네트워크는 주요 정치적 국면에서 어떠한 영향을 미쳤는가 하는 문제 등을 추가적으로 연구했을 때 기존과는 다른 연구 결과가 가능하리라 생각된다.

이 문제와 관련하여 특히 주목되는 자료 가운데 하나로 서한문을 들 수 있을 것이다. 현재 고려대학교 박물관에서 소장하고 있는 '유길준 관련 신자료'는 2003년 후손들이 기증하여 소장이 된 자료로서 아직은 미

공개 중이다. '유길준 관련 신자료'는 크게 '유길준 소장 도서'류와, '유길준 문서', '유길준 서간문'으로 나눌 수 있다. '유길준 소장 도서'는 종류별로 중국 역사서 및 각국 위인전, 개항기와 식민지 시기 초기 발간된 한국사 및 위인전, 개항기와 식민지 시기 유치부·초등학교 등의 교과서류, 대한제국 관보와 정부 발행 문서류, 유길준 유족 관련 졸업장과 상장류, 계몽운동 학회지 및 각종 규약집, 족보 및 관련 서적, 사령장과 위촉장류 등 약 600권에 달한다. '유길준 문서'는 크게 나누어 보면 유길준의 경제활동과 관련된 각종 서류, 경기도 및 경성부와 관련된 자료, 제생원 및 한성위생회 자료, 유길준 저술본, 유길준의 교육활동 자료 등으로 구분할 수 있다.

'유길준 서간문'은 유길준이 국내외 지인들로부터 받은 서한과 그 외 가족들 간의 서간문으로 구성되어 있다. 그중 유길준 문서와 서간문은 1907년에서 1914년 유길준의 계몽운동, 교육활동, 경제활동 등을 추적할 수 있는 문서들이 많기 때문에 유길준의 개인 연구뿐만 아니라 당시 사회경제상을 이해하는 데 매우 의미 있는 자료들이다.

지적 네트워크의 차원에서도 213종에 달하는 유길준 소장 도서에 대한 분석을 생각해 볼 수 있다. 소장도서로는 중국과 일본의 소설과 역사서류, 그리고 정약용 등 실학자의 문집류, 한국역사지리서, 천도교와 단군 관련 도서, 최남선, 김택영, 현채, 유성준, 유기선 등 당시 한국 지식인들이 발간한 도서 등이 다수를 차지한다. 이러한 도서군은 유길준의 지적 네트워크를 탐색하는 데 있어서 매우 중요한 자료적 가치를 갖고 있다. 각 도서의 서지 정보를 비롯하여 당대의 관련 정보를 체계적으로 분석해 볼 필요가 있다. 이러한 작업은 유길준이 남긴 각종 저작류의 출처와 근거가 어디에서 비롯되었는지를 확인하는 기초적인 출발점이 될 수 있을 것이다. 향후 '신자료'에 대한 탈초, 해석, 역주 작업이 진행되고 이를 이용한 연구가 이루어진다면, 유길준 연구에 있어 또 하나의 전환점이 될 수도 있을 것이다.

참고 문헌

1. 자료집

兪吉濬全書編纂委員會 編, 1971, 《兪吉濬全書》 I-V, 一潮閣.

蔡壎 옮김, 1973, 《西遊見聞》, 大洋書籍.

허경진 옮김, 2004, 《서유견문》, 서해문집.

許東賢 編譯, 1987, 《兪吉濬論疏選》, 一潮閣.

O. N. デニ- 著, 岡本隆司 校訂·譯註, 2010, 《清韓論》, 成文社.

2. 저서

具仙姬, 1999, 《韓國近代 對淸政策史 硏究》, 혜안.

金鳳烈, 1998, 《兪吉濬 開化思想의 硏究》, 경남대학교출판부.

金鳳珍, 2004, 《東アジア〈開明〉知識人の思惟空間 — 鄭観応·福沢諭吉·兪吉濬の比較研究》, 九州大学出版会.

김용구, 1997, 《세계관 충돌의 국제정치학》, 나남출판.

김학준, 2012, 《구한말의 서양정치학 수용 연구 — 유길준·안국선·이승만을 중심으로》 개정증보판, 서울대학교 출판문화원.

노대환, 2010, 《문명》, 小花.

문준영, 2010, 《법원과 검찰의 탄생 — 사법의 역사로 읽는 대한민국》, 역사비평사.

안용환, 2010, 《유길준, 개화사상과 민족주의》, 청미디어.

月脚達彦, 2009, 《朝鮮開化思想とナショナリズム — 近代朝鮮の形成》, 東京大學出版會.

兪東濬, 1987, 《兪吉濬傳》, 一潮閣.

尹炳喜, 1998, 《兪吉濬硏究》, 國學資料院.

李光麟, 1992,《유길준 — 닫힌 사회에 던진 충격》, 동아일보사.

정용화, 2004,《문명의 정치사상 — 유길준과 근대한국》, 문학과지성사.

하영선 외 지음, 2009,《근대한국의 사회과학 개념 형성사》, 창비.

하영선·손열 엮음, 2012,《근대한국의 사회과학 개념 형성사》2, 창비.

許聖一, 2005,《兪吉濬의 사상과 시문학》, 한국문화사.

3. 연구논문

岡克彦, 1997,〈유길준이 파악한《항구법(恒久法)》의 관념에 관한 한 고찰〉,《法學硏究》7, 延世大學校 法科大學 法學硏究所.

姜萬吉, 1973,〈兪吉濬의 韓半島 中立化論〉,《創作과 批評》30(《分斷時代의 歷史認識》, 創作과 批評社 수록).

강재순, 2003,〈대한제국 말기 兪吉濬 집안의 自强運動과 國家觀〉,《釜大史學》27, 부산대 사학회.

_____, 2004,〈한말 兪吉濬의 實業活動과 勞動觀〉,《역사와 경계》50, 부산경남사학회.

구선희, 2005,〈19세기 후반 조선사회와 전통적 조공관계의 성격〉,《史學硏究》80, 한국사학회.

國分典子, 2000,〈韓國에서의 西洋法思想 수용과 兪吉濬〉,《韓日關係史硏究》13, 한일관계사학회.

김경일, 2008,〈문명론과 인종주의, 아시아 연대론 — 유길준과 윤치호의 비교를 중심으로〉,《사회와 역사》78, 한국사회사학회.

김민규, 2005,〈개화기 兪吉濬의 국제질서관 연구〉,《한국인물사연구》3, 한국인물사학회.

金炳夏, 1974,〈兪吉濬의 經濟思想〉,《東洋學》4, 단국대 동양학연구소.

김봉렬, 2008,〈변법개화파의 근대 자주국가수립론〉,《白山學報》82, 白山學會.

金鳳珍, 1998,〈兪吉濬の近代國家觀〉,《東洋文化硏究所紀要》136, 東京大學 東洋文化硏究所(김봉진, 2010,〈유길준의 근대국가관〉,《동양정치사상사》10, 한국동양정치사상사학회로 번역 게재).

_____, 2009,〈서구 '권리' 관념의 수용과 변용 — 유길준과 후쿠자와 유키치의 비교 고찰〉,《東方學志》145, 연세대학교 국학연구원.

김소영, 2008,〈한말 계몽운동기 教科書 속의 '國民' 인식〉,《大東文化硏究》63, 성균관대 대동문화연구원.

金信在, 1992,〈兪吉濬의 政體改革構想과 그 特質 —《西遊見聞》과《政治學》을 중심으로〉,《慶州史學》11, 경주사학회.

______, 2007, 〈유길준의 민권의식의 특질〉, 《동학연구》 22, 한국동학학회.
김영애, 2002, 〈한·태 개화사상 비교 티안완과 유길준을 중심으로〉, 《동남아연구》 11, 한국외국어대학교 동남아연구소.
金榮作, 2005, 〈韓日両国の西洋受容に関する比較研究 — 兪吉濬と福澤諭吉の国際政治観を中心に〉, 渡辺浩·朴忠錫 編, 《韓国·日本·〈西洋〉》, 慶應義塾大学出版会.
金源模, 1997, 〈遣美 朝鮮報聘使 隨員 兪吉濬 研究〉, 竹堂李炫熙教授華甲紀念論叢刊行委員會 編, 《竹堂李炫熙教授華甲紀念韓國史學論叢》, 東方圖書.
金永上, 1967, 〈漢城府民會에 對한 考察〉, 《鄕土서울》 31, 서울시사편찬위원회.
金泳鎬, 1968, 〈兪吉濬의 開化思想〉, 《창작과 비평》 11, 창작과 비평사.
金容燮, 1974, 〈甲申·甲午改革期 開化派의 農業論〉, 《東方學志》 15, 연세대학교 국학연구원.
______, 1988, 〈近代化過程에서의 農業改革의 두 方向〉, 《韓國資本主義性格論爭》, 大旺社.
김윤희, 2009, 〈근대 국가구성원으로서의 인민 개념 형성(1876-1894) — 民=赤子와 《西遊見聞》의 인민〉, 《역사문제연구》 21, 역사문제연구소.
______, 2015, 〈근대 노동 개념의 위계성 — 《서유견문》에서 《노동야학독본》까지〉, 《史林》 52, 수선사학회.
金仁順, 1968, 〈朝鮮における1894年內政改革の研究 — 兪吉濬の開化思想を中心に〉, 《國際關係論》 3(《갑신 갑오기의 근대변혁과 민족운동》, 청아출판사, 1983에 번역 수록).
김정현, 2006, 〈兪吉濬과 梁啓超의 미국 체험과 근대국가 인식 — 兪吉濬의 〈西遊見聞〉과 梁啓超의 〈新大陸遊記〉의 비교를 중심으로〉, 《문명연지》 7-2, 한국문명학회.
김형근, 2013, 〈兪吉濬作 〈地制議〉의 구조와 특징〉, 《韓國史學報》 53, 고려사학회.
金炯睦, 1997, 〈自强運動期 漢城府民會의 義務教育 施行과 性格〉, 《中央史論》 9, 중앙대학교 사학과.
김희일, 1965, 〈1880년대 개화사상연구 — 《서유견문》을 중심으로 하여〉, 《력사과학》 1965년 제6호, 사회과학연구소.
노대환, 2010, 〈1880년대 문명 개념의 수용과 문명론의 전개〉, 《한국문화》 49, 서울대학교 규장각한국학연구원.
朴省姬, 2012, 〈明治期 日本의 西洋地名 表記 研究〉, 고려대학교 일어일문학과 박사학위 논문.
朴枝香, 2000, 〈兪吉濬이 본 서양〉, 《震檀學報》 89, 震檀學會.
박한민, 2013, 〈유길준 《世界大勢論》(1883)의 전거(典據)와 저술의 성격〉, 《韓國史學報》 53, 고려사학회.
성숙경, 2008, 〈대한제국기 '게으른 조선인' 담론과 근대적 노동자 만들기〉, 《韓國史學報》

31, 고려사학회.
안외순, 2006, 〈유길준의 해외체험과 민주주의의 유교적 수용 — 전통과 근대의 융합〉, 《한국문화연구》 11, 이화여자대학교 한국문화연구원.
______, 2010, 〈1870-80년대 유길준의 '근대' 인식 — '유교' 및 '전통' 관념과의 관계를 중심으로〉, 《동양고전연구》 40, 동양고전학회.
우남숙, 2010, 〈유길준과 에드워드 모스 연구 — 사상적 교류를 중심으로〉, 《동양정치사상사》 9-2, 한국/동양정치사상사학회.
______, 2011, 〈사회진화론의 동아시아 수용에 관한 연구 — 역사적 경로와 이론적 원형을 중심으로〉, 《동양정치사상사》 10-2, 한국/동양정치사상사학회.
原田環, 1979, 〈朝鮮の近代化構想 — 兪吉濬と朴泳孝の獨立思想〉, 《史學硏究》 143, 廣島史學硏究會.
______, 1981, 〈韓·中 〈兩截體制〉成立前史 — 李裕元と李鴻章の書翰を通じて〉, 《近代朝鮮の社會と思想》, 未來社.
元裕漢, 1990, 〈矩堂 兪吉濬의 貨幣思想〉, 《尹炳奭敎授華甲紀念韓國近代史論叢》, 尹炳奭敎授華甲紀念 韓國近代史論叢刊行委員會 編, 知識産業社.
月脚達彦, 2000, 〈유길준의 일본관〉, 《韓日關係史硏究》 13, 한일관계사학회.
______, 2000, 〈개화파의 세계 인식 — 유길준을 중심으로〉, 《역사비평》 53, 역사비평사.
______, 2012, 〈朝鮮開化派와 후쿠자와 유키치(福澤諭吉)〉, 《한국학연구》 26, 인하대학교 한국학연구소.
______, 2013, 〈兪吉濬《世界大勢論》における〈獨立〉と〈文明〉 — 内田正雄《輿地誌略》との比較から〉, 《東洋史研究》 72-3, 東洋史研究会.
양진아, 2014, 〈갑신정변 이후 유길준의 재정개혁론〉, 《韓國史學報》 57, 고려사학회.
유바다, 2013, 〈兪吉濬의 贈貢國 獨立論에 대한 비판적 검토〉, 《韓國史學報》 53, 고려사학회.
柳永益, 1986, 〈甲午更張 이전의 兪吉濬 — 1894年 親日改革派로서의 등장배경을 중심으로〉, 《論文集 — 人文·社會科學篇》 4, 한림대(《甲午更張硏究》, 一潮閣 수록).
______, 1990, 〈甲午更張 이전의 兪吉濬〉, 《甲午更張硏究》, 一潮閣.
______, 1990, 〈서유견문론〉, 《韓國史市民講座》 제7집, 一潮閣.
______, 1992, 〈《서유견문》과 유길준의 보수적 점진개혁론〉, 《韓國近現代史論》, 一潮閣.
윤대식, 2013, 〈유길준, 혼돈과 통섭의 경계 — 사회 진화론(進化論)과 유학(儒學)의 상호 병용〉, 《한국인물사연구》 19, 한국인물사연구회.
윤병희, 2000, 〈兪吉濬의 사회활동〉, 《韓日關係史硏究》 13, 한일관계사학회.
李光麟, 1968, 〈美國留學時節의 兪吉濬을 찾아서〉, 《新東亞》 2월호(改訂版 《韓國開化

史研究》, 一潮閣, 1974 수록).

______, 1977, 〈兪吉濬의 開化思想〉, 《歷史學報》 75·76, 歷史學會.(《韓國開化思想研究》, 一潮閣 수록)

______, 1989, 〈일본 망명 시절의 유길준〉, 《開化派와 開化思想研究》, 一潮閣.

______, 1989, 〈兪吉濬의 英文書翰〉, 《開化派와 開化思想 研究》, 一潮閣

______, 1999, 〈兪吉濬의 문명관〉, 《韓國近現代史論攷》, 一潮閣

______, 1999, 〈미국유학 시절의 유길준〉, 《韓國開化史研究》, 一潮閣.

이기용, 2000, 〈兪吉濬과 福澤諭吉의 政治論 比較研究 — 韓·日 近代化 方向 차이를 중심으로〉, 《韓日關係史研究》 13, 한일관계사학회.

이영록, 2002, 〈실천적 역사주의자의 천분인권설 수용 —《서유견문》에 나타난 유길준 법사상의 종합적 이해를 위하여〉, 《법철학연구》 4-2, 한국법철학회.

이용창, 2004, 〈'漢城府民會'의 조직과정과 활동〉, 《한국독립운동사연구》 22, 한국민족운동사학회.

李漢燮, 1987, 〈《西遊見聞》에 받아들여진 日本의 漢字語에 對하여〉, 《日本學》 6, 동국대 일본학연구소.

李勛相, 1987, 〈舊韓末 勞動夜學의 성행과 兪吉濬의 《勞動夜學讀本》〉, 《斗溪李丙燾博士九旬紀念 韓國史學論叢》, 지식산업사.

林承豹, 1986, 〈兪吉濬과 鄭觀應의 政治觀 比較 —〈西遊見聞〉과 〈易言〉-〈盛世危言〉을 中心으로〉, 《弘益史學》 3, 홍익대학교 사범대학 역사교육과.

장인성, 1999, 〈유길준에 나타난 "도덕"과 "정치" — 자기·타자인식의 정치적 사유〉, 《국제문제연구》 23-1, 서울대학교 국제문제연구소.

田口容三, 1992, 〈國民教育會および興士團について〉《朝鮮學報》 145, 朝鮮學會.

田鳳德, 1976, 〈西遊見聞과 兪吉濬의 法律思想〉, 《學術院論文集》 15, 대한민국학술원.

鄭英熹, 2000, 〈漢城府民會의 組織과 活動에 관한 研究〉, 《龜泉元裕漢教授停年紀念論叢(上)》, 혜안.

鄭英憙·金炯睦, 1994, 〈韓末 漢城府民會의 活動과 地方自治論〉, 《民族文化研究論叢》 第1輯.

정용화, 2000, 〈한국 근대의 정치적 형성 —《서유견문》을 통해 본 유길준의 정치사상〉, 《震檀學報》 89, 震檀學會.

조윤정, 2013, 〈노동자 교육을 둘러싼 지식의 절합과 계몽의 정치성 — 유길준의 《노동야학독본》(勞動夜學讀本) 고찰〉, 《人文論叢》 69, 서울대학교 인문학연구원.

하영선, 2011, 〈구당 유길준의 삼중 어려움〉, 《역사 속의 젊은 그들 — 18세기 북학파에서 21세기 복합파까지》, 을유문화사.

한철호, 2000, 〈유길준의 생애와 사상〉, 《韓日關係史研究》 13, 한일관계사학회.

______, 2000, 〈유길준의 개화사상서 "서유견문"과 그 영향〉, 《震檀學報》 89, 震檀學會.

허동현, 2002, 〈1880년대 開化派 인사들의 社會進化論 수용양태 비교 연구〉, 《史叢》 55, 고려대 역사연구소.

______, 2004, 〈국사 교과서에 보이는 兪吉濬(1856-1914) 관련 서술의 문제점과 提言〉, 《韓國史學報》 16, 고려사학회.

현광호, 2006, 〈유길준과 안중근의 동아시아인식 비교〉, 《역사비평》 76, 역사비평사.

______, 2008, 〈유길준의 "한국 독립" 인식〉, 《인문연구》 55, 영남대학교 인문과학연구소.

황호덕, 2014, 〈자본과 언어, 유길준의 《노동야학독본》의 노동 개념과 문체의 테크놀로지 — 통치, 계몽, 지휘의 결합 관계를 중심으로〉, 《개념과 소통》 14, 한림대학교 한림과학원.

일본에서 한국근대사 연구의 흐름과 유길준[1]

1. 머리말

구당 유길준(矩堂 兪吉濬, 1856-1914)은 개국으로부터 일본의 한국 병합으로 인한 식민지화에 이르는 격동기 조선에서 살고, '내우외환'이라고 표현되는 당시 조선이 안고 있었던 다양한 현실문제 속에서 어떻게 자국의 개화와 자주독립을 완수할 수 있는가라는 명제를 생애에 걸쳐 분주한 사상가이며 정치가였다. 일본의 한국근대사 연구에서도 이러한 유길준의 개화사상이나 개혁 구상에 대한 관심은 높으며, 지금까지도 많은 연구들에서 유길준에 대해 언급되어 왔다. 또 최근에는, 후술하게 되겠지만 유길준의 사상 형성이나 그가 지향한 '근대'의 양상 등을 둘러싸고 논의가 전개되고 있다.

이 글에서 필자에게 주어진 테마는 일본에서 유길준 연구의 현황과 과제에 대해서 소개하는 것이다. 그런데 유길준을 둘러싼 연구 동향은 전후(戰後) 일본 역사학회에서 제기되어 온 문제의식이나 한국근대사 연구

1 이 글은 2014년 10월 17일 고려대학교에서 개최되었던 심포지엄 '유길준 서거 100주년 기념 학술회의'에서 보고한 〈일본에서의 유길준 연구 — 그 현황과 과제〉 내용을 바탕으로 가필하고 수정을 가한 것이다.

의 궤적, 그리고 그것들을 비판적으로 계승하면서 앞으로 어떤 문제 제기를 해 나가야 할까라고 하는 과제와 밀접히 관계되어 있다고 할 수 있다. 그러므로 이 글에서는 전후부터 오늘에 이르기까지 일본 역사학이 걸어온 대략적인 흐름에 대해서 선학들의 연구 성과를 바탕으로 정리하면서, 지금까지 일본 국내에서 발표된 유길준에 관한 연구 성과들 중에서도 주요한 것을 다루고, 필자의 연구 대상이면서 유길준이 가장 의욕적으로 정치개혁에 착수하고 있었던 개화기부터 갑오개혁 시기까지를 중심으로 하여 개관하고자 한다.

2. 내재적 발전론과 유길준 연구

1945년에 종전(終戰)을 맞이한 이후 일본 역사학회에서는 그때까지의 국가주의적인 황국사관(皇國史觀)에 대한 반성 아래, 역사에 보편성을 찾아내고자 하는 사회과학적인 입장이 주류가 되고, 마르크스주의적인 유물사관에 근거한 이른바 '세계사의 기본 법칙'이 제창되었다.[2] 그러한 문제의식의 고조가 식민주의 사관에 의거한 정체론·타율성 사관에 지배되고 있었던 전전(戰前)의 한국사 연구에 대한 비판과 재검토의 기운을 가속시킨 것은 당연한 일이었다. 1953년에 《역사학연구(歷史學硏究)》 특집호로 〈조선사의 제문제(諸問題)〉를 내놓았으며, 1959년에는 조선사연구회(朝鮮史硏究會)가 결성되는 등, 일본의 한국사 연구는 새로운 국면을 맞이했다.[3]

2 1949년 역사학연구회 대회가 같은 테마로 개최되었다는 사실에서도 그러한 전후 역사학이 가지는 문제의식을 강하게 느낄 수 있다. 歷史學硏究會 編, 1949, 《世界史の基本法則 — 歷史學硏究會1949年度大會報告》, 岩波書店.

3 旗田巍, 1966, 〈朝鮮史硏究の課題〉, 朝鮮史硏究會·旗田巍 編, 《朝鮮史入門》, 太平出版

그리하여 가지무라 히데키(梶村秀樹)·안병태(安秉珆) 등을 중심으로 조선의 주체적이고 자율적인 발전을 한국사에서 찾아내고자 하는 내재적 발전론에 입각한 연구가 전개되었다.[4]

그러한 학문적 분위기 속에서 유길준을 둘러싸고는 주로 개화파 연구의 일환으로 언급되어 왔다. 그 대표적인 연구자로서 강재언(姜在彦)을 들 수 있다. 《서유견문(西遊見聞)》의 분석을 바탕으로 그는 유길준에 대해서 국한문 혼용에 의한 "국문운동의 단서를 개척한 선구자"이며, 또 '자유민권' 신장(伸張)과 '입헌 군주제' 구축, '국민교육'의 필요성 등을 강조하고 있는 점에 주목하고, 그 근대 지향적인 성격을 "그의 부르주아 계몽사상으로서 개화사상의 표현"이라고 평가했다.[5]

그렇지만 김옥균·박영효 등 급진개화파가 일으킨 갑신정변을 '부르주아 개혁운동의 선구'[6]라고 높이 평가하는 강재언의 개화파 연구에 있어서 유길준이 차지하는 비중은 그다지 높지는 않았다. 오히려 그는 유길준이 처음으로 '개화' 개념을 규정한 것에 대해 언급하면서 '인륜의 개화'의 시공(時空)을 넘는 불변성 등을 주장하는 유길준을 '동교서법(東教西法)' 또는 '동도서기(東道西器)'에 기초를 두는 '자주적 채서(採西)의 입장'을 취하는 '온건한 개량적 개화파'라고 해서, 정치행동에 있어서 재빠른 변혁을 지향한 급진개화파와 구별했다. 그리고 그는 개화사상에 영향을 미치고 갑신정변에도 관여한 후쿠자와 유키치(福澤諭吉)의 유교 배격을 전제로 한 문명개화론과 급진개화파의 사상적 유사성을 강조하는 반면, 유길

社, 29-33쪽.

4 내재적 발전론의 전개 과정과 그 구체적 내용에 대해서는 吉野誠, 1987, 〈朝鮮史研究における內在的發展論〉, 《東海大學紀要 — 文學部》 47을 참조.

5 姜在彦, 1973, 《近代朝鮮の變革思想》, 日本評論社, 127-136쪽.

6 姜在彦, 1970, 《朝鮮近代史研究》, 日本評論社, 제2장 참조.

준에 대해서는 그 근저에 조선의 유교적 전통이 존재한다고 지적했다.[7] 이것은 곧 서구형(그리고 그 아류인 후쿠자와형) 근대를 당위로 하는 그에게 있어서 유길준 평가에 대한 소극성을 말해 주고 있다.

1977년에는 유길준이 널리 알려지는 계기가 찾아왔다. 도쿄 소재 한국연구원(韓國硏究院)에서 발행하는 잡지《한(韓)》에서 유길준 특집을 마련하여 전봉덕, 김영호, 유영렬, 김태준, 김병하 등 한국을 대표하는 연구자들의 유길준에 관한 논문이 번역되어 소개된 것이다.[8] 이 논문들은 모두 유길준의 정치사상을 중심으로 분석한 연구 성과의 축적이며, 일본의 한국사 연구자들에게 유길준에 대한 관심을 높이는 데 하나의 단서가 되었다고 할 수 있다.

일본에서 유길준의 정치사상에 대해서 구체적인 검토를 가한 선구적인 연구자로는 하라다 다마키(原田環)를 들 수 있다. 하라다는《서유견문》제3편 〈방국(邦國)의 권리〉에서 유길준이 청국(淸國)과의 관계에 대해서 '양절체제(兩截體制)'[9]라고 표현하고 있는 것에 누구보다 앞서 주목한 연구자이다. 즉, 그에 따르면 이 '양절체제'라는 것은 근대 국제법에 의거해서 청국과의 종속관계를 파기하고 대청(對淸) 독립의 이론적 구축을 시도하는 것이었다고 평가했다.[10] 한편으로 강재언과는 달리 그는 유길준

---

7 姜在彦,《近代朝鮮の變革思想》, 127-136쪽; 姜在彦, 1980,《朝鮮の開化思想》, 岩波書店, 174-175쪽.

8 韓國硏究院, 1977,《韓》64 〈兪吉濬 特輯號〉에는 다음과 같은 논문들이 게재되었다. 田鳳德, 〈《西遊見聞》と兪吉濬の法律思想〉; 金泳鎬, 〈兪吉濬の開化思想〉; 柳永烈, 〈獨立協會の民權思想(Ⅱ)〉; 金泰俊, 〈《西遊見聞》と〈西洋事情〉— 比較文化的 硏究のための問題提起〉; 金柄夏, 〈韓國經濟思想シリーズ(13) 矩堂兪吉濬〉.

9 유길준은 조선이 구미 각국이나 일본과 대등하게 조약을 맺었고, 또 청국도 이런 나라들과 대등하게 조약을 맺었으므로 조선과 청국 사이에도 당연히 대등하지만, 청국이 종속관계를 이유로 조선을 독립국으로 인정하지 않고 있다는 것을 '양절(兩截)'이라는 말로 표현했다.

10 原田環, 1979, 〈朝鮮の近代化構想—兪吉濬と朴泳孝の獨立思想〉,《史學硏究》143, 廣

이 조선 사회에서 그때까지 '정학(正學)'으로 여겨져 온 유교를 종교의 하나로 간주하고 있는 동시에 '실용의 학(學)'에 의한 '지(知)의 양성', 즉 '일반 민중' 교육의 필요성을 주창하고 있는 것을 가지고, 이러한 주창들이 "중국의 전통적인 정신적 지배로부터의 탈각을 도모하는" 것이었다고 평가했다. 그리하여 그는 유길준을 김옥균이나 박영효 등 '독립파(=급진개화파)'와 같은 선상에 두고 있지만, 그러한 유길준의 사상적 전환은 후쿠자와 유키치의 영향으로 초래된 것이라고 논했다.[11]

1970년대까지 일본에서의 유길준 연구 성과들을 보면, 그의 개화사상과 유교적 전통과의 연관성에 관한 지적, 그리고 19세기 말 조선에서 그가 모색한 자주독립 방책에 대한 검토 분석 등, 후속 연구들에 적지 않은 영향을 준 것은 틀림없다. 하지만 동시에 이러한 연구들 주장의 기반이 된 내재적 발전론에 내포되어 있는 본질적인 문제에 대해서도 생각해 볼 필요가 있을 것이다. 내재적 발전론이 식민주의 사학의 극복이라는 과제에 대하여 큰 역할을 다했다는 것은 명확하다. 그러나 서구적인 발전단계 법칙을 당위로 하는 일국사적이고 근대주의적인 견지에서는 개화사상의 서구 근대적인 계기나 논리만을 찾아내는 것에 중점이 두어져, 전통적인 체제구조나 사상적 영위 등에 대한 관심이 희박할 뿐만 아니라, 오히려 조선의 근대화를 막는 '마이너스 요인' '한계성'으로밖에 인식되지 못한다는 문제가 부각된다. 사실, 강재언의 개화파 연구에 있어서 김옥균·박영효 등의 급진개화파에 비해 유길준의 평가가 적극적이지 않은 것도, 그가 유교적 전통에 동적인 의미를 찾아내지 못하고 있었기 때문이라는 것이 틀림없다. 그것은 '양절체제'를 근대 국제법의 논리에서만 해석해서

島史學硏究會.

11 原田環, 1979, 앞의 논문.

유길준의 사상에서 유교 부정을 강조하는 하라다도 마찬가지이다. 그리하여 한국사를 '세계사의 기본법칙' 안에서 파악하려고 하면 할수록, 내재적 발전론은 전통적 측면을 부정하고 서구형 근대의 논리만을 추구하게 된다. 그것은 서구 열강 (및 일본)의 이른바 '강자의 논리'에 다름 아니다. 따라서 강재언이나 하라다의 후쿠자와 유키치에 대한 평가 — 물론 유길준을 비롯한 개화파들의 사상에 후쿠자와의 영향이 어느 정도 작용하고 있다는 것은 사실이기는 하나 — 에서도 단적으로 드러나고 있는 것처럼, 침략자인 일본까지도 정당화해 버릴지 모른다는 큰 모순을 내포하게 되는 것이다. 그 결과, 거기에서 일본 제국주의를 비판하는 논리를 찾아낼 수 없게 되어 버리는 것이다.[12]

3. 전통적 측면에 대한 주목

'세계사의 기본 법칙'에 내포된 이상과 같은 문제가 일본 역사학회에 전후역사학에 대한 비판과 재검토를 본격화되게 하고, 그것을 대신할 방법론의 모색이 전개되었다. 그중에서도 '세계사의 기본법칙'에 대한 에구치 보쿠로(江口朴郎)나 우에하라 센로쿠(上原專祿) 등의 비판 논리를 계승하면서 '세계사 상(像)의 재구성'을 모색하고, 대국주의적인 메이지(明治) 유신 코스와는 다른 '제3의 길'이 존재할 가능성을 검토한 도야마 시게키(遠山茂樹)의 연구[13]는 일본 제국주의 비판의 새로운 방책을 도출해 보자는 시

12 趙景達, 2003, 〈朝鮮の近代とその政治文化〉, 歷史學硏究會 編, 《國家像·社會像の變貌》, 青木書店 참조.

13 遠山茂樹, 1966, 〈日本近代と東アジア — いかにしてアジアの唯一の帝國主義は成立したのか〉, 《世界》 242; 遠山茂樹, 1966, 〈東アジア歷史像の檢討 — 近現代史の立場から〉,

도적 차원의 문제 제기였다. 한국사 분야에서도 일찍부터 미야지마 히로시(宮嶋博史)가 내재적 발전론이 가지는 문제점을 지적하여, 근대를 상대화하는 시점에서 새로운 방법론의 모색을 제창하고 있다. 즉, 미야지마는 정약용과 오규 소라이(荻生徂徠)의 유교 해석에 보이는 '엇갈림'에 대해서 검토하면서 '개화사상'과 '근대 서구사상(및 그것을 왜곡하여 구현한 후쿠자와 유키치의 사상)'과의 '공통성'이 아니라 '양자의 차이'에 착안하고, 그 원인 규명을 '양자의 사상적 전통'에서 추구했다. 그리고 그러한 '양자의 차이'를 근대주의적인 견지로부터 개화사상의 '한계성'이라고 보는 것이 아니라 오히려 그 '차이' 속에 개화사상의 '서구나 일본과는 다른 근대적 전개 가능성'을 살피는 것이 중요하다고 지적했다.[14]

이러한 문제 제기 아래 내재적 발전론에 대한 비판과 재검토가 시도되는 가운데 유길준의 사상을 둘러싸고 새로이 제기된 견해로, '양절체제'를 대청 독립론(對清獨立論)으로 파악한 하라다에 대한 조경달(趙景達)의 비판을 들 수 있다. 그에 따르면 유길준은 갑신정변 이전까지 부국강병적인 '대국주의(大國主義=패도覇道)'를 지향하고 있었지만, 갑신정변 이후 발본적인 사상적 전개를 이룩하고, 김윤식 등 온건개화파의 유교적 민본주의에 입각한 '자강(自强)' 사상에 기초한 '소국주의(小國主義=유교적 왕도론)' 입장에 가까워졌다고 한다. 그 과정에서 유길준은 청국과의 종속관계에서 이탈이라고 하는 구상으로부터 대청 협조론을 전제로 하는 조선 중립화를 제창하게 되었다고 지적했다. 여기에서 앞에서 하라다가 주목한 '양절체제'에 대해서 조경달은 "청국의 과도한 종주권 행사에 대한

幼方直吉·遠山茂樹·田中正俊 編,《歷史像再構成の課題》, 御茶の水書房; 遠山茂樹, 1968,《戰後の歷史學と歷史認識》, 岩波書店 등을 참조.

14 宮嶋博史, 1985, 〈開化派研究の今日的意味〉,《季刊三千里》40; 宮嶋博史, 1986, 〈朝鮮社會と儒教 : 朝鮮儒教思想史の一解釈〉,《思想》750 등을 참조.

경계이기는 하나 종속관계 타파를 의미하는 것은 아니다"고 하여, 오히려 유길준이 '조공 체제와 국제법 체제의 균형' 위에서 조선의 독립을 유지하려는 '2중체제'라고도 할 수 있는 독립 구상을 가지고 있었다고 서술하고 있다.[15] 그때까지의 근대주의적인 역사관에 의거한 유길준 평가에 대한 재검토 아래에 조선의 독자적인 근대 = '제3의 길'의 존재 가능성을 제시한 연구라고 할 수 있다.

이러한 조경달의 문제 제기에 이어 김봉진(金鳳珍) 또한 유길준의 개화사상에 내재한 전통적 측면을 적극적으로 평가했다. 김봉진은 유길준을 정관응(鄭觀應), 후쿠자와 유키치 등 동시대 동아시아 지식인과 비교하면서 그 사상이 보여 주는 조선적인 특질을 언급하고 있는데,[16] 거기에서 그는 갑신정변 이후 유길준이 대청 협조론으로 전향했다고 하는 조경달의 견해에 대해서는 의문을 제기하고 있다. 즉, 유길준의 사상은 애초부터 대국주의적인 지향을 보이고 있지는 않았고, 유교적 전통을 바탕으로 한 '만국 평화질서'관을 가지고 있었다고 주장하고 있는 것이다. 단지 갑신정변을 전후하는 유길준의 개화사상이 보여 주는 성격적 변화에 대해서는 앞으로도 검토의 여지가 남아 있는 과제이지만, 적어도 유교적인 전통으로 일관하고 있었다는 지적은 유길준의 개화사상 형성 과정을 검

---

15 趙景達, 1985, 〈朝鮮における大國主義と小國主義の相克 — 初期開化派の思想〉, 《朝鮮史硏究會論文集》 22; 趙景達, 1989, 〈朝鮮近代のナショナリズムと東アジア — 初期開化派の〈万國公法〉観を中心に〉, 《中國-社會と文化〈東京大〉》 4; 趙景達, 1991, 〈朝鮮近代のナショナリズムと文明〉, 《思想》 808 등을 참조.

16 金鳳珍, 1993, 〈朝鮮の萬國公法の受容 — 開港前夜から甲申政變に至るまで〉 上, 《北九州大學外國語紀要》 78; 金鳳珍, 1994, 〈朝鮮の萬國公法の受容 — 開港前夜から甲申政變に至るまで〉 下, 《北九州大學外國語紀要》 80; 金鳳珍, 1994, 〈朝貢體系と朝鮮の近代國家形成〉, 《アジアから考える》 4, 東京大學出版會; 金鳳珍, 1996, 《〈近代〉における東アジア知識人の國際秩序觀》, 《北九州大·外國語紀要》 87 등을 참조. 이러한 연구 성과들은 金鳳珍, 2004, 《東アジア〈開明〉知識人の思惟空間 — 鄭観応·福沢諭吉·兪吉濬の比較研究》, 九州大學出版會로 출간되었다.

토하는 데 있어서 매우 시사적이다.

유교적 전통이라는 측면에 대해서는 쓰키아시 다쓰히코(月脚達彦) 역시 검토를 했다. 쓰키아시는 유길준의 '통의(通義)' 개념이나 '입헌군주제' 이해 등에 대한 분석을 통해서 그 개화사상의 본질적 성격에 대한 접근을 모색했다. 즉, 쓰키아시는 《서유견문》과 후쿠자와 유키치의 저서 《서양사정(西洋事情)》을 비교하는 가운데, 예컨대 각 개인의 욕망 대립 조화를 도덕적인 측면에서 설명하고자 시도했다. 또 유길준의 '입헌군주제' 이해에 대해서는 영조·정조 시대 탕평책이나 정약용의 군주권 강화론 등과의 연속성 위에 '일군만민' 체제의 틀 안에서 파악하려고 시도했다. 이와 같이 쓰키아시는 유길준의 개화사상을 유교적 전통에 근거한 사유 양식의 연장선상에서 파악하고, 거기에서 서구 문명의 수용 과정에 있어서 일본과 조선의 차이, 그리고 그 배경에 있는 유교적 전통에 대한 해석을 둘러싼 차이 등에 대해서 지적했다.[17] 이러한 지적들은 유길준의 개화사상이 가지고 있는 본질적 성격을 고찰하는 데 아주 흥미로운 점이라고 할 수 있다.

그러한 한편으로 쓰키아시는 유길준의 사상 형성 과정에 대하여 당시 조선을 둘러싼 국제정세 변화와 그것에 따른 대외관의 변천이라는 관점에서 검토를 했다. 즉, 1885년에 〈중립론(中立論)〉을 저술한 시점에서는 유길준이 종속관계의 파기를 주장하지는 않았지만, 청국의 간섭이 점차 강화되어 가던 1887년 무렵부터 종속관계 파기를 지향하게 되었다고 하여, 앞서 기술한 하라다와 조경달의 주장을 절충한 듯한 인상의 견해를

17 月脚達彦, 2009, 〈朝鮮開化思想の構造 — 兪吉濬《西遊見聞》の文明論的立憲君主制論〉, 《朝鮮學報》 159. 이 글은 月脚達彦, 2009, 《朝鮮開化思想とナショナリズム — 近代朝鮮の形成》, 東京大學出版會 제2장에 수록되었다.

제시했다.[18] 그런데 그는 그 과정에서 유길준이 청국이 아니라 오히려 일본에 접근하게 되었다고 서술하고 있다. 이러한 견해는 다음 장에서 언급하겠지만, 그의 갑오개혁에 대한 평가의 부전적(附箋的)인 의미가 강한 것 같다는 생각이 든다. 그렇지만 앞서 기술한 유길준의 개화사상에 있어서 유교적 전통과의 연속성이라는 측면에서 생각하면 적지 않은 비약이 거기에 있지 않나 싶다. 이것들은 당시 유길준의 대일(對日) 인식(특히 일본 침략 의도에 대한 경계심) 등과도 함께 신중하게 검토해야 할 과제일 것이다.

4. 국민국가론 — '근대성'과 유길준을 둘러싼 평가

1990년대 들어서 '국민국가의 상대화'라는 문제의식 아래 프랑스 연구자인 니시카와 나가오(西川長夫)가 새로이 제기한 것이 국민국가론이다. 이 국민국가론의 골자는 '국민국가'라는 것이 근대에 성립한 지극히 인위적인 창조물이며, 프랑스혁명에 즈음하여 부르주아지가 국민통합을 도모하기 위해서 새로운 장치와 이데올로기를 창출했다고 하는 점에 있다. 그리고 그렇게 해서 만들어 낸 국민국가에는 모듈성(module 性)이 있어, 다른 나라에서도 그러한 국민국가를 구성하는 요소들을 모방한다면 비슷한 국민국가 재생산이 가능하다고 하며, 이후 프랑스에서 생산된 국민국가가 근대국가의 모델로서 아시아나 아프리카에서 그것을 채택하도록 강요

18 月脚達彦, 1991, 〈開化思想の形成と展開 — 兪吉濬の対外觀を中心に〉, 《朝鮮史研究會論文集》 28; 月脚達彦, 2001, 〈近代朝鮮の改革と自己認識·他者認識〉, 《歷史評論》 614. 이 글들은 위의 책 제1장 〈朝鮮における國民國家創出論の形成 — 兪吉濬の對外觀と〈國民〉創出論〉으로 가필 수정된 것이 수록되어 있다.

당하게 되었다고 니시카와는 주장했다.[19] 이 글에서도 유길준의 개화사상과의 관계로 약간 언급을 하겠지만, 이렇게 제창된 국민국가론은 일본 역사학회에 적지 않은 영향을 주는 동시에 많은 논의가 전개되었다.[20]

이 국민국가론을 한국사 문맥에 적용해서 유길준의 개화사상과 연관시켜서 갑오개혁론을 전개한 것이 쓰키아시 다쓰히코이다. 즉, 쓰키아시는 갑오개혁에서 개화파 정권에 의해 제정된 내각제도나 왕실제도 등의 개혁 내용이 일본 제도와 매우 흡사하고 있는 점에 착안하고, 거기에 조선을 보호국화하려는 일본의 침략성의 존재를 인정하면서도, 실제로 그러한 제도개혁이 갑오개혁 정권에 의해 추진된 의의에 대해서 "메이지 일본의 '공정 내셔널리즘(公定 nationalism)'을 자기 모델로 도입하고자 했다"는 평가를 내렸다. 그리고 그러한 '공정 내셔널리즘'은 독립협회나 대한제국에서도 같은 수법이 계승되어 가게 되고, 거기에서는 만세·애국가·국경절·황제순행 등 새 의례가 국민통합을 위한 새로운 장치로 창출되었다고 서술하고 있다.[21]

국민국가론의 문제의식에 근거하여 근대를 '극복해야 할 대상'으로 생각하는 쓰키아시의 이와 같은 견해는 근대 조선에서 국민국가 창출의 움직임을 어떻게 이해해야 하느냐의 문제를 두고 던지는 문제가 적지 않다. 그러나 국민국가론의 등장 이후 일본 역사학회에서 비판적으로 전개된 논의와 마찬가지로 역시 몇 가지의 의문점들이 당연히 제기되었다. 첫째, 국민국가가 근대의 산물이라는 것은 틀림없는 사실이지만 그것을 받아

---

19 西川長夫, 1992, 《國境の越え方 — 比較文化論序說》, 筑摩書房 참조.

20 歷史學研究會 編, 1994, 《國民國家を問う》, 靑木書店; 牧原憲夫 編, 2003, 《〈私〉にとっての國民國家論 — 歷史研究者の井戸端談義》, 日本経済評論社 등을 참조.

21 月脚達彦, 앞의 책; 月脚達彦, 1995, 〈甲午改革の近代國家構想〉, 《朝鮮史研究會論文集》 33.

들이는 형태나 방법은 나라마다 각양각색이다. 따라서 "그러한 수용 형태나 방법에서 헤아리는 개성이야말로 그 나라의 양상을 규정하는 요소이며, 그러한 개성에 대한 비교 검토를 통해서 다시 한 번 '국민국가는 무엇인가'라는 문제에 깊게 접근할 수 있는 것이 아닐까"라고 조경달도 지적하고 있다.[22] 사실 쓰키아시 자신도 유길준의 개화사상에서 조선의 전통적 특질을 찾아내고자 하는 노력과 시도를 한 것은 앞서 서술한 바와 같다. 그렇지만 갑오개혁론에서는 그러한 전통적 측면에 대한 관심은 후퇴하고, 오히려 일본과의 유사성만을 지나치게 강조하고 있다는 인상을 부정하기 어렵다. 그러나 국민국가론에 의거한 이러한 주장은 '국민국가의 상대화'를 명제로 하면서도 외래형 국민국가 모델을 개혁의 귀결점으로 하고 있는 점에서, 결국은 내재적 발전론과 같은 방법론적인 문제를 안고 있다고 지적하지 않을 수 없다.

둘째, 쓰키아시는 "'아래로부터'의 자생적인 내셔널리즘 형성은 있을 수 없다"고 하면서 국민국가 창설에 있어서 아래로부터의 계기를 부정하고 있다.[23] 그러나 무릇 정치라는 것은 통치자와 피통치자 사이의 절충하에 전개되는 것이 아니었을까? 유교적 민본주의라는 조선의 전통적 측면에 더해서, 임술민란(壬戌民亂)을 비롯해 각지에서 빈발하던 민란, 나아가서 임오군란이나 갑오농민전쟁과 같은 19세기 조선 민중들에 의한 아래로부터 일어난 변혁 요구가 분출한 시대였다. 그러한 아래로부터의 변혁 요구와 개혁과의 연관성 문제의 관심을 아예 배제해 버린 위에 위정자 측에서만, 그것도 근대주의적인 측면에만 중점을 두고 갑오개혁을 파악하

---

22 趙景達, 2010, 〈國民國家を比較することの意義〉, 久留島浩·趙景達 編, 《國民國家の比較史》, 有志舍.

23 月脚達彦, 〈甲午改革の近代國家構想〉.

려고 하는 것은 너무나 일면적인 견해가 아닐까 싶다.[24]

셋째, 유길준을 비롯해 갑오개혁을 담당한 개화파 관료들의 평가와도 관련해서, 과연 그들이 갑오개혁 당시 일본과 보조를 맞추어 일본식 개혁을 단행하는 것을 바라고 있었던 것인가라는 의문이다. 즉, 쓰키아시는 갑오개혁에서 주도적인 역할을 한 유길준에 대해, 일본식 개혁이 실제로 행해졌다는 것과도 관련하여 그가 일관되게 일본의 대조선 정책을 지지했고, 또 일본형 근대 개혁에 매달렸다고 하면서 그가 지향한 '근대성'의 중요성을 강조했다.[25] 그런데 이러한 견해 또한 강재언이나 하라다와 같이 내재적 발전론에서의 후쿠자와 평가와 조금도 차이가 없을 것이다. 아마 결과적으로 본다면 개화파 관료들도 일본의 내정간섭 강화나 조선 정부 내에서 일어난 권력투쟁 격화와 같은 상황 속에서 일본 세력에게 농락을 당해 버렸다는 것은 아니었다. 그렇지만 그들은 반드시 처음부터 일본을 지시하고 있었던 것은 아니고, 청일전쟁 개전 당초부터 많은 개화파 관료들이 일본에 대하여 경계감을 강하게 갖고 있었고, 유길준 또한 결코 시종일관 일본 일변도였던 것만도 아니다.[26] 그리고 앞서 서술한 유교적 전통에 의거한 유길준의 개화사상에서 보이는 독자성과, 갑오개혁에 의해 제정된 일본식 개혁 사이에는 성격상으로 적지 않은 괴리가 존재한다. 그

24 이러한 쓰키아시의 견해에 대해서는 미야지마 히로시도 비판을 하고 있다. 이 글에서도 적지 않게 참고를 하였으니 여기에 소개해 두고자 한다. 宮嶋博史, 〈日本における韓国近代史研究の傾向とその問題点 ― 月脚達彦《朝鮮開化思想とナショナリズム》〉, https://www.nahf.or.kr/shtml/include/filedownload. asp?sidx=296&fname=J6_2_B1_jap.pdf. 또한 제1차 갑오개혁 당시 개혁 내용에 동학농민군의 폐정개혁 요구가 반영되었다는 점은 유영익도 지적하였다. 柳永益, 1990, 《甲午更張硏究》, 一潮閣.

25 月脚達彦, 앞의 책, 제1장 참조.

26 金鳳珍, 앞의 책; 朴宗根, 1982, 《日淸戰爭と朝鮮》, 靑木書店, 제3장; 拙稿, 2013, 〈兪吉濬 ― その開化思想と政治行動〉, 趙景達·原田敬一·安田常雄·村田雄二郎 編, 《講座東アジアの知識人》 1, 有志舍 등을 참조.

러한 괴리가 개혁 과정에서 어떻게 생긴 것인가에 대해서는 엄밀한 검토가 더 필요한 것 같다.

이상과 같은 문제의식 아래에 이토 슌스케(伊藤俊介)는 갑오개혁을 맡은 개화파 관료들, 그중에서도 유길준의 개화사상과 갑오개혁과의 연속성, 그리고·그럼에도 불구하고 그것이 어떻게 쓰키아시가 말하는 '일본에서의 투사'와 같은 것으로 변모해 버린 것인가라는 점에 대하여 경찰제도와 왕실제도의 제정 과정을 대상으로 검토를 시도했다. 즉, 개화파 관료들은 '자강(自强)'을 취지로 하는 자기 정치이념에 입각한 개혁 구상을 내걸어서 시작 당초에 개혁을 이끌었지만, 그것은 일본 제도를 참조하면서도 자국의 유교적 전통이나 국내의 현실 상황에 들어맞게 삭제나 정정을 가한 지극히 점진적인 내용이었다. 그러나 한편으로 실질적인 조선 보호국화를 향한 '일원적 통치 체제' 창출을 도모하고 있던 일본은[27] 자국의 문물제도를 전면적으로 이식하는 것으로 조선에서 일본식 개혁을 단행하고자 획책했다. 갑오개혁은 이러한 성격을 달리하는 개혁 구상을 가지는 세력에 의해, 실제 정치 속에서 생긴 여러 가지로 복잡한 길항 관계 속에서 전개된 것이었다. 그리고 결국은 개화파 관료들이 조금씩 어쩔 수 없이 일본식 개혁에 포섭되어 버렸지만, 그것은 그들이 의도하지 않는 결과였다는 견해를 제시했다.[28]

---

27 '일원적 통치 체제'란 오토리 게이스케(大鳥圭介)를 대신하여 1894년 10월 주한 일본공사로 취임한 이노우에 가오루(井上馨)가 내걸었던 개혁 구상이며, 친일내각에 모든 정치적 권한을 집중시킨 뒤에 이노우에 지시 아래에 조선 정부 내에 일본인 고문관들을 배치하여 일본식 개혁을 단행하고자 하는 것이었다. 이렇게 함으로써 이노우에는 조선에 일본과 똑같은 통치기구를 정비해서 조선의 실질적인 보호국화를 원활하게 진척시키려고 생각했던 것이다. 森山茂德, 1987, 《近代日韓關係史硏究》, 東京大學出版會, 제1장 제2절.

28 拙稿, 2003, 〈朝鮮における近代警察制度の導入過程 — 甲午改革の評価に対する一考察〉, 《朝鮮史研究會論文集》 41; 拙稿, 2010, 〈甲午改革と王権構想〉, 《歷史學硏究》 864.

이러한 견해에 대하여 쓰키아시는 제1차 갑오개혁과 제2차 갑오개혁 사이에서 볼 수 있는 제도적 차이는 개화파 관료들의 전통적 측면에 기인한 것이 아니라, 본격적인 개혁 추진이 제1차 개혁 단계에서는 아직 어려웠기 때문이며, 개혁의 타이밍에 따른 현실적 판단에 의한 것이었다는 견해를 제시했다.[29] 그러나 여기에서도 역시 그의 관심사는 근대 개혁에 대한 개화파 관료들의 '강한 관심'을 전제 조건으로 한 시점에서 개혁 내용에서 볼 수 있는 '근대성'을 발견하는 데 시종일관하고 있다. 거기에는 조선 정부 내에서 개혁의 방향성을 둘러싼 대립이나 그것에 따르는 세력 다툼의 존재는 물론, "국왕 숭배와 국가 방위를 위한 항일 반개화"[30]를 내걸면서 봉기한 제2차 갑오농민전쟁, 나아가서 개혁에 대한 조선 국내에서의 반일·반개화 기운의 고조 등에 관한 문제의식이나 관심은 역시 드러나지 않았다. 갑오개혁에서 개혁 내용의 성격적 변화에 대해서는 신창우(愼蒼宇)도 지적한 바와 같이 삼국 간섭으로 인하여 조선에 대한 일본의 영향력이 후퇴한 이후, 조선 정부에서는 오히려 급격하게 진행된 일본식 개혁에 대한 궤도 수정이 이루어지며, 제1차 개혁기에 전개된 것과 같은 점진적인 개혁 노선이 부활하고 있었다.[31] 이러한 움직임이 어떠한 의미를 갖고 있느냐는 점도 포함하여, 유길준을 비롯해 개화파 관료들의 개화사상과 갑오개혁을 둘러싼 연구는 한층 더 깊이 추구해야 할 것 같다.

29 月脚達彦, 2006, 〈朝鮮の開化と〈近代性〉 — 断髪·衛生·コレラ防疫〉, 朴忠錫·渡辺浩 編, 《〈文明〉〈開化〉〈平和〉 — 日本と韓國》, 慶應義塾大學出版會, 140쪽.

30 趙景達, 1998, 《異端の民衆反亂 — 東學と甲午農民戰爭》, 岩波書店, 275쪽.

31 愼蒼宇, 2008, 《植民地朝鮮の警察と民衆世界 1894-1919 — 〈近代〉と〈伝統〉をめぐる政治文化》, 有志舍, 제2장.

5. 맺음말

지금까지 일본의 한국근대사 연구에서 유길준과 관련된 연구들의 개략적인 동향 흐름에 대해서 개관해 보았다. 앞으로의 과제로는 역시 유길준을 비롯해 개화파 관료들의 사상과 행동에 대하여 보다 치밀하게 분석을 진척시키는 것이 필요하다는 생각이 든다. 즉, 그들의 개화사상을 '전통'과 '근대'라는 이분법을 적용해 '근대성'만을 강조하는 것이 아니라, 역사적인 전개 과정 속에 그것들의 융합과 조화 그리고 길항관계 속에서 개화사상이 형성되었다는 것을 염두에 두면서 분석을 해야 할 것이다. 또 그러한 사상적 측면의 검토와 동시에, 유길준이 실제로 정치적으로 어떠한 행동을 취했는가 하는 점에도 주목해야 한다. 정치 행동이라는 것은 위정자들이 이상으로 하는 정치이념뿐만 아니라, 국내 정국이나 위정자 사이의 이해관계, 사회 상황 나아가서 외부로부터의 압력과 같은 제반 조건들에 규정되는 것이다. 따라서 사상 이념이나 개혁 내용 그 자체의 분석도 물론이지만, 그 이상으로 실제의 정치 행동에 이르는 경위나 위정자들의 갈등 등, 개혁을 둘러싼 다양한 상황에 눈을 돌릴 필요가 있을 것이다. 그러한 분석을 면밀하게 진척시키는 것이야말로 19세기 말 조선에서의 격동의 시대를 산 유길준이 사상가로서, 그리고 정치가로서의 삶의 양상과, 그가 품고 있었던 생각들에 더 깊이 접근할 수 있을 것이라고 필자는 생각하는 바이다.

2부

유길준 구상의 재조명

유길준《世界大勢論》의 전거와 저술의 성격[1]

1. 머리말

유길준은 1883년 28세의 나이에《世界大勢論》을 작성하였다. 이 저작물은 국한문 혼용체로 쓰여 있으며, 전체 저술 항목은 14개로 구성되어 있다. 크게 분류해 보자면 〈人種殊異〉, 〈宗教殊異〉, 〈言語殊異〉, 〈政治殊異〉, 〈衣食居處殊異〉, 〈開化殊異〉, 〈世界歷史一斑〉의 전반부 7개 항목은 주로 인문(人文)과 관련된 내용을 담고 있다. 그리고 나머지 항목으로 후반부의 〈世界大勢一班〉, 〈自由大畧〉, 〈地球惣說〉, 〈經緯度의 事〉, 〈晝夜의 理〉, 〈五帶의 事〉, 〈四時의 事〉는 자연과학과 세계지리에 관련된 각종 정보를 수록하고 있다.

기존 연구에서는 유길준이 1889년 탈고한《西遊見聞》의 분석, 그리고 후쿠자와 유키치(福澤諭吉)의 저작《西洋事情》과의 내용 관련성에 집중하면서 오히려 이보다 6년 전에 저술하였던《世界大勢論》을 상대적으로 소략하게 다루었다.《西遊見聞》 집필의 전사(前史)로 소개하면서 〈開

1 이 글은 2013년 11월《韓國史學報》53호에 게재하였던 원고를 수정 보완한 것이다. 유길준의 입출국 관련 행적을 주로 보강하였으며,《郵便報知新聞》1881년 12월 28일자에 게재된 기사로 〈弄筆閑話〉의 내용도 새로 소개하였음을 밝혀둔다.

化殊異〉에서 문명의 단계를 넷으로 구분하여 서술한 부분이 《西遊見聞》에서 셋으로 바뀌었다는 사실에 주목하여 유길준의 문명관/대외관을 다룬 성과들이 대표적이다. 그 외에 정치체제에 대한 분류, 국한문이나 개국기년의 사용, 유교나 다른 종교에 대한 서술을 통해 나타난 종교관 등을 부분적으로 언급한 연구도 있었다.[2] 하지만 《世界大勢論》 가운데 일부분만을 다른 텍스트와의 관계 속에서 다루었을 뿐, 집필 당시 유길준이 참고한 자료가 과연 무엇이었는지에 대하여 본격적인 분석 작업이 이루어진 적은 없다. 단지 그가 1880년대 초반 일본에서 유학했다는 사실 때문에 후쿠자와를 비롯한 여러 일본 측 인물들이나 저작으로부터 직간접적으로는 받은 영향이 적지 않았으리라는 추정이 있었을 뿐이다.

이렇게 단편적인 접근은 1883년 저술된 《世界大勢論》이 갖는 성격과 역사적 의미, 유길준의 사상적 변화 과정을 살펴보는 데 있어서 제약 요인으로 작용할 수밖에 없다. 어디까지가 유길준의 독자적인 구상이나 사상이며, 당시의 다른 저작으로부터 받아들인 지식의 수용과 활용이 어느 정도였는지를 분별해 내지 못한 채 그의 저작이 갖는 의미를 분석할 경우

2 李光麟, 1977, 〈兪吉濬의 開化思想〉, 《歷史學報》 75·76, 歷史學會(《韓國開化思想研究》, 一潮閣, 1990 수록); 月脚達彦, 1991, 〈開化思想の形成と展開 — 兪吉濬の對外觀を中心に〉, 《朝鮮史研究會論文集》 28, 朝鮮史研究會(《朝鮮開化思想とナショナリズム》, 東京大學出版會, 2009 수록); 이광린, 1992, 《유길준 — 닫힌 사회에 던진 충격》, 동아일보사; 月脚達彦, 1996, 〈朝鮮開化思想の構造 — 兪吉濬《西遊見聞》の文明論的立憲君主制論〉, 《朝鮮學報》 159, 朝鮮學會(《朝鮮開化思想とナショナリズム》, 東京大學出版會, 2009 수록); 김용구, 1997, 《세계관 충돌의 국제정치학 — 동양 禮와 서양 公法》, 나남출판; 金鳳珍, 2004, 《東アジア〈開明〉知識人の思惟空間》, 九州大學出版會; 정용화, 2004, 《문명의 정치사상 — 유길준과 근대 한국》, 문학과지성사; 김영작, 2008, 〈한·일 양국의 서양수용에 관한 비교연구 — 유길준과 후쿠자와 유키치의 국제정치관을 중심으로〉, 와타나베 히로시·박충석 공편, 《한국·일본·'서양'》, 아연출판부; 노대환, 2010, 《문명》, 小花; 박찬승, 2013, 《대한민국은 민주공화국이다 — 헌법 제1조 성립의 역사》, 돌베개.

오독(誤讀)해 버릴 가능성이 높기 때문이다. 이러한 점에서 유길준이《世界大勢論》을 저술하는 데 참고한 전거에 대한 규명은 그의 초기 사상을 살펴보는 데 있어서 선행적으로 이루어져야 할 작업이다.

이 글은《世界大勢論》이 과연 어떠한 전거 자료에 기초하여 작성되었는지를 규명하는 것을 목표로 한다. 먼저 이 저작이 작성된 배경으로서 1883년 상반기의 동향을 정리한 다음,[3]《世界大勢論》과《西遊見聞》을 비교했을 때 나타나는 각종 차이점들을 밝히면서 집필 전거가 달랐다는 점을 검토한다. 이어서《世界大勢論》의 전거를 확인하기 위해서 일본의 메이지(明治) 초기에 간행된 자료와 내용을 비교해 보는 작업을 진행할 것이다. 여기서 특히 주목한 자료는 우치다 마사오(內田正雄, 1838-1876)[4]가 저술한《輿地誌略》이다. 이 책은 유길준이 일본에 유학하던 당시 출판계에서 후쿠자와 유키치의《學問のすゝめ》, 나카무라 마사나오(中村正直)의《西國立志編》과 더불어 3대 저작 가운데 하나로 꼽히는데, 1874-1875년 당시 15만 내지 20만 부가 발행되었다고 한다.[5]《世界大勢論》 전반부의 내용 전반에 걸쳐 이 저작을 번역한 대목이 여러 군데에 걸쳐 산견되는

3 유길준의 행적과 관련하여 본문에 나오는 날짜는 모두 양력으로 환산하고 통일하여 표기하였다.

4 하타모토(旗本) 신분으로 1838년에 태어났으며, 1857년부터 1859년까지 나가사키의 海軍傳習所에서 수학과 지리학, 항해학을 습득했다. 1862년 막부가 네덜란드에 군함의 건조와 의뢰, 그리고 이를 위한 기술을 습득하기 위해서 유학생을 파견할 때 선발되어 현지에 가서 기계학, 화학 등을 배우다가 1867년 4월 귀국하였다. 구 막부의 해군장교 출신이나 메이지유신 이후 관직에 나가 開成學校, 大學南校, 文部省 등에서 근무했고, 1873년 7월에 퇴직한 후로는 번역과 저술 활동에 전념하다가 1876년 2월 39세의 나이로 사망하였다(日本歷史學會 編, 1981,《明治維新人名辭典》, 吉川弘文館, 150-151쪽, '內田正雄' 항목; 秋元信英, 2004,〈內田正雄の履歷と史料〉,《國學院短期大學紀要》21, 國學院短期大學).

5 박양신, 2008,〈근대 초기 일본의 문명 개념 수용과 그 세속화〉,《개념과 소통》2, 한림대학교 한림과학원, 55쪽.

만큼 그 내용들을 비교해 볼 것이다.[6] 그리고 《世界大勢論》 후반부 내용에서는 후쿠자와 저작과 관련되는 대목도 나오는 만큼 그에 대해서도 검토한다. 위의 저작물로부터 유길준이 번역한 내용을 분별해 내면 자연스럽게 번역자 유길준이 독자적으로 자신의 의견을 개진한 부분이 드러나게 된다. 그러므로 유길준의 독자적인 서술이 갖는 성격에 대해서는 우치다 저작과의 내용 관련성에 대한 검토까지 마친 후 논해 보려 한다.[7]

2. 《世界大勢論》 작성의 시대적 배경

조선에서 1883년 상반기는 인천항을 개항한 1월부터 시작하여 각국과 통상조약의 체결 혹은 개정 시도 등이 활발하게 이루어지고 있던 시점이었다. 청국과는 전해 10월 체결한 〈조청상민수륙무역장정〉의 후속 작업으로서 육로통상을 상세히 규정한 〈봉천여조선변민교역장정〉과 〈길림조선상민수시무역장정〉을 각각 4월과 7월에 서북경략사 어윤중을 파견하여 체결하였다. 전통적 조청 간의 조공관계를 근대 국제법상의 속국으로 변형시키려 했음은 장정의 체결 과정과 전문 표현에서 잘 드러난다. 두 개의 후속 장정에서도 청국은 호시의 변통이나 해금령의 해제에 관계없

6 《輿地誌略》은 일본국회도서관 디지털라이브러리를 통해서 서비스 되고 있는 1882년 11월 나카가와 간스케(中川勘助)의 번각본(1-7권, 明善堂 간행)을 활용하였다. 이 책은 두 쪽을 하나의 면으로 하여 쪽수를 표기하고 있다. 그러므로 인용할 때는 면수를 기준으로 하여 기입하였음을 밝혀둔다.

7 최근 일본에서도 필자와 마찬가지로 우치다 마사오에 주목하여 유길준의 《世界大勢論》과 비교를 하면서 독립과 문명의 문제를 다룬 연구가 나온 바 있다. 月脚達彦, 2013, 〈兪吉濬《世界大勢論》における〈獨立〉と〈文明〉—內田正雄《輿地誌略》との比較から〉, 《東洋史研究》 72-3, 京都: 東洋史學會.

이 변금(邊禁)을 엄격하게 규정하면서 종속관계를 강화하려 하였다. 그리고 조선의 개화정책을 도와준다는 명분을 내세우면서 청국은 고문을 파견하여 개입할 계기를 만들었다.[8] 이때 파견되었던 자가 마건상(馬建常)인데, 그는 조선 내에서 묄렌도르프 등의 인물들과 마찰을 빚다가, 5월 들어 제수되었던 의정부 찬의직에서 물러나야 했다. 7월 24일 이홍장(李鴻章)은 상무위원의 파견계획을 상주한 후, 진수당(陳樹棠)을 총판조선상무위원에 임명하여 조선으로 파견하였다.[9] 〈조청상민수륙무역장정〉 제1조에 규정되어 있던 상무위원을 실제 파견함으로써 청국은 속국으로 간주하려 한 조선에 대하여 자국의 영향력을 제도적 차원에서 행사하려 하였던 것이다.

4월 2일부터는 조영조약의 비준안에 대한 교섭이 조선의 외아문 관리들과 영국 측 아스톤 사이에 진행되고 있었다. 조선 정부는 기존에 체결한 조약의 불평등성을 완화시키려는 목적을 가지고 협상에 임하였다. 반면에 영국은 최혜국대우에 따라 〈조청상민수륙무역장정〉의 내용을 균점하려 하였다.[10] 하지만 조선과의 개정 교섭이 의도대로 원활하게 진행되지 않자, 6월 22일 파크스는 청과 일본에서 시행되고 있던 조약의 내용에 입각하여 새로 조영조약 초안을 마련하고, 이에 따라 조약문을 조선 측에 관철하려고 대응 방향을 선회하였다.[11] 한편, 미국 공사 푸트는 〈조미수호

8 구선희, 2005, 〈19세기 후반 조선사회와 전통적 조공관계의 성격〉, 《史學硏究》 80, 한국사학회, 164-170쪽; 김종원·이양자 지음, 2009, 《조선 후기 대외관계 연구》, 한울아카데미, 156-163쪽.

9 權赫秀, 2000, 《19世紀末 韓中 關係史 硏究》, 백산자료원, 131-134쪽; 李銀子, 2008, 〈淸末 駐韓 商務署 組織과 그 位相〉, 《明淸史硏究》 30, 명청사학회, 362-365쪽.

10 한승훈, 2006, 〈朝英條約(1883. 11)과 불평등조약체제의 재정립〉, 《韓國史硏究》 135, 韓國史硏究會, 223-227쪽.

11 한승훈, 위의 논문, 233쪽.

통상조약〉 비준서를 휴대하고 조선으로 부임하였고, 5월 20일 고종에게 국서를 봉정하였다. 이어서 그는 보빙사의 미국 파견을 요청하였고, 이에 대한 결정을 정부 차원에서 논의하고 있었다.[12] 7월 14일부터는 조선과 일본 사이에 통상장정과 해관세칙 체결을 위한 협상이 재개되어 같은 달 25일에 조약의 체결과 조인이 이루어졌다.[13] 이렇듯 1883년 상반기는 개항 및 통상조약의 체결과 관련된 여러 사항들이 동시다발적으로 진행되면서 조선의 정세가 급변하고 있던 때였고, 청국은 조선을 근대 국제법상의 속국으로 삼기 위한 조처들을 취하면서 강력한 영향력을 행사하려 한 시기이기도 했다.

이보다 앞선 1881년, 조사시찰단의 일행으로 일본에 건너간 유길준은 후쿠자와가 설립한 게이오기주쿠(慶應義塾)에 들어가 수학하였다.[14] 유학 기간 동안 그는 후쿠자와의 저작을 비롯하여 각종 개화 서적을 탐독하고 견문을 넓히면서 일본의 근대적인 모습 및 서양제도와 문물의 우수성을 새롭게 인식하였다.[15] 비단 인식에 그치지 않고, 그는 새롭게 터득한 일본어에 기초하여 글을 작성하기도 하였는데 잘 알려진 것이 《時事新報》에 게재된 〈신문의 기력을 논함〉(1882년 4월 21일)이다. 하지만 이보다 시기상으로 더 이전에 유길준이 일문으로 작성한 글이 한 편 존재한다. 《時事新報》가 창간되기 전 《郵便報知新聞》에 소개되었던 짧은 글인데, 〈弄筆閑話〉라는 제목으로 실려 있다.[16] 이 신문에서도 "취학한 지 겨우 8개월 만에 우리나라 문장의 체재를 깨우치고 근일 스스로 한 편의

---

12 김원모, 1999, 《韓美修交史》, 철학과현실사, 23-43쪽 참조.

13 김경태, 1994, 《한국근대경제사연구》, 창작과비평사, 145-150쪽.

14 李光麟, 1990, 앞의 책, 49-54쪽.

15 韓哲昊, 2000, 〈兪吉濬의 生涯와 思想〉, 《韓日關係史硏究》 13, 韓日關係史學會, 10쪽.

16 《郵便報知新聞》 1881년 12월 28일 2면. 이 글의 일본어 원문과 번역은 부록으로 첨부한다.

논문을 기초"한 유길준의 '영민함'과 더불어 그의 재능을 알아보고 지도하는 후쿠자와의 안목을 소개하였다. 〈弄筆閑話〉에서는 '군민공치(君民共治)'에 대한 언급부터 하고 있다. 당시 일본 내에서도 자유민권운동이 활발하게 전개되고 있었던 만큼 유길준도 정치체제에 관하여 많은 관심을 갖고 있었음을 확인할 수 있는 대목이다. 그는 동양에서 '군민공치'의 정체론(政體論)을 실시할 수 없다고 하는 자의 말에 대하여 단연코 그렇지 않으며, 동양에서도 애초부터 그것이 존재하였다고 반박하였다. 그리고 개항 후 조약을 체결한 조선 내의 상황을 거론하는 가운데 '개화문명'하려는 의지를 굳건히 하고 점차 향상시켜 나간다면 조선이 일본보다 나아질 날도 올 수 있다고 전망하였다. 유길준은 여기서 '청출어람'의 비유를 적극 활용하고 있는데, 한발 더 나아가 분발하고 노력한다면 동양이 서양보다도 나아질 날도 올 수 있지 않겠느냐고 반문하였다. 언어와 풍속은 달라도 이목구비는 같고, 도덕과 종교의 명칭은 달라도 인간의 도리는 하나이므로, 동서양 간에 동서남북을 종횡무진하고 동가식서가숙을 할 수 있는 '하나의 큰 가족'이 될 수도 있으리라는 전망을 하면서 글을 마치고 있다. 동양의 발전 가능성을 낙관적으로 바라보고 있는 유길준의 생각이 잘 드러나는 글이라고 평가할 수 있다.

임오군란 발발 이후 일본에 파견되었던 수신사 박영효 일행과 변리공사 다케조에 신이치로(竹添進一郎)는 요코하마에서 승선하여 12월 28일 귀국길에 올랐다.[17] 고베에서 배를 갈아타고, 시모노세키에 잠시 정박한 후 이들 일행은 1883년 1월 5일 제물포에 도착하였다.[18] 이때 유길준도 귀

17 《時事新報》 1882년 12월 29일 2면 〈朝鮮修信使〉; 《東京横濱毎日新聞》 1882년 12월 29일 2면 3단 기사. 수신사 박영효의 활동에 대해서는 다음의 연구를 참조. 최덕수, 2004, 《개항과 朝日관계》, 고려대학교출판부, 제4장.

18 《東京日日新聞》 1883년 1월 17일 〈遣韓吏員の歸朝〉; 《東京横濱毎日新聞》 1883년 1

국길에 올랐는데 박영효 일행과 요코하마에서 같이 출발하지는 않았던 것으로 보인다. 그가 수신사 일행보다 먼저 도쿄를 떠났다고 판단하는 근거로 다음 두 가지를 제시할 수 있다. 첫째, 유길준은 민영익과 함께 한 달 전에 육로를 경유하여 조선으로 가려고 일본 정부로부터 내지여행 허가장까지 받아 두었다.[19] 다만 여러 여건상 일정이 지연되어 11월 29일 민영익과 함께 요코하마에서 배를 타고 고베로 출발하였다.[20] 둘째, 그가 민영익과 함께 1883년 1월 2일 시모노세키에서 합류하여 승선한 후 다음 날 아침 조선으로 출발하였다는 사실은 이노우에 가쿠고로(井上角五郎)의 일기에 기록되어 있다.[21] 원래 고베에서 수신사 일행과 합류할 예정이었으나, 예정보다 도쿄에서 박영효의 출발이 늦어졌다. 이에 고베에 체류하면서 수신사의 도착을 기다리던 민영익 일행은 수신사 일행의 출발과 기착지 소식을 전보로 접한 후 일단 12월 23일 고베를 떠났다. 시모노세키까지 이동한 후 여기서 일행과 조우하여 같이 귀국하는 방법을 선택하였던 것으로 보인다.

귀국 후 유길준은 2월 29일부터 통리교섭통상사무아문 주사로 임명되었고, 신문 발행과 관련된 업무에 종사하다가 4월 16일 자리에서 물러

월 21일 2면 4단 기사; 《東京日日新聞》 1883년 1월 22일 〈竹添公使韓國皇帝に國書捧呈〉; 《朝野新聞》 1883년 1월 23일 1면 3단 기사; 《時事新報》 1883년 1월 23일 3면 〈朝鮮在留日記〉 1883년 1월 5일.

19 《郵便報知新聞》 1882년 11월 25일 1면.

20 《郵便報知新聞》 1882년 11월 29일 2면; 《読売新聞》 1882년 11월 30일 1면; 《時事新報》 1882년 11월 30일 2면; 《東京横濱每日新聞》 1882년 12월 1일 1면. 고베에 도착한 후 민영익 일행이 교토, 오사카, 오쓰 등지를 둘러보았다는 점은 신문 기사에서 확인된다.

21 《時事新報》 1883년 1월 23일 3면 〈朝鮮在留日記〉 1883년 1월 2일. "暫時上陸セント欲シ甲板上ニ出レバ閔泳翌、兪吉濬ノ兩君此處ニ在リ盖シ此船此朝ヲ以テ此港ニ着スル由前以テ其筋ヨリ兩君ヘ電報セラレシヲ以テ兩君ハ今朝ヨリ待船ニ今此船此港ニ入ルヲ見テ直チニ艀艇ニ乘シテ來リシ者ナリ".

났다.[22] 그 후 6월 1일 용건은 알 수 없으나 다케조에 공사를 한 번 방문하러 갔던 것으로 확인된다.[23] 1883년 7월 16일에는 미국으로 파견되는 보빙사로 전권대사 민영익, 부대신 홍영식이 임명되었다. 유길준은 보빙사행의 수행원으로서 이들과 함께 제물포에서 미국 군함 모노카시호에 승선하여 일본으로 출발하였다.[24] 귀국에서부터 다시 출국할 때까지 유길준의 행적에는 낙산서재의 동창이면서 이 시기 조선 정부의 실세로 떠오른 민영익이 배후에서 많은 영향을 미치고 있었다.[25] 물론 여기에는 앞서 언급하였듯이 일본에서 귀국하기 전 민영익과 동행하여 일본 현지의 여러 곳을 둘러보았던 경험도 크게 작용하였을 것이다.

일본 측 신문 보도에 따르면 보빙사 일행 9명은 7월 21일 오전 11시 30분 나가사키(長崎)에 도착하였고,[26] 27일발 나고야마루(名古屋丸)를 타고 이곳에서 출발하였다.[27] 8월 1일 요코하마(橫濱) 항에 도착한 후 곧바로 도쿄(東京)로 들어갔다.[28] 도쿄에서 외국참찬관 겸 고문 퍼시벌 로웰(Percival Lowell)과 그의 비서 미야오카 쓰네지로(宮岡恒次郎)[29]가 보빙사

---

22 이광린, 1992, 앞의 책, 27-34쪽.

23 竹添進一郞, 1883, 《赴韓日記》, 6월 1일 기사.

24 김원모, 1999, 앞의 책, 40-42쪽.

25 柳永益, 1990, 《甲午更張硏究》, 一潮閣, 94-95쪽.

26 《鎭西日報》 1883년 7월 22일 〈朝鮮人來崎〉; 《日本立憲政黨新聞》 1883년 7월 27일 기사.

27 《鎭西日報》 1883년 7월 24일 〈朝鮮全權大臣〉.

28 《東京日日新聞》 1883년 8월 3일 〈朝鮮の使節〉.

29 미야오카는 1865년생으로 東京英語學校(이후 東京大學豫備門)에서 수학한 후 1882년 東京帝國大學 法學部에 입학하였다. 1883년 보빙사 일행과 함께 미국으로 건너갈 때는 휴학을 하였으며, 대학 졸업 이후 외무성에 들어가 미국, 독일 등지에서 외교관으로 활동하였다. 어려서부터 영어에 능숙하여 에드워드 모스, 퍼시벌 로웰 등의 통역을 담당하였으며, 수십 년에 걸쳐 이들 두 집안과 계속 교류를 이어 나갔다. 유길준이 미국 유학을 하던 당시 많은 도움을 준 에드워드 모스가 미야오카와 연결되는 고리가 좀 더 일찍부터 형성되어 있었다는 점은 주목할 만하다(高田美一, 1993, 〈宮岡恒次郎とパーシヴァル·ロウエル·ドワード·モース, アーネスト·フェノロサ — 明治東西文化交流の一面〉, 《立正大學文學部論叢》 97, 立正大學 ; 李漢燮, 2009, 〈개화기 외교 현장에

일행으로 합류한 다음, 이들은 8월 18일 요코하마에서 아라빅 호를 타고 미국 샌프란시스코를 향하여 출발하였다.[30] 유길준은 이후 미국 유학을 마치고 1885년 말 조선으로 되돌아갈 때에도 일본에서 거쳤던 경유지가 동일하였다.[31] 중간에 나가사키에 들러 일본 소학교 교과서를 구입하여 조선어로 번역하는 작업에 착수하였다는 정황도 당시 신문을 통해서 포착된다. 새로운 지식이 담겨 있는 서적에 관심을 갖고 부지런히 수집, 소개하려는 면모를 확인할 수 있는 대목이라 할 수 있다. 그는 12월 20일 부산에 잠시 들른 후, 다음 날 인천에 도착하면서 조선으로 돌아오는 일정을 마무리하였다.[32]

이상과 같이 진행된 일정 속에서 유길준이 《世界大勢論》을 집필한 정확한 시점을 가늠하기는 쉽지 않다. 그가 남긴 《世界大勢論》에 작성된 날

서의 통역 문제 — 1883년 派美 사절단의 예를 중심으로〉, 《日本語學硏究》 25, 한국일본어학회 참조).

30 김원모, 1999, 앞의 책, 43-44쪽; 《東京日日新聞》 1883년 8월 20일 〈閔泳翊氏〉; 《日本立憲政黨新聞》 1883년 8월 24일 기사. 《日本立憲政黨新聞》의 보도에 따르면 원래 민영익 측에서 안내자로 삼으려 했던 인물은 태정관(太政官)에 고빙되어 있던 다른 미국인이었던 것으로 보인다. 하지만 형편이 되지 않자, 주일 미국공사관 측에서 퍼시벌을 추천하였다고 한다.

31 1885년 11월 유길준이 일본에 도착한 후 조선에 귀국하는 일정은 기존 연구에서 간략하게 제시된 바 있다. 귀국 과정에서 일본에 체류한 그의 행적을 당시의 신문기사를 통해 좀 더 상세하게 제시해 두려 한다. 유길준은 11월 25일 요코하마에 도착하였으며(《郵便報知新聞》 1885년 11월 25일 3면 3단 〈韓客再渡〉), 1주일 후인 12월 2일 요코하마를 떠나 6일에는 나가사키에 도착하였다(《鎭西日報》 1885년 12월 9일 2면 〈兪吉濬〉). 나가사키에서 8일 가량 체류한 후 조선으로 떠나는 배에 12월 14일 탑승하였다(《鎭西日報》 1885년 12월 15일 2면 〈船客〉). 이용하는 선편은 모두 상등석을 이용하고 있는 것으로 볼 때 금전적인 면에서 여유는 있었던 것으로 보인다.

32 《鎭西日報》 1885년 12월 9일 2면 〈兪吉濬〉; 민건호, 2008, 《海隱日錄》 I, 부산근대역사관, 461쪽. 이광린은 《統署日記》의 기사를 토대로 유길준이 인천에 도착한 것이 양력 12월 16일이라고 하였으나, 음력 일자와 양력 일자를 환산하는 과정에서 오류가 발생한 것으로 보이므로 이를 바로 잡았다. 《海隱日錄》과 《統署日記》 기록을 아울러서 감안해 보면 유길준이 탑승하였던 도요지마마루(豊島丸)는 부산을 잠시 기항하였다가 곧바로 출발하여 다음 날 인천에 도착하는 일정이었음을 알 수 있다.

짜나 간지(干支)가 명시되어 있지는 않기 때문이다. 다만 보빙사 민영익을 수행하여 다시 해외로 출국하기 전인 1883년도 상반기에 집필한 작품이었음을 짐작할 수 있는 대목은 내용 속에 담겨 있다.[33] 유길준은 이 시기에 《世界大勢論》 이외에도 〈言事疏〉, 〈競爭論〉, 〈苧社輯譯〉 등을 저술하면서 자신의 생각과 포부를 의욕적으로 드러내려 하였다. 특히 《世界大勢論》은 앞에서 언급한 다른 글들과 비교가 되지 않을 정도의 분량과 정보를 담고 있다는 점에서 주목되는 저작이다. 다음 장에서 상세히 검토해 보겠지만, 일본유학 경험과 거기서 새로 접한 최신 지식을 토대로 하여 대외개방을 단행한 조선에서 시급하게 필요로 하는 정보를 야심차게 소개하려는 의도가 저작의 행간 속에서 잘 드러난다. 유길준으로서는 "밖의 세계를 알게 하려는 데 목적"이 저술을 하게 된 동기였을 것이다.[34] 참고로 유길준이 일본에 체류하는 기간 동안 후쿠자와가 〈時事大勢論〉이라는 제목으로 《時事新報》에 논설을 연재하고 있었다는 사실도 주목된다.[35] 이 논설은 유길준이 《世界大勢論》을 구상하고 제목을 지을 때 시사점을 주었을 것으로 보인다. 그러면 장을 바꾸어 《世界大勢論》의 내용을 다른 저작물과의 관계 속에서 본격적으로 검토해 보도록 한다.

---

33 이광린은 《世界大勢論》이 집필된 시점을 박영효가 신문 발간에 관여하던 1883년 2월 말에서 4월 초 사이로 추정하였다(李光麟, 1999, 〈兪吉濬의 문명관〉, 《韓國近現代史論攷》, 一潮閣, 9쪽. 원래 이 원고는 韓日文化交流基金에서 1991년에 발간한 《19世紀 韓日兩國의 傳統社會와 外來文化》란 책자에 수록되었던 것임).

34 李光麟, 1990, 앞의 책, 58쪽.

35 慶應義塾 編, 1959, 〈時事大勢論〉, 《福澤諭吉全集》 卷5, 岩波書店. 이 글은 후쿠자와가 원래 1882년 4월 5일부터 14일까지 여섯 차례에 걸쳐 《時事新報》에 연속 게재하였던 사설을 책으로 엮은 것이다. 《世界大勢論》 가운데 〈自由大畧〉 앞부분 서술에서 이 논설의 영향이 보인다는 지적은 김봉진이 한 바 있다(金鳳珍, 2004, 앞의 책, 212쪽 각주 18번).

3.《世界大勢論》과 다른 저작물 간의 내용 관련성 검토

1)《世界大勢論》과《西遊見聞》

먼저《世界大勢論》의 구성과 관련해서 살펴보아야 할 부분은 이 저작물이 과연 1889년에 완성되는《西遊見聞》의 저본이 되는가의 여부이다. 기존 연구에서는 작성된 시점을 1883년으로 확정할 수 있는《世界大勢論》을 필요에 따라서《西遊見聞》과 관련된 내용을 추출하는 가운데 이 작품이 후자의 저본이 된다고 판단하였다. 개화의 등급에 대한 서술(4단계 → 3단계로 변화), 야만과 반속지 등의 구분, 세계 각국의 지리적 위치에 대한 소개 등이 여기에 해당하는 내용이다. 그렇다면《世界大勢論》후반부의 내용은《西遊見聞》의 제1편에 수록된〈地球世界의 槩論〉,〈六大洲의 區域〉,〈邦國의 區別〉과 과연 내용상으로 일치하는가?

결론부터 먼저 말하자면《世界大勢論》과《西遊見聞》제1편에 수록된 내용 사이에 일치하는 부분이 그리 많지 않기 때문에 두 저작은 각기 다른 자료에 기초하여 작성되었다고 보아야 한다. 그렇게 판단하는 이유는 다음과 같다. 첫째,〈世界大勢一班〉에서 다루고 있는 아시아, 유럽, 아메리카, 아프리카, 대양주의 각국은《西遊見聞》의〈六大洲의 區域〉,〈邦國의 區別〉에 비해 다루고 있는 나라와 다른 부분이 존재한다. 두 저작물 안에서 거론되는 지명 가운데 차이가 나는 부분은〈표 1〉과 같이 정리된다.

〈표 1〉을 보았을 때 둘 사이에 적지 않은 국가명이 각각 들어가거나 빠져 있음을 확인할 수 있다.《西遊見聞》을 작성할 때 전부 다 열거할 수 없다고 하면서 생략한 부분도 있고, 유길준 자신이 미국, 유럽을 경유하여 조선으로 돌아온 다음이기 때문에 새롭게 파악한 부분도 반영된 것으로 볼 수 있을 것이다.

표 1.《世界大勢論》과《西遊見聞》에 각각 새로 들어간 지명 표기

		국가명
《世界大勢論》	有	필리핀을 포함한 동남아시아 지역의 여러 섬과 나라, 투르키스탄(土耳其斯坦), 파키스탄(皮路直坦), 리비아(絮皮亞), 세네갈(塞內岡比), 기니(幾內亞), 카콘다(合丁多), 케이프타운 식민지(岌朴哥羅尼), 케냐(牙蘭), 소말리아(索謀和), 니카라과(尼加拉瓜), 벨리즈(百里斯), 그린란드(嗹屬亞墨利加), 하와이를 제외한 오세아니아주 대부분의 제도와 국가
《西遊見聞》	有	서장(西藏), 캄보디아(甘保杜野), 헝가리(匈牙利), 산마리노(山馬利路), 안도라(安道羅), 루마니아(樓禰尼亞), 세르비아(西比亞), 팔레스타인(巴禮斯坦), 아르메니아(阿美尼亞), 시리아(世累野), 라이베리아(羅伊比賴亞), 트랜스발(土蘭斯拔), 오만(烏滿), 콜롬비아(哥倫比), 베네수엘라(彬崖朱越那), 에콰도르(厄瓜多), 아이티(許太伊), 산도밍코(山道明澳), 쿠바(赳排)

각국의 정치 형태와 독립 여부에 대한 서술의 경우 두 저작 사이에 구분의 유사성과 명칭상의 차이가 동시에 존재한다.《世界大勢論》〈政治殊異〉에서는 일단 정치 체제를 크게 다인정치와 소인정치로 구분하였다. 소인정치로는 군주전제, 군주전치, 귀족정치가 있고, 다인정치로는 군민동치(입헌정치)와 공화정치가 있다고 하였다.[36] 반면《西遊見聞》에서는 다인정치와 소인정치로 구분하지 않고 정치 체제(政體)를 크게 다섯 가지로 분류하였다. 일단 정치 체제 명칭을 놓고 비교해 보면 정확하게 일치하지는 않는다.[37] 그렇기는 하나 유사한 정치 성격에 따라서 두 저작의 분류한

36 참고로 1881년 조사시찰단으로 일본에 파견되었던 민종묵이 남긴 기록에서도 정치 체제를 간략하게 구분하여 서술한 대목이 있기는 하다. 그는 君民共治, 立君獨裁, 貴族政治, 共和政治로 분류하면서 대표적인 나라를 하나씩 제시하였다. 유길준이《世界大勢論》에서 한 구분과 비교해 보았을 때 미국을 공화정치의 나라라고 한 대목에서만 공통된다. 하지만 러시아가 立君獨裁, 영국이 貴族政治, 프랑스는 君民共治라고 하여《世界大勢論》의 구분과는 차이가 난다(許東賢, 1994,〈1881년 朝士視察團의 明治 日本 政治制度 理解〉,《韓國史硏究》86, 韓國史硏究會, 124-125쪽 참조).

37 가토 히로유키(加藤弘之)는《立憲政體略》(1868)에서 정치 체제를 君政으로 君主擅制, 君主專治, 上下同治(君民同治)의 세 가지, 民政으로 貴顯專治, 萬民共治의 두 가지로 구분하였다. 김봉진은 유길준이 이것을 참조했던 것 같다고 지적하였다(金鳳珍, 2004, 앞의 책, 262쪽 각주 12번). 뒤에서 검토하겠지만 이러한 정체 구분과 설명은 비단 가토만이 아니라 우치다의《輿地誌略》에도 나온다. 유길준은 우치다 책의 이 내용을 번역하면서 표현과 배치 순서를 약간 바꾸었다. 여기서 유길준이 쓴 '共和政治'라

표 2.《世界大勢論》과《西遊見聞》의 정치 형태에 따른 명칭 비교

《世界大勢論》		《西遊見聞》
少人政治	君主專制	君主가 擅斷하는 政體
	貴族政治	貴族이 主掌하는 政體
	君主專治	君主가 命令하는 政體
多人政治	君民同治	君民이 共治하는 政體
	共和政治	國人이 共和하는 政體

명칭을 연결시켜 보면 〈표 2〉와 같다. 소인정치보다 다인정치가 훌륭하다고 평가한 인식이 기본적으로《西遊見聞》을 집필하는 단계로 이어지고 있다는 점에서는 연속성을 발견할 수 있다.

한편《世界大勢論》〈世界大勢一斑〉은 세계 각국의 현황을 간단히 정리한 것이다. 각국의 정치 형태와 독립 여부를 구분하여 제시하고 있으며, 각국의 한글 표기도 새로 들어가 있다. 언뜻 보았을 때 〈政治殊異〉에서 구분한 정치 체제가 일관성 있게 〈世界大勢一斑〉에 제시되었다고 보기 어려운 측면이 존재한다. 그리고 각 체제에 맞는 국가들을 제시하는 부분의 경우《西遊見聞》 제5편 〈政府의 種類〉와도 다르다. 각 정치 체제에 해당하는 여러 국가명이 제시되고 있는데 여기에 해당하는 내용은 〈표 3〉처럼 정리하여 제시할 수 있다.

〈표 3〉에서 그나마 분류 기준이 일치하고 있는 범주는《世界大勢論》의 '공화정치'와《西遊見聞》의 '국민이 공화하는 정체' 부분이다. 나머지 범주의 경우 설정한 개념이 세분화되어 있거나(황제 혹은 국왕, 입헌인가 아닌가의 구분) 어떠한 정체인지 명확하게 판단하지 않은 부분(半屬地 아니면 추가 설명의 미비)이 존재한다.《西遊見聞》 단계에서 오히려 왕과 황제의 구분이 사라졌다는 점(군주로 통합), 야만이나 식민지에 해당하는 국가들도 범주에서 아예 제외를 시켰다는 점을 가장 큰 차이로 지적할 수 있다.

는 표현은 가토와 우치다의 책에서 사용되지 않았던 것이다.

표 3. 《世界大勢論》과 《西遊見聞》에 나타난 정치 체제별 국가 분류

《世界大勢論》	帝治	중국, 일본, 자바
	王治	몽고, 이리, 티베트, 페르시아, 보르네오, 모로코, 잔지바르, 마다가스카르, 러시아
	立憲王治	베트남, 타이, 미얀마, 영국, 네덜란드, 벨기에, 스페인, 포르투갈, 덴마크, 스웨덴-노르웨이, 이탈리아, 그리스
	立憲帝治	독일, 오스트리아, 브라질, 하와이
	共和政治	라이베리아, 프랑스, 스위스, 페루, 칠레, 볼리비아, 파라과이, 우루과이, 파타고니아, 과테말라, 엘살바도르, 온두라스, 니카라과, 코스타리카, 벨리즈, 미국, 멕시코
	野蠻(國體 未成立)	아라비아, 아프가니스탄, 투르키스탄, 파키스탄, 술루제도, 에티오피아, 세네갈, 수단, 기니, 카콘다, 케냐, 소말리아, 파푸아
	구분하지 않거나 屬地인 경우	조선, 필리핀, 이집트, 리비아, 트리폴리, 튀니지, 알제리, 모잠비크, 아르헨티나, 오스트레일리아, 타스마니아, 뉴질랜드
《西遊見聞》	君主가 命令하는 政體	조선, 중국, 타이, 티베트, 베트남, 페르시아, 러시아, 터키, 모로코, 튀니지, 마다가스카르, 잔지바르, 오만
	君民이 共治하는 政體	영국, 독일, 네덜란드, 벨기에, 오스트리아, 이탈리아, 스웨덴, 덴마크, 그리스, 포르투갈, 스페인
	國人이 共和하는 政體	미국, 멕시코, 프랑스, 스위스, 라이베리아, 오렌지, 과테말라, 엘살바도르, 온두라스, 에콰도르, 코스타리카, 페루, 칠레, 콜롬비아, 아르헨티나, 파라과이, 베네수엘라, 우루과이, 산도밍고

* 출처 : 《世界大勢論》, 〈世界大勢一班〉(《兪吉濬全書》 Ⅲ, 61-87쪽); 《西遊見聞》 제5편 〈政府의 種類〉, 145-147쪽(《兪吉濬全書》 Ⅰ, 165-167쪽).

여기서 한 가지 주목해 볼 부분은 《世界大勢論》에서 "朝鮮 卽我國"이라고 한 대목이다. 조선을 屬地나 半屬地로 분류하여 서술하지 않은 것이다. 다음 3절에서 검토해 볼 자료로 유길준이 참고하였던 《輿地誌略》에서는 조선이 중국의 속국에 해당한다고 하였다.[38] 심지어 과거에 중국뿐만 아니라 고대 일본에게도 조공을 하고, 때때로 진구황후(神功皇后)나 도요토미 히데요시(豊臣秀吉)에게 정벌을 당했다는 식의 서술까지 등장한다.[39] 조선이 역사 이래로 계속해서 중국이나 일본에 대해 조공을 바치

38 《輿地誌略》 卷1, 〈亞細亞洲〉, 15면. "朝鮮西藏ノ如キハ支那ニ附属ス"; 같은 책 卷2 〈支那〉, 1면. "其他朝鮮琉球ノ如キハ又支那ニ朝貢スル所ノ属國トス".

39 《輿地誌略》 卷2, 〈高麗〉, 9면. "此国古代ヨリ皇国ニ朝貢シ … 又屢屢日本ヨリ之ヲ征討セシコト有リ千六百七十年前 神功皇后ノ親征及ビ近クハ豊太閤ノ討伐ノ如キハ皆人ノ

고 속국이었다는 편견이《輿地誌略》에 담겨 있었던 것이다. 하지만 유길준은《世界大勢論》에서 우치다의 서술을 그대로 옮기지 않았다. 조선에 대한 편견이 담겨 있는 서술은 그로서도 받아들일 수 없었기 때문에 의식적으로 이를 배제하였던 것으로 보인다.

한편,《萬國公法》은 이미 조선 내에 보급되어 있었다. 유길준이 귀국할 무렵 수신사로 일본에 파견되었던 박영효나 김옥균 등의 개화파는 일본 주재 러시아, 영국 공사와 접촉하면서 공법에 실려 있는 논리를 원용하여 조선을 강압하는 청국의 행동을 비판하고, 조약 체결을 통해 조선의 자주와 독립을 추구하려 하였다. 그렇기는 하나 청국은 임오군란 이후 회군 6영 3천의 병력을 지휘하는 제독 오장경(吳長慶)을 주둔시켜 외교와 재정을 감시하도록 하고, 장정 등의 체결을 통해 종속관계를 심화시켜 나가고 있었다. 이러하였기 때문에 조선 국내에서 '자주'를 적극적으로 표방하기란 쉽지 않은 분위기였다.[40] 그러므로 유길준으로서는 불필요한 논란을 만들지 않기 위해서 조선을 속국으로 간주한 우치다나 중국 측의 입장이 담긴 표현을 반영하지 않고,[41] "朝鮮 卽我國" 정도로만 간단하게 기술하는 정도에서 그쳤던 것 같다.[42] 유길준이 국제법의 논리를 적극적

能ク知ル所ナリ".

40 김용구, 1997, 앞의 책, 218-223쪽; 최덕수, 2004, 앞의 책, 118-120쪽; 다보하시 기요시(田保橋潔) 지음, 김종학 옮김, 2013,《근대 일선관계의 연구》上, 일조각, 778-779쪽.

41 쓰키아시는 이 시기 유길준에게서 청과의 종속관계에 대한 명확한 입장을 밝힌 대목은 찾기 어려우나, 종속관계의 부정으로 연결될 수 있는 대목으로서《世界大勢論》가운데 국한문 혼용체와 개국기년의 사용을 주목한 바 있다(月脚達彦, 2009, 앞의 책, 29-31쪽). 유길준은《世界大勢論》곳곳에 이러한 내용들을 분산 배치하고 서술함으로써 간접적으로 조선이 중국의 속국이 아니라 독자적인 국가임을 드러내려는 의도를 갖고 있었다고 볼 수 있을 것이다.

42《世界大勢論》에서 나타난 이러한 경향은 1885년 귀국 직후에 작성한 〈中立論〉의 내용 속에서도 단편적으로 확인 가능하다. 다만 귀국 직후에는 청국의 힘을 현실적으로 체감할 수 있는 시기였고, 많은 제약이 가해지던 상태였기 때문에 중국의 위정자들을

으로 인용하면서 조선의 처지에 대한 입론을 체계적으로 전개하기 시작한 것은 적어도 이보다 이후, 즉 1885년 12월 중순 미국 유학을 마치고 귀국한 다음《萬國公法》과 데니의《淸韓論》, 그리고《公法便覽》등의 자료를 활용하여〈國權〉을 저술한 시점부터로 추측된다.[43]

다음으로는 인용한 수치상의 차이를 살펴본다. 여기서 비교해 볼 것은 6대주의 면적에 대한 수치와〈地球惣說〉에서 정리한 태양계 행성에 대한 내용이다.《西遊見聞》에서는 제1편〈地球世界의 槩論〉에 이에 대한 서술이 나온다. 하지만《世界大勢論》에 실린 정보에 비해 직경 및 태양과의 거리만 제시하고 있으며, 자전이나 공전과 같은 내용은 빠져 있다. 게다가 제시된 수치도 다르다.《世界大勢論》을 저본으로 삼았다고 한다면 남겨 놓은 부분에 대해서라도 동일한 수치를 제시하고 있어야 한다. 하지만 전혀 다른 수치가 등장하고 있다. 이러한 점은 대륙에 대한 면적을 나열한 부분에서도 마찬가지이다. 이러한 수치상의 차이는〈표 4〉처럼 정리할 수 있다.

〈표 4〉에서 볼 수 있듯이 각 행성의 직경, 태양까지의 거리는 표기한 단위가 영리와 리로 각각 다르기는 하다. 하지만 비율을 통해서 알 수 있듯이 1영리=3.3리로 환산됨을 알 수 있다. 한편《世界大勢論》〈世界大勢一斑〉의 윗부분에는 영국 1리가 조선의 이법으로 '3리 7분'에 해당한다고 기록해 둔 부분이 있다.〈표 4〉에서 검토하였듯이 거리에 대한《世界大勢

상당히 의식하면서 보여 주기 위한 성격의 글을 작성했던 것으로 보인다. 여기서도 조선을 명시적으로 중국의 '속국'이나 '속방'이라 하지 않고, '贈貢國' 개념을 끌어와서 서술하였다.

43 〈國權〉의 저술 시점에 대해서는 논자에 따라 여러 설이 있으나, 데니의《淸韓論》에 대한 판본 비교를 실시한 오카모토 다카시(岡本隆司)의 성과를 수용하여 1888년 여름 이후라고 추정한 쓰키아시의 최근 수정 견해에 따르고자 한다(月脚達彦, 2009, 앞의 책, 42-43쪽).

표 4.《世界大勢論》과《西遊見聞》에 나타난 태양계 행성들의 직경과 거리 비교

<table>
<tr><th colspan="2"></th><th>수성</th><th>금성</th><th>지구</th><th>화성</th><th>목성</th><th>토성</th><th>천왕성</th><th>해왕성</th></tr>
<tr><td rowspan="3">직경</td><td>《世界大勢論》
(A)</td><td>3,000</td><td>7,500</td><td>7,900</td><td>4,000</td><td>85,000</td><td>72,000</td><td>33,000</td><td>36,000</td></tr>
<tr><td>《西遊見聞》
(B)</td><td>9,000</td><td>24,750</td><td>26,070</td><td>13,200</td><td>280,500</td><td>237,600</td><td>108,900</td><td>118,800</td></tr>
<tr><td>비율
(B/A)</td><td colspan="8">3.3</td></tr>
<tr><td rowspan="3">태양까지의 거리</td><td>《世界大勢論》
(C)</td><td>3,500만</td><td>6,600만</td><td>9,200만</td><td>14,000만</td><td>47,600만</td><td>87,200만</td><td>175,300만</td><td>274,600만</td></tr>
<tr><td>《西遊見聞》
(D)</td><td>11,550만</td><td>21,780만</td><td>30,360만</td><td>46,200만</td><td>157,080만</td><td>287,760만</td><td>578,490만</td><td>906,180만</td></tr>
<tr><td>비율
(D/C)</td><td colspan="8">3.3</td></tr>
</table>

* 출처 :《世界大勢論》,〈地球惣說〉(《兪吉濬全書》Ⅲ, 104-105쪽);《西遊見聞》 제1편 〈地球世界의 槪論〉, 2쪽(《兪吉濬全書》Ⅰ, 22쪽).《世界大勢論》의 단위는 英里이며,《西遊見聞》의 단위는 里이다.

論》:《西遊見聞》의 수치는 1:3.3으로 나타나는 만큼 유길준이 처음에 써두었던 3.7의 비율로《西遊見聞》에서 환산되지 않았다는 점은 지적해 두려 한다.

다음으로 살펴볼 수치는 각 대륙별 면적이다. 앞서 살펴본 태양계 각 행성 간의 수치 배율을 감안했을 때 면적단위인 1방영리(方英里)는 10.89 방리(方里)로 환산할 수 있다. 하지만 이 비율을 적용하여《世界大勢論》의 수치를 환산해 볼 경우《西遊見聞》의 각 대륙 면적과 일치하지 않는다. 게다가 위에 제시한 표에서《西遊見聞》의 면적 수치를《世界大勢論》의 수치로 나누어 보더라도 일정한 비율이 나오지 않고 각자 다르다는 점을 확인할 수 있다. 세계 총 인구수에서도 2억 8,500만 명의 차이가 난다.(〈표 5〉 참조) 두 저작물을 집필하던 시점 사이에 6년의 시차가 있으며,《西遊見聞》 집필을 위한 자료 수집이 1884년부터 이루어졌다는 언급을 감안하더라도 수치의 차이는 상당히 큰 편이다.[44] 이러한 차이점들을 놓

44 《西遊見聞》,〈備考〉 1쪽(《兪吉濬全書》 Ⅰ, 9쪽).

표 5. 《世界大勢論》과 《西遊見聞》에 나타난 대륙별 면적 비교

	아시아주	아프리카주	구라파주	아메리카주	육지 총 면적	총 인구수
《世界大勢論》 (A)	17,631,180	11,838,000	3,778,000	14,608,680	51,885,940	1,066,000,000
《西遊見聞》 (B)	182,642,130	122,679,488	33,333,680	181,500,000	-	1,351,000,000
B/A	10.359	10.363	8.823	12.424	-	-

* 출처 : 《世界大勢論》, 〈世界大勢一班〉(《兪吉濬全書》 Ⅲ, 62-63쪽); 《西遊見聞》 제1편 〈地球世界의 槩論〉, 14쪽(《兪吉濬全書》 Ⅰ, 34쪽). 《世界大勢論》의 면적 단위는 方英里, 《西遊見聞》은 方里.

고 보았을 때 유길준이 《西遊見聞》을 저술하던 시점에는 《世界大勢論》 집필 당시의 자료를 예전 그대로 활용한 것은 아니며, 애초부터 참고한 자료가 달랐음을 알 수 있다.

《西遊見聞》에 인용되어 있는 각종 통계 수치는 유길준이 미국에서 체류하는 동안 덤머 아카데미(Governor Dummer Academy)에서 학습했던 내용,[45] 아니면 유럽과 일본을 거쳐 귀국하는 길에 새로 수집했을 자료를 토대로 작성했다고 보아야 할 것 같다. 다만 현재로서는 유길준이 내용 구성의 기준이 된 후쿠자와의 《西洋事情》 이외에 과연 어떠한 자료를 바탕으로 《西遊見聞》의 해당 내용을 작성하였는지 그 전거를 밝히기가 쉽지 않다. 미국 유학 이후 그가 《西遊見聞》을 집필하는 과정에서 참고했을 전거에 대해서는 별도의 자료 추적과 심층적인 검토가 필요하다고 본다.

그렇다면 《世界大勢論》은 과연 어떠한 자료에 기초하여 작성되었는

---

45 1884년 11월 3일, 유길준이 모스에게 보낸 서한. "화산과 지진, 그리고 분천(噴泉)에 관한 이론 및 영향, 또 대륙의 생성 과정에 대한 시험을 치러 저는 94점을 맞았습니다."(李光麟, 1989, 〈兪吉濬의 英文書翰〉, 《開化派와 開化思想 硏究》, 一潮閣, 222-223쪽; 국립중앙박물관 및 Peabody Essex Museum 共編, 1994, 《유길준과 개화의 꿈》[특별전 도록], 국립중앙박물관, 34쪽). 실제로 이 부분은 《西遊見聞》 제1편 〈地球世界의 槩論〉 가운데 화산(13), 지진(14), 평지분화와 분천(15)으로 그 설명이 들어가 있으므로, 그가 열심히 학습한 내용을 실제 저술에 반영했음을 알 수 있다.

가? 기존 연구에서는 이 부분에 그리 주목하지 않았고, 오히려 후쿠자와가 쓴 《西洋事情》과 《西遊見聞》과의 상관성에 집중하여 유사하거나 아니면 유길준이 독자적으로 쓴 것으로 보이는 내용을 규명해 왔다. 그러한 가운데 《世界大勢論》에 실려 있는 문명의 구분이나 등급과 같이 문명관과 관련된 내용만 발췌하여 이것이 향후 집필하게 되는 《西遊見聞》에서 개념이나 인식이 어떻게 발전, 혹은 다듬어졌는가의 연속성에 주목한 측면이 강하다. 하지만 앞에서 밝힌 두 저작 사이의 구성상, 내용상 차이를 통해서 알 수 있듯이 《世界大勢論》과 《西遊見聞》은 각각 다른 전거에 입각하여 집필되었다. 다음 절에서는 기존 연구에서 지적해 왔던 후쿠자와 저작물과 《世界大勢論》의 내용상 관련성부터 먼저 검토해 보도록 한다.

2) 후쿠자와 유키치의 저작과 《世界大勢論》

유길준이 《世界大勢論》을 집필하는 데 참고했을 것으로 추정되는 후쿠자와의 저작으로는 《西洋事情》이나 《文明論之概略》 등이 거론되어 왔음은 주지의 사실이다. 1881년부터 1882년까지 게이오기주쿠에서 수학하면서 후쿠자와가 저술한 여러 저작물을 접하는 것이 유길준으로서는 자연스러웠기 때문이다.[46] 하지만 《世界大勢論》의 후반부를 차지하고 있는 각국의 지리나 지구과학과 관련된 여러 내용은 예상과 달리 《西洋事情》이나 《文明論之概略》에서 나오지 않는다. 특히 《西洋事情》의 경우 미국의 독립 연혁(初編 卷2 亞米利加合衆國)이나 러시아 및 프랑스의 최근 역사(二編 卷2, 卷3, 卷4)를 발췌 번역하여 소개하고 있기는 하지만 《世界大勢論》에 나오는 해당 국가의 표현이나 일치하는 대목을 찾기 어렵다.

46 이광린, 1992, 앞의 책, 15-25쪽 참조.

다만 한 군데 표현이 거의 일치하고 있는 부분을 찾을 수 있는데, 〈自由大略〉의 마지막 부분에 공사나 영사의 파견 그리고 담당 업무에 대하여 소개한 대목이 여기에 해당한다. 〈自由大略〉 중간에 실려 있는 각국의 인구와 병력에 대한 수치는 1881년 여름에 간행된 《時事小言》에 실려 있는 여섯 가지 항목 내용 가운데 세 가지만 유길준이 발췌하여 수록한 것이다.[47] 그 외에 《西洋事情》이 아닌 후쿠자와의 또 다른 저작 《世界国尽》의 부록 내용 가운데 일부가 《世界大勢論》 〈五帶의 事〉에 발췌 번역되어 있다는 사실도 확인 가능하다. 여기에 해당하는 내용은 〈표 6〉처럼 정리할 수 있다.

〈표 6〉을 통해서 알 수 있듯이 후쿠자와의 저작 가운데 명확하게 일치하는 대목은 몇 군데에서만 확인할 수 있다.[48] 그러나 이렇게 일치하는 부분이 그렇게 많은 비중을 차지하지는 않는다. 이러한 사실을 감안할 때 《世界大勢論》 후반부 내용은 유길준이 이외에도 다른 자료를 참고해서 작성한 것으로 보아야 한다. 요컨대 후쿠자와의 저작물만으로 내용을 한정하여 유길준이 참고한 자료와 사상적 영향을 논하는 것은 논의의 폭을 제한할 수밖에 없다. 그러므로 다음 절에서는 비교할 수 있는 대상의 외연을 확장하여 메이지 초기의 다른 저작물과의 관련성을 검토해 보도록 한다.

---

47 《時事小言》 第4編 國權之事(《福澤諭吉著作集》 8, 慶應義塾大學出版會, 2003, 114-117쪽); 月脚達彦, 1991, 앞의 논문, 8쪽. 참고로 후쿠자와보다 10년 정도 앞서 서양 각국의 여러 정보를 간략하게 정리해서 펴낸 우치다 마사오의 저작 《海外國勢便覽》과도 수치 비교가 가능할 것이다. 하지만 후쿠자와보다 우치다 쪽의 항목별 수치가 더 크게 기술되어 있다는 점에서 이들이 참고한 자료가 달랐다는 사실을 알 수 있다(內田正雄 編輯, 1870, 《海外國勢便覽》, 大學南校).

48 〈표 6〉에서 서술이 일치하고 있는 두 내용 사이에 등장하고 있는 갑을 국의 사례는 유길준이 독자적으로 집어넣은 것으로 보인다. 이에 대해서는 다음 장에서 다시 다루도록 한다.

표 6. 유길준의 후쿠자와 유키치 저작물 발췌 번역 예

출처	내용
《西洋事情》	各国互に約束を結で、懇親を固くし交易を便にするもの、之を条約と名づく。既に条約を結めば、此国より彼国へ全権のもの一人を遣てその都府へ在留せしめ交際の事務を商議せしむる者、之を「ミニストル」と称す。[49]
《世界大勢論》	各國이 約束을 互結ᄒᆞ야 其和親을 堅守ᄒᆞ며 交易을 便利ᄒᆞ게 ᄒᆞᄂᆞᆫ 者을 云ᄒᆞ되 條約이라 ᄒᆞ니 이믜 條約을 結ᄒᆞᆫ則 此國으로서 彼國에 全權ᄒᆞᆫ 者 一人을 遣ᄒᆞ야 其都府에 在留ᄒᆞ야 交際事務을 商議ᄒᆞ게 ᄒᆞ니 此을 公使[미니스다아]라 稱ᄒᆞᄂᆞᆫ 者이라[50]
《西洋事情》	「ミニストル」の職掌は、条約の大義に基き両国の親睦を保全するを趣旨とせり。故に交際上に争端を起し和親の破れんとするに至るも、之を周旋して再び平和に挽回するは「ミニストル」の功なり。又外国の交易場に於て自国商人の取締を為し交易の事を周旋せしむるため官吏一人宛を置く。之を「コンシュル」と名づく。故に一国へ遣差する「ミニストル」は一名なれども、「コンシュル」の員数はその国交易場の数に準じて多寡あり。[51]
《世界大勢論》	公使의 職掌은 條約의 大義에 根本ᄒᆞ야 兩國의 親睦을 保全ᄒᆞᆷ으로 主義를 삼ᄂᆞ니 그러ᄒᆞᆫ故로 交際上에 風波를 起ᄒᆞ야 爭端이 發見ᄒᆞ며 和親이 破敗ᄒᆞ고져 ᄒᆞ드라도 兩國間의 善爲周旋ᄒᆞ야 平和ᄒᆞᆫ 地에 挽回ᄒᆞ야 兵甲相見ᄒᆞ지 아니ᄒᆞᄂᆞᆫ 者ᄂᆞᆫ 此皆公使된 者의 功力이요 ᄯᅩ 外國交易場에 自國商人을 處寘統率ᄒᆞ며 交易等事를 周旋ᄒᆞ기를 爲ᄒᆞ야 官吏一人을 寘ᄒᆞ니 此를 領事[곤슈율]라 稱ᄒᆞ니 그러ᄒᆞᆫ 故로 一個國에 差遣ᄒᆞ고 公使ᄂᆞᆫ 一名이로ᄃᆡ 領事의 員數ᄂᆞᆫ 其國交易場數를 準ᄒᆞᄂᆞ니[52]
《世界国尽》	赤道より北と南へ二十三半ずつの処に線を引き、これを二至線と名け、この間は時候熱し。故に熱帯と名く。又南北の極より赤道の方へよること二十三度半ずつの処に線を引き、これを極線と名く。この間は時候寒きゆえ寒帯と名く。[53]
《世界大勢論》	赤道로서 南北 各二十三度 三十分의 處에서 平行線을 虛構ᄒᆞ야 此을 二至線이라 名ᄒᆞ고 其間을 熱帶라 名ᄒᆞ니 地球上 極熱ᄒᆞᆫ 地方이요 ᄯᅩ 南北兩極을 距ᄒᆞ야 二十三度 三十分의 處에 平行線을 虛構ᄒᆞ야 此을 極線이라 名ᄒᆞ고 極線과 兩間을 寒帶라 ᄒᆞ니[54]

49 《西洋事情》 初編 卷1, 〈外國交際〉(《福澤諭吉著作集》 1, 慶應義塾大學出版會, 2002, 28쪽).

50 《世界大勢論》, 〈自由大畧〉(《兪吉濬全書》 Ⅲ, 99-100쪽).

51 《西洋事情》 初編 卷1, 〈外國交際〉(《福澤諭吉著作集》 1, 慶應義塾大學出版會, 2002, 28-29쪽).

52 《世界大勢論》, 〈自由大畧〉(《兪吉濬全書》 Ⅲ, 101-102쪽).

53 《世界国尽》 附錄 〈天文の地学〉(《福澤諭吉著作集》 2, 慶應義塾大學出版會, 2002, 148쪽).

54 《世界大勢論》, 〈五帶의 事〉(《兪吉濬全書》 Ⅲ, 116쪽).

3) 《輿地誌略》과 《世界大勢論》

여기서 새로운 전거로서 주목할 책이 바로 서두에서 언급하였던 우치다 마사오의 《輿地誌略》이다. 장기간에 걸친 네덜란드 유학을 마치고 일본으로 돌아온 우치다는 관직에 종사하는 가운데 유학생활 기간 동안 수집한 각종 자료와 서적에 기초하여 《和蘭學制》(1869), 《海外國勢便覽》(1870), 《海軍沿革論》(前篇 1869, 後篇 1871)을 관판(官版)으로 출간하였다. 《和蘭學制》는 네덜란드의 소학교와 중학교 교과과정과 규정을 소개할 목적으로 번역한 책이다. 그리고 《海外國勢便覽》은 세계 주요 국가의 각종 통계수치를 한눈에 알아볼 수 있도록 정리한 것으로 *Statesmen's Year-Book*의 번역이다. 이에 비해 《海軍沿革論》은 단순히 해군의 역사가 아니라 1860년대 당시 영국·프랑스·미국에서 나타난 군함 건조 기술의 혁신과 경쟁, 산업혁명을 통한 증기와 철강 기술이 선박의 장갑과 대포 등에 최신으로 활용되어 가는 양상을 설명한 책이다.[55] 《輿地誌略》은 세계지리서의 성격을 가지고 1870년부터 간행되기 시작하였는데(총론과 아시아편이 수록된 제1편은 大學南校 藏版으로 간행), 집필하여 출간하던 도중에 저자가 1876년 2월 1일 사망하였다. 그렇기는 하지만 남아 있던 유고를 모으고 내용을 보완하는 작업이 이루어져 1880년에 4편 12권으로 완결되었다.[56]

---

55 아키모토 노부히데는 《海軍沿革論》의 구성과 내용을 상세하게 분석하였다. 그는 《海軍沿革論》이 4편으로 완성된 것이 아니라 본래 6편의 구상이었다는 점, 《輿地誌略》의 저술과 비교해 보았을 때 서양식 화풍의 도판을 먼저 사용한 전기적 단계에 해당하며 연속성을 갖고 있다는 점(활용한 기초자료는 별개), 후쿠자와 유키치의 저작에 비해 현실의 지정학에 대한 관심이 없었다는 점 등을 지적하였다(秋元信英, 2008, 〈明治二年、內田正雄《海軍沿革論》の書誌と思想 —《輿地誌略》への連續性をめぐって〉, 《國學院短期大學紀要》 25, 國學院短期大學).

56 우치다가 사망한 후 《輿地誌略》의 제4편 아메리카 편을 완성한 자는 니시무라 시게키(西村茂樹)이다. 하지만 니시무라가 우치다와 긴밀하게 교제를 하고 있었던 것도 아니

이렇게 여러 권의 굵직한 저서를 남긴 인물임에도 불구하고, 우치다 마사오는 거의 잊혀진 존재였다. 그렇게 된 이유나 배경을 간략하게 제시해 보면 다음과 같다. 그는 막부의 해군 장교 출신이면서도 함대 근무를 한 적이 없으며, 메이지 유신 이후 신정부에 반기를 들고 저항하였던 에노모토 다케아키(榎本武揚) 일행과 같은 노선을 걷지 않고 메이지 정부의 관료가 되었다. 또한 그는 니시 아마네(西周)나 쓰다 마미지(津田眞道)처럼 네덜란드에서 유학하였으나, 메이지 초기 '문명개화'의 계몽활동을 전개한 메이로쿠샤(明六社)에도 참여하지 않았다. 게다가 39세의 이른 나이에 사망하였다. 이러한 요인들이 복합적으로 작용하였기 때문에 후대의 사람들에게 인지도가 그리 높지 않았던 것으로 보인다.[57]

《輿地誌略》은 세계 각국의 형세, 풍속, 역사 등을 5개 지역으로 크게 나누어서 서술한 계몽서로 각 지역(부, 현)의 소학교나 사범학교 등의 교과서로 많이 보급, 활용되었다.[58] 1872년 9월 8일부 〈小學校則〉으로 우치다의 이 책은 '地學輪講'의 교과서로 지정되기도 하였다.[59] 1권이 총론에 해당하는 내용인데, 여기에 천문, 지리, 방제와 더불어 일본에 대한 소개가 담겨 있다. 총론의 부록으로 세부 항목들이 나오는데, 여기에서 《世

고, 아메리카 편 서술이 우치다의 개성을 계승한 것은 아니기 때문에 《輿地誌略》 전체 내용과의 연결성이 떨어진다는 지적이 있다(秋元信英, 2004, 앞의 논문, 96쪽).

57 秋元信英, 2004, 위의 논문, 95쪽. 아키모토는 이 글에서 우치다가 죽은 지 20년이 지난 이후에 구 막부의 해군과 관련된 인물들이 발간한 회고담에서 그의 행적을 확인할 수 있으나, 정확하지 않거나 부정적으로 서술된 대목이 많기 때문에 사료 비판과 주의가 필요하다는 점을 지적하였다.

58 増野惠子, 2006, 〈見える民族·見えない民族 ―《輿地誌略》の世界観〉, 《版画と写真 : 19世紀後半出来事とイメージの創出》, 神奈川大学 21世紀COEプログラム, 50-51쪽 참조.

59 秋元信英, 2004, 위의 논문, 86-87쪽. 이렇게 관의 보호를 받으면서 《輿地誌略》은 교과서로 활용되었으며, 수요가 많았기 때문에 지방관이 별도로 인쇄하여 보급할 수 있도록 허가를 내주기도 하였다고 한다. 하지만 1874년부터 사범학교 계열에서도 새롭게 지리교과서를 편찬, 보급하기 시작하면서 우치다의 저작과 경쟁하였던 것으로 보인다.

표 7.《世界大勢論》와《輿地誌略》에서 서술이 일치하는 부분

《世界大勢論》	《輿地誌略》 卷1
人種殊異	世界人口ノ大略及ビ人種ノ區別
宗教殊異	法教
言語殊異	言語文字
政治殊異	政治及國體ノ區別
衣食居處殊異	衣食ノ需用及ビ開化ノ等級
開化殊異	
世界歷史一斑	人類ノ始及世界歷史ノ大意

界大勢論》 전반부의 서술과 정확하게 일치하는 구절이 여러 군데에 걸쳐 광범하게 등장한다. 먼저 두 저작 간에 관련성이 인정되는 대목은 〈표 7〉과 같이 정리할 수 있다.

(1) 인종

각 대륙의 인구수는 〈世界大勢一斑〉의 수치와 정확하게 일치한다. 다만《輿地誌略》에서는 '亞細亞洲-歐羅巴洲-亞弗利加洲-亞米利加洲-亞西亞尼洲'로 배치순서만 다르다. 각 대륙 면적의 경우 표기한 단위가《輿地誌略》은 方里,[60]《世界大勢論》은 方英里로 되어 있기 때문에 수치상으로 5-6배 정도 차이가 난다.

(2) 종교

유길준은 우치다의 저서에 있던 〈法教〉 항목 전부를 옮기지는 않았다. 각 종교에 대한 서술에서 내용을 부분적으로 발췌하거나 순서를 재배치하였다는 사실이 확인된다. 耶蘇新教에 대한 서술은 축약이며, 유대인을 "各國人民이 甚히 賤待ᄒᆞᄂᆞ니라"는 내용이나 耶蘇舊教에 대한 서술은 원

60《輿地誌略》 卷1, 〈世界ノ大別及ヒ五大洲幅員〉, 8면.

문에 없던 것이다.

(3) 언어

대륙별 통용 언어의 종류에서 두 저작 간의 수치가 일치한다. 한문의 난해함과 대비시키면서 조선의 한글이 글자 수가 적으며 다른 나라 사람이라도 배워서 쓰는 데 편하고 쉽다고 하였다. 유길준이 자신의 언어에 대한 생각을 독자적으로 서술하였다는 점에서 주목할 만하다.

(4) 정치

《輿地誌略》의 경우 君主擅制, 君主專治, 君民同治, 貴顯專治, 合衆政治 순으로 서술하였다. 하지만 《世界大勢論》의 경우 다인정치와 소인정치로 구분하였으며, 貴顯專治를 貴族政治로, 合衆政治를 共和政治로 표현을 바꾸어서 번역하였다. 君民同治 설명은 유길준 나름대로 立憲政治와 같은 개념이라고 정리하고 있는데, 본래 원문에는 없던 서술이다. 앞서 소개한 1881년 말 시점에 집필하였던 〈弄筆閑話〉에서 '君民共治'라는 용어를 사용하였던 것과는 한 글자가 다를 뿐이다. 立憲政治가 들어간 부분은 원래 《輿地誌略》에서 "서양 여러 나라는 모두 이 제도로 문명개화한 나라에서 실시한다. 이보다 나은 정체(政體)는 없다"고 한 내용인데,[61] 이 대목이 빠져 있다. 그리고 서술의 마지막 부분에 다인정치가 소인정치보다 훌륭하다는 유길준 나름의 의견을 덧붙였다.[62] '君民共治'에 대해서 나름

61 《輿地誌略》 卷1, 〈政治及國體ノ區別〉, 20면.

62 《世界大勢論》 〈政治殊異〉(《兪吉濬全書》 Ⅲ, 20쪽). "盖邦國各有國体ᄒᆞ니 決斷코 變更ᄒᆞᆷ이 可치 아니ᄒᆞ나 그러ᄒᆞ나 政治가 國体에 不適ᄒᆞᆫ 者ᄂᆞᆫ 政治의 善否을 議論ᄒᆞᆷ이 宗教善否을 議論ᄒᆞᆷ과 갓타서 共歸無益ᄒᆞᄂᆞ니 但當此國에 適宜ᄒᆞᆯ 政治을 問ᄒᆞ미 可ᄒᆞᆫ지라 泰西史册을 考覽ᄒᆞ건ᄃᆡ 少人政治을 改ᄒᆞ야 多人政治을 設ᄒᆞᆫ 者가 多ᄒᆞ니 由此比觀ᄒᆞ면 多人政治가 少人政治보단 善美ᄒᆞᆷ을 可知ᄒᆞᆯ 者이라".

대로 일본에서 유학하고 있던 이른 시점부터 이해를 하고 있던 유길준으로서는 조선에 돌아온 후 곧바로 이러한 용어를 적극적으로 구사하면서 자신이 긍정적으로 바라보는 '정체'관을 표출하기에는 부담이 적지 않았던 것으로 보인다. 그래서 다인정치가 더 낫다는 정도로 역자 나름의 평가를 개진하는 선에서 그쳤던 것 같다.

(5) 의식주

두 저작 간 내용 서술이 거의 일치한다. 다만《世界大勢論》에서는 번역하는 과정에서 '野蠻'을 '人種'으로 바꾼 대목이 존재한다는 점에서 번역자로서 유길준이 좀 더 선호하는 용어를 확인할 수 있다. 그리고 점차 진보하고 있는 온대지방에 대해서는 "世界中最 先耕作業을 創始ᄒᆞᆫ 者ᄂᆞᆫ 溫暎[暖]地方에 居ᄒᆞᆫ 人民이요 爾後 漸漸進步ᄒᆞᆫ 者도 溫暎地方의 人民이니 我國이 ᄯᅩᄒᆞᆫ 溫帶中一國이요 他歐羅巴諸國과밋 亞墨利加合衆國等이 皆然ᄒᆞ니라"라고 하였다.[63] 유길준 나름대로 온대지방에 위치한 조선이 향후 유럽이나 미국처럼 진보할 수 있다고 낙관적 인식을 피력하고 있는 대목이다.

(6) 개화 등급

개화 등급에 대한 서술이 두 저작 간의 관련성을 제일 잘 보여 주는 대목이다. 야만 서술에서는 두 저작 간에 내용이 완전 일치한다. 미개 서술은《輿地誌略》의 마지막 한 문장만 빠졌다.[64] 그리고 반개 서술은 세 군데 번

63《世界大勢論》〈衣食居處殊異〉(《兪吉濬全書》Ⅲ, 23-24쪽).

64《輿地誌略》卷1,〈衣食ノ需用及ビ開化ノ等級〉, 17면. "地方ニ因リ風俗及ビ開化ノ深淺甚殊異ナリ".

역에서 빠진 내용이 발견된다.[65] 반면에 "然ᄒᆞ나 實狀은 人民을 教育ᄒᆞ지 못ᄒᆞ여 智識이 高明치 못ᄒᆞᆫ 故로 參政權을 與ᄒᆞᆫ則 國政이 反致紊亂ᄒᆞ나니라"라고 한 서술은 유길준이 추가해 넣은 것이다.[66] 문명개화 서술의 경우 《輿地誌略》 원문을 옮기면서 두 군데가 생략되었고, 번역하지 않은 한 단락을 발견할 수 있다.[67] 개화에 대하여 유길준이 가지고 있는 생각은 〈開化殊異〉 내용을 마무리하는 한 문단 안에서 잘 드러난다.[68]

(7) 세계역사

서양 역사의 전개 과정을 개괄한 다음, 기술의 진보와 문명의 각종 이기(利器)를 발명함으로써 유럽의 각국이 개화에 먼저 착수하였다는 내용을 서술하면서 독자의 관심을 촉구하는 내용으로 구성되어 있다. 내용 서술

---

65 《輿地誌略》 卷1, 〈衣食ノ需用及ビ開化ノ等級〉, 17면. "農工商等ノ業共ニ行ハレ技藝文字ヲ講習シ他國ト貿易ヲ營ミ品物ヲ製シ土産ヲ出シ鑛山ヲ闢クヲ知リ且禮義ヲ重スルノ風習有リ未開ノ民ニ比スレハ其開化遙カニ高等ノ域ニ進ミシ民種トス支那比耳西土耳其等ノ如キ是ナリ然レトモ半開ノ人民ノ固有スル習俗ハ皆古ヲ貴ヒ更ニ開化ニ進步スルヲ希ハズ其自國ヲ以テ第一トシ他國ヲ以テ夷狄ト名ケ已ニ勝ルコト有ト雖トモ之ニ傚フコトヲ知ラス貴族ハ平民ヲ蔑視シ男ハ女ヲ卑ミ人情ニ戾ル少ナカラス理學ヲ講究セス虛誕ニ惑溺シ知識乏シク器械粗ニシテ無益ノ人力ヲ勞シ虛飾ヲ貴ビ事情ニ遠ク人情交際其陽ハ溫厚ナレトモ其陰ニハ殘忍ナルモノ多ク都テ古來傳受ノ儀式體裁ノ外切實ナルコトヲ知ラス又半開ノ民ニ於テ一般ナルコトハ君主政府ニ於テ專ラ威權ヲ擁シ國民之ニ参与スルヲ得ス是文明開化ノ民ト大ニ區別有ル所以ナリ"(밑줄 친 부분이 빠짐).

66 《世界大勢論》〈開化殊異〉(《兪吉濬全書》 Ⅲ, 32-33쪽).

67 《輿地誌略》 卷1, 〈衣食ノ需用及ビ開化ノ等級〉, 17면. "農商百工ノ業盛ニシテ學術技藝ニ篤ク四民其業ニ安ス西洋諸國及亞米利加合衆國ノ如キヲ云フ此民ノ徵傚ハ造化ノ力ノ壓抑ヲ受ケス學術ヲ以テ勉メテ之ヲ輔成ス又四海萬國盡ク友誼ヲ以テ廣ク交ルヲ好ミ旧法ト門地ヲ尙バスシテ賢明ト學術ヲ貴ブ其情風俗ハ國ニ因リ同シカラスト雖トモ概スルニ虛飾少ナクシテ廉耻ノ心饒ク法令明白ニシテ刑罰極メテ寬ナリ ○其他文明ノ國ニ於テハ確定ノ憲法有リテ君主政府擅ニ邦土ヲ私有セス威權ヲ以テ國民ヲ制御セス其民自獨立不羈ニシテ敢テ君主ノ奴隷タラス又其所有物ハ其本主ニ屬シ政府ヨリ之ヲ保護シ之ヲフヲ褫フヲ得ス"(밑줄 친 부분이 빠짐).

68 《世界大勢論》〈開化殊異〉(《兪吉濬全書》 Ⅲ, 34-36쪽).

상의 특징은 다음과 같다. 먼저 번역하는 가운데 내용을 생략하거나 순서를 재배치, 세주(細註)의 설명을 본문으로 포함시켜 서술한 대목이 곳곳에서 발견된다.[69] 그리고 유길준이 내용상 서술을 보완한 내용도 적지 않다.[70] 특히 몽고의 역사에 대한 서술이 대표적이다.[71] 《輿地誌略》에서 서력(西曆)으로 서술한 연도는 모두 '太祖紀元' 전후를 기준으로 변환하여 표기하였다. 조선의 독자층을 염두에 두고 같은 시기 자국의 역사와 쉽게 비교할 수 있도록 했다는 점에서 특징적이다. 예수교 신교와 구교 분리와 종파 갈등은 앞서 다룬 종교 항목 외에서도 언급하고 있는데 종교의 심한 폐단을 경계해야 한다는 편자 자신의 생각을 피력하였다.[72]

---

69 《輿地誌略》 卷1, 〈人類ノ始及世界歷史ノ大意〉에서 細註로 들어가 있던 내용을 유길준이 번역하는 과정에서 본문으로 바꾸어 서술한 대표적 사례는 다음과 같다. "此年代ᄂᆞᆫ 支那의 戰國時世라 四周地方이아 즉 開치 못ᄒᆞ고 其北部ᄂᆞᆫ 野蠻人民이라 恒常邊境을 侵鹵ᄒᆞ며 또 地中海近傍과밋 亞弗利加北部에 開化가 次第波及ᄒᆞ야 許多沿革이 이스니 世界歷史에 不可不 關涉ᄒᆞ나 그러ᄒᆞ나 歐羅巴洲內部로봇터 西部에 이르히 漠然히 一物도 可記ᄒᆞᆯ 者가 無ᄒᆞ니라"(《兪吉濬全書》 Ⅲ, 43-44쪽).

70 《世界大勢論》 〈世界歷史一斑〉의 서두 내용, 즉 태조의 조선 건국에 대한 서술(《兪吉濬全書》 Ⅲ, 37-39쪽)이 대표적이다. 유길준이 번역하는 과정에서 추가해 넣은 것으로는 다음 몇 가지 내용을 제시할 수 있다. "邦土가 竟歸分裂ᄒᆞ니 此年代로봇터 今日에 이르히 全世界을 平定ᄒᆞ야 萬國을 一統ᄒᆞ고자 ᄒᆞᄂᆞᆫ 英雄이 生出ᄒᆞ지 못ᄒᆞ고 다만 一次拿破崙(나보레옹)이 이스나 그러ᄒᆞ나 此ᄂᆞᆫ 實狀 歐洲內을 擾亂ᄒᆞ기에 過치 아니ᄒᆞᆫ 故로 亞細亞 亞弗利加及歐羅巴 三大洲에 現今 割據分立ᄒᆞᆫ 邦國이 此時로봇터 已然ᄒᆞ니라"(《兪吉濬全書》 Ⅲ, 52-53쪽); "噫라 宗敎의 害가 深且大ᄒᆞ며 門閥의 獘가 慘且酷ᄒᆞ야 其獘害가 可謂至是極臻이나"(《兪吉濬全書》 Ⅲ, 56-57쪽); "印刷器械 等 發明이 不遑枚擧라 畢竟歐洲各國이 開化先鞭을 執着ᄒᆞ니라"(《兪吉濬全書》 Ⅲ, 59쪽); "以上은 世界歷史의 文明進步 如何을 報道ᄒᆞ고ᄌᆞ ᄒᆞ야 書出ᄒᆞᄂᆞᆫ데 過치 아니ᄒᆞ니 其詳細ᄂᆞᆫ 他日 各國史編纂ᄒᆞᆯ ᄶᅵ에 悉記不遺ᄒᆞᆯ지라 萬一 天下事情을 知ᄒᆞ고 文明諸國의 利益을 採用ᄒᆞ야 我國의 富强을 圖謀ᄒᆞ고ᄌᆞ ᄒᆞᄂᆞᆫ 者ᄂᆞᆫ 반다시 此篇을 撿閱ᄒᆞ야 大發作 大奮起ᄒᆞ시옵"(《兪吉濬全書》 Ⅲ, 59-60쪽).

71 《輿地誌略》 卷1의 해당 내용과 일치하는 대목이 중간에 한 군데 있기는 하다. "帖木兒가 다시 獨立韃靼으로써 發起ᄒᆞ야 亞細亞을 平之ᄒᆞ고 歐羅巴와밋 亞弗利加을 震動ᄒᆞ야 再次 世界을 並吞ᄒᆞ고자 ᄒᆞᄂᆞᆫ 形勢가 잇더니 半途殂殁ᄒᆞ야"(《兪吉濬全書》 Ⅲ, 52쪽).

72 《世界大勢論》 〈世界歷史一斑〉(《兪吉濬全書》 Ⅲ, 56-57쪽). "噫라 宗敎의 害가 深且大ᄒᆞ며 門閥의 獘가 慘且酷ᄒᆞ야 其獘害가 可謂至是極臻이나".

이상과 같은 7개 항목의 비교 작업을 통해서 검토하였듯이 《世界大勢論》 전반부 각 항목 서술은 《輿地誌略》 卷1의 내용을 발췌 번역하면서 유길준이 곳곳에 자신의 의견을 덧붙이는 형태로 이루어졌다. 유길준의 번역 작업이 어느 정도로 이루어졌는지를 확인하기 위하여 구체적으로 여기에 해당하는 몇 가지 사례를 들어보도록 한다. 다음에 제시하고 있는 A는 《西遊見聞》에서는 개화의 등급으로 언급되고 있지 않은 '야만' 항목이며, B는 《世界大勢論》에서 다수정치의 두 가지로 제시된 정치 체제에 대한 서술, C는 종교에 대한 설명이다.

A-1 人類ノ中最下等ノ者ニシテ人倫ノ道ヲ知ラズ知覺最モ開ケス唯男女ノ情ト饑テ食ヲ求ルトヲ知ルニ過キズ且漁獵ノ具一二ノ外ニ他ノ所有物無キ者アリ然トモ同類ノ中自ラ酋長有リ又地方ニヨリ其風化自ラ淺深有リ ○其一澳太利亞及南亞米利加南隅ノ土人ノ如キ廣漠ノ山野或ハ海濱ニ住シ裸體跣足ニシテ魚介蟲類ヲ食トシ粒食ヲ知ラズ概ニ樹木ノ空洞及土中ニ穴居ス又或ハ獸皮ヲ被ヒ或ハ夏日疎略ナル茅舍ニ住居スルモノアリ ○其二漁獵ヲ事トシ海濱或ハ川流ニ傍テ住ス北極地方ノ土民ノ如キハ常ニ魚肉獸肉ヲ以テ食料トシ獸皮ヲ被ヒ冬月ハ土中ニ穴居ス部落互ニ交通シテ稍前者ヨリ勝レリ ○其三北亞米利加ノ土人等ノ如獸獵ヲ以生業シ常猛獸ト格鬪シ猛烈ル風俗有リ婦人ハ稀ニ農業ヲ營ムモノ有リ或ハ大ナル部落ヲ爲スニ至ル[73]

A-2 第一野蠻이니 人類中에 最爲下等이라 人倫을 不知ᄒᆞ며 知覺이 最少ᄒᆞ고 唯男女情慾과 飢時求食ᄒᆞᄂᆞᆫ 外에ᄂᆞᆫ 他事ᄅᆞᆯ 不行ᄒᆞ며 其産業ᄂᆞᆫ 漁獵에 止ᄒᆞ고 他種伙物이 업스며 또 同類中에 酋長이 잇고 또 地方을 因ᄒᆞ야 其風化가 淺深이 이스니 其一은 澳大利亞와밋 南亞墨加洲에 土着人種等이니 廣漠ᄒᆞᆫ 山野며 或荒凉ᄒᆞᆫ 海濱에 裸體跣足ᄒᆞ고 魚介及虫類ᄅᆞᆯ 食ᄒᆞ며 粒食을 不知ᄒᆞ고 林木空洞處와밋 土中에 穴居ᄒᆞ며 又或獸皮ᄅᆞᆯ 被ᄒᆞ며 夏日은 踈畧ᄒᆞᆫ 茅舍에 住居ᄒᆞᄂᆞᆫ 者等이며 其二ᄂᆞᆫ 漁獵을 從事ᄒᆞ고 海濱或河邊에 住居ᄒᆞ야 魚肉獸肉으로 食料ᄅᆞᆯ ᄉᆞᆷ고 獸皮ᄅᆞᆯ 被ᄒᆞ

73 《輿地誌略》 卷1, 〈衣食ノ需用及ビ開化ノ等級〉, 16면.

며 冬月은 土中에 穴居ᄒᆞ고 部落이 互相交通ᄒᆞ야 前者보단 稍勝ᄒᆞᆫ 者며 其三은 北亞墨加洲의 土人等이니 獸獵으로 生業을 삼고 恒常猛獸와 格鬪ᄒᆞ야 猛悍ᄒᆞᆫ 風俗이 이스며 婦人은 或農業을 經營ᄒᆞᄂᆞᆫ 者도 有ᄒᆞ야써 部落을 成立ᄒᆞᆫ 자니라[74]

B-1 第三君民同治 君主上ニ在テ萬民ヲ統轄スル事前者ニ同ジト雖モ敢テ天下ヲ私有スルコト無ク必ス公明正大ノ憲法ヲ確定シ國民ヲシテ國事ニ參與スルヲ得セシム西洋諸國皆是制度ニシテ文明開化ノ國ニ行ハル之ニ勝ル政體無カル可シ … 第五合衆政治 血統ノ君ヲ立テス國內貴族平民ノ區別ナク有德ノ君子ヲ撰ヒ多クハ年限ヲ定ナメテ萬機ヲ統轄セシム之ヲ大統領ト號ス其他槪ニ君民同治ノ政體ト同ジク憲法ヲ確定シテ政令之ニ則トラザルナク國民皆國事ニ參與スルノ權ヲ有ス亞米利加合衆國ノ如キ是ナリ[75] (밑줄은 인용자)

B-2 第一은 君民同治니 君主가 在上ᄒᆞ야 萬民을 統轄ᄒᆞᄂᆞᆫ 法은 如前ᄒᆞ나 그러ᄒᆞ나 敢히 天下을 私有ᄒᆞ지 못ᄒᆞ고 반다시 公明正大ᄒᆞᆫ 憲法을 確定ᄒᆞ야 國民으로 ᄒᆞ야곰 一同國政에 參與ᄒᆞ게 ᄒᆞ니 此卽立憲政治라 第二ᄂᆞᆫ 共和政治니 君主의 血統으로 相傳継承ᄒᆞ지 아니ᄒᆞ고 國中에 士民의 分別이 업스며 有德君子을 選擧ᄒᆞ야 在位年限을 定ᄒᆞ고 萬機을 統轄ᄒᆞ게 ᄒᆞᄂᆞ니 此職을 大統領이라 号ᄒᆞ고 其他ᄂᆞᆫ 前者와 갓치 憲法을 確定ᄒᆞ고 政令을 率由遵行ᄒᆞᄂᆞ니 國民이 政治에 一同參與ᄒᆞ니라[76] (밑줄은 인용자)

C-1 ○③耶蘇新教ハ英國及日耳曼列國ニ最盛ニシテ和蘭瑞西等ノ人民亦大略此門派ニ屬ス又北亞米利加洲ニ盛ナリ○④希臘教ハ盛ニ魯西亞ニ行ハレ又土耳其希臘ノ人民此宗派ニ屬スルモノ多シ … ⑤其人民歐羅巴亞米利加ニ散在シ今ニ此教ヲ奉ズ⑥回教ハ土耳其亞拉比亞比耳西亞等ニ一般ニシテ … ②婆羅門教ハ釋教ヨリ其來ル甚ダ古ク盛ニ前印度ニ行ハレ①釋教ハ印度ノ錫蘭島及後印度支那蒙古滿洲西比利亞日本等ニ蔓延ス[77] (원 안의 숫자는 서술 순서를 확인하기 위해 인용자가 삽입)

---

74 《世界大勢論》〈開化殊異〉(《兪吉濬全書》 Ⅲ, 27-28쪽).

75 《輿地誌略》 卷1, 〈政治及國體ノ區別〉, 20면.

76 《世界大勢論》〈政治殊異〉(《兪吉濬全書》 Ⅲ, 19-20쪽).

77 《輿地誌略》 卷1, 〈教法〉, 15면.

C-2 儒教ᄂᆞᆫ 我國과밋 中原等에 盛行ᄒᆞ고 原我國日本佛教ᄂᆞᆫ 印度의 錫蘭島와밋 后印度中原我國日本國等에 盛行ᄒᆞ고 波羅門教ᄂᆞᆫ 前印度에 盛行ᄒᆞ고 耶蘇旧教ᄂᆞᆫ 또 天主教라 名ᄒᆞ니 新教行ᄒᆞᄂᆞᆫ 地에 同行ᄒᆞ고 耶蘇新教ᄂᆞᆫ 歐羅巴亞墨利加兩洲에 盛行ᄒᆞ고 希臘教ᄂᆞᆫ 魯西亞에 行ᄒᆞ며 또 土耳其와 希臘人民이 尊奉ᄒᆞᄂᆞᆫ 者가 多ᄒᆞ고 猶太教ᄂᆞᆫ 歐米兩洲中猶太人이라 名ᄒᆞᄂᆞᆫ 人民이 此教을 奉ᄒᆞ니 兩洲各國에 散在ᄒᆞᆫ 猶太人을 各國人民이 甚히 賤待ᄒᆞᄂᆞ니라 回回教ᄂᆞᆫ 土耳其와 亞拉比亞等이 盛行ᄒᆞ나니라[78] (밑줄은 인용자)

A-1과 A-2는 내용 서술이 정확하게 일치하므로 그대로 옮긴 부분임을 알 수 있다. 원래 《輿地誌略》에서는 '개화의 등급'을 넷으로 나누었는데, 이러한 방식은 후쿠자와가 서양의 지리서 여러 편을 참조하여 발행한 《掌中萬國一覽》에서도 '혼돈-만야-미개-문명'으로 그 구분하는 구조가 비슷한 편이다. 이러한 네 단계의 구분 방식은 우치다나 후쿠자와가 원래 참조하였던 서양 지리서에서는 나타나지 않던 것으로, 메이지 초기에 발간된 세계 지리서의 특징 가운데 하나로 볼 수 있다고 한다.[79] 특히 여기서 우치다가 메이지 시기의 상당히 이른 시점부터 영어의 'enlightened'을 '문명개화'로 번역하여 소개하고 있는 것은 상당히 주목할 만한 대목이기도 하다.[80] 유길준이 《世界大勢論》을 집필할 당시에는 이러한 일본측의 네 단계 '개화의 등급' 구분, 특히 우치다의 책에 실린 내용을 번역하여 소개하였던 것이다. 그러므로 이 대목을 유길준의 독자적인 문명 구분이나 인식으로 판단하기는 어렵다. 다만 우치다 마사오 저작에 나오는 개

78 《世界大勢論》〈宗敎殊異〉(《兪吉濬全書》 Ⅲ, 12-13쪽).

79 박양신, 2008, 앞의 논문, 52-58쪽.

80 박양신, 2008, 위의 논문, 56쪽. 단, 우치다 마사오가 사용하는 '문명개화'라는 단일한 어구는 적어도 《海軍沿革論》을 저술하는 단계에서는 발견되지 않으나, 1869년 간행된 前篇에서는 '日進開化', '開化文明'라는 표현이 사용되었다. 우치다와 마찬가지로 네덜란드에서 유학한 쓰다 마미지의 경우 《泰西國法論》에서 '文教昭明', '文化開明'이라는 표현을 사용하였다고 한다(秋元信英, 2008, 앞의 논문, 75쪽).

화의 등급을 설명한 내용에 대하여 적어도 유길준이 공감하였기 때문에 소개 차원에서 번역이 이루어졌다고 볼 수는 있을 것 같다.[81]

하지만 미국과 유럽 여러 나라를 둘러보고 귀국한 다음 본격적으로 집필에 착수하였던《西遊見聞》에서는 그 구분이 달라졌고, 좀 더 본격적으로 자신의 생각을 개진하고 있다. 그는 문명의 단계를 '開化-半開化-未開化', '개화'의 주체를 '主人-賓客-奴隷'의 셋으로 구분하였으며, '개화'에 '實狀-虛名'의 분별이 있다고 하였다.[82] 즉 '문명'이라는 어휘보다 '개화'라는 단어를 중심으로 삼아 개념을 구분하고 자신의 문명관을 본격적으로 피력한 것이다. 그러므로《西遊見聞》저술 단계에 와서야 유길준이 자신의 경험과 견문에 입각하여 독자적인 '개화' 인식과 세계관을 명료하고 체계적으로 드러냈다고 보아야 한다.

반면 B-1과 B-2 사이에는 번역하는 과정에서 서술 내용을 뺀 부분과 용어를 변경한 대목, 그리고 새롭게 내용을 요약하면서 정리해 넣은 표현이 있다. 그 대목이 밑줄 친 부분에 해당한다.

C-1과 C-2는 각 종교에 대한 설명으로 밑줄 친 부분은 원문에 없던 내용이다. 전자의 인용문 안에 표시해 둔 원 안의 숫자를 통해서 알 수 있듯이 유길준은 유교에 대한 서술을 맨 앞에 새로 넣은 다음 불교-힌두교-천주교-기독교-이슬람교의 순으로 내용을 재배치하였다. 번역자나 독자의 차원에서 상대적으로 친숙한 종교 순서대로 거론한 것으로 보인

81 기존 연구에서는 유길준이 일본 유학을 하였고, 후쿠자와로부터 영향을 받았다는 점에 착안하여《世界大勢論》에서 문명을 네 등급으로 구분하였다고 설명하였다(정용화, 앞의 책, 117쪽; 노대환, 앞의 책, 101쪽). 하지만 위에서 검토한 내용을 통해서 알 수 있듯이 이 당시 일본에서는 네 단계로 문명 구분을 하는 경우가 적지 않게 존재하였고, 유길준은 그 가운데 우치다 책을 번역하여 소개한 것이므로 후쿠자와의 영향만을 강조하면서 접근해서는 곤란하다.

82《西遊見聞》제14편, 〈開化의 等級〉(《兪吉濬全書》I).

다. 유교의 경우 원래 원저에서는 "유교가 있는데, 전적으로 인륜의 도를 강구한다. 지나에서 행하여지고 있으며, 약간 인방(隣邦)으로 파급되었다"[83]고 하여 그리 중요도를 두지 않았다. 이에 비해 유길준은 중원과 조선에서 유교가 성행하고 있다고 표현을 바꾸었다. 이러한 사실은 이 책의 내용을 번역했을 때 주 독자층이 될 조선의 지식인들을 상정하면서 이들이 내용을 받아들이는 데 거부감이 들지 않도록 조선의 실정에 맞게 수정하였던 것으로 볼 수 있을 것 같다.[84]

4. 《世界大勢論》에서 나타나는 독자적인 서술

《世界大勢論》은 세계 각국의 정치, 지리, 위치 그리고 자연과학에 대해서도 풍부한 내용을 담고 있다. 하지만 단순히 많은 정보만을 압축적으로 전달하는 데 그치지 않았다. 유길준의 터전인 조선의 상황에 대해서도 문제의식을 갖고 당시의 현안을 논한 내용이 곳곳에 들어가 있었던 것이다. 여기에 해당하는 부분은 다음과 같다.

> A. 抑夫我國人은 外國에 居ᄒᆞᆫ則 外國法律을 從ᄒᆞ지 아니치 못ᄒᆞ고 外國人이 我國에 在ᄒᆞᆫ 者ᄂᆞᆫ 我法律노써 罰ᄒᆞ지 못ᄒᆞ니 此所謂 治外法權이요 他國에ᄂᆞᆫ 其海關稅額을 任意高低ᄒᆞᄂᆞᆫ 權이 有ᄒᆞ되 我國에서ᄂᆞᆫ 他國에 計較ᄒᆞ며 議論ᄒᆞ야 僉同ᄒᆞᆫ 然後에 施行ᄒᆞ며 또 通商三百年에 一種一額을 抽ᄒᆞ지 못ᄒᆞᄂᆞᆫ 事도 有ᄒᆞ며 我公使ᄂᆞᆫ

83 《輿地誌略》 卷1, 〈教法〉, 15면.

84 이 외에 국가 명칭을 원문 그대로 표기하지 않고 바꾸어 적은 곳도 몇 군데 있다는 점도 지적할 만하다. 比耳西亞(페르시아)를 波斯로, 亞米利加(아메리카)를 亞墨利加로, 阿富汗(아프가니스탄)을 亞業加坦으로 기재한 것이 여기에 해당한다. 유길준의 세계 지명 표기에 대한 인식을 엿볼 수 있는 대목인데, 낯선 표기를 도입하기보다 기존에 유통되고 익숙한 국가명으로 바꾸어 표기한 것 같다.

率兵ᄒᆞ고 外國에 往ᄒᆞ지 못ᄒᆞ되 外國公使ᄂᆞᆫ 率兵ᄒᆞ고 我國에 來ᄒᆞᄂᆞᆫ 事을 得ᄒᆞ니 凡此等事ᄂᆞᆫ 實狀 一國의 三大權을 損失ᄒᆞ야 光榮을 保有치 못ᄒᆞ니 其所以然者을 詳推細察ᄒᆞᆫ則 都是 我國에 兵力이 업ᄂᆞᆫ 然故라[85]

B. 現今天下萬國에 通和結約ᄒᆞᆫ 者ᄂᆞᆫ 皆公使ᄅᆞᆯ 相遣ᄒᆞ야 其國都에 在留ᄒᆞ니 萬一 其國人民이 開化의 事理와 文明ᄒᆞᆫ 物情을 不知ᄒᆞ야 頑固守舊ᄒᆞ고 外人을 仇視ᄒᆞ야 結黨聚徒ᄒᆞ야 外國公使所居館舍을 襲擊ᄒᆞ던지 其人命을 殺害ᄒᆞ면 甲乙國政府의 和約이 破絶ᄒᆞ기 易ᄒᆞ고 或 甲乙國政府 間에 和論이 再行ᄒᆞ야 甲國이 公使를 復遣ᄒᆞᆫ則 반ᄃᆞ시 軍士를 引率ᄒᆞ야 乙國 國都에 入ᄒᆞ야 館舍를 護衛ᄒᆞ며 乙國은 其 亂民을 捕捉ᄒᆞ야 處刑ᄒᆞ고 自國의 治民不善ᄒᆞᆫ 罪를 謝ᄒᆞ여 甲國人이 被殺ᄒᆞᆫ 者 잇슨則 其被殺人의 本來職掌의 大小輕重을 隨ᄒᆞ야 乙國이 償金과 恤銀을 給與ᄒᆞ니 償金이라 ᄒᆞᄂᆞᆫ 者ᄂᆞᆫ 甲國이 此事를 因ᄒᆞ야 所入ᄒᆞᆫ 諸費며 또 乙國에 謝禮ᄒᆞᄂᆞᆫ 物을 稱홈이요 恤銀이라 ᄒᆞᄂᆞᆫ 者ᄂᆞᆫ 被殺人의 家族의게 乙國이 吊慰ᄒᆞ며 또 資産을 給渡ᄒᆞᄂᆞᆫ 物을 稱ᄒᆞᆫ 者이라[86]

C. 我國京城을 北緯 三十七度 三十五分이며 東經 百二十七度 六分이라ᄒᆞᆫ則 赤道以北 三十七度 三十五分이요 距利仁宇翊智 以東百二十七度 六分이라[87]

D. 假令 我國 京城과 日本國 東京의 經度差異가 十二度 四十三分이니 東京은 東에 在ᄒᆞ고 我京은 西에 在ᄒᆞᆫ 者라 地球ᄂᆞᆫ 西으로 東을 向ᄒᆞ야 回轉ᄒᆞᄂᆞ니 然則 在東地方이 在西地方보단 其曙其暮홈이 經度의 遠近을 從ᄒᆞ야 早晩이 有ᄒᆞ니 我京이 東京보단 少晩ᄒᆞᆫ 者ᄂᆞᆫ 自然ᄒᆞᆫ 理致라[88]

E. 地球上에 寒帶가 有二ᄒᆞ야 世界中 極寒ᄒᆞᆫ 地方이라 또 寒帶와 熱帶 中間을 溫帶라 云ᄒᆞ니 地球上에 溫帶가 亦有二ᄒᆞ야 甚히 熱ᄒᆞ지도 아니ᄒᆞ고 또 甚히 寒ᄒᆞ지도 아니ᄒᆞ니 世界中 中和地方이라 以上을 合ᄒᆞ야 五帶라 云ᄒᆞ니 我國도 溫帶中에 在ᄒᆞᆫ지라 寒熱 兩帶中에 居住ᄒᆞᄂᆞᆫ 人民에게 比ᄒᆞ면 엇지 多福人民이 아니라 ᄒᆞ리요[89]

---

85 《世界大勢論》〈自由大畧〉(《兪吉濬全書》 III, 91-93쪽).

86 《世界大勢論》〈自由大畧〉(《兪吉濬全書》 III, 100-101쪽).

87 《世界大勢論》〈地球惣說〉(《兪吉濬全書》 III, 110-111쪽).

88 《世界大勢論》〈晝夜의 理라〉(《兪吉濬全書》 III, 114-115쪽).

89 《世界大勢論》〈五帶의 事〉(《兪吉濬全書》 III, 116-117쪽).

A-E의 내용들은 유길준이 각종 정보를 소개하는 가운데 조선과 관련된 내용을 의도적으로 소개한 부분에 해당한다. 일방적인 정보의 수용과 가공, 그에 따른 소개만이 아니라 조선인으로서 자신의 처지를 고려할 수 있는 부분을 유길준 나름대로 제시한 것이다. 단순 번역에 그치지 않고, 의식적으로 조선의 입장을 헤아리면서 이를 곳곳에 적극 반영해 넣으려 했다는 점에서 유길준의 독창성이 잘 드러나는 대목이라 할 수 있다.

A와 B는 조선의 정치 외교와 관련된 내용이다. 우선 A는 일국의 세 가지 대권(大權)으로서 주재권, 독립, 동등권을 소개하는 가운데 조선의 현 처지가 어떠한지를 드러낸 내용이다. 치외법권의 존재와 자주적으로 관세를 부과하지 못하고 조약을 체결한 상대국과 협상을 해야 한다는 점, 병력을 파견할 여력이 존재하지 않는다는 사실을 토대로 조선의 경우 일국의 권리를 제대로 누리지 못하는 처지임을 드러냈다. 이는 시기상으로 보았을 때 임오군란의 발생과 그 사후 처리로 조선이 일본과 제물포조약을 체결한 다음의 분위기를 반영하여 서술한 것으로 보인다. 조약 체결 당시 하나부사 요시모토(花房義質)는 보병 1개 대대와 육전대 150명의 병력을 이끌고 와서 조선 측에 압박을 가했고, 공사관에 일본군 병력 약간을 상주시킬 수 있는 권리를 얻어냈기 때문이다.[90] B는 제물포조약 제3조와 제4조의 규정에 따라 구휼금과 전보금을 지불하게 된 경위를 갑-일본, 을-조선으로 돌려서 서술한 내용이다.

또한 조선이 관세를 자주적으로 결정할 권리가 없다고 하였는데, 1883년의 시점은 조선이 임오군란 이전까지 관세 자주권을 획득하려 했던 노력이 수포로 돌아간 때이기도 하다. 이것은 이해 7월 25일에 체결된

90 최덕수 외 지음, 2010, 《조약으로 본 한국 근대사》, 열린책들, 266-269쪽.

〈조일통상장정(朝日通商章程)〉의 조문을 통해서 알 수 있다.[91] 물론 엄밀히 따져 보았을 때 임오군란 발발 이후 잠정 중단되었던 〈조일통상장정〉의 교섭이 재개된 것은 7월부터이다. 유길준은 4월에 이미 외아문 주사직에서 물러나 있었으며, 조약이 체결되던 날 이미 일본에 가 있었기 때문에 협상 과정의 전개와 조인에 대해서 어느 정도까지 인지했는지의 여부는 정확하게 판단하기 어렵다. 하지만 결과적으로 관세 자주권을 획득하려는 조선 측의 노력은 정식 체결된 조약문 속에 반영되지 못했다. 유길준 또한 이를 직접 목격한 적이 없었으므로 이러한 내용을 서술하게 된 것으로 보인다. 어쨌든 1883년 상반기에 조선이 처해 있던 정치 외교적 상황과 문제의식을 글 안에서 간략하고도 명료하게 보여 준다는 점에서 주목되는 대목이다.

C에서 E까지의 내용은 지구과학의 개념에 입각하여 조선의 지리적 환경을 설명한 대목이다.[92] C는 경위도의 좌표상으로 파악했을 때 조선국 경성의 위치를 제시한 것이다. 북위 37도 35분은 현재로 치면 37도 33분, 동경 127도 6분은 126도 59분이므로 현재의 수치와 크게 차이가 나지 않는다.[93] 그리고 D는 조선과 일본 사이에 15도가 되지 않는 경도차(13도

---

91 최덕수 외 지음, 2010, 앞의 책, 135-136쪽.

92 본문에서는 다루지 않았지만, 《世界大勢論》 〈地球惣說〉의 내용도 지구과학에 해당한다. 지구의 자전과 공전, 계절의 변화, 기후의 구분 등에 대한 설명은 《海國圖志》가 발간되던 시점부터 이미 빈번하게 등장한다. 하지만 〈地球惣說〉의 내용은 《海國圖志》, 《西洋事情》, 《輿地誌略》의 해당 서술과 명확하게 일치하는 대목을 찾기가 쉽지 않다. 앞에서 지적하였던 《世界国尽》과의 부분적인 내용 일치가 전부일 뿐이다. 더욱이 지구를 비롯한 태양계 행성들의 직경, 자전 및 공전일수, 태양과의 거리 등을 수치로 정리한 내용은 위에서 언급한 책에서 나오지도 않는다. 현재와 비교해 보더라도 오차가 그리 크지 않을 정도로 정확한 수치로, 유길준의 숫자와 통계에 대한 높은 관심을 잘 보여 주는 대목이다. 일본 유학 중 유길준이 자연과학과 관련된 또 다른 서적을 참고했음을 시사하는데, 현재로서는 그 전거까지 찾지는 못했음을 밝혀둔다.

93 유길준보다 앞선 시기에 《海國圖志》나 《瀛環志略》 등의 저작을 참조하여 《地球典要》

정도)가 있으며, 이로 인하여 48분 정도의 시차(실제로는 52분 정도)가 발생한다는 점을 실제로 계산한 것이다. E는 조선이 온대 기후에 속하므로 한대나 열대 등의 극한 기후 지역에 있는 사람들에 비하면 축복받았다는 점을 지적한 것이다. 이 대목은 앞서 다루었던 《世界大勢論》〈衣食居處殊異〉의 마지막에 나온 내용과도 연결된다. C-E는 현재 측정한 수치와 약간 차이가 나지만 비교적 정확하게 유길준이 이와 관련된 개념들을 숙지하면서 조선의 지리적 위치나 여건을 파악하고 있었음을 보여 주는 대목이다. 오히려 《西遊見聞》 저술의 단계에 가서는 이와 관련된 내용이 더 이상 나오지 않는다는 점에서 차이가 난다. 요컨대 C-E의 내용은 유길준이 전통적인 중화 중심의 세계관이나 인식에서 탈피해 있었고, 조선이나 중국의 위치를 경위도의 좌표로 객관화하여 받아들이고 있었음을 보여 준다.

5. 맺음말

이상과 같이 《世界大勢論》의 내용을 다른 자료와 비교하면서 전거 자료가 무엇이었는지를 검토해 보았다. 지금까지 검토한 내용을 간단하게 정

를 저술하였던 최한기의 경우에도 위도와 경도를 설명하는 가운데, 중국 베이징(京師)과 조선의 수도 간 경도의 차이를 비교하기는 하였다. 한성의 경도를 145도로 서술하여 정확성이 떨어진다는 측면이 있으며, 위도의 경우 베이징이 적도 이북 40도에 있다는 사실만 기록하였다(《增補 明南樓叢書》 4, 〈地球典要〉 卷1, 成均館大學校 동아시아학술원·대동문화연구원, 2002, 19쪽). 최한기와 달리 유길준이 조선과 일본의 경도 차이를 서술하고 있는 대목은 비교 대상이 청국에서 일본으로 바뀌고 있다는 사실을 잘 보여 준다. 이는 개항 이후 근대적 지식의 유입 경로가 중국에서 일본으로 바뀌어 감에 따라 비교의 중심축도 변해 가는 시대적 흐름을 잘 보여 주는 하나의 사례일 것이다.

리하면서 유길준이 저술한《世界大勢論》의 성격과 의의를 제시하는 것으로 글을 마무리하고자 한다.

첫째,《世界大勢論》에 있는 육대주의 면적, 총 인구수, 소개된 세계 각국의 명칭은《西遊見聞》과 일치하지 않는 부분이 적지 않다. 이를 통해서 유길준이 1883년에 작성한《世界大勢論》과 1889년에 탈고한《西遊見聞》은 서로 다른 자료를 전거로 했으며, 후자는 전자의 내용을 그대로 전재하지 않았음을 알 수 있다.

둘째,《世界大勢論》 전반부의 내용은 유길준이 우치다 마사오의《輿地誌略》 1권 내용을 발췌 번역하는 가운데 역자 나름대로 의견이나 생각을 삽입한 것이다. 후반부 내용 가운데 〈自由大畧〉의 경우 후쿠자와의《西洋事情》이나《時事小言》,《世界国尽》에서 일부 발췌한 대목이 있기는 하다. 거기에 번역자인 유길준이 조선의 입장에 맞게 내용을 수정하거나 평가를 추가한 부분이 있으므로,《世界大勢論》을 단순 번역서로만 평가하기는 어렵다. 세계에 대한 정보를 당대의 최신 저서를 참고하여 그 내용을 정리하고, 국한문 혼용체로 작성하여 조선에 소개하려 하면서 당대의 시사에 대한 문제의식을 구체적으로 드러냈다는 점은 높이 평가할 부분이다. 물론 이 시기에 일본이나 중국에서 서양의 서적을 번역하여 소개하는 작업이 활발하게 이루어지고 있었다는 사실을 감안했을 때 소개되는 양의 수준에서 비교가 되지는 않는다. 하지만 유길준의《世界大勢論》은 서구 열강과의 통상조약 체결을 마친 1883년의 시점에 본인이 접했던 서양과 세계지리에 대한 최신 정보를 번역, 편집하고 소개함으로써 향후 개방에 본격적으로 대비하려 한 의도를 내포한 저술이었다는 점에서 의미를 갖는다. 아울러 조선의 독자적 성격을 드러낼 수 있는 내용들을 곳곳에 배치하여 서술하고, 청국에 대한 종속관계를 보여 주는 직접적인 표현을 의식적으로 사용하지 않았다는 점도 주목할 만한 대목이다.

셋째, 유길준은 지구 지리에 대한 설명을 하는 가운데 자신이 이해한 자연과학 지식을 바탕으로 조선에 대한 내용을 독자적으로 집어넣었다. 이 내용은 《西遊見聞》과 달리 《世界大勢論》에서만 볼 수 있는 내용이다. 유길준이 중화를 중심에 놓고 판단하는 세계관에서 탈피하였고, 조선의 위치를 중국과의 관계 속에서가 아니라 일본과의 비교를 통해 보여 주려 했다는 점은 주목할 만하다.

마지막으로 《世界大勢論》의 검토와 관련하여 여전히 해결하지 못한 부분이 있다. 바로 《世界大勢論》이 과연 한 번에 체계적으로 작성된 저술인가의 문제이다. 예를 들어 저작의 중간 부분을 보면 정서되지 않은 글씨로 영국 육군에 대하여 소개한 부분이 있다.[94] 그런데 이 내용은 바로 다음에 바로 나오는 각국의 인구 및 군사 소개와 체제상 맞지 않는다. 아마도 어디선가 별도로 발췌했던 내용을 《世界大勢論》으로 편집해 넣는 가운데 들어간 것으로 보이는데, 영국 전체의 군사 수와도 관계가 없는 대목이므로 무엇에 대한 소개였을지 의문이 남는다. 표현상 수정을 가한 부분도 나타났다는 점,[95] 그리고 체제가 맞지 않는 내용이 삽입되어 있다는 점 등을 감안해 본다면 《世界大勢論》은 《西遊見聞》처럼 완결성을 갖

94 《兪吉濬全書》 Ⅲ, 94-95쪽.

95 예를 들어 〈自由大畧〉 앞부분 셋째 줄에 있는 '權理'를 '權利'로 수정한 것을 들 수 있다. 이 문제와 관련하여 번역어로서 '권리'의 수용 과정을 조약문, 신문 기사 등을 활용하여 폭넓게 검토한 법사학계의 최근 연구가 주목된다(문준영, 2012, 〈근대 초 한국에서의 권리, 법, 정치 — 번역어 '권리'의 수용과정 연구〉, 《강원법학》 37, 강원대학교 비교법학연구소). 문준영은 조선과 일본이 체결한 〈조일수호조규부록〉에 등장하는 權理는 right가 아니라 power and jurisdiction과 관련된 용어로 보았다. 조약의 한문 표현상으로 權利라는 표현은 1883년 7월 체결된 〈조일통상장정〉 제42관에, 신문으로는 《漢城旬報》에 이 용어가 사용된다는 점을 지적하였다. 여기에 조심스럽기는 하나 첨언을 해 보자면 유길준이 《世界大勢論》에서 처음에 '權理'로 썼던 표현을 '權利'로 바꾼 것은 〈조일통상장정〉 체결보다 시기상으로 약간 앞설 가능성이 있다.

춘 글이라기보다는 완성 이후 다른 목적으로 사용될 가능성이 있었던 원고로도 볼 수 있을 것 같다.[96] 여기에 〈世界歷史一斑〉을 마치면서 후속작업을 예고한 점도 주목된다. 다만 유길준은 보빙사 일행으로 선발되어 조선을 떠났기 때문에 그동안 작성한 글을 미처 마무리하지 못했던 것 같다. 그는 이후 미국 유학과 유럽 방문을 마친 후 귀국하여 1889년까지 《西遊見聞》을 집필하였는데, 이 저작은 세계지리와 역사에 대한 유길준 나름의 식견과 경험을 잘 녹여낸 결과물이었다. 《世界大勢論》 집필 당시 미진하다고 여겼을 내용을 유길준은 본인의 구미지역 견문과 새로운 학습, 다른 참고자료의 수집을 통해 보완하고 완결하였던 것이다.

96 이광린은 《世界大勢論》의 내용과 구성을 놓고 보았을 때 "신문에는 매회 한 항목씩 게재하려고 했을지 모르겠다"고 개연성을 지적한 바 있다(이광린, 1990, 앞의 책, 58-59쪽). 《世界大勢論》 〈世界大勢一般〉에서 거론한 세계 각국의 한자 표기 명칭이나 소개는 1883년 10월부터 발간된 《漢城旬報》에서도 찾을 수 있다. 〈論洲洋〉(1883년 10월 31일), 〈亞米利加洲〉(1883년 11월 20일), 〈亞非利駕洲〉(1883년 11월 30일) 등의 기사가 여기에 해당한다. 단, 《世界大勢論》과 《漢城旬報》 기사의 연관성 문제는 유길준이 미국으로 출발한 지 3개월 이후 《漢城旬報》의 간행에 관여하였던 이노우에 가쿠고로의 역할, 청국 및 일본의 개항장으로부터 들어오기 시작한 신문 기사나 세계지리 관련 서적의 전달과 활용, 조선 정부의 정치적 변동까지 아우르면서 별도로 검토해 볼 필요가 있다.

참고문헌

1. 자료

《西遊見聞》(兪吉濬全書編纂委員會 編, 《兪吉濬全書》 I, 一潮閣, 1971).

《世界大勢論》(兪吉濬全書編纂委員會 編, 《兪吉濬全書》 III, 一潮閣, 1971).

《海隱日錄》 I(민건호 지음, 부산근대역사관, 2008).

《輿地誌略》 卷1-7(內田正雄 編輯, 中川勘助 飜刻, 明善堂, 1882).

《海外國勢便覽》(內田正雄 編輯, 大學南校, 1870).

《立憲政體略》(加藤弘之, 中外堂, 1868).

《西洋事情》(《福澤諭吉著作集》 1, 慶應義塾大學出版會, 2002).

《世界國盡》(《福澤諭吉著作集》 2, 慶應義塾大學出版會, 2002).

《時事小言》(《福澤諭吉著作集》 8, 慶應義塾大學出版會, 2003).

〈時事大勢論〉(慶應義塾 編, 《福澤諭吉全集》 卷5, 岩波書店, 1959).

〈地球典要〉 卷1(《增補 明南樓叢書》 4, 成均館大學校 동아시아학술원·대동문화연구원, 2002).

《東京日日新聞》, 《鎭西日報》, 《日本立憲政黨新聞》, 《郵便報知新聞》, 《時事新報》, 《讀賣新聞》.

《赴韓日記》(日本 國會圖書館 憲政資料室 收集資料 竹添進一郎 關係文書 소장번호 1420-1).

2. 저서

국립중앙박물관 및 Peabody Essex Museum 共編, 1994, 《유길준과 개화의 꿈》(특별전 도록), 국립중앙박물관.

權赫秀, 2000, 《19世紀末 韓中 關係史 硏究》, 백산자료원.

김경태, 1994, 《한국근대경제사연구》, 창작과비평사.

김용구, 1997, 《세계관 충돌의 국제정치학 — 동양 禮와 서양 公法》, 나남출판.

김원모, 1999, 《韓美修交史》, 철학과현실사.

김종원·이양자 지음, 2009, 《조선 후기 대외관계 연구》, 한울아카데미.

노대환, 2010, 《문명》, 小花.

다보하시 기요시(田保橋潔) 지음, 김종학 옮김, 2013, 《근대 일선관계의 연구》 上, 일조각.

박찬승, 2013, 《대한민국은 민주공화국이다 — 헌법 제1조 성립의 역사》, 돌베개.

柳永益, 1990, 《甲午更張硏究》, 一潮閣.

李光麟, 1989,《開化派와 開化思想 硏究》, 一潮閣.

______, 1990,《韓國開化思想硏究》, 一潮閣.

______, 1992,《유길준 — 닫힌 사회에 던진 충격》, 동아일보사.

______, 1999,《韓國近現代史論攷》, 一潮閣.

정용화, 2004,《문명의 정치사상 — 유길준과 근대 한국》, 문학과지성사.

최덕수, 2004,《개항과 朝日관계》, 고려대학교출판부.

최덕수 외 지음, 2010,《조약으로 본 한국 근대사》, 열린책들.

金鳳珍, 2004,《東アジア·開明·知識人の思惟空間》, 九州大學出版會.

月脚達彦, 2009,《朝鮮開化思想とナショナリズム》, 東京大學出版會(한국어 번역: 최덕수, 2014,《조선의 개화사상과 내셔널리즘》, 열린책들).

日本歷史學會 編, 1981,《明治維新人名辭典》, 吉川弘文館.

3. 논문

구선희, 2005,〈19세기 후반 조선사회와 전통적 조공관계의 성격〉,《史學硏究》80, 한국사학회.

김영작, 2008,〈한·일 양국의 서양수용에 관한 비교연구 — 유길준과 후쿠자와 유키치의 국제정치관을 중심으로〉, 와타나베 히로시·박충석 공편,《한국·일본·'서양'》, 아연출판부.

문준영, 2012,〈근대 초 한국에서의 권리, 법, 정치 — 번역어 '권리'의 수용과정 연구〉,《강원법학》37, 강원대학교 비교법학연구소.

박양신, 2008,〈근대 초기 일본의 문명 개념 수용과 그 세속화〉,《개념과 소통》2, 한림대학교 한림과학원.

月脚達彦, 2013,〈兪吉濬《世界大勢論》における〈獨立〉と〈文明〉 — 內田正雄《輿地誌略》との比較から〉,《東洋史硏究》72-3, 京都: 東洋史學會.

李銀子, 2008,〈淸末 駐韓 商務署 組織과 그 位相〉,《明淸史硏究》30, 명청사학회.

李漢燮, 2009,〈개화기 외교 현장에서의 통역 문제 — 1883년 派美 사절단의 예를 중심으로〉,《日本語學硏究》25, 한국일본어학회.

한승훈, 2006,〈朝英條約(1883. 11)과 불평등조약체제의 재정립〉,《韓國史硏究》135, 韓國史硏究會.

韓哲昊, 2000,〈兪吉濬의 生涯와 思想〉,《韓日關係史硏究》13, 韓日關係史學會.

許東賢, 1994,〈1881년 朝士視察團의 明治 日本 政治制度 理解〉,《韓國史硏究》86, 韓國史硏究會.

高田美一, 1993,〈宮岡恒次郎とパーシヴァル·ロウエル·エドワード·モース、アーネスト·フェノロサ — 明治東西文化交流の一面〉,《立正大學文學部論叢》97, 立正大學.

月脚達彦, 1991,〈開化思想の形成と展開 — 兪吉濬の對外観を中心に〉,《朝鮮史研究會論文集》28, 朝鮮史研究會.

増野恵子, 2006,〈見える民族·見えない民族:《輿地誌略》の世界観〉,《版画と写真:19世紀後半出来事とイメージの創出》, 神奈川大学 21世紀COEプログラム.

秋元信英, 2004,〈内田正雄の履歴と史料〉,《國學院短期大學紀要》21, 國學院短期大學.

________, 2008,〈明治二年、内田正雄《海軍沿革論》の書誌と思想 —《輿地誌略》への連續性をめぐって〉,《國學院短期大學紀要》25, 國學院短期大學.

부록

《郵便報知新聞》明治 14년 12월 28일 기사(1881. 12. 28)

유학하기 위해서 지난 5월 중 우리나라로 내항하여 미타(三田)에 있는 게이오기주쿠(慶應義塾)에 입학한 조선인 유길준 씨가 영민하여 학업을 열심히 하게 됨에 따라 후쿠자와 선생도 크게 장래의 기대를 걸었다는 것은 그 무렵 지면상(紙上)으로 게재하였다. 선생의 안목이 과연 틀리지 않아 취학한 지 겨우 8개월 만에 우리나라 문장의 체재를 깨우치고, 근일 스스로 한 편의 논문을 기초하였다. 취지 같은 것은 잠시 제쳐두더라도 일찌감치 이와 같은 이야기를 하게 된 것은 선생이 잘 이끌어주고 훈도하였기 때문이다. 그러하나 역시 그가 수재에다가 근면하기 때문이 아니겠는가? 따라서 그 자필 원문을 그대로 아래에 게재하여 장래의 발달을 기대한다.

농필한화(弄筆閑話)

대저 지금 동양이 서양과 같지 않다는 것은 마음대로 헤아릴 수 없다. 그 가운데 가장 큰 것은 민권론이 시행되지 않는 일이다. 민권론이 무엇이냐 하면 군민공치(君民共治)라고 하는 것이다. 군민공치란 인민이 하고자 하는 바에 따르는데 있을 뿐이다. 전하여 말하기를, 인민이 좋아하는 바는 이를 좋아하고, 인민이 싫어하는 바는 이를 싫어한다. 그렇다면 어째서 반드시 이를 서양의 법이라고 일컬어야 하는가? 역시 동양에서도 애초부터 있던 바이다. 아니면 알지 못하는 자가 말하기를, 동양이 지금의 형세로 군민공치의 정체(政體)를 시행할 수 없다고 한다. 이것은 결코 그렇지 않다. 한 나라를 하나의 가정에 비유해 보자면 군주는 아버지이며, 인민은 자식이다. 정체는 집안일이다. 그렇다면 한 집안의 일을 어찌 부자가 상의하지 않고 이를 시행할 수 있겠는가? 그렇다고 하더라도 그 자식이 어려서 동쪽과 서쪽도 분간하지 못할 때에는 함께 논의하기에는 충분하지 않다. 이를 잘 가르치고 이끌어 훗날의 성장을 기다려야 한다. 성장하고 나서도 어렸을 적에 세상사를 알지 못하였기 때문에 함께 논의하기에는 충분하지 않다고 말할 수는 없다. 이미 어린 시기를 거쳐 아직 완전하게 성장하지 않았고, 또 사물을 분별하는 지혜가 있는데 아직 지극한 영역에 이르지 않았을 때에 함부로 집안일을 논하려고 한다면 아버지가 이를 꾸짖을 수도 있고, 가르칠 수도 있다. 그렇지만 아버지가 이것을 구실로 삼아 위협하고 이를 억제하면서 네가 감히 아버지의 일에 끼어들어 알려고 하는가라고 꾸짖을 수는 없다. 이를 잘 이끌고 듣도록 하여 지극히 좋은 관문에서 머물고 고명한 영역으로 올라갈 수 있도록 해야 한다.

나는 조선 사람이다. 지금 조선과 일본 간 형편을 논하여 지극히 큰 지경에 이르러야 할 것이다. 언문에서 일컫기를 푸른빛은 쪽빛에서 나왔는데 쪽빛보다 푸르다고 한다. 우리 조선 인민은 항구를 폐쇄하고 칩거하기를 좋아하여 외국 사정을 알지 못한다. 정부는 개화(開化)하려는 의지를 날카롭게 하여 일본과 수호의 맹약을 체결하고 통상의 조약을 수립하였다. 특히 올봄에는 신사 여러 명이 유람 비용을 스스로 내면서 창해(滄海)를 건너와 도쿄를 관람하였다. 이것은 모두 개화문명(開化文明)의 기초라고 말할 수 있다. 그렇다면 우리 조선은 지금부터 의지를 굳건히 하여 진보하고, 진력하고, 착수하여 오늘 한 가지 일을 하고, 내일 한 가지 일을 거행하여 차츰차츰 날로 향상된다면 어찌 훗날 일본을 쪽빛이라 하고 조선을 푸른색이라고 하지 않을 줄 알겠는가? 이는 곧 스스로 작아지려는 뜻이다. 조선과 일본이 힘을 합치고 마음을 같이하여 함께 열심히 노력하고 분발하여 기예를 배우고, 군사를 훈련하여 국세를 확장하고, 인심을 활발하게 만들어 벽안의 사람들이 업신여기는 것을 막는데 이른다면 서양을 쪽빛이라 칭하고 동양을 푸른색이라고 일컫게 될 터이니 어찌 재미있지 않겠는가? 그렇지만 이것 또한 스스로 작아지는 일이다. 인물, 풍속, 언어, 의복은 동서 간에 상이하다고 하더라도 이목구비는 같다. 도덕과 종지의 명칭은 다르다고 하더라도 군신, 부자, 형제, 부부의 도리는 하나이다. 그러하니 역시 그 언어와 의복이 동서 간에 서로 다르다고 하더라도 서로 정을 통하여 각자의 몸을 쓰러트리는데 이른다면 곧 동일해진다. 그렇다면 동양인과 서양인이 추호도 다르지 않다. 그러므로 제각기 나라의 군주는 아버지가 되며 인민은 자식이 되어 대소(大小)도 없으며, 원근(遠近)도 없으며, 동서남북에서 서로 왕래하여 아침에는 유럽에서 먹고, 낮에는 아메리카에서 놀고, 저녁에는 아시아에서 멈추어 서로를 보는 일을 집안 형제처럼 한다면 하나의 구체로써 하나의 큰 가족이 될 수 있을 것이다.

[원문 기사]

留學の爲め去る五月中我國へ來航して三田の慶應義塾へ入塾せし朝鮮人兪吉濬氏が英敏にして學事に勉強なるより福澤先生も大に後來の望を屬されし事は其頃の紙上に登記せしが先生の眼光果して違はず就學僅かに八ヶ月にして我國文章の体裁を曉り頃日自ら一編の論文を起草せり其趣旨の如きは暫く措き早くも斯の如き說を爲すに到りしは先生が誘腋薰陶の宜しきに依るとは雖も亦同氏が秀才にして勤勉せしにあらざるを得ん依て其自筆原文の儘を左に揭けて後來の發達を期す

弄筆閑話

今夫東洋ノ西洋ニ如カサルモノハ勝テ算フ可カラス就中其最モ大イナルモノハ民權論ノ行ハレザルナリ民權論ナルモノハ何ゾヤ君民共治ト云フナリ君民共治トハ民ノ欲スル所

ニ從フニアルノミ傳ニ曰ク民ノ好ム所之ヲ好ミ民ノ惡ム所之ヲ惡ム然ラハ何ゾ必シモ之ヲ西洋ノ法ト云ハンヤ亦東洋ノ固ヨリ有ル所ナリ或ル知ラサルモノ曰ク東洋今日ノ勢ヲ以テ君民共治ノ政体ヲ行フ能ズト是レ決シテ然ラサルナリ一國ヲ一家ニ比スレハ其君ハ父ナリ其民ハ子ナリ其政体ハ家中ノ事ナリ然ラハ一家ノコトヲ豈ニ父子相議セズシテ之ヲ行フモノ有ランヤ然レトモ其子幼少ニシテ東西モ辨セサルトキハ共ニ論スルニ足ラズ善ク之ヲ教導シテ以テ後日ノ成長ヲ待ツベシ其成長シタルトキニ至テモ尚ホ幼少ノ時ニ世事ヲ知ラザルヲ以テ共ニ論スルニ足ラズト云フ可カラザルナリ其既ニ幼少ヲ過キテ未タ全ク成長セズ又タ事物ヲ分別スルノ知慧アツテ未タ至極ノ域ニ至ラサルトキニ妄リニ家事ヲ論セント欲スレバ其父之ヲ責ムルモ可ナリ之ヲ教ルモ可ナリ然レトモ其父是ヲ以テ口實トシテ之ヲ威シ之ヲ抑ヘ汝敢テ父ノコトヲ參知スルヲ欲スルカト責讓スルハ不可ナリ宜シク之ヲ誘腋シ之ヲ耳提シテ至善ノ關ニ止マリ高明ノ域ニ躋ラシムヘシ

我ハ朝鮮ノ人ナリ今朝鮮ト日本トノ間有様ヲ以テ論シテ極大ノ界ニ至ルヘシ諺ニ曰ク青ハ藍ヨリ出テ藍ヨリ青シト云フ我朝鮮ノ人民ハ鎖港閉居自ラ好ムテ外國ノ事情ヲ知ラズ政府ハ意ヲ開化ニ鋭クシテ日本ト修好ノ盟ヲ結ビ通商ノ約ヲ立テ殊ニ今春紳士諸氏ガ自カラ遊費ヲ出シテ滄海ヲ渡リテ東京ニ觀覽シタルガ是皆開化文明ノ基ト云フ可シ然ラバ我朝鮮ハ今ヨリ勇志シテ進歩シ極力シテ着手シ今日一事ヲ爲シ明日一事ヲ行ヒ蒸々日上スレバ安ゾ他日ニ日本ヲ以テ藍ト爲シ朝鮮ハ青ト爲ラサルヲ知ランヤ此則チ自カラ小ニスルノ意ナリ朝鮮ト日本トカヲ合セ心ヲ同ジ相共ニ勉勵奮發シテ技藝ヲ學ビ兵隊ヲ練リ國勢ヲ擴張シ人心ヲ活潑ニシテ碧眼ノ人ノ侮ルヲ禦クニ至ルトキハ西洋ヲ以テ藍ト爲シ東洋ヲ以テ青ト爲スナリ豈ニ面白カラズヤ然レトモ此レ又タ自カラ小ニスルノコトナリ人物風俗言語衣服ハ東西ノ異ナルアリト雖トモ其耳目口鼻ハ則チ一同ジ道德宗旨ノ名ハ異ナリト雖トモ君臣父子兄弟夫婦ノ倫ハ則チ一ナリ亦其言語ト衣服ノ東西相異ナルモノモ其ノ相互ニ情ヲ通シ各自躰ヲ覆フニ至テハ則チ同一ナリ然ラハ東洋ノ人ト西洋ノ人ト毫モ異ル所アラサルナリ故ニ銘々其國ノ君ハ父トナリ民人ハ子トナリ大ト無ク小ト無ク遠ト無ク近ト無ク東ヨリ西ヨリ南ヨリ北ヨリ相共ニ往來シテ朝ニハ歐羅巴ニ食ヒ晝ニハ阿米利加ニ遊ビ暮ニハ亞細亞ニ止マリ相視ルコト家人兄弟ノ如クシテ一圓球ヲ以テ一大家トナスベシ

兪吉濬作〈地制議〉의 구조와 특징

1. 머리말

유길준은 1891년(辛卯年), 그의 나이 36세에 〈지제의〉를 저술하였다. 이때는 1885년 12월 귀국한 이후 1년 반가량 한규설(韓圭卨)의 집에서 연금을 거쳐, 1887년 가을 민영익(閔泳翊)의 별장 취운정(翠雲停)으로 연금 거처를 옮긴 후였다. 취운정의 연금 기간에 유길준은 《서유견문(西遊見聞)》을 완성(1889년)하였고, 〈지제의〉, 〈세제의(稅制議)〉(1891년) 등을 서술하였다. 또한 〈답청사조회(答清使照會)〉(1889년), 〈어채론(魚採論)〉(1892년) 등 당시 조선의 외교 현안에 관련된 글도 작성하였다.

〈지제의〉의 한 구절에 세금 관련 사항을 언급한 후 "이에 대한 논의는 稅制를 보라"[1]고 표기한 것을 보면, 〈세제의〉와 〈지제의〉는 일종의 연작(連作)으로 작성된 듯하다. 또한 〈지제의〉의 다른 구절에 "官制는 職官編을 보라"[2]는 세주(細註)가 기재되어 있는데, 현재 발견되지는 않지만 '관

1 兪吉濬全書編纂委員會 編, 1971, 〈地制議〉, 《兪吉濬全書Ⅳ:政治·經濟 編》, 一潮閣, 172쪽 7번째 줄(이하 원문 인용은 〈地制議〉, 쪽 줄로 표기), "議見稅制".

2 "官制見于職官編", 〈地制議〉, 151쪽 6줄.

료제도(職官)'에 관한 자신의 구상을 담은 글도 함께 서술한 것으로 생각된다.

일반적으로 〈지제의〉와 〈세제의〉는 토지·조세제도와 관련한 유길준의 개혁안[3] 혹은 조선 정부의 재정 확충을 위한 일련의 재정개혁안[4]으로 이해되어 왔다. 《서유견문》을 통해 각종 서구 제도의 핵심을 정리·소개한 바탕 위에서, 해당 저작들은 조선의 현실에 맞는 제도 개혁 방안을 더욱 구체적으로 제시한 것이라 할 수 있다. 〈지제의〉와 〈세제의〉의 내용을 살펴보면, 조선의 현제도가 지닌 여러 가지 문제점을 지적하고 그것을 개혁하는 새로운 방법을 제시하고 있다.

그런데 특별히 〈지제의〉는 토지제도 및 농업 경영 등과 관련된 문제를 핵심주제로 삼고 있다는 측면에서, 여타 저작과의 차별성을 지적할 수 있다. 전통 사회에서 토지는 국가의 근간 산업인 농업을 수행하는 매개체였다. 전통 사회의 부세제도는 토지의 생산을 기반으로 운영되었고, 그 속에 누적된 모순은 서구 및 여타 국가의 경험과는 다르게 '조선적' 형태로 발생해 왔다. 토지제도와 관련된 모순의 인식과 개혁 방안의 제시는 조선 바깥의 '새로운 제도'를 수용하여 적용하기가 어려운 부분이었다. 유길준이 배우고자 했던 서구의 주요 국가들은 농업에서 공업 및 무역 중심으로 이미 산업 구조의 형태가 급격하게 변화하고 있었으나, 조선은 여전히 전통적 방식의 농업 생산구조를 근간으로 국가 운영을 유지하고 있었다. 이러한 차이로 인해, 토지제도는 서구의 신제도를 곧바로 '모방' 혹은 '도입'하여 적용할 수 있는 영역이 아니었다.[5] 이러한 배경에서 조선 최초

3 이광린, 1992, 《유길준 — 닫힌 사회에 던진 충격》, 동아일보사, 88-90쪽.

4 柳永益, 1991, 《甲午更張硏究》, 一潮閣, 105쪽.

5 이와 관련하여 《세계대세론(世界大勢論, 1883년작)》 혹은 《서유견문》에 다른 국가의 토지제도를 소개한 부분이 전무하다는 점을 생각해 볼 수 있다. 서양의 정치제도, 교

의 일본·미국 유학생 유길준이 어떠한 방식으로 서구의 신지식을 조선의 (토지)개혁 방안과 연결시켰는지의 문제는 〈지제의〉를 분석하는 중요한 관점으로 제기할 수 있다.

한편 조선 내부에서 제기되었던 기존의 토지개혁론과 유길준의 그것이 어떤 차이점과 유사점을 가지고 있었는지에 대한 부분을 밝히는 것도 〈지제의〉 독해의 중요한 관점이다. 서구의 신지식이 적용되지 않는 부분은 어떤 식으로 대응했을 것인지의 문제, 특히 기존에 존재했던 개혁 방안과의 타협점 혹은 배제점은 무엇이었는지를 살펴봐야 한다. 이는 유길준 개인을 이해함과 동시에 개화기 한국의 변동을 이해하는 데 유용한 작업이라 생각한다. 이 글에서는 이상의 두 가지 요소를 중심으로 〈지제의〉의 주요 내용을 살펴보고자 한다.

〈지제의〉를 연구 대상으로 다루었던 기존의 성과는 정체성론에 기반해 구성된 식민사학의 극복이라는 전형적인 틀 내에서 진행되었다. 곧 토지생산성·토지소유관계 및 농업경영 등 영역에서 '내재적 발전'을 구성하는 방식의 한국사 연구에 기반하여 유길준의 글이 다루어졌던 것이다. 김용섭은 이러한 관점에서 〈지제의〉 분석을 집대성하였다. 그는 조선 후기-개항 전후에 제기되었던 여러 이정책을 지주적 입장에서의 개혁론과 농민적 입장에서의 개혁론으로 대표되는 '근대화 과정에서의 농업개혁의 두 방향'으로 구조화하고,[6] 지주적 코스 방안의 하나로써 〈지제의〉를 검토하였다. 이에 따라 유길준의 개혁안이 지닌 토지소유관계, 토지재분

육제도, 납세제도, 화폐제도 등은 소개하고 '조선식으로 개량하여 적용'할 만한 영역이지만, 토지제도는 '유사한 적용 과정'이 쉽지 않은 영역이었기 때문인 것으로 생각할 수 있다.

6 金容燮, 1988, 〈近代化過程에서의 農業改革의 두 方向〉, 《韓國資本主義性格論爭 — 移山 趙璣濬博士 古稀紀念論文集》, 大旺社(《韓國近現代農業史硏究 — 韓末·日帝下의 地主制와 農業問題, 증보판》, 지식산업사, 2000에 재수록).

배론 등에 대한 인식을 살펴보는 것을 중요한 과제로 설정하였다. 그에 따르면 유길준은 구래의 토지소유관계를 그대로 유지한 채, 양전을 실시하고 지권을 발행함으로써 근대적 토지소유관계를 수립하고자 하였다.[7] 한편 유길준의 경제사상을 분석하는 대개의 연구는 〈지제의〉와 유길준의 여타 저작을 함께 다루어 분석하였다.[8] 유길준의 경제사상을 조금이라도 언급한 글은 적은 분량이나마 〈지제의〉를 언급하고 있다. 그런데 각주 7의 논문이 발표된 후에 출간된 글은 김용섭의 연구 구도를 충실하게 수용하고 있다고 보인다.

이상의 내용에 유념하며 본 글에서는 구체적인 내용에 근거하여 〈지제의〉의 구조와 특이점을 살펴보고자 한다. 우선 〈지제의〉 전체를 3개 부분으로 나누고, 내용에 따라 내부의 구조를 제시하고자 한다. 이후 구조 분석을 근거로 〈지제의〉가 지닌 몇 가지 특징을 살펴보도록 하겠다.[9]

2. 〈지제의〉 구조 분석

〈지제의〉는 《유길준전서》 Ⅳ권, 136-178쪽에 실려 있다. 3,200여字, 44쪽에 달하는 분량이다. 물론 일본 망명 시기에 작성한 《프러시아 프리드

7 金容燮, 1968, 〈光武年間의 量田·地契事業에 관한 一硏究〉, 《亞細亞硏究》 31; ____, 1975, 〈甲申·甲午改革期 開化派의 農業論〉, 《東方學志》 15(두 글 모두 《韓國近代農業史硏究Ⅱ — 農業改革論 農業政策(2), 新訂 增補版》, 지식산업사, 2004에 재수록).

8 金炳夏, 〈兪吉濬의 經濟思想〉, 《東洋學》 4, 1974; 金鳳烈, 〈兪吉濬의 開化思想 — 農村經濟安定과 國家財政確立 方案을 中心으로〉, 《慶熙史學》 11, 1983(《兪吉濬 開化思想의 硏究》, 경남대학교출판부, 1998에 수록); 조정희, 2006, 〈유길준의 경제개혁론〉, 《韓國思想과 文化》 33.

9 〈地制議〉 번역은 다음의 책을 참조하였다. 許東賢, 1987, 《兪吉濬論疏選》, 一潮閣, 35-63쪽.

리히대왕 7년전사(普魯士國厚禮斗益大王七年戰史)》 등 외국사 책이나 《정치학(政治學)》, 《노동야학독본(勞動夜學讀本)》 등 한 권 자체의 분량이 많은 글도 있지만, ‘지제’라는 단일의 주제를 두고 서술했다는 점에서 볼 때 결코 적은 분량은 아니다.

2절에서는 〈지제의〉를 분석하기 위한 전제 작업으로, 표의 형태로 구조 분석을 시도하고자 한다. 해당 글은 크게 세 부분([1], [2], [3])으로 나누어 파악할 수 있다. 아래의 표에서 구조의 세부 내용을 밝힌 뒤, 글의 짜임새를 분석하도록 하겠다.[10]

[1] 구제도의 모순을 지적하고 신제도를 제시함

	구분[11]		내용	주제
[1]-1	*	我國地方(135쪽 2줄)	한반도 전체의 넓이를 계산하여 제시	한반도 전체의 넓이 제시
		我國里法(135쪽 8줄)		
[1]-2	*	田尺一等(135쪽 11줄)	전통 방식의 結 면적을 尺으로 환산하여 제시	전통 방식의 結 면적을 尺으로 환산하여 제시, 結負에서 頃畝로 변화 주장
		田尺二等		
		田尺三等		
		田尺四等		
		田尺五等		
		田尺六等(138쪽 4줄)		
	*	按此(138쪽 5줄)	생산량 중심인 結負 방식의 문제점 지적함.	
		磻溪氏(139쪽 1줄)	유형원의 頃畝법을 대안으로 제시(땅 면적 중심의 환산을 주장)	
		祖宗立制(139쪽 10줄)	기존 結負제도의 문제점 언급(尺을 일정하게 만들지 못함으로 인한 문제)	
	*	國家 宣祖壬辰之亂前 (141쪽 3줄)	이속의 농간에서 비롯되는 문제들	
		磻溪氏(141쪽 11줄)	단, 頃畝법에도 두 가지 문제점이 있음을 언급함(=잉토 無, 후세의 제도로 적절치 않음)	

10 아래 표에 대한 자세한 설명과 내용은 본서 356쪽 이하의 [일러두기] 및 [원문 입력본], [번역본] 참조.

[1]-3	*	本國之地(142쪽 10줄)	넓이 중심으로 조선의 경작 총면적/총 생산량/총세액을 계산하여 제시함	총면적당 생산량, 총 인구당 소비량에 따른 변화상 제시(방식의 변화 필요성)
		今我國民口(144쪽 2줄)	생산량 증대를 위한 제시(풀숲·황무지 개간, 품전 높이기 노력)	
		旣有如上之穀數(144쪽 8줄)	생산량 증재에 따른 세수의 확대 과정 설명. 전제의 개정 필요성 역설	
[1]-4	*	夫田先定經界(145쪽 6줄)	田統式 서술을 위한 면적 기준의 제시	개혁 방안의 실제I(田統式: 수치 중심으로 기술)
		方一里內田統式(145쪽 11줄)	사방 1里 안의 田統에 대한 면적 제시(畦, 畝, 頃, 統)	
		方一里之內(146쪽 6줄)	사방 1里 구성, 전국토를 대상으로 실시했을 때의 수치	
[1]-5	*	田統圖式(147쪽 9줄), 右圖(149쪽 7줄)	田統式을 地目 중심으로 설명(아울러 圖式을 제시)	개혁 방안의 실제II(田統式: 地目 중심으로 기술)
		連十統, 連十面-連十區, 連十郡, 合四鎭(150쪽 2줄-152쪽 5줄)	統·面·區·郡·鎭·州 제도에 대한 설명	
	*	今此製圖(152쪽 6줄)	제도 유지를 위한 방법론(측량관의 도입, 각 행정단위마다의 측량 실시 이후 일정 기간마다 제작 갱신)	

[2] 구제도의 모순을 지적하고 신제도를 제시함

		구분	내용	주제	
[2]-1	*	**凡江水之所漲落**(153쪽 9줄)		험한 땅을 개간하기 권장(첫번째 凡-)	[2]-1부터 [2]-5까지 ▼ 토지 운영방식의 개혁
		今或有築堤者(154쪽 5줄)	제언 축조 권장법		
		且平曠之地(155쪽 1줄)	私民 권장법		
		或曰 築者之助(155쪽 5줄)	財源 지원법		

11 '구분'란 하위에 표기한 별표('*') 한 개는 한 문단, 곧 원문 기준으로 '줄을 바꾸어 쓰기 시작한 곳에서부터 다음 줄을 바꾸어 쓴 부분 직전까지 부분'을 지시한다. 다만 [2] 부분에서 '줄 바꾸고 한 칸씩 들여쓰기'로 표기한 부분은 원문에서 줄을 바꿔 쓰고는 있지만 의미를 따져 볼 때, 핵심 주제 문장('凡~' 문장)에 소속된 것으로 간주할 수 있다. 따라서 '하나의 문단'으로 파악하고 체제를 설정하였다. 이 책 356쪽의 [일러두기] 참조.

[2]-2	*	**凡崖谷崎嶇**(156쪽 7줄)		개간 불가한 땅에 果茶 재배 권장 (두 번째 凡-)	
		夫果者 奉祀接賓之需(156쪽 9줄)	과일의 효용, 귤의 경우		
		且嶠南之(157쪽 9줄)	지리산 단엄차의 경우		
		夫何古之人如是惓惓於民國之計(158쪽 3줄)	상품으로써 귤과 차 재배의 필요성 강조		
[2]-3	*	**凡頃畝之間**(159쪽 1줄)		잡목 대신 뽕, 밤나무 심기 권장 (세 번째 凡-)	
		盖桑者 衣之本(159쪽 5줄)	양잠의 효용		
		今夫蠶繭之絲(159쪽 10줄)	絲의 상품성		
		聞中國日本蠶農甚盛(160쪽 5줄)	중국·일본의 양잠 성행/우리나라의 상황		
[2]-4	*	**凡山谷之間**(160쪽 11줄)		습한 곳에 목축장 만들기 권장 (네 번째 凡-)	
		我國近日所畜之物(161쪽 3줄)	최근 현황, 소의 현황		
		且國人不知牧羊, 盖羊之爲物(161쪽 10줄)	양의 효용		
		且以馬而言之(162쪽 7줄)	말의 효용		
[2]-5	*	**凡地之肥塉雖異**(163쪽 4줄)		토질에 적합한 작물 심기 권장 (다섯 번째 凡-)	
		今我國之田(163쪽 5줄)	土性 파악의 필요성		
		田器不講(163쪽 9줄)	우리 상황에 맞는 농기구, 농법 등 개발의 필요성		
		此言眞出於君子之憂民也(165쪽 4줄)	인재 교육의 필요성		
		我國之田(165쪽 9줄)	우리나라 피곡 생산량		
[2]-6	*	**凡民間田土買賣文券**(166쪽 5줄)		官用 전토 거래 및 공인 양식의 제시(여섯 번째 凡-)	[2]-6부터 [2]-9까지 ▼ 토지 관리제도의 개혁
		盖民間之田土買賣(166쪽 7줄)	관에서 매매를 관리할 것(문권/입지), 관리 방법		
		田地文卷圖式(168쪽 3줄)	文卷 도식과 설명		
		立旨圖式(170쪽 5줄)	立旨 도식과 설명		
[2]-7	*	**凡田地**(172쪽 5줄)		전토의 세율에 대하여(일곱 번째 凡-)	
		議見稅制(172쪽 5줄)	稅制를 보라		
[2]-8	*	**凡山林果園牧場魚池**礦所(172쪽 6줄)		공유지-사유지와 문권, 입지 작성례 (여덟 번째 凡-)	
		山林與果園(172쪽 8줄)	각종 지목의 문권 상표기법		
[2]-9	*	**凡城府閭里**(173쪽 7줄)		城, 府, 閭里도 도본 제작할 것 (아홉 번째 凡-)	
		城尺計其高及廣(173쪽 7줄)	里와 尺으로 잴 것		

[3] 전통시대 중국과 조선의 田制를 고찰하고, 조선에 적절한 제도를 제시함

	구분		내용	주제
[3]-1	*	自秦廢井田之後(173쪽 10줄)	중국 고대부터 현재까지의 전제	중국의 田制 上考
[3]-2		我國則檀君之世(177쪽 6줄)	단군시대-현재 조선의 전제	조선의 田制 上考
[3]-3		竊嘗思之(178쪽 1줄)	균전제 반대, 도조법($\frac{3}{10}$세)을 사용하고, 국가는 $\frac{1}{10}$세, 主客 半擔	앞으로 제도가 나아갈 길

우선 [1]에서 유길준은 자신의 개혁 방안인 田統式을 도출하기 위하여, 종래 사용하던 결부제의 문제점과 유형원의 경묘제([1]-2)를 고찰하고 있다. 이어지는 田統式([1]-4, [1]-5)에 대한 설명에서는 우선 수치(넓이) 중심의 기술을 통해 토지의 '量'에 대한 서술([1]-4)을, 이후 地目 중심의 기술을 통해 토지의 '質'에 대한 서술([1]-5)을 시도하고 있다.

[2]는 [1]에서 제시한 田統 내에 위치한 각종 地目의 개발·관리하는 방식을 세부적으로 다루고 있다. [1]-3의 '今我國民口(144쪽 2줄)' 부분[12] 및 [1]-5의 '右圖(149쪽 7줄)' 부분[13]에서 개간의 필요성 및 여러 종류의 地目을 제시하고 있는데, 이의 연장선상에서 구체적인 개혁 방안을 제시하는 것이 [2]의 대체적인 내용이다. [2]의 전반부([2]-1, [2]-2, [2]-3, [2]-4, [2]-5)는 험한 땅을 개간하기, 개간 불가한 땅에 果茶 재배하기, 잡목 대신 뽕·밤

12 〈地制議〉, 144쪽 6줄, "여기에서 풀숲이 다 개척되지 않고 황무지가 다 개간되지 않은 것을 가히 볼 수 있다(此可見草萊之未盡闢 而原隰之未盡懇)."

13 〈地制議〉, 149쪽 7줄, "무릇 땅은 높낮이가 고르지 않지만 經界를 획정하면 方里를 만들지 못할 이치가 없다. 山林·川澤·城市·村閭 및 海濱·沮洳·沙石·荒蕪地 등에 구애받지 말고 먼저 1里의 경계를 구획하여 위와 같은 도식을 작성하고, 각 頃내에 있는 사물은 크든 작든 남김없이 등재한다", "만일 경작이 불가능한 땅과 기타 장애물 등이 있어서 땅을 統으로 만들 수 없는 경우에도 頃마다 전답과 다른 사물을 예시와 같이 기재한다. 果園·수풀·성시·村閭 등도 이 법을 사용한다(略擧大槩槩以示式也 夫地有高低之不平 然劃定經界 無不成方里之理 勿拘山林川澤城市村閭及海濱沮洳沙石荒蕪之地 先劃一里之經界 製圖如上 登載各頃內所有之物 巨細無遺 而遇平原廣野 里可成統 則開錄田沓如例 若有不可耕之地及他相碍之物 田不可成統 唯逐頃記田沓及他物亦如例 以至果園林藪城市村閭 亦用是法)."

나무 심기, 습한 곳에 목축장 만들기, 토질에 적합한 작물 심기 등의 구체적 방법을 제시하고 있다. 이는 '토지 운영방식의 개혁'에 대한 내용으로 정리할 수 있다. ②의 후반부(②-6, ②-8, ②-9)는 전토의 거래 및 공인 양식을 제시하여 각종 전토를 官 관리하에 두도록 규정하고 세부적인 내용을 제시하고 있다. 이는 '토지 관리제도의 개혁'에 대한 내용으로 정리할 수 있다. ②의 후반부('토지 관리제도의 개혁')는 ①에서 제시한 田統式 체제하의 토지 거래 및 소유관계를 현실에서 어떻게 제도화할지 구체적으로 제시하려는 의도를 지니고 있는 것으로 판단된다.

②는 〈지제의〉가 지닌 짜임새의 견고함을 보여 주고 있다고 생각된다. 원문을 살펴보면 ②-1에서 ②-9까지 각 문단을 시작하는 문장은 '凡-'의 형식으로 행의 첫 칸부터 시작하고 있다. 그런데 '凡-'을 설명하는 이하의 세부 설명은 한 칸씩 들여쓰기로 작성되고 있다. 곧, ②부분은 ['凡-'+ 세부 설명(한 칸씩 들여쓰기)]의 형식으로 총 9개의 소주제(9개의 '凡-')가 제시되고 있는 것이다.[14]

하지만 견고한 짜임새에도 불구하고, 구조적 측면에서 몇 가지 지적할 만한 부분이 있다. 우선 ②-5의 세부 설명 중 '我國之田(165쪽 9줄)'의 위치를 언급할 수 있다. 이 부분은 '우리나라 피곡 생산량'에 대한 유길준 자신의 계산을 보여 주는 부분인데, ②-5의 주제인 '토질을 판단하고 농학을 펼치는 방법 권장'에 결코 적합하지 않은 내용인 듯 보인다. 그렇지만 바로 이어지는 ②-6부터 ②의 하반부(지권, 입지에 관한 내용 등)가 시작되는 것을 연결지어 생각해 본다면, '我國之田(165쪽 9줄)' 부분은 ②-1에

14 기존의 번역본(許東賢, 1987, 앞의 책)은 이 글의 〈地制議〉 분석을 위한 핵심적인 정보를 제공해 주었다. 다만 본 논문에서 제시한 ②의 짜임까지는 반영되어 있지 않았다. 필자는 ②의 구조를 파악하는 것이 〈지제의〉의 전체 구조를 이해하는 데 중요한 관건이라고 생각한다.

서 [2]-5까지 제시한 토지운영방식의 개혁이 충실히 이행되었을 때 산출되는 결과에 대한 유길준의 예상치라고 볼 수 있다. 곧, [2]의 전반부에서 제시한 토지의 새로운 이용 방식의 결과 도출될 총량(토지수, 생산량수)과 1인당 식량수, 국가의 세수 등을 추정하여 삽입한 것으로 이해할 수 있을 것이다.

또 한 가지 지적할 수 있는 것은 [2]의 후반부([2]-6, [2]-7, [2]-8, [2]-9)는 전반부([2]-1부터 [2]-5)에 비해 구조적인 부분에서 형식이 견고하지 못하다는 점이다. 우선 글자 수를 보면, [2]-7은 22字, [2]-9는 39字로 이루어진 비교적 간단한 문단이다. [2]-7이 세율, [2]-9가 지도(地籍圖)에 대해 각각 설명하고 있기 때문에 내용상으로는 하나의 독립 문단으로 구분하기에 적절하게 보이지만, [2]-6과 분량 차이가 너무 크다는 문제가 있다. [2]-7은 "稅制를 보라(議見稅制)"는 언급으로 세부 설명을 미루고 있는데, 〈세제의〉와 연작임을 염두하더라도 이 부분은 지나치게 간략하게 기술되어 있다.

또한 [2]-8은 내용상 [2]-6, 곧 전토 거래 및 공인 양식을 제시하는 문단의 하위로 들어가야 내용상 위계가 맞는 것이 아닌가 생각한다. 유길준이 작성한 照會文이나 疎와는 다르게, 〈지제의〉·〈세제의〉 등이 실제 동시대 다른 이에게 얼마나 전파되었는지 여부는 정확히 알 수 없다. 만약 유길준이 위의 글을 일반에 공개하기 위한 퇴고를 거쳤다면, [2]-7, [2]-8, [2]-9는 지금과 구조적 형태가 약간 달라졌을 것으로 조심스럽게 추측해 본다.

[3]은 우리나라의 전제가 나아갈 길([3]-3)을 자신의 결론으로 제시하기 위하여, 중국의 전제([3]-1)와 조선의 전제([3]-2)를 살펴보고 있다. [3]-1에서는 주대의 정전제와 당대의 균전제가 성립되고 쇠퇴하는 과정을,

3-2에서는 균전제 실패, 결부제 성립의 과정을 핵심적으로 정리하고 있다. 유길준은 결론 부분인 3-3에서 '균전의 뜻은 天道의 지극히 공평함에서 비롯되었고 진실로 仁政의 근본이다. 그러나 오늘날의 治者된 자는 소소하게 부자의 전토를 빼앗아 그들의 원망을 초래하고 인민들의 요행심을 만들 필요가 없다(밑줄은 인용자)'[15]는 설명을 통해 균전제에 반대하고, 賭租法($\frac{3}{10}$稅), 국가 $\frac{1}{10}$ 稅 — 主客 半擔의 제도 개선을 제시하고 있다.[16]

3은 1과 비교했을 때, 그 내용상 특징이 잘 드러난다. 1부분은 주로 전통 방식의 결부제(수확량 기준 면적 구분법)를 대체하는 방법으로 경묘법(면적 중심 구분법)을, 그 연장선상에서 모든 토지를 포괄·구분하는 전통식을 제시하고 있다. 이는 곧 '양전 방법'의 개혁을 주장하는 것이다. 하지만 3은 정전제 반대, 도조법 및 $\frac{1}{10}$ 세 제시 등의 내용을 통해 토지소유권과 생산관계에 대한 자신의 견해를 제시하고 있다. 이는 명확히 '전세 방식' 및 '지주제'의 개선을 주장하는 것이다.

이상의 분석을 통해 유길준이 〈지제의〉 서술시 글의 짜임새를 정교하게 구성했다는 점을 파악할 수 있다. 물론 본고의 분석에서 몇 가지 구조적인 문제점을 지적했지만, 이것은 글 전체의 견고한 짜임과 견주어 볼 때 작은 문제라고 생각한다. 또한 공개를 위해 퇴고를 거쳤을 때 이러한 부분은 수정되었을 것으로 판단된다.

---

15 〈地制議〉, 178쪽 1줄, "均田之意 出於天道之至公 而誠爲仁政之本 然今日之爲治者 不必規規然謀奪富者之田 以來怨讟而啓民之倖心也".

16 균전제 및 정전제에 대한 반대의 입장은 이미 1에서도 등장한 바 있다. "표 1-2, 磻溪氏(〈地制議〉, 141쪽 11줄)" 부분의 내용을 참조. 이 주제는 다음 장에서 기존 연구사와 함께 다루기로 한다.

3. 〈지제의〉의 특징

김용섭의 선구적 연구 이후, 〈지제의〉의 특징에 대한 분석은 정형화되어 이루어졌다. 주요 쟁점에 대해, 기존의 토지소유관계 유지(토지재분배론 비판), 균전제 비판(사유재산 관념), 세율 개선을 통한 지주제 유지 의도, 지조 개정을 위한 양전사업의 구상, 대외무역과 연동된 농업의 상업화 추구 등으로 분석해 냈다. 이하에서는 우선 기존의 연구가 다룬 주제를 구체적인 텍스트와 함께 살펴보도록 하겠다. 그 후 기존 연구에서 지적하지 않은 몇 가지 특징에 대하여 분석을 시도해 보고자 한다.

1) 토지소유관계에 대한 인식과 해결 방안

조선 후기 실학파 중심의 토지개혁론은 이상적인 토지제도로써 하은주 시대의 정전제를 복원하는 형식을 핵심으로 삼아 제시되었다. 중국의 정전제는 모든 토지를 국가가 소유하고 井字의 형태로 토지를 9개로 나누어 8개는 사전, 1개는 공전의 형태로 운영하고 공전의 생산물로 국가에 조세를 납부하는 방법이다. 한편 균전제는 일반 농민에게 일정량의 토지를 분급하고 반대급부로 租·庸·調를 수취하는 당나라의 토지제도였다. 정전제는 지주제를 해체하는 방향에서 추구하는 이상적 제도였고, 균전제는 현실적으로 존재하는 지주제를 인정하는 가운데 추구하는 목표였다.[17] 정도의 차이는 존재하지만, 두 제도 공히 현존하는 토지소유관계에 큰 변동을 초래하는 개혁 방안이었다.

〈지제의〉에서 정전 및 균전에 대한 본격적인 서술은 ③부분, 곧 중국

17 실학파의 토지개혁론에 대하여 다음의 글을 참조. 조광, 1998, 〈실학의 발전〉, 《한국사 35 — 조선후기의 문화》, 국사편찬위원회.

과 한국 전제의 역사를 언급하는 부분에서 등장한다. 그 이전에 등장하는 것은 [1]-2, '磻溪氏(141쪽 11줄)' 부분 한 곳뿐이다.[18] 유길준은 유형원의 경묘법이 지닌 면적 중심의 토지 구획법을 칭찬하며[19] 자신의 전통식에 흡수하여 적용하고 있지만, 그의 토지개혁구상[20]에는 비판적이었다.[21] 토지 균분의 논의는 중국고대의 이상사회를 흠모하는 데서 나오고 있지

---

18 〈地制議〉, 142쪽 2줄, "官民이 땅을 받아야 한다는 이야기도 비록 慕古의 뜻에서 나왔으나, 후세의 다스림에는 합당치 않은 것이다. 三代 이전에는 땅은 넓으나 사람은 희소하였고 풍속은 질박하면서 물자는 흔하여 인민들이 스스로 자족하고 안존하면서 부유코자 하는 것을 알지 못하였으니 井田制를 행하여 그 산물을 고르게 할 수 있었다. 오늘날에는 그렇지 않으니, 인민들이 利를 좇음이 善을 좋아함보다 심하여 부자는 논밭의 길이 연달아 있으나 빈자는 송곳을 세울 땅도 없다. 확고히 국가의 政令으로 부자의 땅을 빼앗아 빈자에게 주는 것이 仁政의 一端인 듯 보이고 또 하지 못할 바도 없지만, 그 원리를 세밀히 살펴보면 장차 인민을 병들게 하는 道가 되어 도리어 더 큰 해를 초래하게 될 것이다(且官民受田之論 雖出於慕古之意 然不合於後世之治 三代以上 土廣而人稀 俗樸而物賤 民安於自足 而不知爲富 故行井田之制 以齊其產 今時則不然 民之好利 甚於好善 而富者連阡陌 貧者無立錐 固以國家之政令 奪富者之田 以與貧者 似爲仁政之一端 而無所不可 然細釋其原 則將爲病民之道 而反生大害 不如因之爲導 以明全國之田制而已)."

19 〈地制議〉, 139쪽 7줄, "頃과 畝는 땅의 넓이를 가리키며, 結과 負는 조세액을 가리키는 것이다. 무릇 頃畝法은 體이며 根本이고, 結負法은 用이요 末端이다. 그 본을 밝혀 총합을 계산하면 곧 숫자가 눈앞에 갖추어지고 용은 그 가운데 있게 되는 것이다. 그 말단에만 집착하여 經界를 소홀히 하면 근본인 땅이 문란해져 버려 고증해서 바로잡을 바가 없게 되는 것이다(頃畝指田數也 結負指租數也 夫頃法體也本也 結法用也末也 明其本而計之以總 則數具目前 而用在其中矣 執其末而遺於經界 則本地已紊 而無所考正矣)."

20 "유형원 토지개혁안의 특징은 개인의 사적소유를 제한함으로써 모든 토지를 國家的所有로 환원하려는 것이었다. 그는 대토지소유가 살아나지 못하도록 토지세습제는 폐지하는 것을 추구하였고 이를 통해 지주제가 자연스럽게 소멸되는 방법을 강구했던 것이다", 최윤오, 2001, 〈반계 유형원의 정전법과 공전제〉, 《역사와 현실》 42, 154-155쪽.

21 〈地制議〉, 141쪽 11줄, "반계 선생은 그 폐단을 깊이 알아 頃畝法을 이야기했고, 실제 쓰이는 方里의 면적으로 田制를 한정하였으니, 그 법이 매우 훌륭한 것이었다. 하지만 미진한 점이 있으니 頃에 剩土를 배치하지 않은 제도라는 것이다. 또 官民이 땅을 받아야 한다는 이야기도 비록 慕古의 뜻에서 나왔으나, 후세의 다스림에는 합당치 않은 것이다(磻溪氏 深知此弊 發爲頃畝之論 而實用方里之面積 以限田制 故其法甚美矣 猶有未盡者 頃不配剩土之制也 且官民受田之論 雖出於慕古之意 然不合於後世之治)."

만, 후대의 정치에서는 맞지 않는다는 이유 때문이었다. 이를 두고 김용섭은 유길준이 시대가 달라지면 토지소유관계도 달라진다는 역사관으로써 정전론을 거부하고 있었다고 평가하였다.[22]

또한 기존 연구는《서유견문》의 제4편〈人民의 權利〉중 '재산의 자유와 통의'[23]를 연결지어 유길준의 인식을 평가하고 있다. 곧, 재산권은 절대로 보호해야 한다고 생각하였으므로, 지주가 그 재산, 즉 토지를 대여하고 지대를 징수하는 것은 '당연한 正理'인 것이며, 따라서 그에게는 지주제가 부정되거나 그 토지가 몰수되어서는 안 되는 것이었다는 설명이다.[24]

[3]의 마지막 부분에 나타나는 문단은 유길준의 생각을 잘 드러내 주는 부분이다. 여기서 그는 균전제를 반대하고,[25] 賭租法($\frac{3}{10}$稅), 국가 $\frac{1}{10}$稅 — 主客 半擔의 제도 개선을 제시하고 있다.[26] 이에 대해 김용섭은 '지대의 率을 $\frac{3}{10}$ 으로 낮추어도 좋다는 양보'는 '농민들 항조투쟁의 요구를 일정 정도 받아들인 것'이며 '실학파 계열의 진보적 지식인이 이야기한 지주제 개혁론을 부분적으로 받아들이는 것'이라 설명하며 '지주층의 일정한

---

22 김용섭, 2004, 앞의 책, 52쪽.

23《西遊見聞》, 117쪽(《兪吉濬全書 I — 西遊見聞》, 一潮閣), "二曰 財産의 自由及通義니 此ᄂᆞᆫ 謂호ᄃᆡ 財産의 權利라 財産의 自由ᄂᆞᆫ 各人이 其私有ᄒᆞᆫ 財産을 行用ᄒᆞᆷ과 處寘ᄒᆞᆷ에 正直ᄒᆞᆫ 道로 以ᄒᆞᄂᆞᆫ 時ᄂᆞᆫ 禁制ᄒᆞᄂᆞᆫ 者도 無ᄒᆞ며 操縱ᄒᆞᄂᆞᆫ者도 無ᄒᆞ야 其自便ᄒᆞᆫ 道ᄅᆞᆯ 任從ᄒᆞᆷ이오 財産의 通義ᄂᆞᆫ 自己의 持有ᄒᆞᆫ 財産을 護守ᄒᆞ야 無理ᄒᆞᆫ 橫奪을 不受ᄒᆞ고 獨操ᄒᆞᆫ 實勢ᄅᆞᆯ 保存ᄒᆞᆷ이라".

24 김용섭, 2004, 앞의 책, 55쪽.

25 각주 15번의 사료.

26〈地制議〉, 178쪽 4줄, "당연히 먼저 큰고을(寬鄕)인지 작은 고을(狹鄕)인지를 살펴 인구와 토지를 균등하게 하는 데 힘써, 서로 滿이 되어(땅은 적고 사람은 많은 경우는 人滿이라 하고, 사람은 적고 땅은 많은 경우는 地滿이라 한다.) 부자의 땅도 가을걷이를 나눌 수 없게 되는 일이 없게 해야 한다. 또한 賭租法을 사용하여 $\frac{3}{10}$을 걷는 것을 허가하는데, 官用은 세율을 $\frac{1}{10}$로 유지(中正)하고, 田主와 田客이 각각 그 반을(主客은 田主와 作人을 이름. 그 반은 稅錢의 반을 이른다.) 부담하게 한다(宜先視寬狹之鄕務均人土 而毋相爲滿(地少而人多曰人滿 人少而地多曰地滿) 使富人之田無分秋穫 而用賭租法 許收什三 官用中正之稅取什一 而令主客各充其半(主客謂 田主與作人 其半謂稅錢之半))".

양보를 통해서 농민층의 항쟁을 피하고 지주제를 유지하려는 의도'였다고 파악했다.[27]

그런데 위에서 언급하는 기존 연구의 대강을 수용하더라도, 〈지제의〉 전체를 두고 다음과 같은 의문이 발생한다. 과연 유길준이 〈지제의〉를 통해 핵심적으로 이야기하고 싶은 것이 소유관계와 지대에 관한 문제인가? 전체 텍스트를 살펴볼 때, '지주적 입장에서 개혁'을 뒷받침하는 근거는 〈지제의〉의 적은 부분에서 등장하고 있을 뿐이다. 오히려 量田체제 및 토지운영 방식의 개혁 등이 훨씬 많은 분량을 차지하고 있다. 지금까지 연구는 적은 분량의 근거에 집중하여 유길준의 생각을 정리하고 평가했던 편향을 보이고 있었다. 구체적으로 등장하는 다른 종류의 개혁 방안에 집중하는 분석의 시도가 필요할 것으로 생각된다.

2) 量田에 대한 인식 — '수치화·총량화'를 통한 개혁 방안의 제시

이 글의 2절에서 살폈듯이, 〈지제의〉에 나타난 유길준의 개혁 방안은 크게 양전방식의 개혁을 통한 전통식 구상(①)과 세제의 조절을 통한 개선 구상(③)으로 나눌 수 있다. 김용섭은 統·面·區·郡·鎭·州을 설치하자는 주장[28]은, 전통식 지방제도의 구상이며 이를 통해 양전을 수행하려는 목적이었다고 언급하였다.[29] 그리고 지권을 발행하는 것은 정부가 토지소유권의 이동 상황을 언제나 파악함으로써 철저하게 보장하려는 목표를 가지고 있었다고 평가하고 있다.[30]

기존 연구에서는 유길준의 量田 방식에 대한 분석을 대개 위와 같은

27 김용섭, 2004, 앞의 책, 56쪽.
28 〈地制議〉, 150쪽 2줄-152쪽 5줄.
29 김용섭, 2004, 앞의 책, 223쪽.
30 김용섭, 2004, 앞의 책, 224-225쪽.

내용으로 시도하고 있다. 하지만 왜 양전, 곧 '田'을 '量'하여 수치화하는 것을 주요한 방법의 하나로 내세우는 것인지에 대한 이유를 따로 고찰하지는 않았다. 이 글은 그 이유의 하나로써 유학을 통해 유길준에게 '수치화·총량화'를 통한 개혁 방안의 제시라는 새로운 인식이 형성되었다는 점을 지적하고 싶다.

유길준의 다른 저작 및 〈지제의〉에서 공통적으로 보이는 점은 '사물을 수치로 나타내려는 노력'이다. 《세계대세론》(1883)에서는 여러 국가의 국력을 인구 및 면적·병력수 등의 수치 정보로 보여 주는 것에 집중하고 있다. 이러한 점은 《서유견문》에서도 마찬가지이다. 《한성순보(漢城旬報)》와 《한성주보(漢城週報)》의 기사에서 나타나는 각국의 국력과 관련된 수치는 이미 많이 소개되었던 것이다. 이러한 수치화는 단지 타국의 정보를 표기하는 데에만 국한되지 않는다. 《서유견문》의 〈비고〉에서 볼 수 있듯이, 길이·무게·기수법·화폐·날짜에 대한 수치 기준의 제시는 새로운 문물의 소개에서 중요한 것으로 인식되었다.

유길준의 여타 저작 중 과학적 수치 정보의 측면에서 특별히 관심이 가는 것은 《세계대세론》의 후반부이다. 〈地球惣說〉, 〈經緯度의 事〉, 〈晝夜의 理〉, 〈五帶의 事〉, 〈四時의 事〉에서 보여지는 지구와 우주의 기본 수치 정보, 경도-위도와 그에 따른 시간의 변화에 대한 정보, 사계절의 변화에 대한 정보 등은 서양 과학 정보에 대한 학습을 기반으로 소개한 것이다. 그런데 〈경위도의 사〉에 등장하는 "우리나라 경성은 북위 37도 35분이며 동경 127도 6분이라 하면 적도 이북 37도 35분이요 그리니치 동쪽으로 127도 6분이다",[31] 또는 〈주야의 리〉에 나오는 "가령 우리나라 경성

31 〈經緯度의 事〉, 《世界大勢論》, 110-111쪽(1971, 《兪吉濬全書 Ⅲ 一 歷史 編》, 一潮閣), "我國京城을 北緯 三十七度 三十五分이며 東經 百二十七度 六分이라ᄒᆞᆫ則 赤道以北

과 일본국 도쿄의 경도 차이가 12도 43분이니 도쿄는 동쪽에 있고 우리 경성은 서쪽에 있는 것이다 …(중략)… 그 늦은 시간은 양쪽 지방의 거리가 15도가 아니기 때문에 1시간이 되지 못하고 48분 정도"[32]라는 정보는 조선을 중심으로 파악한 수치 정보라는 점에서 더욱 주목할 만하다.

예컨대 '지구에서 태양까지의 거리' 혹은 '경도는 지구를 360으로 나누고 1시간에 15도씩 이동한다'는 류의 정보는 서양의 과학 관련 서적에 있는 내용을 그대로 서술하면 되는 것이다. 하지만 유길준이 《세계대세론》을 작성한 이 시기, 조선 자체에 대한 정보는 기존에 학습한 과학 정보를 바탕으로 한반도에 대입하여 직접 산출해야만 했던 상황이었다. 서구의 과학정보가 《영환지략(瀛環志略)》, 《해국도지(海國圖志)》 등 중국을 통해 들어오거나 홍대용(洪大容)이나 이규경(李圭景) 등의 서적을 통해 소개될 때에도, 거기서 제시되는 정보는 지구적으로 적용되는 공통의 과학적 수치였지, 그들이 조선에 대한 수치를 제시하지는 않고 있다. 유길준의 시대에, 유길준은 스스로가 조선과 관련된 수치를 산출해야만 하는 입장이었던 것이다.

이상과 관련할 때 〈지제의〉는 《세계대세론》보다 조선의 상황을 수치로 환산하여 제시하는 경향이 강하게 드러내는 글이다. 우선 〈지제의〉의 첫머리는 한반도 전체의 넓이를 제시하고 있다(①-1). 이때 그는 '尺(길이)'과 '尺^2(넓이)'[33]을 기본적인 환산의 기준으로 삼는다. 이후에 나오는

三十七度 三十五分이요 距利仁宇翊智 以東百二十七度 六分이라".

32 〈晝夜의 理〉, 《世界大勢論》, 114-115쪽, "假令 我國 京城과 日本國 東京의 經度差異가 十二度 四十三分이니 東京은 東에 在ᄒᆞ고 我京은 西에 在ᄒᆞᆫ 者라 …(중략)… 其晩ᄒᆞᆫ 時間은 兩地距離가 十五度에 不ᄒᆞᆫ 故로 一時間이 되지 못ᄒᆞ고".

33 〈지제의〉원문에서는 '方尺'으로 표기된다. 〈지제의〉에서 다루는 넓이와 관련하여, 《서유견문》 〈비고〉에서 다음의 기준이 주목된다. 〈西遊見聞備考〉, 《西遊見聞》, 2쪽, "方里ᄂᆞᆫ 四方一里를 謂홈이니 假令 長이 五里오 廣이 六里면 卽三十方里ᄅᆞᆯ 成ᄒᆞᄂᆞᆫ 者라 方

모든 길이와 넓이 수치는 '尺'과 '$尺^2$'으로 환산되어 제시된다. 다음에 예를 통해 유길준이 계산한 방식의 일면을 제시한다.

> 우리나라의 땅은 적도로부터 북쪽 34度에서 43度 사이에 있고, 위도에 따르면 길이는 $8\frac{2}{3}$ 도이다. (한반도의) 넓이는 비록 일정하지 않지만 깎고 보태서 경도는 $2\frac{1}{2}$ 도이다. 경도 $2\frac{1}{2}$ 도와 위도 $8\frac{2}{3}$ 도를 곱하면 1,126,320方里[34]를 얻을 수 있다.[35]

> 우리나라의 里法으로 5尺이 1步가 되고 사각형 1步의 실제 면적은 $25尺^2$이다. 360步는 1里가 되고 사각형 1里의 실제 면적은 $129{,}600步^2$이며[36] 尺으로 계산하면 $3{,}240{,}000步^2$이다.[37]

> 田尺 1等은 길이가 周尺으로 4尺7寸7分5釐에 준한다. 1等尺으로 사각형 100尺을 1結로 한다. 周尺으로 재면 1結의 실제 면적은 $228{,}006\frac{1}{4}尺^2$이고,[38] 사각형 1里[39]의 땅은 田 14結과 $47{,}912\frac{1}{2}尺^2$의 면적이 된다.[40]

尺도 亦此里를 推홈이라".

34 四方으로 1里가 되는 넓이. 곧 한 변이 1里인 정사각형을 이름. $里^2$으로 표기할 수 있다.

35 〈經緯度의 事〉, 《世界大勢論》, 109-110쪽, "我國地方 起自赤道北三十四度 至四十三度 長據緯八度及三分度之二 廣則雖不一 折補爲經二度及二分度之一 以經二度及二分度之一 乘緯八度及三分度之二 可得一百十二萬六千三百二十方里", 〈地制議〉, 〈地制議〉, 135쪽 2줄. 위의 계산을 위해서는 위도 1도와 경도 1도의 길이가 각각 필요한데, 《世界大勢論》에 이에 대한 기술이 나와 있다. "大概 地球 周圍ᄂᆞᆫ 二萬三千七百英里라 此을 三百六十에 分ᄒᆞ야 <u>一度距離을 六十英里에 定</u>ᄒᆞ며 또 英吉利의 距利仁宇翊智[구리인우잇지]라 云ᄒᆞᄂᆞᆫ 地方天文臺로 爲本ᄒᆞ고 北極으로 南極가지 直線을 畫ᄒᆞ고 其直線과 赤道의 會集ᄒᆞᆫ 所로붓터 또 西에서 始ᄒᆞ야 東에 至ᄒᆞ기가지 <u>每段 六十里식 畫定</u>ᄒᆞ고"(밑줄은 인용자).

36 $360步*360步=129{,}600步^2$.

37 〈地制議〉, 135쪽 8줄, 5尺=1步이므로, $(360*5)尺*360尺=3{,}240{,}000尺^2$. "我國里法 以五尺爲一步 方一步實積 爲二十五尺 三百六十步爲一里 方一里實積爲十二萬九千六百步 尺計則爲方三百二十四萬".

38 $1結=(100周尺)^2$, 1周尺=4尺7寸7分5釐(≒4.775尺)이므로 $1結=(100周尺)^2=(100*4.775尺)^2=228{,}006\frac{1}{4}尺^2$.

39 한 변이 1里인 정사각형과 같은 면적을 지닌 사각형을 이름. 1里=360步=(360*5)尺이므로, 본 사각형의 면적은 $1里*1里=1里^2=360步*360步=1{,}800尺*1{,}800尺=3{,}240{,}000尺^2$.

40 〈地制議〉, 135쪽 11줄, 위에서 $1里^2=3{,}240{,}000尺^2$, $1結=228{,}006\frac{1}{4}尺^2$. $1里^2=3{,}240{,}000$

유길준은《경국대전(經國大典)》에 규정된 결부 단위의 양전을 비판하기 위한 근거도 넓이의 환산을 통해 제시한다(1-2). 같은 크기의 결이더라도 등급에 따라 면적이 달라진다는 사실을 보여 주기 위하여 '尺^2'을 기준으로 환산하고, 같은 1里^2 안에 들어가는 결수가 다른 현상을 수치로 지적하며 비판하고 있다.

그의 글에서 시종일관 비판하듯이 결부제(조세액 기준)는 "그 本을 밝혀 총합을 계산하면 곧 숫자가 눈앞에 갖추어지고 用은 그 가운데 있게 되는 것(밑줄은 인용자)"[41]이 어려운 제도였다. 유형원의 토지제도가 내포하고 있는 균전제적 성격을 비판함에도 불구하고, 유길준이 결부제의 대안으로 유형원의 경묘법을 가져온 것은 이 제도가 토지의 실제 면적을 기준으로 구획하는 제도였기 때문이었다. 곧, 일률적 수치화가 가능한 제도였다는 점이 큰 이유였다. 이상에서 보이듯, 유길준은 조선의 상황을 수치로 환산하여 기존 제도를 비판하고 자신의 개혁 방안을 제시하고 있다.

한편 이상과 같은 수치화를 통해 유길준은 조선과 관련된 각종 단위의 총량, 곧 토지 면적·인구·생산량의 총량을 구하고 있다. 그리고 총량 간의 비교를 통해 총면적당 생산량, 총인구당 소비량 등을 제시하고 있다. 그리고 그 수치에 근거하여 황무지 개간, 품전 높이기 노력, 세수의 확대 노력 등의 방안을 도출하고 있다. 다음의 예를 들 수 있다.

> 본국의 토지는 里으로는 대략 1,126,320里^{2}며,[42] 方尺으로 환산하면 그 면적

尺^2=(14*228,006 $\frac{1}{4}$)尺^2+47,912 $\frac{1}{2}$尺^2. 따라서1里^{2}는 田 14結과 47,912 $\frac{1}{2}$尺^{2}이 된다. "田尺一等 長准周尺四尺七寸七分五釐 以其尺 方一百爲一結 以周尺之方 則一結之實積 爲二十二萬八千零單六及四分尺之一 方一里之地 得田十四結四萬七千九百十二尺及二分尺之一".

41 〈地制議〉, 139쪽 7줄, "明其本而計之以總 則數具目前 而用在其中矣".

42 《세계대세론》에서 제시한 국토의 크기(각주 35 참조).

이 3,649,276,800,000尺^2[43]이 된다. 山澤·道路·園場·城邑·閭里·沙礫 등 경작할 수 없는 땅 $\frac{7}{10}$을 제하고 나머지 $\frac{3}{10}$을 취하면, 337,896里^{2}며 尺으로 계산하면 1,094,783,000,000尺^{2}이 된다. 각 등급의 田을 통틀어 4등전으로 환산하면[44] 2,644,636結 96,535 $\frac{21}{25}$尺^{2}이 된다.[45] 지금 또 그 成數만을 들어 2,500,000結로 정하고 稅科에 의거하여 생산량을 살펴보면, 매 1結마다 한 해에 皮穀 1,065斗 2升 6 $\frac{18}{57}$合을 얻을 수 있다. 이것도 成數만을 들어 1,066斗로 정해 매년 생산량을 산출해 보면 2,665,000,000斗[46] 즉, 124,500,000石[47] 20斗가 1石이다을 얻을 수 있다. 매 1인의 1년치 양식을 5石으로 기준을 삼는다면, 25,700,000명의 1년치 양식이 되는 것이고, 세율을 $\frac{1}{20}$로 하면 5,675,000石[48]을 징수할 수 있는 것이다.[49]

---

43 3조 6천 4백 92억 7천 6백 80만 평방척. 앞에서 1里=1,800尺. 그러므로 1,126,320里^2 =1,126,320＊1,800＊1,800=3,649,276,800,000尺^2

44 [1]-2의 전통 방식의 結 면적을 尺으로 환산하여 제시하는 수치 중, 4등전 1結의 넓이 =413,963 $\frac{56}{100}$尺^{2}으로 계산된 바 있음(〈地制議〉, 137쪽 2줄).

45 4등전의 1結의 넓이=413,963 $\frac{56}{100}$尺^{2}이므로, 계산하면 1,094,783,000,000尺^2= (2,644,636＊413,963 $\frac{56}{100}$尺^2)+66,535 $\frac{84}{100}$尺^2=2,644,636結+66,535 $\frac{84}{100}$尺^2. 그런데 원문에서는 66,535 $\frac{84}{100}$尺^2 대신 96,535 $\frac{21}{25}$尺^{2}이라 개재하고 있음. 6을 9로 쓰는 오류를 범함. 계산상의 사소한 착각이라 생각됨.

46 26억 6천 5백만斗. 20斗=1石이므로, 2,665,000,000斗÷20=133,250,000石이어야 함. 하지만 바로 아래 각주의 값과 같이 124,500,000石을 제시하고 있음. 작자의 계산 오류로 보임.

47 1억 2천 4백 50만石. 1년 총 산출량이 124,500,000石이므로, 1명이 5石을 소비한다면 124,500,000石÷5石=24,900,000명分의 식량이 될 수 있음. 그런데 작자는 바로 아래 각주의 값과 같이 25,700,000명을 제시하고 있음. 계산 오류로 보임.

48 1년 총 산출량이 124,500,000石이므로, 세율을 $\frac{1}{20}$로 하면 일 년에 거둘 수 있는 양은 124,500,000石＊$\frac{1}{20}$=6,225,000石이 됨. 그런데 작자는 5,675,000石을 제시하고 있음. 계산 오류로 보임.

49 〈地制議〉, 142쪽 10줄, "本國之地 以方里 大約爲一百十二萬六千三百二十 而尺計爲方 得積三萬六千四百九十二億萬萬曰億 七千六百八十萬尺 除山澤道路園場城邑閭里及沙礫 不可耕之地 十分之七 取十分之三 卽三十三萬七千八百九十六方里 尺計一萬零九百四十七億八千三百零四萬方尺 通各等田 以四等打定 可得二百六十四萬四千六百三十六結 九萬六千五百三十五尺 及二十五分尺之二十一 今且擧其成數 以二百五十萬結爲定 據稅科審出之數 則每一結 歲得皮穀一千零六十五斗二升六合及五十七合之十八 此亦只擧其成數 以一千零六十六斗爲定 而算歲收之數 則可得二十六億六千五百萬斗 卽一億二千四百五十萬石二十斗爲一石也 每一人一年食 以五石爲準爲二千五百七十萬一年之食也 稅用二十取一之法 可得五百六十七萬五千石也".

위에서 언급한 만큼 곡식량이 생산된다면 稅도 당연히 위에서 든 것만큼 들어올 터이니 5,675,000石의 피곡에서 운반비를 제하고도 국고에 米 4백만 斛10斗가 1斛이다 정도가 들어온다.[50]

田尺은 토지의 비옥도에 구애받지 말고 모두 周尺 1척을 기준을 삼는다. 그러면 사각형 1리가 3,240,000尺^{2}이 되며, 이를 9등분하면 360,000尺^{2}이 된다.[51]

方一里內田統式(1里^2 내의 田統式)[52]
一畦長六尺 廣五尺 實積三十尺 百畦爲一畝 (1畦길이 6척 너비 5척의 실제 면적은 30尺^{2}이고, 100畦가 1畝가 된다.)
一畝實積三千尺 百畝爲一頃(1畝의 실제 면적은 3,000尺^{2}이고, 100畝가 1頃이 된다.)
一頃實積三十萬尺 九頃爲一統 (1頃의 실제 면적은 300,000尺^{2}이고, 9頃이 1統이 된다.)
一統實積二(百)[53]七十萬尺 (1統의 실제 면적은 2,700,000尺^{2}이다.)

전국의 땅을 통틀어 平方里로 계산하면 1,126,320里^{2}가 된다.[54] 또 1里^{2}의 땅은 9등분하여 1頃으로 계산하면[55] 10,136,880頃이 된다. 그런데 본국의 땅은 평평하고 넓은 들판이 적어서 1里^2 안의 땅이 田 9頃이 되는 곳이 많지가 않아 몇頃 몇畝가 되는 곳도 있겠고, 혹은 몇里 몇십里를 통틀어 1頃 1畝도 안되는 곳도 있을 것이다. 또한 이미 위에서 든 것처럼 도로 등으로 제해진 면적이 있었고 지금 전국의 토지를 실제로 量定할 때 이러한 면적들을 또 제한다. 그리하여 원래 국토 면적의 $\frac{3}{10}$을

---

50 〈地制議〉, 144쪽 8줄, "旣有如上之穀數 則稅應如之 而五百六十七萬五千石之皮穀 除運費 國入可算米四百萬斛十斗爲斛".

51 〈地制議〉, 145쪽 6줄, "田尺無拘地之肥瘠 皆以周尺一尺爲准 而方一里准爲三百二十四萬尺 九分之可得三十六萬尺".

52 〈地制議〉, 145쪽 11줄.

53 원문에는 '百'이 삭제되어 있으나, 작자의 기재상 오류인 것으로 보인다.

54 각주 35의 자료에서 제시한 수치.

55 "1里^2 안에는 田을 9頃 둔다(方一里之內 置田九頃)"는 규정은 〈地制議〉, 146쪽 6줄에 제시되고 있다.

얻고,[56] 그 나머지인 $\frac{7}{10}$의 $\frac{1}{10}$을 또 취하면,[57] 합계 3,750,625頃[58]을 얻을 수 있다. 성수로는 3,500,000頃으로 환산된다. 매里^{2}는 9頃으로 나누어 1統으로 하며, 이를 도표로 작성해 예시해 보면 다음과 같다.[59]

> 우리나라의 땅은 3,500,000頃이용 가능한 땅을 가리켜 말한 것이다. 현재 다 개간해서 이러한 면적을 얻었다는 것이 아니다.을 밑돌지 않는다. 또 목축과 造林用으로 500,000頃을 떼어내면 3,000,000頃이 된다. 매 3尺^{2}당 1년 생산량을 皮穀 2合으로 보면, 1頃$_{300,000尺}$의 생산량은 100石에 이르고 전국의 피곡 생산량은 3억石[60]이 된다. 이 액수는 현재의 1년 생산량에 비해 어림 양으로도 두 배가 되고도 남는 것이니 15,000,000명이 4년간 먹을 식량[61]이 되며, $\frac{1}{20}$세를 취하는 규정을 사용한다면 15,000,000石의 피곡을 징수할 수 있다.[62]

마지막 예시를 제외하고 위의 수치 제시는 ①에 집중되어 있다. 위의 예시들이 지닌 특징은 두 가지로 나누어 볼 수 있다. 첫째, 국가 단위의 총량을 계산해 내고 있다는 점이다. 곧, 수치화에 바탕한 총량화 경향이라

---

56 전체 국토 면적이 10,136,880頃이므로 $\frac{3}{10}$은 10,136,880頃 * $\frac{3}{10}$=3,041,064頃.

57 전체 국토 면적의 $\frac{7}{10}$의 $\frac{1}{10}$을 취하므로, 10,136,880頃 * $\frac{7}{10}$ * $\frac{1}{10}$=709,581.6頃.

58 위의 두 각주의 합계는 3,041,064頃+709,581.6頃=3,750,645.6頃. 작자는 거의 비슷한 3,750,625頃를 제시하고 있음.

59 〈地制議〉, 146쪽 10줄, "通一國之地 而劃方成里 爲一百十二萬六千三百二十 又九劃一里之地爲頃 得一千零十三萬六千八百八十 而本國之地 少平廣之原 一里之內 爲田九頃者 亦不多得 而或有幾頃幾畝者 又或有通幾里幾十里 而不得ㅛ頃一畝者矣 且以上旣以道路有除 而此又除之 今實其所除之數於量定之際 取原十分之三 而又取其餘七之十分之一 可得合三百七十五萬零六百二十五頃 擧成數以三百五十萬頃爲算 每方里劃九頃爲一統 有圖而記列之"

60 1頃의 생산량은 100石이므로, 우리나라 可耕地(3,000,000頃)에서 생산량은 100石 * 3,000,000= 300,000,000石= 3억石.

61 앞에서 1인당 1년에 5石을 소비한다고 하였으므로, 300,000,000石 * 5=60,000,000. 곧 6천만 명이 먹을 수 있는 숫자. 이는 1,500백만 명이 4년간 먹을 수 있는 양.

62 〈地制議〉, 163쪽 5줄, "我國之田 不下三百五十萬頃指可用之土而言也 非謂今盡懇得此數也 復以牧畜樹藝之用 除五十萬頃 只擧三百萬頃 而每三方尺 歲得皮穀二合 則 一頃三十萬方尺 可至一百石 全國之作以石當 爲三億 此比於今日歲出之假量 而倍之且有餘矣 可爲一千五百萬人四年之食 而稅用二十取一之規 則得一千五百萬石之皮穀".

정리할 수 있다. 이것의 궁극적인 목적은 '국토를 일관된 기준에 의해 파악하여 이용하려는 의도'에 있다고 볼 수 있다. 이러한 의도는 비단 수치자료에서만 보이는 것은 아니다. ②의 토지 운영방식, 토지 관리방식에 대한 서술에서도 새로운 방식을 통해 충분히 국토의 일원적 파악, 관리에 대한 의도를 나타내고 있다.

둘째, 총량을 도출해 내는 과정에 대한 특이성이다. 조선 후기 실학자의 저서에 총량을 제시하는 방식의 기술이 없었던 것은 아니었다.[63] 그런데 유길준이 저들과 다른 점은 자신의 출발점으로 제시한 몇 가지 수치를 근거로, 가정한 상황의 계산을 통해 새로운 수치를 도출해 낸다는 점이다. 경도, 위도의 길이를 이용하여 한반도 넓이를 제시하고, 周尺의 길이를 통해 한반도 국토의 결수를 계산하는 것, 고정된 尺의 길이와 국토의 결수를 이용하여 피곡 생산량을 도출한 것, 인구수를 기준으로 세수를 계산해 내는 것 등이 유길준만의 특징을 잘 보여 준다. 이상 예시들의 각주에 번잡한 숫자 계산이나 출처를 밝힌 것은 위에서 언급한 특징을 잘 드러내기 위함이다. 기존 실학자들의 저작은 국토의 道마다 실제 결수 등 광범위한 조사가 필요한 수치를 기준점으로 삼고 있었다. 반면 유길준은 자신만의 독특한 방식으로 토지 면적, 피곡 생산량, 세수까지 제시하고 있다. '유길준만의 총량화 방식'이라고 의미 부여할 수 있을 것으로 생각한다. 비록 약간의 수치상 오류가 발견되지만, 국가 단위의 운영에서 본다면 그러한 차이는 큰 문제는 아닌 것으로 판단된다.

이상의 정보들을 보았을 때, 유길준은 숫자를 통한 '수치화'와 더불어 숫자를 이용한 '총량화'를 지향했다고 판단할 수 있다. 그렇다면 유길준

63 가까운 예로 유형원의 《반계수록(磻溪隧錄)》(卷之六 田制攷說 下 國朝田制)에서도 그러한 내용을 찾아 볼 수 있다.

은 왜 '수치화·총량화'를 지향했고, 무엇을 얻고자 했는가.

많은 자료들이 이미 서양의 국력을 한눈에 볼 수 있는 수치와 총량을 통해 표현하였고, 이러한 점을 조선에 적용시켜 수치로 나타내고 싶었을 것으로 생각한다. 이것은 단순히 '우리도 수치로 표현하고 있다'는 외형적 과시를 위한 것이 아니라, 국가를 운영하기 위해 사용할 수 있는 실제적 자료(수치와 총량)를 마련하기 위함이었다. 더욱이 '총량화'는 수치로 표현되는 '총량'들을 이용하여 새로운 정보를 산출할 수 있었다. 〈지제의〉는 이러한 새로운 정보를 근거로 전통식의 운영 방안을 마련하고 있다.

갑오년 이전 유길준의 여러 저작을 읽으면서 특징으로 지적할 수 있는 점은 텍스트가 지니고 있는 '구체성'이다. 각종 '정보'를 소개하고 그것에 기초해 새로운 수치를 계산함으로써 구체적인 사실을 제시하고 있다. 이러한 특성은 유길준이 비록 당시 형식적으로는 연금상태였지만, 언제든지 관료로 복귀하여 신정책을 입안할 길을 스스로에게 열어두고 있었기 때문에 가능한 것 아니었을까. 실제로 유길준은 1890년대 전후 청에 대한 조회문을 작성하거나(〈답청사조회〉), 한일 어업 관련 협정 과정 중 제시된 고문관 러젠드르(C.W. LeGendre)에 대한 비판문을 작성하는 등(〈어채론〉) 현실 외교에 직간접적인 연관을 가지고 있었다. 1891년 작성된 〈지제의〉와 〈세제의〉가 그 당시 어느 정도 현실 정책에 반영되었는지는 확실치 않다. 하지만 유길준이 〈지제의〉와 〈세제의〉를 상당한 구체성을 토대로 기술한 점은 후일 현실 적용 가능성과의 연계를 강하게 의식하였기 때문일 것으로 판단된다.

3) 구제도의 개선과 신제도의 도입

유길준은 〈지제의〉에서 농업 진흥을 위해 여러 가지 방법을 제시하고 있다([2]의 전반부). 크게는 첫째 시대의 흐름에 맞게 구제도를 정비하기, 둘째 외부의 신제도를 도입하기로 구분할 수 있다.

우선 구제도를 개선하는 것은 다음의 것을 들 수 있다. [2]-3에서 뽕나무를 심고 양잠(養蠶)을 권장하는 내용이 등장한다. 뽕나무와 양잠은 이미 전통 시대에도 중요한 역할을 담당하고 있었다. 하지만 〈지제의〉에서는 당시 조선의 새로운 변화상을 감안하며 해당 사항을 다루고 있다. 곧 다른 나라와 실가격을 비교하거나,[64] 중국·일본의 양잠 현실과 우리를 비교하는 것[65]은 개항 이후 무역체제의 상황을 염두하고 상업형 농업의 가능성을 권장하고 있는 것으로 볼 수 있다. 또한 [2]-2에서 과일과 차 등 특용작물의 재배를 권장하는 것[66]도 위의 경우와 비슷한 시대적 배경 속에서 이루어지는 것으로 판단된다.

다른 경우로, 〈지제의〉는 외부의 신제도를 도입하여 우리 실정에 맞게 적용하는 경우가 여럿 등장한다. 대표적으로 [2]-1에서 개간 시 민간에 자금 대출하는 경우, 관의 재원을 위해 외국에 국채 모집[67]하는 것을 들 수

64 〈地制議〉, 159쪽 10줄, "지금 누에고치의 실은 그들이나 우리나 한가지이나, 그들 실 1斤의 가격은 當五錢 480냥에 달하고 최하가도 300냥 이상이다. 우리 실은 盆絲와 軖絲라 하는 실이 최상품이지만 그 가격은 모두 120-130냥에 불과하다(今夫蠶繭之絲 彼我一也 彼之絲一斤 有價至當五錢四百八十兩 而下不失爲三百兩以上 我之絲謂盆絲軖絲者 卽最上品 而其價俱不過爲一百二三十兩)."

65 〈地制議〉, 160쪽 5줄, "듣건대 中國과 日本은 蠶農이 매우 성해서 해마다 수출하는 견사가 나라 안의 여러 산물과 비교해 최대 액수를 점한다고 한다. 그런데 우리나라는 일찍이 1근도 팔아 본 적이 없으니, 이는 실 뽑는 데 법도가 없어 사용하기에 적합하지 못하므로 그들이 구매하려 하지 않기 때문이다(聞中國日本蠶農甚盛 每歲輸出之繭絲 較國中土產諸物占最大額 而我國尙無一斤之售賣者 此抽絲無法 不適於用 故彼不之求也)."

66 〈地制議〉, 156쪽 7줄, "무릇 崖谷이 험난하여 경작할 수 없는 땅은 (땅의 風土를) 판별해서 인민들로 하여금 과수와 차 등을 재배하게 하는 것이 좋다(凡崖谷崎嶇 不可耕之地 辨土宜 令民樹藝果茶之屬可也)."

67 〈地制議〉, 155쪽 5줄, "혹자가 다음과 같이 말하기를, 제언을 만드는 것에 대한 보조와 이주민에 대한 대부는 그 뜻은 매우 좋지만 관의 재원에도 한계가 있으니 장차 어디에

있다. 이것은《서유견문》제8편〈政府의 國債募用ᄒᆞ는 緣由〉[68]와도 연계되어 있는 내용인데, 농지의 상업적 운영을 위한 하나의 방법을 제시한 것이라 할 수 있다.

[2]-5에는 농업 교육을 통한 우수 인재 양성과 관련된 내용이 제시되어 있다. "정부는 우선 총명하고 뜻있는 선비를 뽑아 세계에서 제일 좋은 농법을 취해서 모으게 하고, 農理黌을 세워 우리나라 청년들을 가르치며, 각 州에 農務場을 설치해서 풍토에 맞는 작물의 종자를 가려내고 농기구의 사용을 편리하게 할 것"[69]을 주장하고 있다. 이것은 서구의 농학을 도입하자는 의도로써, 이미 미국에게 지원받던 농무목축시험장(農務牧畜試驗場, 1884년 설치), 잠상공사(蠶桑公司)와 독일인 교사 초빙[70] 혹은 영국인 농업교사 고빙[71](1887) 등으로 시행되고 있었던 정책이었다.[72] 기존 제도의 확대를 의도한 것으로 보인다.

이상의 제도는 기존 연구에서 대개 '개화정책'의 일환으로 다루어졌던 항목들이다. 그런데 [2]-4에서 말을 목축하여 소 대용 耕馬용으로 사용[73]하자는 주장이 보여 흥미롭다. 목축장 만들기를 권장하는 내용은《서

서 변통하겠는가라고 한다. 말하기를 마땅히 개척 비용은 해마다 전국의 인민들에게 징수한다. 만약 백성의 재산(民力)이 넉넉지 않아 거둘 수 없으면, 富民의 재산을 빌려 시행할 수 있다. 만약 富民도 원하지 않는 경우에는 國債를 外邦에서 모집하여 시행하는 것도 역시 가능하다(或曰 築者之助 徙者之貸 其意甚善 然官財有限 將安所辦乎 曰 宜以開拓之費 歲徵于全國之民 而若民力不紓 不可以出 可借富民之財而行之 若又富民不願 募國債于外邦而行之 亦可也)."

68 제8편〈政府의 國債募用ᄒᆞ는 緣由〉,《西遊見聞》, 225쪽.

69〈地制議〉, 155쪽 6줄, "宜自政府 先擇聰明宜有志之士 使取天下之長而裒之 建農理黌以教我國中子弟 而各州置農務場 辨土宜之種 利田器之用".

70 李光麟, 1969,〈農業牧畜試驗場에 대하여〉,《韓國開化史硏究》, 一潮閣.

71《舊韓國外交文書》英案 1, #444 農學教師의 雇聘合同, 高宗 24年 7月 14日, 수발신 미상.

72 김용섭, 2004, 앞의 책, 90쪽.

73〈地制議〉, 162쪽 7줄, "또 말로써 말하면, 비록 밭가는 일에 사용할 수 없다고 하지만

유견문》 제16편 〈農作及牧畜의 景況〉 중 목축하는 모습에 대해 서술한 부분과 연결해 볼 수 있다.[74] 유길준이 자신의 경험을 토대로 주장하고 있어 주목되기는 하지만, 당시 말 수급 상황과 관련하여 방법의 현실성에는 의심이 간다.

4. 맺음말 — 〈지제의〉 연구의 향후 과제

지금까지 〈지제의〉의 구조와 특징을 분석하였다. 이 글은 〈지제의〉에 대한 자세한 분석을 위하여, 전체 텍스트의 내용을 구조화하여 파악하는 데 노력을 기울였다. 그리고 특징을 파악하기 위하여 기존 연구사의 내용을 수용하는 한편 〈지제의〉 분석의 핵심을 다르게 판단하자는 의견을 제시하였다. 그리고 유길준의 글을 관통하고 있는 '수량화·총량화'적 인식과 구제도의 개선과 신제도의 도입이라는 측면에서 특징을 분석하였다.

머리말에서 〈지제의〉 연구의 중요성으로 두 가지를 지적한 바 있다.

가르치면 하지 못할 이유도 없다. 일찍이 내가 미국에 체류할 때 보니 쟁기를 끄는 데 모두 말을 주로 이용하고, 그 쟁기도 우리나라 것보다 약 3배나 큰 것이었다. 그러므로 말 두 마리를 한데 묶어서 갈게 하니 땅을 파는 것이 매우 깊고 흙을 뒤집는 범위도 매우 넓었다. 이로써 보면 대개 소만이 밭가는 데 적합하고, 말은 할 수 없는 것이 아니다. 특별히 우리나라에서는 일을 시키지 않았을 뿐인 것이다. 乘用이나 화물운송용으로도 말이 소보다 낫고 군사용으로도 없어서는 안 되니, 나라에서 마땅히 힘써야 할 바인 것이다. 지금 우리나라에 牧場이 설립되어 있지 않은 것이 아니고 牧官의 직책이 없는 것도 아니다(且以馬而言之 雖不服耕田之事 教之則亦無不能之理 往余在合衆國時見之 耒耜之用 率皆以馬爲主 其犁幾三倍於我國之製 故駕二馬而耕之 入地甚深 翻地甚廣 由是觀之 盖牛非獨宜於耕 而馬不能也 特我國不行之而已 至於乘載之任 馬且有過於牛 而武用之不可闕 則有國者之所宜務也 今我國非無牧場之設 且非無牧官之任)". 특히 이 부분에서 미국에서 馬을 경험한 언급을 하고 있어 흥미가 간다.

74 제16편 〈農作及牧畜의 景況〉, 《西遊見聞》, 424쪽.

곧 서구의 신지식을 전통적 토지제도에 접목시키는 방식(외부의 것을 들여오기), 그리고 기존 조선 내부의 토지개혁론과 유길준의 유사점 및 차이점(내부의 것에서 선택하기)이 그것이었다. 이 글은 아직 위의 지점을 포착하기에 미흡한 점이 많다. 이후의 연구로써 보충하고자 한다.

두 가지 과제를 덧붙이자면 다음과 같다. 하나는 유길준의 지제 개정과 淸·日本의 지제 개정과 연관성을 살피는 일이다. 토지제도라는 관점에서 보면, 동아시아 3국의 유사성이 서구와의 유사성보다 훨씬 강하다. 이런 맥락에서 정책 구상이 이루어지는 국가 간 공시적 유사성과 차이점을 파악하는 작업이 필요하다고 생각한다.

다른 한 가지는 〈지제의〉적 사유 방식이 갑오개혁 시기 유길준의 정책 구상 및 실행에 어떻게 반영되었는지를 그 연계성을 밝히는 일이다. 이와 관련하여 이 글에서는 〈지제의〉 중 ②의 후반부에 대한 분석이 충실히 이루어지지 못하였다. 기존 연구에서는 광무양전과의 연계성 등을 다루고 있었지만, 갑오년 이후 실제 정책과의 연계는 추후 더욱 자세히 살펴보아야 할 것이다. 이는 유길준, 나아가 개화파 정책 구상의 통시적·공시적 구조, 일관성 혹은 변화의 논리를 밝히기 위한 중요한 과제가 될 것으로 생각한다.

참고문헌

1. 자료

兪吉濬全書編纂委員會 編, 1971,《兪吉濬全書》I-V, 一潮閣.

허동현 편역, 1987,《兪吉濬論疏選》, 一潮閣.

2. 저서

金鳳烈, 1998,《兪吉濬 開化思想의 硏究》, 경남대학교출판부.

金容燮, 1988,《韓國資本主義性格論爭 — 移山 趙璣濬博士 古稀紀念論文集》, 大旺社.

金容燮, 2000,《韓國近現代農業史硏究 — 韓末·日帝下의 地主制와 農業問題, 증보판》, 지식산업사.

김용섭, 2004,《韓國近代農業史硏究Ⅱ — 農業改革論 農業政策(2), 新訂 增補版》, 지식산업사.

柳永益, 1991,《甲午更張硏究》, 一潮閣.

李光麟, 1969,《韓國開化史硏究》, 一潮閣.

이광린, 1992,《유길준 — 닫힌 사회에 던진 충격》, 동아일보사.

3. 연구논문

金炳夏, 1974,〈兪吉濬의 經濟思想〉,《東洋學》4.

金鳳烈, 1983,〈兪吉濬의 開化思想 — 農村經濟安定과 國家財政確立 方案을 中心으로〉,《慶熙史學》11.

金容燮, 1968,〈光武年間의 量田·地契事業에 관한 一硏究〉,《亞細亞硏究》31.

김용섭, 1975,〈甲申·甲午改革期 開化派의 農業論〉,《東方學志》15.

조정희, 2006,〈유길준의 경제개혁론〉,《韓國思想과 文化》33.

兪吉濬의 贈貢國 獨立論에 대한 비판적 검토

1. 머리말

유길준(兪吉濬)은 1889년 작성한 《西遊見聞》을 통하여 조선의 국제법적 지위를 다음과 같이 규정하였다. 조선이 수공국(受貢國)에게 공물(貢物)을 보내는 증공국(贈貢國)이라 하더라도 당시 세계 각국이 통용하는 국제법에 따라 '다른 여러 獨立國과 같은 여러 가지 권리를 행사한다면, 세계 가운데 당당한 하나의 獨立主權國이다'[1]라는 것이다. 이는 휘튼(Henry Wheaton)의 《萬國公法》에 기재된 바와 같이 '어떠한 내부 구조를 지니고 있는 국가든 간에 외부의 힘으로부터 독립되어 스스로 다스릴 수 있다면 주권국가이다'[2]라는 서구 국제법의 기본 정신을 따른 것이다.

---

1 兪吉濬, 1889, 〈邦國의 權利〉, 《西遊見聞》(兪吉濬全書編纂委員會 編, 1971, 《兪吉濬全書》 I, 一潮閣, 89쪽), "… 又或他邦에 貢物을 贈遣ᄒᆞ야 … 此ᄂᆞᆫ 贈貢國이라 此二者의 權利ᄂᆞᆫ 其主權의 護保ᄒᆞᆫ 分度ᄅᆞᆯ 由ᄒᆞᄂᆞᆫ 故로 獨立主權國의 享有ᄒᆞᆫ 權利를 實施ᄒᆞ야 修好航海及通商諸約을 自決ᄒᆞᆫ則 守護及贈貢ᄒᆞᄂᆞᆫ 關係로ᄂᆞᆫ 其主權及獨立權이 毫末의 減損도 無ᄒᆞ니 此ᄂᆞᆫ 公法의 確斷善裁ᄒᆞᆫ 規範으로 主權國의 體制及責任의 論辨ᄒᆞᆫ 句語ᄅᆞᆯ 遵ᄒᆞ야 其現實의 景像을 明定흠이라 …".

2 《萬國公法》(1981, 亞細亞文化社) 第一卷, 第二章 第十二節, 〈釋自主之義〉, "凡有邦國無論何等國法 若能自治其事 而不聽於他國 則可謂自主者矣", 108쪽; Henry Wheaton, 1855, Elements of international law, Sixth Edition by William Beach Lawrence,

유길준에게 공물, 즉 조공(朝貢)을 보내는 증공국이든, 조공을 보내지 않는 국가든 주권을 누릴 수 있는 자주독립국이었다. 다만 수공국인 청(淸)이 다른 국가와 동등한 예우를 행하면서도 증공국인 조선에게 혼자 높이는 자세를 취하기 때문에 조선은 청(淸) 및 여러 국가에 대하여 앞뒤가 모두 잘린 형세가 되었다[前後의 兩截]. 그러나 다른 국가들은 청과 조선의 형세가 강한지 약한지는 돌아보지 않고, 주권이 있는지만 따지기 때문에 조선 역시 청과 같은 주권국가로 보는 것은 매한가지[受貢國及贈貢國의 兩截體制를 一時홈]였다.[3]

조선의 국제법적 지위에 대한 유길준의 위와 같은 논증은 지금까지 긍정적으로 받아들여져 왔다. 적어도 당시 세계적으로 통용되고 있던 국제법을 근거로 하여 청으로부터의 독립을 추구하였다는 것이 대체적인 견해이다. 이러한 견해를 일찍이 피력한 하라다 다마키[原田環]는 다음과

Boston: Little Brown and Company, Part First Chapter Ⅱ §12, Sovereign States defined, "A sovereign States generally defined to be any nation or people, whatever may be the form of its internal constitution, which governs itself independently of foreign powers", p.45.《萬國公法》은 1981년 亞細亞文化社에서 영인한 판본과 쪽수를 따랐다. 영어 원문은 1846년의 증보3판(Philadelphia)을 토대로 1855년에 출간한 6판(William Beach Lawrence)의 페이지수를 따랐다.《萬國公法》은 1836년의 원판이 아니라 1848년의 증보3판을 토대로 출간한 1855년의 6판을 번역한 것이다. 따라서 19세기 중반 이후 서구 세계에서 주권 보유에 관한 논란의 중심이 되었던 이집트나 발칸 반도의 약소국들의 용례가 원판보다 더욱 자세하게 수록되어 있다.

3 兪吉濬, 1889,〈邦國의 權利〉,《西遊見聞》(1971,《兪吉濬全書》I, 89쪽), "受貢國이 然則 諸國을 向ᄒᆞ야 同等의 禮度를 行ᄒᆞ고 贈貢國을 對ᄒᆞ야 獨尊ᄒᆞᆫ 體貌를 擅ᄒᆞ리니 此ᄂᆞᆫ 贈貢國의 體制가 受貢國及第他國을 對ᄒᆞ야 亦前後의 兩截이라 諸國이 受貢國及贈貢國의 兩截體制를 一時홈은 何故오 形勢의 强弱은 不顧ᄒᆞ고 權利의 有無를 只管ᄒᆞ미니 … ". '兩截體制論'을 비롯하여 조선을 둘러싼 국제법적인 논의는 최근에도 많은 연구적 관심을 받고 있다(동북아역사재단 편, 2011,《동북아역사논총 — 특집: 근대전환기 동아시아 지역질서 연구 — 1870년대를 중심으로》32). 특히 기존의 중화질서가 국제법질서로 단선적으로 전환하지 않았음은 동아시아 세계에서 '條約' 대신 '條規'가 사용되었던 점을 통해 확인되기도 한다(金旼奎, 2002,〈近代 東아시아 國際秩序의 變容과 淸日修好條規(1871年) — '條規體制'의 生成〉,《大東文化硏究》41).

같이 주장하였다. '증공국은 속국(屬國)과 구별되는 독립국'이라는 유길준의 견해는 "근대국제법(만국공법)에 의거하여 청으로부터의 독립의 이론적 구축을 시도한 조선 최초의 논술"이었다는 것이다.[4] 쓰키아시 다쓰히코[月脚達彦] 또한 이러한 견해를 받아들였다. 그는 "유길준이 조선의 독립국으로서의 권리를 침해한 청의 '배신'을 비판하고, 종속관계(宗屬關係)의 파기까지 지향하였다"[5]고 주장하였다. 이와 같은 주장은 '증공국은 속국과 구별되는 독립국'이라는 유길준의 견해를 그대로 긍정하였기 때문에 나온 것이었다.

반면 조경달(趙景達)은 이들과 다소 다른 인식을 보여 주어 주목된다. 그의 연구에 따르면, 유길준은 조공체제와 조약체제가 병존하는 '이중체제'를 전제로 조선의 독립을 추구하는 '소국주의론(小國主義論)'을 견지하였다.[6] 그가 생각한 유길준의 조선 독립은 하라다나 쓰키아시가 말하는 '청으로부터의 독립', 혹은 '종속관계의 파기'와는 다른 것이었다. 바로 그렇기 때문에 하라다 등은 유길준이 양절체제를 부정적으로 인식하였다고 본 반면, 조경달은 이를 긍정적으로 인정하였다고 보았다. 대부분의 연구들이 유길준이 양절체제를 부정적으로 인식하였다고 파악[7]한 경우

---

4 原田環, 1997, 〈甲申政變と朝鮮の近代化構想〉, 《朝鮮の開國と近代化》, 溪水社, 325-326쪽. 다음의 연구가 이 연구의 이론적 기초를 제공하였다(原田環, 1979, 〈朝鮮の近代化構想 — 兪吉濬と朴泳孝の獨立思想〉, 《史學硏究》 143, 廣島史學硏究會).

5 月脚達彦, 2009, 〈朝鮮における國民國家創出論の形成〉, 《朝鮮開化思想とナショナリズム》, 東京大學出版會, 49쪽. 다음의 연구들이 이 연구의 이론적 기초를 제공하였다. 月脚達彦, 1991, 〈開化思想の形成と展開 — 兪吉濬の對外觀を中心に〉, 《朝鮮史硏究會論文集》 28; 月脚達彦, 2000, 〈兪吉濬의 日本觀〉, 《한일관계사연구》 13; 月脚達彦, 2001, 〈近代朝鮮の改革と自己認識·他者認識〉, 《歷史評論》 614.

6 趙景達, 1985, 〈朝鮮における大國主義と小國主義の相克〉, 《朝鮮史硏究會論文集》 22; 趙景達, 1989, 〈朝鮮近代のナショナリズムと東アジア〉, 《中國-社會と文化》 4.

7 정창렬, 1994, 〈근대국민국가 인식과 내셔널리즘의 성립과정〉, 《한국사》 11; 김경태, 1994, 〈중화체제·만국공법질서의 착종과 정치세력의 분열〉, 《한국사》 11; 김민규,

와 달랐다.

유길준은 〈中立論〉을 통하여 청(淸) 주도의 조선 중립을 제기하여 '조선에 대한 청의 우위'[조공체제]를 인정하였다.[8] 따라서 조경달이 주창한 '소국주의론' 역시 힘을 얻는 것은 사실이다. 그러나 유길준이 '독립'을 추구하였다고 하는 이상, '독립'이라는 표현 자체가 '청으로부터의 독립'을 의미할 수밖에 없다. 그렇다면 조경달이 파악한 유길준의 조선 독립이 조공체제의 제약을 받는다면 그것은 더 이상 '독립'일 수 없는 개념상의 혼란이 뒤따르게 된다. 하지만 그렇다고 해서 하라다 등의 입론이 완벽한 지지를 얻을 수도 없다. 바로 위에서 언급한 바와 같이 유길준이 〈중립론〉을 통하여 '조선에 대한 청의 우위'를 인정한 경우가 있기 때문이다. 그렇다면 유길준이 설파한 '조선=증공국=독립국'이라는 명제는 아직까지 연구사적으로 풀리지 않는 숙제로 남게 되었다.

다시 살펴보건대 기존 대부분의 연구들은 '증공국=독립국'이라는 유길준의 인식을 받아들였다. 유길준의 인식을 두고 비판적으로 본 연구들, 이를테면 유길준이 국제법을 지나치게 믿어 제국주의에 대한 인식이 부족했다는 연구들[9] 역시 국제법에 근거하여 조선을 독립국으로 보려 했다는 명제 자체를 완전히 부정하지는 않았다. 하라다, 조경달 등과 달리 양절체제를 조선의 독특한 현상으로 이해했던 연구들[10] 역시 마찬가지다.

2005, 〈개화기 兪吉濬의 국제질서관 연구〉, 《한국인물사연구》 3.

8 兪吉濬, 1885, 〈中立論〉(1971, 《兪吉濬全書》 Ⅳ).

9 김희일, 1965년 6호, 1966년 1호, 〈1880년대 개화사상 연구—《서유견문(西遊見聞)》을 중심으로 하여(1)(2)〉, 《력사과학》; 김영호, 1968, 〈유길준의 개화사상〉, 《창작과비평》 11 ; 金榮作, 1975, 《韓末ナショナリズムの研究》, 東京大學出版會 ; 田鳳德, 1976, 〈西遊見聞과 兪吉濬의 法律思想〉, 《學術院論文集》 15.

10 김용구, 1997, 《세계관 충돌의 국제정치학 — 동양 禮와 서양 公法》, 나남; 정용화, 2004, 《문명의 정치사상 — 유길준과 근대 한국》, 문학과지성사.

이 모든 연구들은 유길준의 '증공국은 독립주권국이다'라는 명제 자체를 法理的으로는 일면 인정을 하고 있다.[11]

그러나 '증공국은 독립자주국이다'라는 유길준의 명제의 출처가 되는 데니(O. N. Denny)의 《淸韓論》과 그 《청한론》이 증공국 독립론의 근거로 사용했던 휘튼의 《만국공법》을 살펴보면 한 가지 이상한 점이 발견된다. 서로 다른 범주로 보았던 증공국과 속국의 구분이 모호한 점이다.

주지하다시피 유길준은 데니의 《청한론》을 받아들여 증공국과 속국을 구별한 다음, 조선은 주권이 있는 증공국일 뿐 주권이 없는 속국과는 다르다는 주장을 폈다. 데니의 《청한론》에서 증공국은 Tributary State,[12] 속국은 Vassal State[13]였다. 적어도 조선은 Vassal State가 아닌 Tributary State라는 것이다. 이러한 논리는 후대의 연구자들도 그대로 받아들였다. 이를테면 19세기 후반 청이 조공국이었던 조선을 제국주의적으로 근대적인 속국 내지 식민지로 만들려고 하였다고 하여 증공국과 속국을 구별한 연구[14]가 그렇다.

11 다음의 연구 또한 증공국이 평등한 국가주권을 보유한다고 보았다. 金鳳珍, 1999, 〈兪吉濬の國際秩序觀 — 朝貢體系と國家平等秩序の間〉, 《東洋文化硏究所紀要》 137. 다만 조공관계 개념과 국제법 논리의 접합이 지닌 모순을 지적한 연구가 있어 주목된다. 金鳳烈, 1996, 〈兪吉濬의 對中國 認識〉, 《慶大史論》 9.

12 Tributary, tribute는 부족(英.tribe, 拉.tribus) 사이에 안전이나 보호를 위하여 공물을 주고받은 행위(tax paid to a ruler or master for security or protection)를 표현한 라틴어 tributum으로부터 유래한다. 일정 부분 보호의 의미를 내포한다. Douglas Harper, 2000, Online Etymology Dictionary(http://www.etymonline. com/).

13 Vassal은 manservant, domestic, retainer를 의미하는 라틴어 vassallus에서 유래한 것으로 주인에게 충성을 약속한 수하(tenant who pledges fealty to a lord)를 일컫는다. 중세 유럽의 봉건 주군에 대한 가신(봉신)을 표현한 것이다. Douglas Harper, Ibid.

14 具仙姬, 1999, 《韓國近代 對淸政策史 硏究》, 혜안. 다음의 연구 정도가 진공국(進貢國)이 속국과 동의어로 처리될 수 있다고 보고 있으나 이 연구도 속국과 식민지를 분별하지는 못했다. 김현숙, 1997, 〈구한말 고문관 데니(O.N.Denny : 德尼)의 《淸韓論》 분석〉, 《梨花史學硏究》 23·24. 한편, 이 시기 청의 조선정책을 두고 '新·舊屬邦化'정

그런데 증공국, 즉 진공국(進貢國)의 주권을 명시한 《만국공법》의 해당 소절을 보면 Tributary State와 Vassal State를 동렬로 보아 양자의 주권 보유를 인정하고 있다.[15] 유길준은 증공국과 속국이 다르다고 하였으나 《만국공법》상에는 크게 다를 것이 없었던 것이다. 그렇다면 Tributary State와 Vassal State의 구별이 모호해지고 증공국과 속국의 구별도 마찬가지이며, 증공국과 속국을 구별하여 유길준의 논리를 이해하고 이를 전제로 19세기 후반 조선의 국제법적 위치를 논증하였던 기존 연구의 개념들은 모두 혼란 속에 빠질 수밖에 없다.

따라서 이 글에서는 속국, 속방, 식민지 등을 동급으로 취급했던 기존 연구들의 전제에 의문을 제기하면서 증공국과 속국이 지닌 의미를 명확히 파악하고자 한다. 즉, 위에서 언급하였던 증공국, 진공국, 속국, 속방, 식민지 등이 가지고 있는 각각의 의미를 가려내어 유길준이 조선을 두고 속국이 아니라 증공국이라고 하면서 독립국이라고 했던 이유를 밝히도록 하겠다. 그리고 이와 함께 증공국, 속국, 부용국(附庸國), 번속(藩屬), 번방(藩邦) 등으로 불리던 조선이 처한 국제법적인 위치를 추적하고자 한다. 특히 속국이되 '근대적' 속국이라고 하는 것이 가진 의미에 대해서도 살펴볼 것이다. '근대적' 속국을 언급한 대다수의 연구들은 이를 두고 식민지라고 지칭했을 뿐 그 정의를 국제법에 근거하여 엄밀하게 논증하지

책의 결합 혹은 기존의 '문화적 속방정책'에서 '식민지적 속방정책'으로의 중심축 이전을 지적한 연구도 있었으나 이 역시 속방(신속방)이 식민지로 이어진다는 인식을 기초로 하고 있었다. 김정기, 1993, 〈청의 조선정책(1876-1894)〉, 한국역사연구회 편, 《1894년 농민전쟁연구》 3, 역사비평사; 金正起, 1994, 《1876-1894年 淸의 朝鮮政策研究》, 서울대학교 박사학위논문. 물론 1882년 임오군란 이후 청의 조선에 대한 간섭이 심화된 것은 사실이나 조선 식민지화 기도 여부는 국제법적으로 더욱 엄밀히 진단해 볼 필요가 있다.

15 《萬國公法》 第一卷, 第二章 第十四節, 〈進貢藩屬所存主權〉, 114쪽; Henry Wheaton, Ibid, Part First Chapter Ⅱ § 14, Tributary and vassal States, p.51.

는 않았다.[16]

위와 같은 의문을 풀기 위해서 이 글에서는 당시 유길준 및 데니, 그리고 대다수의 논자들이 기준으로 삼았던 국제법 서적을 활용하고자 한다. 특히 당대 저명한 국제법가였던 휘튼이 저술한《만국공법》, 블룬출리(Johannes C. Bluntschli)가 저술한《公法會通》은 국가의 범주를 가르는 국제법적 기준으로 삼을 수 있다. 특히 이들 서적은 淸에서 일찍부터 번역되었으므로 서구 국제법에서 규정한 국가의 범주를 동아시아 세계에서 이해한 방식을 알 수 있는 유용한 도구가 된다. 이를 통해 기존 연구들이 선명하게 밝히지 못했던 조선의 국제법적 위치를 도출하고 유길준의 증공국 독립론이 가지고 있는 의미를 밝혀내도록 하겠다.

2. 贈貢國과 藩屬의 유사성 및 식민지와의 구분

《만국공법》에 따르면 국가, 즉 邦國(State)은 主權(Sovereignty)의 소유 정도에 따라 自主國(Sovereign State), 半主國(Semi-sovereign State)로 나뉜다.《공법회통》에 따르면 주권이란 국가가 스스로 정체(政體)를 세우고 스스로 율례(律例)를 정하며 스스로 치리(治理)를 행하고 스스로 신공(臣工)을 선출하며 스스로 사신(使臣)을 파견하되 타국(他國)의 간섭을 얻지

16 屬國自主論을 설파한 오카모토 다카시[岡本隆司]도 속국이나 자주가 가지고 있는 국제법적 의미를 자세히 궁구하지는 않고 양자가 모순적이게 얽힌 것으로만 보았다(岡本隆司, 2004,《屬國と自主のあいだ-近代清韓關係と東アジアの命運》, 名古屋大學出版會). 이 문제에 대한 최근의 연구로 지목되는 姜東局의 연구 역시 屬國을 植民地로 보는 점에서는 기존 연구와 차이가 없다(姜東局, 2004,《〈屬邦〉の政治思想史 — 19世紀後半における〈朝鮮地位問題〉をめぐる言說の系譜》, 東京大學 博士學位論文).

못하는 국가의 고유한 권리를 일컫는다.[17] 즉 내치와 외교를 타국의 간섭 없이 스스로 행하는 권리를 말하는 것이다. 그리고 이러한 주권을 온전히 행사할 수 있는 국가가 바로 자주국이다. 어떤 국가든 그 국세(國勢)의 대소(大小)를 막론하고 주권을 지닌다면 자주국인 것이다.[18] 이는 서구세계에서 1648년 베스트팔렌 조약으로 대제국이었던 신성로마제국이 쇠하고 그 제국에 속해 있던 소영방국(小領邦國)들의 개별적인 주권이 인정된 이래 통용된 근대적 주권 개념에 충실한 것이었다. 즉 이 문구대로라면 유길준의 입장에서는 조선 역시 충분히 자주국이 될 수 있는 가능성은 갖춘 셈이었다.

그러나 주권을 가지고 있다고 해서 모든 국가가 자주국인 것은 아니었다. 《만국공법》에서는 반주국이라는 개념이 등장한다. 한역(漢譯)된 《만국공법》에서는 타국에 기대어 그 주권을 행하도록 하는 국가(凡國恃他國以行其權者), 영어 원문에서는 다른 국가에 의존적인 국가(States which are thus dependent on other States)를 반주국이라고 일컫는다. 여기서 한역(漢譯)은 주권을 맡기는 상태를 부각시키고, 원문은 의존, 독립 여부를 부각시키나, 둘 다 반주국이 주권을 온전히 누리지 못한다는 점에서는 같다.[19] 그리고 제한적이나마 주권(Sovereign)이 있어도 의존적, 비독립적

17 《公法會通》(1981, 亞細亞文化社) 卷一, 第六十八章, 74쪽; JohannesC. Bluntschli, 1868, Das moderne Völkerrecht der Civilisirten Staaten als Rechtsbuch dargestellt, Nördlingen, number68, p.85. 《公法會通》은 1981년 亞細亞文化社에서 영인한 판본과 쪽수를 따랐으며 獨語 원문은 1869년 판본(Nördlingen)과 페이지수를 따랐다.

18 《萬國公法》 第一卷, 第二章 第十二節, 〈釋自主之義〉, 108쪽; Henry Wheaton, Ibid, Part First Chapter Ⅱ §12, Soverign States defined, p.45.

19 《萬國公法》 第一卷, 第二章 第十三節, 〈釋半主之義〉, "凡國恃他國以行其權者 人稱之爲半主之國 蓋無此全權 卽不能全然自主也", 108쪽; Henry Wheaton, Ibid, Part First Chapter Ⅱ §13, Semi-sovereign States, "States which are thus dependent on other States, in respect to the exercise of certain rights, essential to the perfect

(Dependent)일 수 있는 것도 주목해야 한다. 유길준이 독립자주하다고 주장하는 진공국도 주권이 있되 그것이 제한적이라면 독립이 아닌 비독립의 상태일 수도 있는 것이다. 후술하겠지만 《만국공법》에서 진공국은 그 국가에 봉건적 관계에 영향을 받지 않는 한에서만 자주국으로 인정된다. 그렇지 않을 때에는 주권을 제한받을 수도 있다.

반주국의 대표적인 예[20]로는 러시아, 오스트리아, 프로이센의 3국 공동 保護(Protection)를 받았던 폴란드의 크라쿠프(Cracow), 1815년 파리조약에서 자주, 자립(Independent)이 승인되었으나 영국의 보호(Protection)를 받게 된 이오니아(Ionian)제도가 있었다. 크라쿠프는 3국의 보호를 받되 局外(中立, Neutral)의 권리를 가지고 있었기 때문에 오히려 온전한 자주를 누릴 수 있었다. 반면 이오니아제도는 자주, 자립의 국가(a single free and independent State)라고는 하나 영국의 보호를 받았을 뿐만 아니라 영국의 흠차(欽差)가 주재하여 그 법을 정하고 행하는 것을 통할하는 영국의 藩屛(Colony)과 다름없는 곳이 되었다.

여기서 두 가지 중요한 점을 발견할 수 있다. 첫째, 보호 등을 이유로 주권을 제한받는 반주국이라 하더라도 국외를 통하여 자주를 누릴 가능성도 있는 점, 둘째, 자주, 자립의 국가라 하더라도 타국의 명을 받는 등 그 주권을 온전히 행사하지 못한다면 식민지(藩屛, Colony)도 될 수 있다는 점이다. 이는 반주국이라 하더라도 실질적으로 처한 위치에 따라 자주국도 될 수 있고 심지어 식민지도 될 수 있다는 것을 뜻한다.

크라쿠프, 이오니아제도 이외에 더욱 주목해야 할 것은 오스만 투르

---

external sovereignty, have been termed semi-sovereign States", p.45.

20 이하 반주국의 예는 다음의 글을 따랐다. 《萬國公法》 第一卷, 第二章 第十三節, 〈釋半主之義〉, 109-114쪽; Henry Wheaton, Ibid, Part First Chapter Ⅱ §13, Semi-sovereign States, pp.45-51.

크의 종주권(宗主權, Suzerainete)하에서 러시아의 보호(Protectorate)를 받고 있던 몰다비아(Moldabia), 왈라키아(Wallachia), 세르비아(Servia), 프랑스의 보호(Protectorate)를 받다가 1815년 파리조약으로 인하여 샤르데냐(Sardinia)의 보호를 받게 된 모나코(Monaco), 그리고 오스만 투르크의 번속(藩屬, Vassal State)이었던 이집트(Egypt)였다. 앞의 크라쿠프는 1개 도시, 이오니아제도는 과소한 군도에 불과하나 세르비아, 이집트 등은 조선과 같이 일정한 방역을 거느린 제법 규모 있는 국가들이었기 때문에 조선과 좋은 비교가 된다.

여기에서 알 수 있듯이 왈라키아, 세르비아와 같은 국가들도 반주국으로서 오스만 투르크의 종주권(Suzerainete)하에서 러시아의 보호(Protectorate)를 받았고, 이집트 또한 오스만 투르크의 번속(Vassal State)이었다. 이로써 반주국은 보호국과 번속(Vassal State)으로 나뉘는 것을 알 수 있다. 그렇다면 유길준과 데니가 언급한 속국(Vassal state)은 반주국(Semi-sovereign State)의 범주에 속한다.

이집트의 경우는 반주국이 된 경위가 흥미롭다. 이집트는 원래 맘루크(Mameluke)왕조 때부터 오스만 투르크의 지방(省部, Province)이 아닌 번속(Vassal State)이었다. 그런데 무하마드 알리(Mehemet Ali)가 이집트를 지배하면서 오스만 투르크의 번속(Vassal State)이 아닌 자립(absolute independence of the Sultan)을 시도하기에 이르렀다. 이는 곧 이집트-오스만 투르크 간의 전면적인 분쟁으로 치달았다. 그러나 영국, 프로이센, 러시아와 같은 열강들이 이 분쟁에 개입하였다. 결국 1840년 열강의 주도로 체결된 런던조약으로 인하여 이집트는 오스만 투르크를 종주국(Suzerain)으로 하는 진공국(Tribute)이 되었다. 특히 오스만 투르크의 율법(律法)과 맹약(盟約)이 모두 이집트에 적용되었고 이집트의 군대가 오스만 투르크의 군대로 간주되었으며 무하마드 알리가 오스만 투르크의 지방장관, 즉 파샤(Pacha)의 칭호를 사용하게 되었다. 이는 이집트의 주권을 손상하는 것이었다. 다만 오스만 투르크에게 진공을 한다면 국내 징세나 관리 임용은 파샤(무하마드 알리) 자신의 권한에 속할 수 있었다.

이를 통해 보면 유길준이 속국이라고 하는 것은 분명히 식민지적인 성격을 가지고 있는 지방(省部, Province)이나 번병(藩屛, Colony)과는 차원이 다름을 알 수 있다. 즉, 속국을 식민지와 동급으로 취급할 수는 없는 것이었다. 그리고 1840년 런던조약 이후에는 이집트가 오스만 투르크의 번속(Vassal State)이라는 지위를 그대로 유지하면서 형식적으로는 오스만 투르크의 지방(省部, Province)과 같은 성격을 지니게 되는 것도 흥미롭다. 번속(Vassal State)이 지방(省部, Province)과 같은 지위를 얻을 수도 있는 경우를 보여 준 것이다. 바로 이 때문에 유길준은 번속(Vassal State)을 식민지로 보았을지도 모른다.

그러나 이집트에는 종주국인 오스만 투르크의 총독이 부임해 오는 것이 아니라 이집트의 최고 지도자인 무하마드 알리가 파샤를 겸하며 진공(Tribute)만 행하면 제한적이나마 주권을 누릴 수 있었다. 그렇기 때문에 《만국공법》은 이집트를 반주국의 범주로 분류한 듯하다. 한 가지 더 주목할 것은 지방(省部, Province)과 같은 지위를 가지고 있는 번속(Vassal State)이 진공(Tribute)한다는 것이다. 이는 증공국(Tributary State)이 속국(Vassal State)과 구별되는 독립자주국이라는 유길준과 데니의 명제에 문제가 있음을 시사한다.

위에서 정리한 바와 같이 방국(State)은 주권(Sovereignty)의 소유 정도에 따라 자주국(Sovereign State), 반주국(Semi-sovereign State)으로 나뉜다. 그리고 반주국은 각각 처한 상황에 따라 보호(Protectorate)를 받거나 국외(中立, Neutral)를 누릴 수 있었고 진공(Tribute)을 하는 번속(Vassal State)도 있었으며 심한 경우에는 병번(植民地, Colony)나 성부(地方, Province)로 떨어질 수 있었다. 여기에서 병번이나 성부는 반주국과는 구별되는 것으로 보인다. 반주국은 제한적이나마 주권을 누릴 수 있으나 식민지나 지방에는 개별적인 주권이 없기 때문이다.

그렇다면 유길준과 데니가 독립자주하다고 주장하는 증공국은 어떠한 범주에 넣을 수 있을까. 《만국공법》에 따르면 증공국, 즉 진공국은 다음의 표와 같이 정의된다. 영어 원문과 한역본(漢譯本) 사이에 미묘한 차이가 있기 때문에 영한 대조 번역을 하도록 하겠다.[21] 특히 유길준과 데니가 진공국(Tributary State)을 핵심적인 개념으로 사용하고 있는 점을 주목하였다.

표 1. 진공국(Tributary State)에 대한 《만국공법》 英漢文 대조 번역

순번	Elements of intenational law	萬國公法
제목	§ 37 Tributary and vassal States.	第十四節 進貢藩屬所存主權
	37절. 進貢國(Tributary States)과 藩屬(vassal States).	제14절. 進貢(Tributary States)과 藩屬(vassal States)에 主權이 존재하는 바
1	Tributary States, and States having a feudal relation to each other, are still considered as sovereign, so far as their sovereignty is not affected by this relation.	進貢之國 竝藩邦 公法就其所存主權多寡 而定其自主之分
	進貢國(Tributary States), 그리고 서로 봉건적인 관계를 가지고 있는 국가(藩邦, States having a feudal relation to each other)는 그들의 主權(Sovereignty)이 이러한 관계(a feudal relation)에 영향을 받지 않는 한 자주국(sovereign)으로 인식된다.	進貢國(Tributary States)과 藩邦(States having a feudal relation to each other)은 公法에서 그 主權(Sovereignty)의 多寡를 헤아려 自主(sovereign)의 分限을 정한다.
2	Thus, it is evident that the tribute, formerly paid by the principal maritime Powers of Europe to the Barbary States, did not at all affect the sovereignty and independence of the former.	卽如歐羅巴濱海諸國前進貢於巴巴里時 於其自立自主之權 竝無所碍

21 《萬國公法》 第一卷, 第二章 第十四節, 〈進貢藩屬所存主權〉, 114-118쪽; Henry Wheaton, Ibid, Part First Chapter Ⅱ § 14, Tributary and vassal States, pp.51-55.

	그러므로 유럽의 주요한 해양 세력이 바르바리 諸國(Barbary States, 오스만 투르크 지배하의 모로코, 알제리, 튀니지, 트리폴리 등)에게 예전에 지불했던 貢物(tiribute)은 유럽의 주요한 해양 세력들의 自主(sovereignty)와 自立(independence)에 영향을 끼치지 않았다.	곧 유럽의 바닷가에 접한 여러 국가가 예전에 바르바리 諸國에 進貢(tiribute)했을 때 그 自立(independence)하고 自主(sovereignty)할 권리에는 거리낄 것이 없었다.
3	So also the King of Naples had been a nominal vassal of the Papal See, ever since the eleventh century: but this feudal dependence, abolished in 1818, was never considered as impairing the sovereignty of the Kingdom of Naples.	七百年來 那不勒斯王尙有屛藩羅馬敎皇之名 至四十年前 始絶其進貢 然不因其屛藩羅馬 遂謂非自立自主之國也
	그리고 또한 나폴리왕은 11세기 이래 줄곧 로마교황의 이름뿐인 屛藩(vassal)이었다. : 그러나 1818년에 폐지된 이러한 봉건적인 비독립(進貢, feudal dependence)은 결코 나폴리왕의 주권(sovereignty)을 손상시키는 것으로 간주되지 않았다.	700년 동안 나폴리왕은 항상 로마교황의 屛藩(vassal)이라는 이름을 가지고 있었는데 40년 전에 비로소 그 進貢을 끊었다. : 그리하여 로마교황의 屛藩(vassal)이라는 이유로 마침내 自立自主(sovereignty)한 국가가 아니라고 할 수 없게 되었다.
4	Tho political relations between the Ottoman Porte and the Barbary States were of a very anomalous character.	巴巴里之於土國 頗爲奇異
	오스만 투르크와 바르바리 諸國 사이의 정치적 관계는 매우 이례적인 특징을 가지고 있었다.	바르바리 諸國은 오스만 투르크에게 자못 기이한 것이었다.
5	Their occasional obedience to the commands of the Sultan, accompanied with the irregular payment of tribute, does not prevent them from being considered by the Christian Powers of Europe and America as independent States, with whom the international relations of war and peace are maintained, on the same footing as with other Mohammedan sovereignties.	蓋其聽命旣靡常 其進貢又無定 故歐羅巴與亞美利加奉敎之國 卽未嘗不視其爲自主之國也 因與立和好交戰之議 與自主之回回國同例
	부정기적인 進貢(tribute)을 동반한 그들의 오스만 투르크 술탄에 대한 미미한 복종은 유럽과 미국의 기독교 세력이 그들을 自主國(independent States)으로 인식하는 것을 막을 수 없었다. 戰時나 平時의 국제적인 관계들은 다른 무슬림 自主國들(sovereignties)과 같은 차원에서 유럽과 미국의 기독교 세력과 함께 유지되었다.	대개 그 명령을 듣는 것은 이미 미미하였고 그 進貢(tribute)은 또한 정해진 것이 없었다. 따라서 유럽과 미국의 기독교 국가들은 곧 미상불 그것을 自主國(independent States)으로 보았다. 이로 인하여 和好와 交戰의 세움에 무슬림 自主國(sovereignties)과 함께 同例로 하였다.

제목에서 드러나듯이 진공국(Tributary States)과 번속(Vassal States)은 병렬적이며 사실상 같은 범주로 취급되고 있었다. 이 절 첫 문장에서 진공국(Tributary States)은 그대로 드러났다. 번속(Vassal States)은 한역

본에서는 그 명칭이 번방으로 바뀌었고 영어 원문에서는 그 명칭이 그대로 드러나지 않고 Vassal이라는 개념을 '서로 봉건적(封建的)인 관계를 가지고 있는 국가'(States having a feudal relation to each other)로 풀어서 설명하고 있다. 공물을 바치는 국가든 상국(上國)에 대하여 봉건적인 관계를 가지고 있는 국가든 마찬가지라는 것이다. 본문에서도 드러나듯이 나폴리는 로마교황의 병번(Vassal)이었지만 자립자주(Sovereignty)한 국가였다. 휘튼은 진공국(Tributary States)과 번속(Vassal States)을 모두 주권(Sovereignty)이 있는 같은 범주로 본 것이다. 이는 증공국(Tributary States)과 속국(Vassal States)을 별도로 취급하였던 유길준과 데니의 입론과는 많이 다른 것이다.

주권이 있는 진공국과 번속은 다음 세 가지의 것이 있었다. 첫째, 오스만 투르크 지배하에 있던 바르바리 제국(諸國)에 진공하였지만 자립(Independence)하고 자주(Sovereignty)할 권리가 있었던 유럽의 지중해 국가들, 둘째, 로마교황의 병번(Vassal)이었지만 자립자주(Sovereignty)한 나폴리, 셋째, 오스만 투르크에 부정기적인 진공을 할 뿐 화호교전(和好交戰)에서 자주국이었던 바르바리 제국들이었다. 이 모두 진공하거나 번속(藩邦, 屏藩)이라 하더라도 자주하고 자립할 수 있는 국가들이었다. 유길준과 데니는 바로 이 부분을 근거로 증공국이라 하더라도 독립자주국이라는 주장을 펼쳤다고 볼 수 있다. 그러나 그들은 휘튼의 《만국공법》에서는 동렬 취급하고 있는 진공국과 번속을 완전히 다른 범주로 취급하였다.

그리고 이 절을 통해 볼 때 모든 진공국과 번속이 자주국일 수 있는 것도 아니었다. 첫 문장에서 드러나듯이 진공국과 번속은 봉건적 관계에 의하여 영향을 받지 않는 한(so far as their sovereignty is not affected by this relation) 자주국으로 인식된다. 봉건적 관계의 영향을 받는 진공국이나 번속은 자주국이지 않을 수도 있는 것이다. 앞에서 살펴봤듯이 오스만 투르크의 번속이었던 이집트는 1840년 런던조약을 계기로 진공하되 오스만 투르크의 율법과 맹약을 적용받고 그 군대가 오스만 투르크의 군대로 간주되는 반주국(Semi-sovereign State)이 되었다. 같은 진공국이나 번속이라 하더라도 공물을 받거나 종주권을 가지고 있는 나라와의 관계 여하에 따라 자주국이 될 수 있지만 상황에 따라 반주국이 되거나 심지어 식민지(Colony)도 될 수 있는 것이다. 따라서 증공국이라 하더라도 독립자주국이라는 유길준과 데니의 입론은 상당히 피상적이거나 선언적인 의미 이상은 지닐 수 없었다.

이상과 같이 휘튼의 《만국공법》에 나온 국가, 즉 방국(State)의 범주를 정리하였거니와 이를 도표화하면 〈표 2〉처럼 나타낼 수 있다.

이를 통해 보면 유길준과 데니가 독립자주국이라고 일컫는 증공국(進貢國, 朝貢國, Tributary States)은 봉건적 관계의 영향 여부에 따라 유럽의 해양 세력이나 바르바리 제국과 같이 자립(Independence), 자주(Sovereignty)할 수 있으나 이집트와 같이 상당 부분 주권이 제한적인 반주국(Semi-Sovereign State)이 될 수도 있었다. 증공국이라 하여도 온전한 자주(自主)를 누리지 못할 수도 있는 셈이다.

그리고 다시 말하지만 증공국(Tributary States)과 번속(Vassal State)은 엄밀하게 구분되지 않는다. 오스만 투르크의 번속이면서 증공을 하게 되었던 이집트의 경우를 통해 볼 때 그렇다. 물론 Tributary는 공물을 주는 행위이고, Vassal은 봉건적인 관계에 얽혀 있는 상태를 뜻하기 때문에 두 개념은 구분된다. 그러나 대다수의 경우 종주국에 대하여 봉건적인 관계를 맺고 있으면 봉신(封臣)은 종주국에 공물을 바치기 마련이다. 조선만 하더라도 대대로 명(明)·청(淸)의 책봉(册封)을 받고 조공을 바쳤다. 증공

〈표 2〉《萬國公法》의 국가 분류

분류		漢譯	英語原文	사례	특징
主權國 (廣義)	主權國 (狹義)	自主之國	Sovereign States		
	半主權國	半主之國	Semi-Sovereign States (States which are thus dependent on other States)	크라쿠프	保護(Protection) 局外(中立, Neutral)
				이오니아제도	自主·自立(Free and Independent) → 藩屛(Colony)
				몰다비아 왈라키아 세르비아	宗主權(Suzerainete) 下 保護(Protectorate)
				이집트	藩屬(Vassal State) 宗主權(Suzerainete) 下 進貢(Tribute) 省部(Province)
		屬國	Dependent State[22]	몰다비아 왈라키아	上國 保護下 通使 (제한적 외교권)
			Semi-Sovereign States[23]	미국 聯邦州	立約權 制限
				독일 領邦國	立約權 無制限
	朝貢國 (贈貢國)	進貢國	Tributary States Tributary States	유럽해양세력	進貢(Tiribute) 自立(Independence) 自主(Sovereignty)
				바르바리諸國	進貢(Tribute) 自主(Independent)
	冊封國 (封臣國)	藩屬 藩邦	Vassal States	나폴리	屛藩(Vassal) 自立自主(Sovereignty)
非主權	植民地	藩屛[24]	Colony	이오니아제도	영국의 식민지
		省部[25]	Colony	스위스 네덜란드 미국	본국에 대항하여 自立하는 식민지
		屬國[26]	Colony	본국에 대한 식민지의 반란	
		屬邦[27]	Colony	본국에 대항하여 自立하는 식민지	
	地方	省部[28]	Province	스위스 네덜란드 미국	본국에 대항하여 自立하는 식민지
		屬部[29]	Province	남미 식민지	본국에 대항하여 自立하는 식민지

국과 번속의 요건을 동시에 갖춘 셈이다. 따라서 이 둘을 굳이 구분하려 하였던 유길준과 데니의 노력은 상당 부분 희석될 수밖에 없다.

마지막으로 속국(Dependent State, Semi-Sovereign State), 번속(藩邦, 屛藩, Vassal State)과 번병(屬國, 屬邦, Colony)의 구분을 살펴보자. 휘튼의 영어 원문에는 Vassal State와 Colony가 엄밀하게 구분되어 있지만, 한역문에서는 그렇지 못하다. Vassal State는 봉신국(封臣國) 내지 책봉국(冊封國)이며 앞서 말한 바와 같이 증공국과 상당히 가까운 존재로서 상황에 따라 자주국이 될 수도 있는 주권국 내지 반주권국이다. 반면 Colony는 말 그대로 주권이 결여된 식민지이다. 이 둘은 완전히 구분되는 범주

---

22 《萬國公法》第三卷, 第一章 第三節, 〈何等之國可以通使〉, 276-277쪽; Henry Wheaton, Ibid, Part Third Chapter I § 3, Rignts of legation, to what States belonging, pp.273-274.

23 《萬國公法》第三卷, 第二章 第一節, 〈限制若何〉, 301-302쪽; Henry Wheaton, Ibid, Part Third Chapter II § 1, Faculty of contracting by treaty, how limited or modified, p.317.

24 《萬國公法》第一卷, 第二章 第十三節, 〈釋半主之義〉, 110-112쪽; Henry Wheaton, Ibid, Part First Chapter II § 13, Semi-sovereign States, pp.46-48.

25 《萬國公法》第一卷, 第二章 第十節, 〈省部叛而自立〉, 99쪽; Henry Wheaton, Ibid, Part First Chapter II § 10, Province or colony as serting its independence, how considered by other foreign States, pp.34-35.

26 《萬國公法》第一卷, 第二章 第七節, 〈不因內變而亡 — 爭者皆得戰權〉, 95-96쪽; Henry Wheaton, Ibid, Part First Chapter II § 7, Identity of a State-Conduct of foreign States towards another nation involved in civil war, pp.31-32.

27 《萬國公法》第三卷, 第一章 第四節, 〈國亂通使〉, 277-278쪽; Henry Wheaton, Ibid, Part Third Chapter I § 4, How affected by civil war or contest for the sovereignty, pp.275-276.

28 《萬國公法》第一卷, 第二章 第十節, 〈省部叛而自立〉, 99쪽; Henry Wheaton, Ibid, Part First Chapter II § 10, Province or colony as serting its independence, how considered by other foreign States, pp.34-35.

29 《萬國公法》第一卷, 第二章 第十節, 〈省部叛而自立 — 他國有先認者〉, 100-101쪽; Henry Wheaton, Ibid, Part First Chapter II § 10, Province or colony asserting its independence, how considered by other foreign States-Recognition of its independence by other foreign States, p.35.

인 것이다. 《만국공법》에서 증공국이나 번속이나 반주국(Semi-sovereign State)은 제한적이나마 주권을 보유하고 있는 방국(State)이기 때문에 국가의 범주로 설정하여 절(節) 단위로 상세한 설명을 하였고, 번병(Colony)은 주권이 결여된 식민지이기 때문에 방국(State)의 범주에도 들지 못하고 상세하게 절 단위로 설명할 것도 없었다. 단지 번병(Colony) 내지 성부(Province)로 표현될 뿐이었다.

그런데 번병(Colony)에 대한 상세한 설명이 결여된 탓인지 한역된 《만국공법》에서는 이 개념을 번속(Vassal State)과 혼용하여 표현하였다. 이 두 범주가 藩, 屬, 屛 등의 글자를 매개로 미묘하게 뒤섞여 있는 것이다. 屛藩이라는 개념을 통하여 Vassal State를 표현하는가 하면, 글자의 앞뒤만 바꾼 藩屛이라는 개념을 통하여 Colony를 표현하기도 하였다. 물론 역자(譯者)는 Vassal State를 표현할 때 구태여 Colony에서 사용한 藩屛, 屬國, 屬邦을 쓰지 않고 藩屬, 藩邦, 屛藩만을 사용하여 양자를 구분하기도 하였다. 하지만 구분되는 개념에 대한 비슷한 글자의 뒤섞임은 읽는 이로 하여금 Vassal State와 Colony를 혼동하게 할 수 있다. 특히 '屬國'은 Semi- Sovereign State와 Colony가 동시에 쓰이고 있어 매우 큰 혼란을 야기할 수도 있었다. 주권의 유무에 따라 양자는 완전히 다른 개념이기 때문이다. 사실 번속(藩邦, 屛藩, Vassal State)은 속국(Dependent State, Semi- Sovereign State)에 속하는데 Colony로서의 속국, 속방의 용례도 있어 매우 혼란스럽게 하고 있다.

재미있는 것은 1866년 병인양요 이래 청이 시종일관 조선을 청의 속방이라고 한 언설이다. 《만국공법》 한역의 표면만으로 보자면 속방을 Colony로 인식했을 수도 있다. 그러나 《만국공법》에서 Vassal State를 표현한 藩屬과 藩邦을 합친 조어(造語)로서의 屬邦이었을 수도 있다. 아니면 속방=속국으로 파악하여 조선을 반주국(Semi-Sovereign State)으로 파악하였을 가능성도 있다. 그렇다면 청이 조선을 속방이라고 하면서 그것을 Semi-Sovereign State(Vassal State)로 본 것인지, Colony로 본 것인지 자못 궁금해진다. 특히 유길준이 말한 속국이란 것도 Semi-Sovereign State를 의미하는 것이었는지 Colony였는지를 추적할 필요가 있다.

정작 청은 조선을 두고 속방이라고 하면서도 Colony라기보다는 Semi-Sovereign State로 본 것 같다. 대표적으로 당시 청의 조선 정책을 주지(主持)하고 있었던 이홍장(李鴻章)은 1882년 11월 조선과 무역장정(貿易章程)을 의정(議訂)할 무렵 조선을 태서(泰西) 통례(通例)에 따른 속국(屬國)에 비견하면서 '半主之國으로서 通商 立約은 가능하되 修好는 할 수 없다'고 언급한 적이 있다.[30] 이는 《만국공법》에서 '屬國(Dependent State), 半主之國(Semi-Sovereign State)이 立約權을 가지고 있되 特盟(alliance or confederation)을 할 수 없음'을 나타낸 구절[31]로부터 비롯된 것이었다. 따라서 이홍장이 말하는 속국은 바로 속국(dependent States) 내지 반주지국(semi-sovereign States)이었음이 분명하다. 식민지는 아니었던 것이다. 반면 유길준은 다음 장에서 살펴보듯이 《서유견문》을 통하

30 《清光緒朝中日交涉史料》 4, 161, 光緒 八年 十月 初五日(1882년 11월 15일), 31-34쪽, "惟是泰西通例 凡屬國政治 不得自主 故與人結約 多由其統轄之國主政 卽半主之國可自立約 亦只能議辦通商 而修好無與焉 … 朝鮮爲東三省屛蔽 朝鮮危亡則中國之勢更急 乘此無事 派大臣往駐 以主持通商爲名 藉與該國政府會商整理一切 保朝鮮 卽以固吾圉 亦與泰西屬國之例相符".

31 《萬國公法》 第三卷, 第二章 第一節, 〈限制若何〉, 301쪽, "第二章 論商議立約之權 第一節 限制若何 … 屬國與半主之國 立約之權 有所限制 卽自主者 亦可因特盟 而減削其立約之權"; Henry Wheaton, Ibid, Part Third Chapter II § 1, Faculty of contracting by treaty, how limited or modified, p.317, "Semi-sovereign or dependent States have, in general, only a limited faculty of contracting in this manner; and even sovereign and independent States may restrain or modify this faculty by treaties of alliance or confederation with others".

여 속국을 식민지로 파악하고 증공국과 속국을 구별하여 증공국 독립론을 펼쳤다.

3. 贈貢國의 屬國的, 半主權國的 성격

유길준의 증공국 독립론은 데니의 《청한론》을 수용한 것이다. 증공국 독립론의 핵심이 되는 증공국(Tributary State)과 속국(Vassal State)의 구분에 대하여 유길준과 데니가 서술한 부분을 비교하여 보면 〈표 3〉과 같다. 묄렌도르프는 '데니의 《청한론》에 대한 답변'을 통하여 데니가 가지고 있는 국제법 해석의 문제점을 지적하였기 때문에 해당 사항을 첨부해 두었다.[32] 좋은 비교 대상이 될 것이다. 묄렌도르프는 데니가 봉신국과 증공국의 차이점을 열거한 부분에 대해서 '어떤 권위 있는 근거도 인용하지 않았다'고 비판하였으나[33] 그렇다고 유길준과 데니의 논의가 국제법적 근거를 전혀 가지고 있지 않은 것 같지는 않다. 두 논의가 국제법상 가지고 있는 의미를 밝히기 위하여 논거로 추정되는 국제법 조항을 찾아내어 달아두었다. 데니의 《청한론》 부분의 괄호 안에 부기한 한자는 일본에서의 번역어이다.[34]

32 묄렌도르프 저, 신복룡 역주, 1999, 〈데니 씨의 《청한론》에 대한 답변〉, 《묄렌도르프自傳(外)》, 집문당; Paul G. von Moellendorff, 1930, A Reply to Mr. O. N. Denny's Pamphlet entitled: China and Korea, Otto Harrassowitz, Leipzig.

33 묄렌도르프, 위의 글, 159쪽; Paul G. von Moellendorff, Ibid.

34 《外務省記錄》(1-2-1-2), 〈朝鮮政府顧問〈デニー〉ノ清韓論〉; O.N.デニー 著, 岡本隆司 譯註, 2010, 《清韓論》, 東北アジア文獻硏究會/成文社. 데니의 《清韓論》 중 영어 원문 및 일본어 번역은 이 기록을 참조하였다. 이에 대한 한국어 번역은 다음의 자료를 참조하였다. O. N. 데니 저, 신복룡 역주, 1999, 《청한론(清韓論)(外)》, 집문당; Owen N. Denny, 1888, China and Korea, Kelly and Walsh, Ltd. Printers, Shanghai.

〈표 3〉 유길준과 데니(O. N. Denny)의 증공국-속국에 대한 국제법적 인식 대조

순번	兪吉濬, 《西遊見聞》[35]	O. N. Denny, China and korea	해당 국제법	묄렌도르프
1	대개 屬邦은 服從하거나 섬기는 나라의 政令과 制度를 一遵하여 國內外의 여러 가지 事務에 自主하는 權利가 全無하고		《萬國公法》 上國律法盟約 이집트 적용[36]	封臣國 : 制限的 主權
2	贈貢國은 强大國의 侵伐을 免하기 爲하여 其不敵한 形勢를 自思하고 雖本心에 不合하여도 約章을 遵守하여 貢物을 贈遺하고 其享有한 權利의 分度로 獨立主權을 獲存함이라 是故로 贈貢國이 諸他獨立國의 保有한 諸權을 行할진대 世界中의 堂堂한 一獨立主權國이니	그러나 조선은 淸의 조공국(tributary state of China, 進貢)이다. … 그러나 한 국가가 다른 국가에게 맺고 있는 조공 관계는 주권(sovereign, 主宰權)이나 독립권(independent, 獨立權)에 영향을 미치지 않으며 영향을 미칠 수도 없다.[37]	《萬國公法》 進貢國 主權 認定[38]	朝貢: 進貢國, 屬國의 義務 屬國, 進貢國: 主權保有
3	屬國은 締約하는 權이 無하거늘 贈貢國은 他獨立主權國과 同等의 修好航海及通商諸約을 議定하며	조선은 교섭권(negotiation)을 가지고 있지만, 봉신국(vassal state, 屬國)은 그렇지 않다. 조선은 淸의 도움 없이 다른 주권독립국(sovereign and independent states, 獨立國)과 수호·통상·항해조약을 체결하였지만, 봉신국(vassal, 屬國)은 그럴 수 없다.[39]	《萬國公法》 屬國半主之國 立約制限[40]	
4	屬國은 領事及貿易事務官外에 總領事도 派出하는 權이 無하거늘 贈貢國은 其訂結한 約款을 憑遵하여 締約諸國에 各級使節을 派聘하고 交戰及決和의 宣告하는 權이 有하되	체약국은 상대 국가의 조정에 공사(public Ministers)를 파견하는 반면에 봉신국(vassal states, 屬國)은 총영사(Consuls-General)조차도 파견할 수 없고 오직 영사(Consuls)나 상무관(commercial agents)을 파견할 수 있을 뿐이다. 조선은 선전포고(開戰)나 화의(講和)를 할 수 있지만 봉신국은 그의 종주국(suzerain, 覇朝) 없이는 할 수 없다.	《萬國公法》 屬國半主之國 上國保護下 通使[41] / 贈貢國和好 交戰 自主[42]	從屬保護國 : 宗主國許諾下 公使派遣
5	贈貢國은 其受貢國과 使節及領事의 互派하는 權이 有하되 屬國은 其服事하는 國을 對하여 此權이 無하니	만약 조선 정부의 이해관계에 비추어 필요하다면 꼭 같은 자격으로 조선은 청국에 대표를 둘 것이다.	《萬國公法》 屬國半主之國 遣使辨理公使 上國都城[43]	封臣國: 上國都城에 代理大使派遣

〈표 3〉에서 나타난 바와 같이 데니는 주권, 외교권의 유무를 기준으로 Tributary State와 Vassal State를 구분하였다. 유길준도 데니와 같은 기준으로 Tributary State를 증공국으로, Vassal State를 속국으로 구분하여 두 개념의 차이점을 열거하였다. 이로써 유길준이 데니의 입론을 근거로 증공국 독립론을 설파하였음을 알 수 있다.

그러나 묄렌도르프도 언급하였듯이 조공은 진공국, 속국이 행하는 의무 중 하나일 뿐이었다.[44] 앞의 장에서도 설명한 바와 같이 진공국(Tributary State)과 속국(藩屬, Vassal State)의 질적 차이는 거의 없다. 그렇기 때문에 Tributary State와 Vassal State를 구분한 데니의 입론에는 무리가 따를 수밖에 없었다. 이는 데니의 입론을 따른 유길준에게도 마찬가지였다.

---

35 兪吉濬, 1889, 〈邦國의 權利〉, 《西遊見聞》(1971, 《兪吉濬全書》 I, 92쪽).

36 《萬國公法》 第一卷, 第二章 第十三節, 〈釋半主之義〉, 113쪽; Henry Wheaton, Ibid, Part First Chapter II § 13, Semi-sovereign States, p.51.

37 O. N. 데니 저, 신복룡 역주, 앞의 글, 19-20쪽; Owen N. Denny, Ibid, p.8.

38 《萬國公法》 第一卷, 第二章 第十四節, 〈進貢藩屬所存主權〉, 114-118쪽; Henry Wheaton, Ibid, Part First Chapter II § 14, Tributary and vassal States, pp.51-55.

39 3항 이하는 다음의 부분을 참조하였다. O. N. 데니 저, 신복룡 역주, 앞의 글, 33쪽; Owen N. Denny, Ibid, p.22.

40 《萬國公法》 第三卷, 第二章 第一節, 〈限制若何〉, 301-302쪽; Henry Wheaton, Ibid, Part Third Chapter II § 1, Faculty of contracting by treaty, how limited or modified, p.317.

41 《萬國公法》 第三卷, 第一章 第三節, 〈何等之國可以通使〉, 276-277쪽; Henry Wheaton, Ibid, Part Third Chapter I § 3, Rignts of legation, to what States belonging, pp.273-274.

42 《萬國公法》 第一卷, 第二章 第十四節, 〈進貢藩屬所存主權〉, 114-118쪽; Henry Wheaton, Ibid, Part First Chapter II § 14, Tributary and vassal States, pp.51-55.

43 《萬國公法》 第三卷, 第一章 第三節, 〈何等之國可以通使〉, 276-277쪽; Henry Wheaton, Ibid, Part Third Chapter I § 3, Rignts of legation, to what States belonging, pp.273-274.

44 묄렌도르프, 앞의 글, 157쪽; Paul G. von Moellendorff, Ibid.

한편 유길준이 말하는 속국은 적어도 표면적인 개념으로는 Colony가 아닌 봉신국(Vassal State) 내지 반주국(Semi-Sovereign)임이 분명해졌다. 그러나 자세히 살펴보면 유길준이 말한 속국이 과연 봉신국이나 반주국이었는지는 불분명하다.

먼저 1항을 살펴보자. 유길준은 1항을 통하여 '대개 屬邦은 服從하거나 섬기는 나라의 政令과 制度를 一遵하여 國內外의 여러 가지 事務에 自主하는 權利가 全無하고'라고 하였다. 여기에서 '대개 屬邦은 服從하거나 섬기는 나라의 政令과 制度를 一遵'한다는 명제는 《만국공법》에서 반주국으로 분류되는 이집트가 상국(上國)의 율법맹약(律法盟約)을 따른다고 한 점[45]과 일치하는 것으로 보아 반주국의 용례에 해당한다. 국제법적으로 타당한 정의이다.

하지만 '國內外의 여러 가지 事務에 自主하는 權利가 全無하고'라고 한 점은 반주국의 경우에 해당하지 않는다. 묄렌도르프도 언급하였듯이 국제법상 반주국도 제한적이나마 주권이 존재하기 때문이다.[46] 주권이 전혀 없다면 그것은 식민지이다. 유길준은 같은 문장에서 반주국과 식민지를 혼동하고 있는 것이다. 이는 앞 절에서 언급한 바와 같이 《만국공법》 한역본에서 반주국과 식민지를 개념상 정확히 구분하지 않은 점에 기인하였을 가능성이 크다. 다만 반주국 역시 주권이 제한되는 상황이기 때문에 일부러 반주국을 식민지와 같이 표현하여 절대로 조선을 반주국으로 하지 않도록 하겠다는 유길준의 정치적 판단이 들어갔을 가능성도 배제

45 《萬國公法》 第一卷, 第二章 第十三節, 〈釋半主之義〉, 113쪽; Henry Wheaton, Ibid, Part First Chapter II § 13, Semi-sovereign States, p.51.

46 《萬國公法》 第一卷, 第二章 第十二節, 〈釋自主之義〉, 108쪽; Henry Wheaton, Ibid, Part First Chapter II § 12, Soverign States defined, p.45. 묄렌도르프, 앞의 글, 158쪽; Paul G. von Moellendorff, Ibid.

할 수는 없다.

두 번째로 유길준은 3항을 통하여 '屬國은 締約하는 權이 無하거늘 贈貢國은 他獨立主權國과 同等의 修好航海及通商諸約을 議定하며'라고 하였다. 표면적으로는 당시의 국제법에 부합한다. 조약체결권은 원칙적으로 주권국에게 부여되기 때문이다.[47] 그러나 앞 장에서 살펴보았듯이 모든 증공국이 자주(自主)한 것은 아니며 반주국에 머물러 있는 경우도 많았다. 따라서 증공국이면 조약체결권이 자동적으로 부여된다는 유길준의 입론은 지나친 면이 있다.

반면 속국, 즉 반주국이라고 해서 조약체결권이 아예 없는 것은 아니었다. 《만국공법》에는 속국과 반주국의 입약권(立約權)은 제한적이라고 되어 있다.[48] 결국 입약권에 제한이 가해질 수밖에 없는 것이 Vassal State의 처지였다. 이는 Vassal State와 같은 범주에 있던 Tributary State에도 마찬가지였다. 정확히 말하자면 Vassal State나 Tributary State 모두 제한적인 조약체결권을 가지고 있었다. 따라서 유길준이 위에서 언급한 것처럼 '속국'과 '증공국'을 구분하는 것은 무의미하다.

오히려 유길준이 언급한 속국에 조약체결권이 없다면, 그 속국은 Vassal State나 Dependent State가 아닌 식민지(Colony)이다. 식민지는 주권이 없기 때문에 당연히 조약체결권도 없다. 그렇다면 유길준은 반주권국과 식민지를 혼동하고 있는 셈이다. 그런데 한 가지 재미있는 사실은 데니도 Vassal State에 조약체결권이 없다고 한 점이다. 결국 유길준은 데

---

47 《萬國公法》 第三卷, 第二章 第一節, 〈限制若何〉, 301-302쪽; Henry Wheaton, Ibid, Part Third Chapter II § 1, Faculty of contracting by treaty, how limited or modified, p.317.

48 《萬國公法》 第三卷, 第二章 第一節, 〈限制若何〉, 301-302쪽; Henry Wheaton, Ibid, Part Third Chapter II § 1, Faculty of contracting by treaty, how limited or modified, p.317.

니의 오류를 그대로 답습한 셈이 된다. 그러나 Vassal State에는 제한적이나마 분명히 조약체결권이 있었다. 1882년 조미조약(朝美條約)의 체결의 예를 통해서 볼 수 있듯이 청(淸)은 증공국이자 봉신국인 조선으로 하여금 서양제국(西洋諸國)과 조약을 체결하도록 알선하였다. 청이 조선을 식민지로 생각했다면 굳이 조약을 맺게 할 필요가 없었다.

더욱이 제한된 입약권이라 하더라도 《만국공법》에 의하면 미국 연방주와 같은 경우에는 엄격하게 그 제한이 적용되었지만 독일 영방국에는 제한이 없었다. 사실 미국 연방주는 반주국이라기보다는 Province에 가까운 존재였으며 독일 영방국들은 1871년 통일 이전에는 주권국가들이었다. 따라서 조선 역시 주권이 있었던 만큼 제한적이더라도 독일 영방국과 같이 입약권을 보유하고 있었다. 이것은 조선이 반주국이라고 했을 때도 마찬가지이다.

세 번째로 외교사절 파견 문제를 살펴보자. 이 문제는 1887년 조선의 대미사행(對美使行)에 얽힌 영약삼단(另約三端) 문제와 맞물려 당시 조선을 둘러싼 국제법적 논쟁의 중심에 있던 점에서 당시로서는 매우 중요했다.[49] 청은 대미조선공사 박정양(朴定陽)의 활동을 영약삼단을 통해 제한하거나 간섭하려고 하였고 유길준과 데니는 여기에 반발했다. 조선이 증공국으로서 자주국인 이상 외교사절을 파견하는 주권이 제한받을 까닭이 없다는 것이었다. 그렇기 때문에 이들은 적어도 증공국이라면 외교사절을 파견할 수 있고 교전(交戰)이나 강화(講和)를 선언할 권리가 있는 반면 속국은 그러한 권리가 전혀 없다고 주장하였다. 이에 비추어 볼 때 주미공사 박정양에 대한 청의 간섭은 부당한 것이다.

---

49 이에 대한 최근의 연구로는 다음의 것을 들 수 있다. 鄭慶玟, 2011, 〈朝鮮의 初代 駐美全權公使 派遣(1887-1889)과 淸國의 對應〉, 고려대학교 석사학위논문.

이들의 입론은《만국공법》을 기준으로 볼 때 일면 타당한 것이었다. 증공국은 화호(和好)와 교전을 할 권리(international relation of war and peace)도 가질 수 있었기 때문이다. 반면에 속국(封臣國, Vassal State)이 공사는커녕 총영사(總領事)도 파견할 수 없다는 유길준의 주장은 국제법상으로 잘못된 것이었다. 속국(dependent State)과 반주국(Semi-Sovereign State)은 외교사절을 보낼 권리(通使, the rights of legation)를 종주국(所倚之大國, the superior state under whose protection they are placed)에 의존(depend upon)할 뿐이지 그 권리가 완전히 박탈된 것은 아니었다. 이 역시 청이 증공국이자 봉신국인 조선의 주미공사에 대하여 영약삼단을 통하여 간섭을 시도한 근거였다. 청이 조선을 주권 없는 식민지라고 생각했다면 공사 파견 자체가 불가능했을 것이다. 이처럼 반주국으로서의 속국과 Colony로서의 속국은 많은 차이가 있었다.

이 부분에 대하여 묄렌도르프는 종주국의 특별한 허락 없이 속국이 공사를 파견할 권리를 행사할 수 없다고 하였는데,[50] 이는 반은 맞고 반은 틀린 말이다. 위에서 언급한 바와 같이《만국공법》에서는 속국이나 반주권국의 제한적인 통사권(通使權)을 명시하였다. 그러나 그 통사권은 일부 제한적일지는 몰라도 묄렌도르프가 말한 것처럼 종주국의 허락을 받아야만 공사를 파견할 수 있는 것은 아니었다. 사실은 묄렌도르프도 울시(Theodore D. Woolsey)의《公法便覽》을 언급하면서 부용국(附庸國, Dependent or Protected State)도 정치 분야의 대리인을 고용할 수 있다고 언급하였다. 그럼에도 불구하고 그가 속국의 통사권에 엄격한 제한을 가한 이유는 아마도 조선의 대미사행을 견제하려는 청의 입장을 반영했기 때문인 것으로 보인다.

---

50 묄렌도르프, 앞의 글, 160쪽; Paul G. von Moellendorff, Ibid.

또한 유길준은 증공국이 수공국에게 사절 및 영사를 보낼 수 있어도 속국은 종주국에게 그럴 수 없다고 하였으나 이는 《만국공법》에 어긋난 것이었다. 속국(Dependent State)이나 반주국(Semi-Sovereign State)이라 하더라도 그리스정교인(已之教友, the Greek communion)을 대리공사(代理公使, charges d'affaires)로 삼아 종주국의 도성(represent them at the court of Constantinople)에 보낼 수 있었다.[51] 묄렌도르프 또한 루마니아가 오스만 투르크의 봉신(Vassal)으로 있을 때 콘스탄티노플에 대리대사를 두었다고 하였다.[52] 속국이라 하더라도 종주국에 사절을 보낼 권리는 있었던 것이다.

바로 그렇기 때문에 데니도 '만약 조선 정부의 이해관계에 비추어 필요하다면 꼭 같은 자격으로 조선은 청국에 대표를 둘 것이다'라고 한 것이다. 이때 데니는 조선을 Vassal State가 아닌 Tributary State로 보아 조선이 청에도 사절을 보낼 수 있다고 하였지만, 막상 반주국(Semi-Sovereign State, Vassal State)도 같은 권리를 가지고 있었다. 증공국과 속국의 차이가 거의 없는 것이 여기에서도 확인된다. 사실 유길준의 입론대로 종주국에 사절 및 영사를 보낼 수 없는 속국이라면 그것은 통상적인 의미의 속국(半主之國)이 아니라 식민지(Colony)로 보아야 할 것이다.

이상의 내용을 살펴볼 때 유길준의 증공국 독립론은 다음과 같은 과정을 통하여 탄생하였다. 유길준의 증공국 독립론은 데니의 《청한론》에서 비롯된 것이었다. 데니는 《청한론》을 통하여 Tributary State와 Vassal State를 구별하고, 전자에게는 주권(Sovereign)과 독립(Independent)이 부여되었음을 논증하고 후자에게는 결여되었다고 하였다. 이는 휘튼의 《만

---

51 《萬國公法》 第三卷, 第一章 第三節, 〈何等之國可以通使〉, 276-277쪽; Henry Wheaton, Ibid, Part Third Chapter I § 3, Rignts of legation, to what States belonging, pp.273-274.

52 묄렌도르프, 앞의 글, 160쪽; Paul G. von Moellendorff, Ibid.

국공법》에서 Tributary State가 주권을 가질 수 있는 존재라고 표현되었기 때문이다. 그러나 모든 Tributary State가 주권(主權)을 온전히 누릴 수 있는 것은 아니었고, 데니가 구분하려고 한 Vassal State도 Tributary State와 별 다른 차이가 없었다. 이 자체로도 상당한 무리가 있었으나 데니는 Tributary State와 Vassal State를 이분법적으로 해석하였다.

유길준은 데니의 이러한 논리를 그대로 이어받았다. Tributary State를 증공국으로 번역하고 Vassal State를 속국으로 번역하였다. 증공국이라고 한 것은《만국공법》한역본의 진공국과 궤를 같이 하는 것으로 큰 무리는 없었으나,[53] Vassal State를 속국, 속방이라고 한 것은 오해의 소지가 있었다.《만국공법》한역본에서 Vassal State는 번속, 번방으로 번역되어 있었던 반면 Colony는 속국, 속방 등으로 번역되어 있었기에 유길준이 속국, 속방을 언급한다면 이것은 Vassal State보다는 Colony에 더 가까운 개념일 수 있었다. 물론《만국공법》한역본에서는 Semi-Sovereign State와 Dependent State에 대해서도 속국이나 반주국이라는 표현을 사용하기는 하였으나, 유길준이 속국, 속방을 주로 사용하였다면 Vassal State와 Colony를 혼동한 오해의 소지가 다분하다.

더욱이 Vassal State에도 주권이 제한적이나마 부여되는 것이《만국공법》을 비롯한 국제법의 통례였으나 유길준은 속국에 대해서는 '自主

53《만국공법》에서 Tributary State를 진공국이라고 했음에도 불구하고 유길준이 굳이 진공국 대신 증공국이라는 용어를 쓴 이유는 아직까지 명확하게 밝혀지지 않았다. 다만 진공국이라는 용어에서 사용된 '進'이 봉건적인 '進上'을 연상시켜 '상하관계'를 나타내는 데 반해 증공국이라는 용어에서 사용된 '贈'은 단순한 평행관계에서 나타날 수 있는 '贈呈'일 수 있었다. 따라서 유길준이 봉건적인 관계를 연상시키는 '進貢'보다는 상대적으로 봉건적인 상하관계를 희석시킬 수 있는 '贈貢'이라는 용어를 사용하여 조선의 독립성을 더욱 부각시키고자 하는 의도가 있었지 않을까 추측된다. 물론 둘 다 '貢'이라는 용어가 들어가는 점에서 봉건적인 느낌을 완전히 지울 수 있는 것은 아니었다.

하는 權利가 全無'하다고 하였다. 물론 데니도 Vassal State의 주권 결여를 Tributary State와 비교하여 설파하였지만 이와 같이 직접적이지는 않았다. 이는 유길준이 데니가 말한 Vassal State를 식민지(Colony)와 혼동하고 있었음을 뜻한다. 유길준의 논리구조는 모두 Tributary State와 Vassal State를 이분법적으로 나눈 데니의 것을 차용한 것이었다. 따라서 서술에서 구조적으로는 Vassal State를 다루면서 내용적으로는 Colony에 가까운 속국, 속방을 이야기했다.

이와 같은 논리는 표면적으로 볼 때는 명쾌하게 보일지 모르나 당시 통용되던 국제법의 상식에는 들어맞지 않는 것이었다. 유길준이 《서유견문》을 저술할 당시 청은 조선의 주권을 상당 부분 침해하고 있었으나 주권을 완전히 몰수하지는 않았다. 사실상 반주국으로 대우한 것인데 그렇다면 이것은 식민지와는 다른 것이었다. 그러나 이에 대하여 유길준이 증공국이라는 이유만으로 조선은 식민지가 아니라고 설파해 봐야 청을 설득하기에는 역부족이었다. 청 역시 조선을 식민지가 아닌 조공(Tributary)을 바치되 청제(淸帝)의 책봉(Vassal)을 받는 반주국 정도로 생각하였다고 항변하면 그만이다.

이때 청은 원세개(袁世凱)의 표현대로라면 조선을 부용국으로 인식하기도 하였다.[54] 여기서 부용국이란 것은 《공법편람》의 설명대로 보호(Protection)를 받되 완전하지 않은 주권을 지닌 국가였다.[55] 보호(Protection) 역시 《만국공법》에서 반주국의 주요 성질로 거론되는 개념

54 《高宗實錄》 卷23, 高宗23年(1886) 7月 29日(庚申), 〈朝鮮大局論〉.

55 《公法便覽》(1981, 亞細亞文化社) 卷一, 第一章 第二節, 〈邦國自有獨操之權 — 有因附庸而致者〉, 150쪽; Theodore D. Woolsey, 1871, Introduction to the study of International Law, Charles Scribner & CO, NewYork, § 37, p.36. 《公法便覽》은 1981년 亞細亞文化社에서 영인한 판본과 쪽수를 따랐으며 영어 원문은 1871년 판본(NewYork)과 쪽수를 따랐다.

이다. 따라서 적어도 청은 조선을 식민지로 취급하지 않는다는 입장으로 유길준에게 맞설 수 있었다. 유길준이 조선을 두고 속국(Colony)이 아니라고 해 봐야 청은 조선의 요구가 그 정도라면 문제될 것이 없다고 할 수 있었던 것이다.

결국 유길준은 논의의 초점을 主權國, 沒主權國(植民地) 여부가 아니라 自主(Independent를 포함), 半主(Dependent를 포함) 여부로 맞추었어야 했다. 그래야만 조선에 자행되는 청의 주권 침해를 논리적으로 극복할 수 있었다. 그리고 현실적으로는 온전한 주권을 획득하기 위해서는 책봉(Vassal)뿐만 아니라 조공(Tributary)까지도 뿌리쳐야 했다. 조공을 하는 한 책봉의 굴레는 벗어나기 어려웠고 반주권(半主權, Semi-Sovereign)까지는 누릴 수 있지만 자주(自主, Sovereign)하기는 어려웠던 것이 당시 국제법 체계에서의 상식이었으며 조선이 실질적으로 처하고 있던 현실이었다. 진공을 하되 온전한 자주로 볼 수 있는 존재는 1793년 이전 무역을 위해 불과 몇 차례 공물을 청에게 건네주었던 영국 정도나 가능한 것이었지 청의 봉신(Vassal)이었던 조선에는 해당될 수 없었다.

그렇다면 이와 같이 논리적 허점이 산견되는데도 불구하고 유길준과 데니가 굳이 증공국과 속국을 구별하려고 했던 이유와 근거는 무엇일까.

전술한 바와 같이 《만국공법》에서 Tributary State와 Vassal State는 '봉건적 관계에 영향을 받지 않는 한' 자주국으로 인식된다. 따라서 《만국공법》 차원만으로는 양자가 각기 어떤 범주에 속하는지 불분명하다. 경우에 따라 자주국(Sovereign State)이 될 수도 있지만 반주국(Semi-Sovereign)으로 머물거나 심지어 식민지(Colony)가 될 수도 있었기 때문이다.

반면 1869년에 저술되어 1880년에 한역된 블룬출리의 《公法會通》(*Das moderne Völkerrecht*)에 따르면 적어도 표면적으로는 Tributary State

와 Vassal State 두 개념이 다소 구분된다. Vasallenstaten(屛藩)이 분명히 Halbsouveräne Staten(半主之國, 屛藩或盟邦)의 범주로 정의되어 Vassal State를 반주국(Semi-Sovereign)으로 확실히 정리한 반면에 Tributary State에 대해서는 언급이 없기 때문이다. 즉, 《공법회통》만 보면 Vasallenstaten(屛藩)은 Halbsouveräne Staten(半主之國, 屛藩或盟邦)으로서 제한적인 주권을 보유한 국가이다. 그러나 Tributary State는 언급이 없기 때문에 적어도 Halbsouveräne Staten(半主之國, 屛藩或盟邦)이 아닐 수도 있었다. 따라서 《만국공법》과 《공법회통》을 동시에 읽은 독자라면 Tributary State가 Vasallenstaten(屛藩)에 비해서 더욱 온전한 자주를 누릴 가능성이 있다고 볼 수도 있었다. 《공법회통》에서 제시한 방국의 범주를 《만국공법》에서의 그것과 비교하면 다음과 같다.

〈표 4〉《만국공법》과 《공법회통》의 국가 분류 비교

분류		萬國公法 (漢譯)	萬國公法 (英語原文)	公法會通 (漢譯)		公法會通 (獨語原文)	
主權國 (廣義)	主權國 (狹義)	自主之國	Sovereign States	主權國		Souveränetät eines States	
	半主權國	半主之國	Semi-Sovereign States (States which are thus dependent on other States)	半主之國 / 屛藩或盟邦[56]	屛藩	Halbsou-veränetät / Halbsou-veräne Staten	Vasallenstaten
		屬國	Dependent State		保護		Schutzstaten
			Semi-Sovereign States				abhängige Einzelstaten (dependent state)
	朝貢國 (贈貢國)	進貢國	Tributary States				
	冊封國 (封臣國)	藩屬 藩邦	Vassal States	屛藩		Vasallenstaten	

非主權	植民地	藩屏 省部 屬國 屬邦	Colony	遠方屬部[57]	Colonialstaten
	地方	省部 屬部	province	屬部	Provinzen

〈표 4〉를 통해서 다시 한 번 더 확인할 수 있듯이 《공법회통》에서 Vasallenstaten(屛藩)은 Halbsouveräne Staten(半主之國)에 속하는 반면에 Tributary States는 언급이 없다. 이는 적어도 Vasallenstaten(屛藩)은 주권이 상당히 제약되어 있는 존재라는 인식을 심어 줄 수 있는 것이다. 따라서 Vasallenstaten(屛藩)은 《만국공법》의 Tributary States와는 확실히 구분될 수 있는 존재로 《공법회통》에서 부각될 수 있었다.

그러나 사실 《공법회통》에서도 Vasallenstaten(屛藩)이 자주를 얻는 추세가 명기되어 있었다.[58] 《만국공법》에서 '進貢藩屬所存主權'을 언급한 절(節)과 같이 '어떠한 내부 구조를 지니고 있는 국가든 간에 외부의 힘으로부터 독립되어 스스로 다스릴 수 있다면 주권국가이다'라는 서양 국제법의 기본 정신이 관철되고 있었던 것이다.

즉 병번(Vasallenstaten)이라 하더라도 주권이 일국에 귀속되는 이상 자주국이 될 수도 있었다. 이는 《만국공법》에서 진공국과 번속이 봉건적 관계에 영향을 받지 않는 한 자주국으로 인식된다고 한 명제와 같은 것이었다. 더구나 《공법회통》에서도 병번(Vasallenstaten)을 포괄하는 반주국(Halbsouveräne Staten) 역시 상국(上國)을 제외하고는 인봉(隣封,

56 《公法會通》 卷一, 第九十二章, 89쪽; Johannes C. Bluntschli, Ibid, number 92, p.95.
57 《公法會通》 卷一, 第七十九章, 82쪽; Johannes C. Bluntschli, Ibid, number 77, p.90.
58 《公法會通》 卷一, 第七十七章, 80-81쪽; Johannes C. Bluntschli, Ibid, number 77, p.89.

Gegenüber dritten Staten)과 평행왕래(平行往來)하도록 되어 있었다.[59] 주권에 큰 제약이 없었던 것이다.

다만 《공법회통》에서 병번(Vasallenstaten)은 상황에 따라 강린(强隣)에 의하여 겸병(兼倂)당할 수도 있는 존재였다.[60] 《만국공법》에서 '봉건적 관계에 영향을 받지 않는 한'이라는 전제가 여기에서도 적용되고 있음을 알 수 있다. 즉, 진공국(Tributary)이나 번속(Vassal State)이 아무리 자주국으로 인식되더라도 이들을 얽고 있는 봉건적 관계의 양상에 따라서 상황은 얼마든지 달라질 수 있었다. 유길준과 데니가 강조한 증공국과 속국의 구별, 그리고 증공국이면 독립자주국(Independent and Soveregin State)일 수 있다는 논리는 여기에서 무너질 수밖에 없었다. 특히나 《만국공법》에서 진공국(Tributary)의 예로 들었던 나폴리도 《공법회통》에서는 이집트, 세르비아와 같이 병번(Vasallenstaten)으로 취급되었다.[61] 증공국(Tributary State)과 속국(Vassal State)의 근본적인 차이는 없었던 것이다.

그럼에도 불구하고 유길준이 증공국과 속국을 구별하고 증공국에게 자주권을 부여하려던 이유는 결국 번역의 문제에서 찾을 수 있을 것이다. 앞서 말한 바와 같이 《만국공법》에서 Vassal State는 藩屬, 藩邦, 屛藩으로 번역되고 Colony는 藩屛, 屬國, 屬邦으로 번역되어 양자는 藩, 屬, 屛을 매개로 미묘하게 뒤섞여 있었다. 이러한 번역은 Vassal State와 Colony를 혼동하게 할 수 있었다. 《공법회통》 단계에 와서 屛藩(Vasallenstaten)과 屬部(Colonialstaten)가 비교적 명확하게 갈라진 경우와 대비된다. 반면 Tributary State는 진공국으로 번역되어 앞의 藩, 屬, 屛으로 표현

---

59 《公法會通》 卷一, 第九十三章, 90쪽; Johannes C. Bluntschli, Ibid, number 92, p.95.
60 《公法會通》 卷一, 第七十七章, 80-81쪽; Johannes C. Bluntschli, Ibid, number 77, p.89.
61 《公法會通》 卷一, 第七十六章, 80쪽; Johannes C. Bluntschli, Ibid, number 76, pp.88-89.

된 Vassal State와 Colony와는 차별적이었다. 그렇기 때문에 Tributary State를 Vassal State와 구분하여 보았을 가능성이 매우 높았다.

더욱이 Vassal State와 Colony에서 쓰이는 藩, 屬, 屛과 같은 글자들은 그 자체로 종속성을 강하게 내포하고 있었다. Vassal은 그 자체로 봉신을 뜻하나 屬 등의 글자가 쓰일 경우 그 종속성의 정도가 더해진다. 반면 Tributary를 번역한 진공은 그 자체로는 공물을 바친다는 의미가 있을 뿐 종속성을 강하게 드러내지 않는다. 바로 그렇기 때문에 유길준이 증공국은 종속을 탈피하여 독립하거나 자주할 수 있지만 번속, 속국 등은 그 자체로 종속성을 내포하고 있기 때문에 독립하거나 자주할 수 없다고 보았을 가능성이 높다. 사실은 증공국이나 속국이나 봉건적 관계에 영향을 받지 않는 한 자주국일 수도 있었는데도 말이다.

《만국공법》에서 '屬'을 나타내는 국가의 범주로는 반주국(Semi-Sovereign State)의 범주에 속하는 Dependent State가 있었다. Dependent는 Semi-Sovereign을 지닌 국가의 속성 중 한 가지를 나타내는 표현이다. 다만 Semi-Sovereign은 그 자체로 제한된 주권을 뜻하고 Dependent는 독립하지 못한 상태, 즉 종속적 상태를 뜻한다. 바로 그렇기 때문에 Semi-Sovereign State는 반주지국(半主之國)으로 번역되었고 Dependent State는 속국(屬國)으로 번역되었다. 둘 다 같은 범주에 속하지만 전자는 주권을 후자는 종속을 강조한 것이다.

가령 조선이 청에 조공을 바치고 책봉을 받으며 주권이 제한(Semi-Sovereign)되고 의존(Dependent)적인 국가라면 조선은 진공국도 봉신국(藩屬, 藩邦)도 반주국도 반독립국(屬國, Dependent State)도 될 수 있었다. Tributary, Vassal, Dependent 등의 모든 명칭은 반주국(Semi-Sovereign)의 성질을 나타내는 하나의 특성일 뿐이다. 다만 진공을 강조한다면 그 자체로는 屬의 의미를 나타내지 않을 수 있고 번속이나 속국을 강조한다면 책봉을 매개로 한 종속관계가 표면적으로 드러나며 반주(半主)를 강조한다면 주권이 있으되 제한된 주권이라는 의미가 강하게 드러난다. 그렇기 때문에 청은 되도록 조선을 두고 진공국이라고 지칭하기보다는 속방 내지 속국이라는 표현을 사용하여 청에 대한 조선의 종속성을 드러내고 싶었던 것 같다. 반대로 유길준은 종속의 의미를 표면적으로 드러낸 번속, 속국보다는 진공국을 선택한 것으로 보인다. 사실은 모두 큰 범주로 보아 반주국에 해당하는데도 말이다.

중요한 것은 청이나 유길준이 택했던 조선에 대한 범주가 식민지는 아니었다는 것이다. 전술한 바와 같이 유길준이 속국이라 했던 것도 내용적으로는 반주국을 의미하는 것이었다. 다만 번역된 국제법 서적에서 Dependent State로서의 속국은 Colony로서의 속국, 속방과 혼동될 여지가 있었고, 유길준은 속국을 식민지와 같은 것으로 묘사하였을 따름이다.

막상 유길준 자신은 반주국, 즉 반독립국을 식민지, 즉 속지와 무분별하게 혼동한 것 같지는 않다. 그는 1883년 저술한 《世界大勢論》에서 청의 내번(內藩)에 속하였던 몽고(蒙古), 이리(伊犁), 서장(西藏)을 반독립국으로 분류하고 영국의 속지인 인도와 구분하였다.[62] 반주국(半獨立國, Semi-Sovereign State, Dependent State)과 식민지를 명확하게 구분하여 인식하고 있었던 것이다. 물론 몽고, 이리, 서장은 실제로는 반독립국이라기보다는 청의 내번에 속한 지방(Province) 내지 식민지(Colony)에 불과하였기

62 兪吉濬, 1883, 〈世界大勢論〉(1971, 《兪吉濬全書》 Ⅲ, 64-66쪽), "蒙古 伊犁 西藏 以上 三國은 支那에 屬ᄒᆞ야스나 그러ᄒᆞ나 各自國王이 잇스니 支那로서 其國務을 干涉ᄒᆞᄂᆞᆫ 故로 半獨立國이라 云ᄒᆞᄂᆞᆫ 者이라 … 英領印度 英吉利屬地니 …".

때문에 이와 같은 유길준의 인식이 정확하다고 볼 수는 없지만 적어도 반주국과 식민지를 1883년 단계에서는 구분하고 있었다.

그러나 역시 문제는 조선이었다. 유길준은 《세계대세론》에서는 조선을 두고 단지 '우리나라(我國)'라고 지칭했을 뿐 명확한 국제법적 지위를 부여하지 않았다.[63] 조선은 청의 번속임에는 분명하나 몽고, 이리, 서장과 같은 청의 내번이 아닌 단지 청과의 조공책봉관계만을 유지하는 외번이었기 때문에 유길준 입장에서는 반독립국이라고 지칭하기 어려웠을 것이다. 실제로 유길준은 《세계대세론》에서 조선과 같이 청의 외번이었던 섬라(暹羅), 면전(緬甸)을 독립국으로 인식하고 있었다.[64] 섬라, 면전 역시 청과 조공책봉관계로 얽혀 있었으며 국제법에 비추어 보아 청에 진공하는 속국 내지 반주국으로 분류될 수도 있었다. 그러나 섬라, 면전을 독립국으로 인식한 것은 진공국은 독립국이라는 유길준의 국제법관에 기인한 것으로 보인다. 이는 데니의 《청한론》보다 시기적으로 앞선 것이며 증공국 독립론의 원형이라고 볼 수 있다.

따라서 유길준에게 조선은 역시 독립국이어야 했다. 청에 진공하는 섬라, 면전과 마찬가지로 조선 역시 속국 내지 반주국으로 인식되었어야 했으나 섬라, 면전을 독립국으로 분류한 이상 조선 또한 독립국으로 분류되었다. 속국이나 반주국은 몽고, 이리, 서장과 같은 반독립국이었다. 조선을 이와 같은 범주로 분류할 경우 조선의 주권은 상당 부분 침해될 수밖에 없다는 것이 유길준의 판단이었을 것이다.

몽고, 이리, 서장은 실제로 청의 내번으로서 지방(Province)과 같은 처

63 兪吉濬, 1883, 〈世界大勢論〉(1971, 《兪吉濬全書》 III, 63쪽), "朝鮮조선 卽我國이라".

64 兪吉濬, 1883, 〈世界大勢論〉(1971, 《兪吉濬全書》 III, 65쪽), "暹羅 獨立王治 緬甸 獨立王治".

지였으나 유길준은 이들을 모두 반독립국으로 분류하였다. 따라서 유길준에게 반주국이라는 범주는 사실상 주권이 몰수된 존재가 되었다. 반독립국은 국제법적으로는 섬라, 면전과 같은 국가에 붙여질 수 있는 것이었는데도 말이다. 섬라, 면전과 같은 처지였던 조선 또한 국제법적으로는 반독립국, 즉 속국(Vassal State) 내지 반주국(Semi-Sovereign State)일 수 있었으나 증공(Tributary)하는 반독립(Sovereign State)으로 인식된 것은 바로 이와 같은 까닭에 기인한 것이었다.

그러나 유길준은 같은 《세계대세론》에서 《만국공법》 상(上) 오스만 투르크의 진공국이었던 이집트, 트리폴리, 튀니지를 오스만 투르크의 반속지로 분류하였다.[65] 즉 유길준 스스로도 진공국이 독립하지 않은 사례를 제시하고 있었다. 이를 통해 볼 때 증공국 독립론은 《세계대세론》 단계부터 자기모순을 안고 시작된 것이었음을 알 수 있다.

4. 맺음말

본문에서 살펴본 바와 같이 유길준은 《서유견문》을 통하여 증공국 독립론을 설파하였다. 그러나 당시 통용되던 국제법 이론에 비추어 보면 무리가 되는 부분이 없지 않았다. 증공국(Tributary State)과 속국(Vassal State)은 《만국공법》을 통해 볼 때 별 다른 점이 없었다. 하지만 유길준은 굳이 양자를 분리하였고 반주국(Semi-Sovereign)의 범주에도 들 수 있었던 증공국을 독립자주국으로만 보려고 하였다. 반면에 제한적이나마 주

65 兪吉濬, 1883, 〈世界大勢論〉(1971, 《兪吉濬全書》 III, 71-72쪽), "埃及 土耳其의 半屬地니 … 的波里 土耳其의 半屬地 突尼斯 同上ᄒᆞ니라".

권(Sovereign)이 부여되어 있었던 속국을 두고 사실상 식민지(屬國, 屬邦, Colony)와 별 차이가 없는 존재로 보았다. 사실 주권의 유무에 따라 양자는 완전히 다른 차원의 범주에 속했는데도 말이다.

반면 청(淸)은 유길준에 비해서는 조금 더 엄밀한 국제법적 해석을 조선에 적용한 것 같다. 일례로 1887년 조선이 대미사행을 진행할 무렵 청은 조선에 주권을 부여하되 종주국으로서 조선의 통사(通使)를 처리하려고 하였다. 이는《만국공법》에도 규정되어 있는 것으로 조선을 제한된 주권을 지닌 반주국으로 보았기 때문인 것으로 추정된다. 조선이 청의 책봉을 받고 조공을 바치는 이상 청이 조선에 대하여 종주권을 주장할 권리는 있었다.

하지만 그렇다고 청이 조선을 식민지로 인식한 것은 아니었다. 이를테면 조선이 청의 속방임을 규정한 무역장정(貿易章程)을 의정할 당시 이홍장은 조선을 두고 태서(泰西) 통례에 따른 속국이라고 하면서도 반주지국(半主之國)으로 지칭하여 조선이 제한적이나마 주권을 보유하고 있었음을 분명히 하였다. 이후 조선에 대하여 주권 간섭을 자행하였던 원세개도 조선을 두고 부용국이라고 하였다. 식민지는 아니었던 것이다. 그렇기 때문에 개항 이후 청일전쟁 이전까지 청이 조선을 근대적 속국 내지 식민지로 삼으려고 했다는 기존의 인식은 재고할 필요가 있다.

한편으로 청의 조선 정책을 두고 중화질서와 국제법질서의 충돌이라는 관점에서 보는 연구들이 다수 있으나 이 역시 회의적이다. 청은 이미 두 차례의 아편전쟁을 겪으면서 강제적으로 국제법 체제하에 편입되어 적응해야 하는 처지에 있었다. 그렇기 때문에 총리아문(總理衙門)이 성립된 지 얼마 안 되어 동문관(同文館)을 통하여《만국공법》,《공법회통》등을 번역하여 활용하기 시작하였다. 종래의 중화적 세계관만으로는 열강의 도전에 대처하기 어려웠기 때문이다. 따라서 청(淸)이 서양의 국제법질서를 외면했다거나 제대로 인식하지 못했다고 볼 수는 없다.

더욱이 내용적으로도 중화적 세계관과 서양의 국제법 규범이 완전히 충돌하는 것은 아니었다. 서구 세계에서도 19세기에 이르기까지 중세적인 봉건관계가 완전히 철폐된 것은 아니었다. 특히 오스만 투르크 등의 제국들을 매개로 적지 않은 수의 진공국 내지 봉신국들이 존재하고 있었다. 세르비아, 왈라키아, 이집트 등이 그랬다. 이들은 19세기 중후반 무렵 서구 세계를 긴장하게 했던 국제법적인 분쟁지대였다. 그렇기 때문에 《만국공법》이나 《공법회통》에서도 이들에 대한 항목을 따로 설정하여 중요하게 다루었다. 청의 중화적 질서와 비견되는 從屬(宗屬) 문제가 국제법 체계에도 있었던 것이다.

따라서 이왕 청이 총리아문 설립 이래 서양의 국제법 체제에 적응하자면 조선 등 기존의 속방에 대해서도 국제법적인 해석을 적용하여 공인을 받아야 했다. 그래야만 동아시아 지역에서 누리고 있던 기득권을 그대로 지킬 수 있었다. 국제법에 적응해야 생존할 수 있었던 당시 청의 사정을 미루어 볼 때 청 입장에서 국제법을 무시하거나 중화적 체제 아래에 국제법 체제를 두기는 어려웠다. 오히려 국제법 체제를 바탕으로 기존의 중화질서를 재해석해야 하는 것이 청의 입장이었다. 그런 의미에서 조규체제(條規體制) 마련을 통하여 국제법 체제를 중화질서 아래에 두고자 하였다는 최근의 인식 또한 재고할 필요가 있다. 이를테면 조선을 1880년대 들어 부용국이라고 하였던 것은 국제법 체제하에서 조선에 대한 청의 종주권을 인정받으려고 했던 시도로 볼 수도 있다.

1876년 개항부터 1894년 청일전쟁에 이르기까지 조선은 고비 때마다 국제법적인 논쟁의 중심에 서야 했다. 강화도조약에서 명기된 '자주지방

(自主之邦)'에 대한 해석, 1882년 조미조약 체결 당시 불거진 속방 문제, 뒤이어 벌어진 임오군란과 갑신정변을 거치면서 촉발된 조선을 둘러싼 청·일 간의 갈등, 결국 이 문제를 일단락 시킨 청일전쟁의 발발은 모두 조선의 국제법적 지위 문제에서 비롯된 것이었다. 결국 이 문제를 제대로 규명하기 위해서는 국제법 서적뿐만 아니라 당시 조선에 관철되었던 조약 및 조약 체결을 둘러싼 국제법적인 논쟁들을 더욱 세밀하게 검토할 필요가 있다.

다시 유길준으로 돌아가서 '양절체제론(兩截體制論)'을 검토해 보자면, 이 글을 통해서 얻을 수 있는 결론은 다음과 같다. 근대 서구 국제법에 따르면 증공국은 주권을 지닐 가능성이 있었을 뿐이지 그 자체로 독립할 수 있는 것은 아니었다. 국제법에서도 인정한 종주권이 증공국에 강력하게 적용된다면 비록 주권을 지니고 있다 하더라도 그것은 상당한 제약을 받을 수밖에 없었다. 따라서 유길준의 증공국 독립론은 국제법적으로도 완전히 인정받을 수 있는 것은 아니었다. 바로 이러한 점에 착안하여 청은 증공국 조선에 대하여 국제법에 따라 일정 부분 주권을 부여하면서도 국제법적으로 인정될 수 있는 종주권을 포기하지 않음으로써 기존의 조공체제를 국제법적 틀 안에서 인정받으려 한 것 같다.

유길준은 조선을 두고 '전후양절체제(前後兩截體制)', 즉 앞뒤가 잘린 체제라고 말했다. 그러나 꼭 조선이 청 및 여러 국가에 대하여 앞뒤가 잘린, 그러한 미묘하고 특수한 입장에 놓여 있었다고 볼 수도 없다. 유길준은 《만국공법》에서 증공국은 곧 독립할 수도 있다는 '가능성'에만 착안하여 증공국=독립론인 조선이 청의 간섭을 받는 '조공체제(朝貢體制)'에 얽힌 것을 두고 '전후양절(前後兩截)'한 상황이라고 일컬으며 일면 모순적으로 인식하고 있었다. 그러나 조공체제에서 관철되는 '종주권'은 국제법적으로도 용인될 수 있는 것이었다. 다시 말하자면 청의 종주권하 일정 부분 주권을 지니고 있으되 주권의 제약을 받아야 했던 조선의 처지는 전혀 미묘하고 특수한 것이 아닌, 국제법적으로도 이해될 수 있는 것이었다. 그러나 유길준은 증공국 독립론에만 집중한 나머지 국제법적으로도 증공국에 적용될 수 있는 종주권을 외면하였고, 그에게는 조공체제와 국제법체제 또한 서로 다른 세계를 추구하는 전후양절(前後兩截)한 관계일 수밖에 없었다.

참고문헌

1. 자료

兪吉濬, 1889,《西遊見聞》(兪吉濬全書編纂委員會 編, 1971,《兪吉濬全書》Ⅰ, 一潮閣).

兪吉濬, 1883,〈世界大勢論〉(兪吉濬全書編纂委員會 編, 1971,《兪吉濬全書》Ⅲ, 一潮閣).

兪吉濬, 1885,〈中立論〉(兪吉濬全書編纂委員會 編, 1971,《兪吉濬全書》Ⅳ, 一潮閣).

《高宗實錄》.

《淸光緖朝中日交涉史料》.

《萬國公法》(1981, 亞細亞文化社; Henry Wheaton, 1855, *Elements of international law*, Sixth Edition by William Beach Lawrence, Boston: Little Brown and Company).

《公法會通》(1981, 亞細亞文化社; Johannes C. Bluntschli, 1868, *Das moderne Völkerrecht der Civilisirten Staaten als Rechtsbuch dargestellt*, Nördlingen).

《公法便覽》(1981, 亞細亞文化社; Theodore D. Woolsey, 1871, *Introduction to the study of International Law*, Charles Scribner &CO, NewYork).

Owen N. Denny, 1888, *China and Korea*, Kelly and Walsh, Ltd. Printers, Shanghai(《外務省記錄》(1-2-1-2),〈朝鮮政府顧問〈デニ―〉ノ淸韓論〉; 신복룡 역주, 1999,《청한론(淸韓論)(外)》, 집문당; 岡本隆司 譯註, 2010,《淸韓論》, 東北アジア文獻硏究會/成文社).

Paul G. von Moellendorff, 1930, *A Reply to Mr. O. N. Denny's Pamphlet entitled : China and Korea*, Otto Harrassowitz, Leipzig(신복룡 역주, 1999, 〈데니 씨의 《청한론》에 대한 답변〉, 《묄렌도르프自傳(外)》, 집문당).

Douglas Harper, 2000, *Online Etymology Dictionary*(http://www.etymonline.com/).

2. 저서

姜東局, 2004, 《〈屬邦〉の政治思想史 — 19世紀後半における〈朝鮮地位問題〉をめぐる言說の系譜》, 東京大學 博士學位論文.

岡本隆司, 2004, 《屬國と自主のあいだ-近代清韓關係と東アジアの命運》, 名古屋大學出版會.

具仙姬, 1999, 《韓國近代 對淸政策史 硏究》, 혜안.

金榮作, 1975, 《韓末ナショナリズムの硏究》, 東京大學出版會.

김용구, 1997, 《세계관 충돌의 국제정치학 — 동양 禮와 서양 公法》, 나남.

金正起, 1994, 《1876-1894年 淸의 朝鮮政策 硏究》, 서울대학교 박사학위논문.

原田環, 1997, 《朝鮮の開國と近代化》, 溪水社.

月脚達彦, 2009, 《朝鮮開化思想とナショナリズム》, 東京大學出版會.

정용화, 2004, 《문명의 정치사상 — 유길준과 근대 한국》, 문학과지성사.

3. 논문

김경태, 1994, 〈중화체제·만국공법질서의 착종과 정치세력의 분열〉, 《한국사》 11.

金旼奎, 2002, 〈近代 東아시아 國際秩序의 變容과 淸日修好條規(1871年) — '條規體制'의 生成〉, 《大東文化硏究》 41.

金旼奎, 2005, 〈개화기 兪吉濬의 국제질서관 연구〉, 《한국인물사연구》 3.

金鳳珍, 1999, 〈兪吉濬の國際秩序觀 — 朝貢體系と國家平等秩序の間〉, 《東洋文化硏究所紀要》 137.

金鳳烈, 1996, 〈兪吉濬의 對中國 認識〉, 《慶大史論》 9.

김영호, 1968, 〈유길준의 개화사상〉, 《창작과비평》 11.

김정기, 1993, 〈청의 조선정책(1876-1894)〉, 한국역사연구회 편, 《1894년 농민전쟁연구》 3, 역사비평사.

김현숙, 1997, 〈구한말 고문관 데니(O.N.Denny : 德尼)의 《淸韓論》 분석〉, 《梨花史學硏究》 23·24.

김희일, 1965년 6호, 1966년 1호, 〈1880년대 개화사상 연구 — 《서유견문(西遊見聞)》을 중심으로 하여(1)(2)〉, 《력사과학》.

原田環, 1979, 〈朝鮮の近代化構想 — 兪吉濬と朴泳孝の獨立思想〉, 《史學硏究》 143, 廣島史學硏究會.
月脚達彦, 1991, 〈開化思想の形成と展開 — 兪吉濬の對外觀を中心に〉, 《朝鮮史硏究會論文集》 28.
月脚達彦, 2000, 〈兪吉濬의 日本觀〉, 《한일관계사연구》 13.
月脚達彦, 2001, 〈近代朝鮮の改革と自己認識·他者認識〉, 《歷史評論》 614.
田鳳德, 1976, 〈西遊見聞과 兪吉濬의 法律思想〉, 《學術院論文集》 15.
鄭慶玟, 2011, 〈朝鮮의 初代 駐美全權公使 派遣(1887-1889)과 淸國의 對應〉, 고려대학교 석사학위논문.
정창렬, 1994, 〈근대국민국가 인식과 내셔널리즘의 성립과정〉, 《한국사》 11.
趙景達, 1985, 〈朝鮮における大國主義と小國主義の相克〉, 《朝鮮史硏究會論文集》 22.
趙景達, 1989, 〈朝鮮近代のナショナリズムと東アジア〉, 《中國-社會と文化》 4.

유길준의 재정개혁론

1. 머리말

유길준은 1891년 세제 개혁을 논한 〈세제의(稅制議)〉와 토지제도 개혁을 논한 〈지제의(地制議)〉를 작성하였다. 개화파 인물 개인들이 남긴 개혁구상에 관한 글이 많지 않은 가운데 유길준이 남긴 두 글은 그 개인뿐 아니라 개화파의 경제개혁 구상을 확인하는 글로 주목받아 왔다.

두 글을 처음 분석한 것은 김영호(金泳鎬)로, 그는 실학사상과 개화사상이 경제 부문에서 갖는 논리적 연관성의 한 근거로 〈지제의〉에 나타난 정전제(井田制) 반대를 예로 들었다.[1] 이후 김용섭(金容燮)이 개화파의 농업론을 살피는 글에서 유길준의 구상을 다루면서 〈세제의〉와 〈지제의〉를 분석하였다.[2] 개화파가 세제개혁으로 농업경제 안정화를 도모했다고 하면서 유길준이 일본 명치정부의 지조개정(地租改正)을 모방해 지세개혁 중심의 세제개혁을 주장한 사실을 주목했다. 이때 유길준이 지세로 설

1 金泳鎬, 1972, 〈實學과 開化思想의 聯關問題〉, 《韓國史硏究》 8.

2 金容燮, 1974, 〈甲申-甲午改革期 開化派의 農業論〉, 《東方學志》 15; ______, 1984, 〈韓末 高宗朝의 土地改革論〉, 《東方學志》 41; ______, 1988, 〈近代化過程에서의 農業改革의 두 方向〉, 《韓國資本主義性格論爭》, 大旺社.

정한 지가(地價)의 $\frac{1}{100}$을 소출에 대한 $\frac{1}{10}$세(稅)로 보고 당시로써 가벼운 세금이 아니며 지주와 소작농민이 반분(半分)해 각각 부담하여 지주층에 유리한 개혁론이었다고 평가했다.

이후 유길준의 〈세제의〉와 〈지제의〉 분석은 1894년 지세 개혁의 전사(前史)로서 개화파의 지세개혁론을 밝히려는 연구와, 유길준의 경제개혁 구상을 밝히려는 연구에서 다뤄졌고, 대체로 앞선 연구에서의 분석, 평가가 강조되었다.[3]

이처럼 기존에 유길준의 〈세제의〉와 〈지제의〉를 분석한 연구는 농업경제안정의 관점에서 농업과 직접 관련된 지세개혁 구상에 관심을 집중하였다. 〈세제의〉가 세제 개혁 구상을 다룬 글임에도 정부 재정의 관점에서의 분석은 부족하였고, 지세를 제외한 세제나 재정제도 구상에 대한 조명은 이루어지지 않았다.

유길준이 생존한 시기가 농업이 산업의 근간이고 토지에 근거한 세금이 정부 재정 수입의 근간인 때였으므로 농업의 융성은 결과적으로 국가산업의 발전, 정부 재정의 충실을 가져올 수 있는 방법이었다. 그러므로 농업의 관점이었던 기존 연구의 내용으로 정부 재정적 의미를 전혀 확인할 수 없는 것은 아니다. 하지만 그것은 어디까지나 농업 안정의 결과물로서의 의미이고, 정부 재정 그 자체가 주안이 된 의미 도출이라고 할 수는 없다. 유길준의 구상의 정부 재정적 의미는 농업이라는 투과지 없이 곧바로 정부 재정의 관점에서 분석이 시도되어야 분명하게 확인될 수 있다.

3 金柄夏, 1974, 〈兪吉濬의 經濟思想〉, 《東洋學》 4; 金鳳烈, 1983, 〈兪吉濬의 開化思想; 農村經濟安定과 國家財政 確立方案을 중심으로〉, 《慶熙史學》 11; 왕현종, 1997, 〈19세기 후반 地稅制度 改革論과 甲午改革〉, 《韓國 近現代의 民族問題와 新國家建設》, 金容燮敎授停年紀念韓國史學論叢刊行委員會, 知識産業社; 조정희, 2006, 〈유길준의 경제개혁론〉, 《韓國思想과 文化》 33.

유길준의 구상을 정부 재정의 관점에서 분석하는 일은 갑오개혁 이전 개화파가 정부 재정에 관해 어떤 생각을 가지고 있었는지를 살피는 작업이 될 수 있을 것이다. 갑오개혁 이전 재정론에 대해서는 몇몇 연구를 통해 이미 이루어진 바 있다. 그 내용을 보면, 먼저 개화파의 재정론이 임오군란 이후 갑신정변 시기까지 차관 도입을 통한 재정강화론과 근대적 방식으로의 재정개혁론임이 밝혀졌다.[4] 보다 구체적으로 어윤중의 경우에는 1881년 조사시찰단으로 일본을 방문한 결과 명치정부의 재정 운영을 긍정적으로 평가하고, 일본과 같이 재정을 중앙집권화할 것과 세제개혁, 화폐 발행, 외국차관 도입을 통해 자금을 조달할 것을 주장했다고 한다.[5] 김윤식은 재정 운영에서 절용을 강조하고, 상평창제 실시를 통한 저축과, 부민 육성·보호를 통한 국부(國富)를 도모했다고 한다.[6] 또한 김옥균은 일본과 미국에서 차관을 도입해 금본위 화폐제도를 실시하려는 계획을 했다고 한다.[7]

하지만 이 연구들의 경우 갑신정변 이전 시기의 논의에 집중해 있다. 정변 이후 청의 조선 간섭이 심화되어 정치적, 경제적으로 이전과는 다른 국면이 전개되었다는 점에서 정변 이후 구상된 재정론을 살펴볼 필요가 있다. 김윤식에 관한 연구에서 갑신정변 이후도 다루고 있지만 절용론을 제외하고는 엄밀히 말해 정부 재정에 관한 논의라고 보기는 어렵고, 절용론

---

4 김성우, 1998, 〈개화파의 경제사상과 경제정책〉, 《한국근대 개화사상과 개화운동》, 신서원.

5 許東賢, 1996, 〈1881年 朝士 魚允中의 日本 經濟政策 認識 — 《財政見聞》 등을 중심으로〉, 《한국사연구》 93; ______, 2001, 〈어윤중의 개화사상 연구 — 온건개화파 내지 친청사대파설에 대한 비판적 검토〉, 《韓國思想史學》 17.

6 李相一, 1996, 〈雲養 金允植의 思想과 活動 硏究〉, 동국대학교 사학과 박사학위논문, 93-97쪽; 김성배, 2009, 《유교적 사유와 근대 국제정치의 상상력 — 구한말 김윤식의 유교적 근대 수용》, 창비, 313-315쪽.

7 유바다, 2010, 〈1883년 김옥균 차관교섭의 의미와 한계〉, 《한국근현대사연구》 54.

도 전통적인 재정론이라는 점에서 개화파의 재정론으로 특징짓기에는 부족함이 있다. 또 기존 연구는 재정론을 해당 인물의 정부상(政府像)과 연관해 설명하는 측면이 부족하였다. 재정은 정부 활동에 따르는 것이므로 재정론에 대한 정확한 이해를 위해 정부에 대한 구상을 살필 필요가 있다.

이에 이 글에서는 유길준이 갑신정변 이후 작성한 정부 재정과 관련한 글들을 분석하여 그의 재정론을 그가 추구하는 정부상과의 연관 속에서 살펴보고자 한다. 먼저 2장에서는 유길준이 추구한 정부상을 살펴보고, 3장에서는 그가 추구하는 정부상과의 관련 아래 재정개혁에 관한 구상을 살펴볼 것이다. 그리고 4장에서 그의 재정개혁 구상의 핵심이 되는 논의의 특징과 의미를 살펴보고자 한다. 이를 위해 〈세제의〉, 〈지제의〉와 《서유견문》, 그리고 유길준의 연대미상의 저작인 〈재정개혁(財政改革)〉 등을 참고할 것이다.

2. 정부 기능 확대 구상

유길준은 《서유견문》 제5편 〈정부의 시초〉에서 풍속이 개화된 지방이든 야만족이든 정부가 있다고 하면서 정부가 존재하는 이유를 다음과 같이 적고 있다.

> 국가의 정부를 설치하는 본뜻은 인민을 위함이요. 임금의 정부를 명령하는 큰 뜻도 인민을 위함이라. 인민이 정부를 敬奉하는 것과 仰望하는 바람은 그 덕화와 은택의 공평함을 한몸에 고르게 입기를 바람인즉 만약 정부되는 것이 인민의 이와 같은 성의와 이와 같은 바람을 저버리고 그 발행하는 정령과 施用하는 법률이 크게 공정한 原道를 잃으면 세간의 큰 유해무익한 長物이라. 이와 같다면 정부의 시

조한 본뜻을 명심하여 인민으로 하여금 그 생업을 편안히 하고 身命을 보전하게 하여 천 가지 일만 가지 사물을 성실함으로 주장하며 공평한 뜻을 確執한즉 일시의 과실이 비록 있더라도 인민이 그 정부를 원망하기에 이르지 않는 것이라.[8]

유길준은 정부가 설치된 근본 의도가 인민을 위하는 데 있다고 서술했다. 임금이 정부를 명령하는 뜻도 마찬가지이며, 인민은 정부를 통해 공평과 균등한 덕화와 은택을 받고 싶어 한다고 하였다. 이러한 내용이 유길준이 생존하던 당시 조선 현실과 부합하지 못한다는 것은 주지의 사실이다. 그런 점에서 정부의 실제를 설명했다기보다는 그가 지향하는 이상적인 정부를 서술한 것이라고 할 수 있다.

이와 같이 인민을 위해 설치되기를 바라는 정부의 정치제도에 대해 유길준은 〈정부의 치제〉편에서 다음과 같이 적고 있다.

제1조 自由任意
제2조 宗教信服
제3조 技術과 文學을 勵하여 新物의 發造하는 路를 開함
제4조 學校를 建하여 人民을 教育함
제5조 保任安穩
제6조 人民의 飢寒疾苦를 救濟하는 事[9]

정부의 정치제도로 제시한 것은 여섯 가지로, 먼저 제1조 '자유신의(自由任意)'는 즉 국법에 어긋나지 않는 한에서 인민이 자유임의대로 행동할 수 있게 한다는 내용이다. 제2조 '종교신복(宗教信服)'은 종교를 믿고 복종하게 하는 일로 즉 인민 각각의 종교의 자유를 정부가 간섭하지 않

8 兪吉濬, 1895, 제5편 〈政府의 始初〉, 《西遊見聞》, 交詢社(景仁文化社, 1969, 영인본), 140-141쪽.
9 兪吉濬, 제5편 〈政府의 治制〉, 《西遊見聞》, 153-154쪽.

고 보호한다는 것이다. 제3조는 기술과 학문을 장려하여 신문물을 개발, 제조하는 길을 연다는 것이다. 유길준은 이것을 부국과 이민(利民)의 방법으로 보았고, 구체적으로 발명품의 전매권을 허락하는 일과 같은 것을 예로 들었다. 제4조는 학교를 세워 인민을 교육하는 일로, 유길준은 "방국(邦國)의 빈부, 강약, 치란(治亂), 존망(存亡)이 그 인민 교육의 고하(高下) 유무(有無)에 있는 것이라"고 보았다.[10] 이에 정부가 인민 교육을 통해 인민들의 지식을 넓혀 주고 재주나 기예를 높이며 공업을 분발케 해야 한다고 보았다. 제5조 '보임안온(保任安穩)'은 인민으로 하여금 생업에 있어서 맡은 바를 지키고 안온케 한다는 뜻이다. 제6조는 병원, 구빈원을 세워 빈민을 구제한다는 것이다.

이러한 내용은 전통시대 통치집단이 체제 유지를 위한 활동만을 규정한 것과는 달리 인민에 대한 정부 활동을 규정하고 있다는 점에서 특징적이다. 서양 각국이 근대 이후 헌법에서 인민의 권리보장을 명시하고 인민을 관리, 통제하는 제도적 장치를 마련해 나갔는데 유길준이 이를 의식해 수용한 것으로 보인다.

특히 제1조와 2조는 자유권적 기본권 보장, 제4조, 5조, 6조는 사회권적 기본권 보장과 관련된 내용이다. 기본권 보장은 17-18세기 유럽에서 자연법과 이성법을 주장한 계몽주의 철학자들에 의해 시작되고 상공업 발전으로 성장한 부르주아 계층에 의해 요구된 것으로, 성문법상에 반영된 것은 영국은 권리청원(1628) · 인신보호령(1679) · 권리장전(1689)에서, 미국은 버지니아 권리장전(1776)과 독립선언(1776)에서, 프랑스는 인간과 시민의 권리선언(1789)에서, 독일은 프랑크푸르트헌법(1849)에서였다.[11] 이

10 兪吉濬, 제3편 〈人民의 教育〉, 《西遊見聞》, 107쪽.

11 洪性邦, 1998, 〈人權과 基本權의 歷史的 展開〉, 《한림법학 FORUM》 7, 61-71쪽.

때 명시된 기본권은 자유권적 기본권으로, 신체의 자유, 종교·언론·출판·집회의 자유, 적법절차·사유재산의 보장 등이 이에 속한다. 자유권적 기본권이 반영된 이후 산업 발전으로 인한 사회문제의 발생에 따라 사회권적 기본권을 헌법으로 보장해야 한다는 주장이 일어났는데, 근로의 권리, 공적 구호 청구권, 교육을 받을 권리와 같은 것들이다.[12]

유길준은 이미 《서유견문》 〈인민의 권리〉편에서 인민의 자유와 통의(通義)로 신명(身命)의 자유, 재산의 자유와 통의, 영업의 자유와 통의, 집회의 자유와 통의, 종교의 자유와 통의, 언론의 자유, 명예의 자유를 언급하였는데, 이는 모두 자유권적 기본권에 해당하는 내용이다.[13] 사회권적 기본권에 해당하는 권리를 〈인민의 권리〉에서 구체적으로 명시하고 있지는 않지만, 정부의 정치제도로 자연권적 기본권과 사회권적 기본권의 보장과 같은 내용을 규정해 당시 서양 각국의 헌법적 가치를 정부 활동으로 실현하고자 했던 것 같다.

유길준은 〈정부의 치제〉편에 바로 이어 〈정부의 직분〉편에서 정부의 직분을 다음과 같이 설명하고 있다.

> 무릇 민간의 사무를 정부가 그 방략에 관계함이 불가하나 그러나 정부의 일정한 법은 確守하여 인민으로 하여금 준수하게 하고 어기지 않도록 함이 최대한 要道니 정부의 큰 직분을 한마디로 포괄하건대 인민의 業을 작정하는 권리는 없으나 보호하는 책임은 있는지라. 이것으로 인하여 정부의 간섭할 것이 역시 적지 않은즉 지금 간략히 적건대 …[14]

유길준은 정부가 민간 사무에 간섭해서는 안 된다고 하면서도, 정부

12 洪性邦, 앞의 책, 72-83쪽.

13 兪吉濬, 제4편 〈人民의 權利〉, 《西遊見聞》.

14 兪吉濬, 제6편 〈政府의 職分〉, 《西遊見聞》, 161쪽.

의 큰 직분이 인민의 생업을 보호하는 책임에 있으므로 간섭해야 할 일이 있다고 말하고 있다. 이에 정부가 간섭할 일, 구체적인 직분을 다음과 같이 제시하고 있다.

— 빈민을 구제하는 일
— 인민을 교육하는 일
— 위생에 관한 규칙을 마련하는 일
— 학자가 새로 저술하는 책과 새로 만들어 내는 물건에 관계하는 일 : 전매권 발부
— 전기와 수도사업의 독점권을 주고 정부 규칙으로 제어하고 수도를 관리하는 일
— 시민을 단속하는 규칙을 마련하는 일
— 대도시에 집을 짓는 일
— 술집을 개설하는 것을 법규를 만들어 단속하는 일
— 아편담배의 불허하는 일
— 등짐꾼, 가마꾼, 마부가 생계를 유지하는 방법에 대한 규칙을 마련하는 일[15]

유길준이 정부의 직분으로 제시한 내용은 대체로 사회 분야에 대한 간섭이었다. 사회 분야에 국가가 제도적 차원에서 관리에 나서기 시작한 것은 근대 이후의 일이다. 고대, 중세에도 사회문제에 대한 국가 시책이 있었지만 체제 유지적 동기에서 나온 것이었고, 그 비용은 주로 부민들이 부담하였다.[16] 국가 외 사적인 자조단체나 종교 조직에서도 사회문제 해결을 위한 행동에 나섰는데 자조단체의 경우 조합원들 간의 친목을 통한 인화단결이 목적이 되었고, 종교 조직의 경우 해당 종교의 성쇠에 영향받는 바가 컸다.

그러나 17세기 초반 영국의 급속한 경제성장과 빈부 격차의 증대로 종교단체의 자선사업만으로는 감당할 수 없는 '빈곤의 대량화' 현상이

15 兪吉濬, 제6편 〈政府의 職分〉, 《西遊見聞》, 162-178쪽.
16 兪光浩, 1985, 〈福祉國家 理念의 思想的 根源〉, 《경상논총》 3, 66-70쪽.

등장하였고 이에 극빈자에 대한 국가적 책임을 문제의식으로 한 구빈법(1601)이 실시되었다.[17] 이것은 국가가 처음으로 사회문제에 제도적으로 개입하고 책임을 지게 되었다는 점에서 획기적인 전환으로 지적된다. 이후 서양 각국에서 시민혁명과 산업혁명이 진전함에 따라 도시 인구 팽창으로 인한 도시 문제를 기본권 보장의 차원에서 해결할 것이 요구되었다. 이에 도시문제의 원인을 제거하고 시민이 자존할 수 있는 제도적 장치로서의 사회 시책이 마련되기 시작한 것이다.

유길준은 정부가 민간 사무에 간섭하는 것은 "인민의 자주(自主)하는 정리(正理)를 방해하는 단서"라고 하면서 조심스러운 태도를 보였다.[18] 그럼에도 사회 분야에 대한 간섭을 정부의 직분으로 든 것은, 당시 유럽 각국에서 전개되고 있던 사회 시책에서 영향받는 바가 컸다고 할 수 있다. 유길준은 빈민구제가 사적으로 이루어지면 오히려 빈민의 게으른 습관을 길러 주는 것이고, 사적으로 도움을 요청할 사람이 없는 빈민이 있다는 점들을 고려해 빈민구제가 정부 차원에서 이루어져야 함을 강조했다. 하지만 "정부의 직분이 실상은 궁민구휼(窮民救恤)하기에 있지 않고 궁민이 없게 하기에 있는지라"[19]라고 하고 "궁민을 권면하여 양민(良民)이 되게 하고, 양민을 보호하여 궁민이 되지 말게"[20] 하는 데 빈민 구제의 목적이 있다고 하여 당시 서양 각국에서 시행되는 사회 시책의 목적과 맥을 같이하였다. 이에 정부가 빈민이 자립할 수 있는 제도를 마련할 것을 주장했다.

인민교육, 위생관리, 전매권 발급, 전기·수도 관리, 시민 단속 규칙 마

---

17 같은 논문, 71-74쪽.

18 兪吉濬, 제6편 〈政府의 職分〉, 《西遊見聞》, 155쪽.

19 兪吉濬, 제6편 〈政府의 職分〉, 《西遊見聞》, 165쪽.

20 兪吉濬, 제6편 〈政府의 職分〉, 《西遊見聞》, 170쪽.

련, 대도시 가옥 건축 관리, 술집·아편 제한, 등짐꾼·가마꾼·마부의 생계유지 보장 등도 모두 인민 생활을 제도적으로 향상시키기고 정부가 일률적으로 관리하기 위한 시책에 해당하는 것들이었다. 물론 당시 조선에 동시대 서양과 같은 사회문제가 발생하고 있지는 않았다. 하지만 유길준은 "무릇 한 나라의 부강은 그 나라 인민이 경려(競勵)하는 길을 선수함에 있다"고 하였다.[21] 또 개인이 각자의 분야에서 경쟁하는 습관을 기르면 나라의 경쟁력에도 관심을 기울이게 되고 마침내 나라가 다른 나라와 경쟁할 수 있는 틀을 갖추게 된다고 했다. 조선이 국제사회에서 경쟁력 있는 국가로 존립하기 위해서는 국가 구성원 개개인을 국가 발전에 기여할 경제적 주체로 육성시키는 작업이 반드시 필요하다고 판단한 것이다. 인민에 대한 자연권적·사회권적 기본권의 보장과 사회 시책을 통한 관리는 그러한 작업의 기초에 해당하였다.

3. 조세 중심의 재정확충 구상

정부의 정치제도로 서양의 기본권 보장과 유사한 내용을 명시하고 정부의 직분으로 사회 시책의 실시를 제시한 유길준의 정부 개혁 구상은 곧 정부 업무의 확대를 의미했다. 여기에 비용이 비례해 증가할 것은 당연한 일이었다. 유길준은 정부가 "공본된 여러 사업을 시조(施措)할진대 그 비용의 거대함은 형세가 그러하여 부득이한 것이라"[22]라고 하면서 "정부의 관원이 재물을 산출하는 사람이 아닌즉 그 판사(辦事)하는 비용은 인민

21 兪吉濬, 제4편 〈人世의 競勵〉, 《西遊見聞》, 134쪽.

22 兪吉濬, 제7편 〈收稅 ᄒᆞᄂᆞᆫ 法規〉, 《西遊見聞》, 195쪽.

에게 거두지 않으면 안 된다"[23]라고 했다. 그러면서 정부 재정을 확충하는 데 쓸 수 있는 방법으로 두 가지를 제시하였다. 먼저 인민의 납세이다.

> 국가가 (돈을) 씀이 인민의 일을 위함인즉 인민은 각기 재물을 내서 정부에 수합하고 정부는 인민의 재물을 관장하여 그 노고를 대신함이니 인민이 자기의 일에 그 비용을 내지 않고 어떤 사람에게 미루어 맡기리오! 이 뜻으로 미루어 생각하면 정부가 국사를 행하기 위하여 인민의 賦稅를 독촉함은 그 위엄 있는 명령을 마음대로 씀이 아니요. 인민에게 대신 맡은 사무를 이루고자 함이거늘 만약 방법을 가리켜 가혹한 법이라고 하든지 虐政이라 하든지 하면 이는 이미 심한 의견을 마음대로 행하여 무도한 의론을 창출함이니 가령 나라 사람이 신의를 지키며 염치를 갖추어 정부와 관계한 事端에 기한을 어기지 않으며 명령을 순종할진데 정부도 역시 또 기뻐하여 그 즐거움을 이기지 못할지라. 감히 인민에게 엄숙한 정령을 행하리오. 그러므로 인민 되는 자가 자기의 分義를 먼저 갖추고 정부의 관대함을 바람이 옳으니 인민은 그 도리를 다하지 않고 정부더러 그 직분을 행하라 책망하면 이는 고금 천하에 일찍이 없었던 일이라.[24]

유길준은 정부가 인민을 위해 일하기 때문에 인민이 정부에 돈을 내야 한다고 하면서 이것을 분의(分義), 도리로 표현하고 있다. 여기서 주목할 만한 점은 인민이 납세를 해야 하는 이유이다. 국가에 대한 인민의 조세 납부는 고대부터 있어 왔던 일이지만 전통시대 조세 납부는 왕토(王土)·왕신(王臣)사상(普天之下, 莫非王土, 率土之濱, 莫非王臣)에 입각해 "토지가 있으면 조(租)가 있고 사람이 있으면 용(庸)이 있고 집이 있으면 조(調)가 있다(有土則有租, 有人則有庸, 有戶則有調)"는 논리의 구현이었다. 반면 유길준은 정부가 인민을 위해 일을 하기 때문에 세금을 납부해야 한다고 하여 마치 인민이 정부에 주는 임금과 같은 의미에서 조세 납부의 이유

23 兪吉濬, 제7편 〈人民의 納稅ᄒᆞᄂᆞᆫ 分義〉, 《西遊見聞》, 196쪽.
24 兪吉濬, 제7편 〈人民의 納稅ᄒᆞᄂᆞᆫ 分義〉, 《西遊見聞》, 199-200쪽.

를 설명하고 있는 것이다.

이러한 유길준의 납세관(納稅觀)을 단적으로 보여 주는 것이 한 나라를 한 집안에 비유한 것이다. 한 나라를 한 집안이라고 하면서 임금은 아버지, 인민은 아들이라 하고 정부 관리들을 심부름꾼(差人), 고용(雇傭)에 비유했다.[25] 그리고 "아버지가 상업에 차인(差人)을 두는 것도 그 아들을 위함이요. 농작에 고용을 두는 것도 그 아들을 위함이니 그 아들의 도리는 모든 일을 근면 성실히 하여 그 아버지의 우려를 덜어 드리는 데 있다"[26]고 하였다. 여기에서 아들의 할 도리란 것이 바로 인민들의 조세 납부였다. 조세를 심부름꾼이나 고용의 임금에 비유한 것이다.

유길준이 정부 재정을 확충하는 데 쓸 수 있는 방법으로 제시한 나머지 하나는 국채 모집이었다. 유길준은 정부에서 국채를 모집하여 사용하는 까닭에서 다음과 같이 적고 있다.

> 대개 국채는 國財가 부족한 때에 民財를 빌려 쓰는 것이라. 천하 각국의 빈부가 다르나 그러나 어느 나라이든지 태평무사한 때는 매년 들어오는 賦稅가 족히 그 매년 나가는 경비를 抵當하여 정부의 常例를 만들되, 만약 어려운 때를 당하여 그 방비하는 방법으로 거액의 비용을 필요로 하든가 흉년으로 인하여 진휼하는 일로 큰돈을 구하든가 이와 같은 종류가 아니라도 대사업이 족히 전국 인민에게 유익할 것이 있어 돈을 요구하는 때는 그 액수의 거대함이 다만 인민의 세금을 더하여 족히 변통하기 매우 어려울뿐더러 또 갑자기 인민의 세금을 무겁게 부과하면 그 괴로움을 견디지 못해 떠도는 자가 반드시 많을 것이요. 심하기에 이르면 원망하는 무리가 난리의 싹도 일으킬지라. 이 때문에 정부가 표를 만들어 나라 안에 명령을 내려 민인의 돈을 빌리니 표는 1장에 천 냥을 작정하든 만 냥을 작정하든지 정부가 빌리는 액수를 응하여 그 수를 마련하는 것이라.[27]

25 兪吉濬, 제7편 〈人民의 納稅ᄒᆞᄂᆞᆫ 分義〉, 《西遊見聞》, 198쪽.

26 兪吉濬, 제7편 〈人民의 納稅ᄒᆞᄂᆞᆫ 分義〉, 《西遊見聞》, 198쪽.

27 兪吉濬, 제8편 〈政府의 國債募用ᄒᆞᄂᆞᆫ 緣由〉, 《西遊見聞》, 226쪽.

즉 조세만으로도 재정 지출을 감당하기 어려울 때 국채를 이용해 재정 수입으로 삼는다고 하면서 국채의 취지를 설명하고 있다. 이는 내국채에 국한하지 않았다. "본국 인민이 가난하여 정부의 국채모집하는 명령을 응할 수 없는 때는 어쩔 수 없이 외국인에게 빌린다"[28]고 하면서 외국채를 모집하는 것이 가능하다고 서술했다. 이에 "서양 여러 나라를 살펴보면 국채가 없는 나라가 없다"고 하면서 세계 26개국 정부의 국채 액수를 각각 제시하여 국채가 유용한 재원임을 보여 주었다.

유길준은 〈지제의〉에서 국토 개간 사업의 실시를 주장하면서 그 비용 조달 방법에 관해 서술했는데, 여기에서 국채를 실제에서 어떻게 활용하고자 했는지를 확인할 수 있다.

> 혹자가 말하기를, "제언을 만드는 것에 대한 보조와 이주민에 대한 대부는 그 뜻은 매우 좋지만 官財가 有限하니 장차 어찌 갖추겠습니까?" 말하기를 "마땅히 개척 비용은 해마다 전국의 인민들에게 징수합니다. 그러나 만약 民力이 넉넉지 않아 낼 수 없으면, 富民의 재물을 빌려 시행할 수 있습니다. 만약 또 富民이 원치 않으면 國債를 外邦에서 모집하여 시행하는 것도 가능합니다."[29]

즉 제언(堤堰) 축조 보조와 이주민에 대한 대부에 드는 비용을 마련하는 방법을 첫째 인민에 대한 징수, 둘째 부민에게 차용, 셋째 외국에 국채 모집의 순서로 제안하고 있다. 첫째인 인민에 대한 징수가 곧 조세 징수를 의미하는 것이고, 둘째인 부민에게 차용하는 것이 곧 내국채 모집이며 셋째는 말 그대로 외국채 모집이다. 정부 사업의 구체적 구상에서 조세, 내국채, 외국채순으로 재원 조달을 계획했음을 확인할 수 있다.

---

28 兪吉濬, 제8편 〈政府의 國債募用ᄒᆞᄂᆞᆫ 緣由〉, 《西遊見聞》, 227쪽.

29 兪吉濬, 1891, 〈地制議〉(兪吉濬全書編纂委員會 編, 1971, 《兪吉濬全書》 Ⅳ, 一潮閣, 155쪽).

하지만 국채 모집에는 상환 부담이 따르는 것이었다. 이에 대해 유길준은 다음과 같이 서술하였다.

> 대개 국채의 本錢과 利息을 상환하기는 정부의 책임이나 실제로 돈을 내서 갚는 자는 백성이니 그 곡절인즉 인민이 1년에 바칠 수 없는 것을 여러 해에 분배하여 갚는 것이라. 그러므로 賦稅는 정부의 당장 요구하는 비용과 지난날에 요구하던 비용을 위함이니 서양의 정치학자가 말하기를, "부세는 정부의 당장 및 지난날에 시행하고 조치를 취한 직분을 갚는 것이라" 하니 인민이 정부의 경비를 위하여 부세를 납부함인즉 …[30]

즉 국채 원리금을 상환하기 위한 자금을 인민들의 조세 납부로 해결한다는 것이다. 정부 재정을 확충하는 방법으로 유길준은 조세 납부와 국채 모집의 두 가지 방법을 소개하였지만 국채 원리금이 인민의 세금으로 상환된다고 밝힘으로써 정부 재정의 관건을 결국 조세 수입에 두고 있었음을 알 수 있다.

이에 유길준은 먼저 당시 조세 납부상의 문제를 해결하고자 했다. 조선에서는 토지, 인정(人丁), 호(戶)에 근거한 조세 징수가 이루어지고 있었는데, 후기에 이를수록 세금이 결렴화(結斂化)하여 사실상 토지 결부제(結負制)에 근거한 세금인 결세 납부만이 이루어지고 있었다. 여기에 각종 잡비가 부가되어 결당 납부해야 할 액수가 법정 과세액보다 많았고, 중간에서 이서의 포흠이 있어 백성이 납부한 세금이 해당 기관에 제대로 납부되지 못했다. 이에 대해 유길준은 "모든 세금 납입은 순전히 전(錢)을 써서 거두는 것이 옳다"고 하여 조세 화폐납을 해결 방법으로 제시하였다.[31]

30 兪吉濬, 제7편 〈人民의 納稅ᄒᆞᄂᆞᆫ 分義〉, 《西遊見聞》, 203-204쪽.

31 兪吉濬, 1891, 〈稅制議〉(兪吉濬全書編纂委員會 編, 1971, 《兪吉濬全書》 4, 一潮閣, 179쪽).

세금의 봉납을 錢으로써 하면 한번 명령한 때 온갖 폐단을 전부 없앨 수 있다. 錢 역시 빛깔이 아름답지 않다고 말할 수 있는가? 말(斗)에 차지 않는다고 말할 수 있는가? 이서가 비록 교묘하다고 하더라도 핑계가 없어 걱정할 것이고 또한 액수가 있으니 어찌 훔칠 수 있겠는가? 백성이 그것을 편하게 여기니 또 어떻게 하겠는가? 백성을 위한 계책이 비록 나라에 조금 부족하더라도 진실로 백성에게 이로우니 오히려 원망할 수 없다. 하물며 아울러 국가에 이롭고 너무 좋아서 어쩔 줄 모르고 날뛰는 백성들이 있음에서랴.[32]

유길준은 조세를 화폐로 납부하게 하면 이서들이 중간에서 포흠할 여지가 없어져 조세 납부상의 손실이 줄어들 것으로 보았다. 조세는 本色 수납이 원칙이었지만 이미 1890년대 호조·선혜청 수입의 52%가 화폐로 납부되고 있었고, 정부는 백성들의 연체로 인한 누적분을 대전납(代錢納)하도록 조치하고 있었다. 그런 점에서 화폐납은 현실적 추세를 인정한 대책이었다.[33]

하지만 화폐납을 통해 중간 손실이 줄어들고 조세 납부가 온전히 이루어진다고 해도 그것은 정부의 기존 활동에 맞춰진 세액이었다. 당시 수입은 개항 이전과 동일하게 예정되어 있으면서 개항 이후 개화 비용, 군수 비용으로 인해 지출 수요가 급증한 상태였다. 게다가 유길준이 구상하는 정부 기능의 확대는 그보다 많은 지출을 요구하는 일이었다.

때문에 유길준은 기존 조세제도를 개혁하여 세액을 증대하고자 하였다. 그는 "백성의 재산은 부동산과 동산을 구별하여 세금을 부과하는 명목으로 삼아야 한다"고 하였다.[34] 먼저, 형태에 상관없이 백성의 재산 자체를 조세 부과의 대상으로 설정하고 이것을 다시 부동산과 동산으로 나

32 兪吉濬, 〈稅制議〉(《兪吉濬全書》 IV, 185쪽).

33 서영희, 1991, 〈개항기 봉건적 국가재정의 위기와 민중수탈의 강화〉, 《1894년 농민전쟁 연구 1 — 농민전쟁의 사회경제적 배경》, 역사비평사, 131-132쪽.

34 兪吉濬, 〈稅制議〉(《兪吉濬全書》 IV, 190쪽).

누어 조세를 부과해야 한다고 한 것이다. 기존에도 토지에 대한 과세가 이루어졌다는 점에서 부동산은 익숙한 개념이었지만 동산은 조용조(租庸調) 체계에서 벗어난 새로운 세원이었다.

부동산과 동산을 세원으로 포괄하여 제시한 세금의 예는 토지세, 가옥세, 재산세, 인정세(人丁稅), 해관세, 물산세, 영업세, 관허세, 인지세(印紙稅), 관지세(官紙稅)였다.[35] 여기에는 부동산이나 동산으로 분류할 수 없는 세원에 대한 과세도 포함되어 있다. 영업세, 관허세, 인지세, 관지세가 그것으로 주로 기존의 무명잡세에 해당했다. 잡세는 수세 주체가 정부기관, 지방관아뿐 아니라 향반, 토호, 모리배와 같은 사적인 경우도 있었으며 자의적으로 징수되어 액수가 과중하고 중첩되는 문제가 있었다.[36] 유길준은 국가 산업 수준과 물자 유통량이 여전한 상황에서 세액을 확보하기 위해 이러한 무명잡세를 정식 조세로 전환할 필요를 느꼈던 것이다.

토지세는 종래 결부제에 근거한 것과는 다른 개념의 세금을 구상한 것이었다. 〈지제의〉에서 "전지(田地)는 등급을 나누어 세금을 거둘 필요가 없고 지가를 보아 세율을 정한다"고 하여 지가에 의한 토지세 부가를 제안했다.[37] 그리고 〈세제의〉에서 "전지세(田地稅)는 토가(土價)를 헤아려 $\frac{1}{100}$을 취하는 것이 가능하다"라고 하여 세율을 지가의 $\frac{1}{100}$로 구상하였다.[38] 이 세금을 〈재정개혁〉에서는 '지조(地租)'로 지칭했다.[39]

토지에 대한 세금은 지가에 의한 것 외에도 토지 소출에 의한 것을 구상하였다. 이것은 《서유견문》〈수세하는 법규〉편에서 '토지세'로, 〈재정개

35 兪吉濬, 〈稅制議〉(《兪吉濬全書》 IV, 192-193쪽).
36 서영희, 앞의 논문, 159-168쪽.
37 兪吉濬, 〈地制議〉(《兪吉濬全書》 IV, 172쪽)
38 兪吉濬, 〈稅制議〉(《兪吉濬全書》 IV, 193쪽).
39 兪吉濬, 〈財政改革〉(兪吉濬全書編纂委員會 編, 1971, 《兪吉濬全書》 IV, 一潮閣, 197쪽).

혁〉에서는 '소득세'로 다뤄지고 있다.[40] 〈재정개혁〉에서 '소득세'를 부연하면서 "지주 중에서부터 100석 이상 추수하는 사람은 $\frac{2}{100}$를 납부하게 한다"고 하여 소출의 $\frac{2}{100}$를 조세로 납부하게 하였다.[41] 토지 소득뿐 아니라 상업 소득에 대해서도 동일한 세율을 설정하였다. 《서유견문》에서는 영국에서 토지 소득, 상업 소득, 교사의 소득, 임관하는 자의 소득에 $\frac{1}{25}$을 조세로 부과함을 소개하였다.[42]

토지세를 과세 방법에 따라 이와 같이 두 가지로 한 것은 하나의 세원을 복수로 활용하는 방법이라는 점에서 기존 결부제에 의한 토지세보다 정부 재정에 효율적이었다. 기존에 일정량의 소출을 낼 수 있는 토지면적(=결부)에 따라 하나의 세금을 매겼던 것을 오늘날로 치면 재산세(부동산세)와 수익세(소득세)로 나눠서 낼 것을 구상한 것이다.

이처럼 유길준은 세액 증대를 위해 세원을 확대하고 기존의 무명잡세를 정식 세금으로 전환하며, 하나의 세원을 복수로 활용하는 방법으로 세제개혁을 구상하였다. 그리고 여기에 직접세·간접세 개념을 도입하고자 하였다. 그는 "무릇 모든 세목은 먼저 직징세(直徵稅)와 대징세(代徵稅)로 분류해서 과세율을 정해야 한다"고 하면서 직접세와 간접세의 개념을 다음과 같이 소개했다.

> 直徵稅는 장시간 사용하는 물품에 과세하여 직접 사용자에게서 거두는 것이다. 土地稅, 家室稅, 財產稅, 證印稅, 郵政稅, 電信稅 등과 같은 분류의 세금이 다 이에 속한다. 代徵稅는 아침저녁으로 매매하는 물품에 과세하여 거두는 것이다. 지금 한 가지 예로 酒稅를 들어 논하면 관이 釀酒者와 賣酒者에게 징세를 하면 그

40 兪吉濬, 제7편 〈收稅ᄒᆞᄂᆞᆫ 法規〉, 《西遊見聞》, 183쪽; 兪吉濬, 〈財政改革〉(《兪吉濬全書》 Ⅳ, 199쪽).

41 兪吉濬, 〈財政改革〉(《兪吉濬全書》 Ⅳ, 199쪽).

42 兪吉濬, 제7편 〈收稅ᄒᆞᄂᆞᆫ 法規〉, 《西遊見聞》, 183쪽.

두 사람은 비록 그 세금을 낸다고 해도 반드시 세금 낸 만큼 술값에 덧붙여 飮酒者에게 팔 것인즉 실제로 양주자나 매주자는 그 세금을 낸 것이 아니다. 바로 잠시 음주자를 대신해서 세금을 先納한 것이며 음주자는 선납된 세금을 술값에 합해서 양주자나 매주자에게 되돌려 준 것이다. 거의 모든 물품이 다 이와 같다.[43]

오늘날 직접세는 납세자와 담세자가 일치하는 세금을, 간접세는 납세자와 담세자가 일치하지 않는 세금을 말한다. 유길준은 직징세를 직접 사용자에게서 거두는 것이라고 하고 토지세, 가실세, 재산세, 증인세, 우정세, 전신세를 예로 들었다. 대징세는 아침저녁으로 매매하는 물품에 과세하여 거두는 것이라고 하여 그것이 물산세에 해당함을 보여 주었다. 그리고 주세를 예로 들면서, 양주자와 매주자가 세금을 내지만 실제로는 음주자가 술값을 통해 내는 것이라고 하였다. 유길준이 말하는 직징세와 대징세가 각각 오늘날의 직접세와 간접세 개념에 해당하는 것임을 알 수 있다.

직접세와 간접세는 《서유견문》에서 '직징(直徵)하는 세(稅)'와 '간징(間徵)하는 세'로 지칭되고 있다. 직징하는 세와 간징하는 세의 개념을 설명한 뒤 "직접 징수하는 법을 위주로 하고는 국가의 거창한 비용을 저당키 어려움이 있고 또 대신 징수하는 법은 민생의 일용에 관계가 적지 않다"고 하면서 직접세와 간접세를 병행할 것을 주장하였다.[44]

그러면서도 간접세를 직접세보다 주목하고 적극 활용하고자 했다. 프랑스에서 간접세를 많이 거두고 직접세를 적게 거두는 방법으로 정부 재정을 운용하고 있다고 하면서, 간접세도 실상은 인민들이 내는 것이지만 일상생활에서 자기도 알지 못하는 사이에 납세의 의무를 다하는 것이기

43 兪吉濬, 〈稅制議〉(《兪吉濬全書》 IV, 191쪽).
44 兪吉濬, 제7편 〈收稅ᄒᆞᄂᆞᆫ 法規〉, 《西遊見聞》, 184쪽.

때문이라는 것이다.[45] 이에 간접세 수세에 대해 "정부는 팔짱을 끼고 편안히 앉아서 매년 들어오는 부세를 더 많이 받아들이고 인민도 역시 그 세금이 더 증가함을 깨닫지 못하여 국가의 재용이 풍족한 지경에 저절로 이르는 것"[46]이라고 평가했다.

결국 유길준이 직접세, 간접세 개념을 도입하고자 한 것은 직접세에 비해 간접세가 조세 저항이 적다는 점을 포착했기 때문이었다. 세액 증대가 관건인 상황에서 조세 저항의 부담 없이 인민의 세금 납부를 유인할 수 있는 효과적인 방법이었던 것이다.

4. 증세론과 그 특징

조선시대 재정 운영은 '절용이애인(節用而愛人)' 즉 '씀씀이를 절약해 백성을 사랑한다'는 생각이 기본이 되었다.[47] 이에 재정 부족에는 관의 근검절약이 일차적 대책으로 제시되곤 하였다. 그런데 유길준은 납세자가 세금을 낸다는 사실을 인지하기 어려운 방식으로 재정을 확충하자고 하였고, 이는 기존 관념에 비추었을 때 '백성을 사랑하는' 방법이 아니었다. 세액 증대, 증세(增稅)를 핵심으로 하는 세제개혁 구상 자체가 기존 관념에 배치되는 일이었다. 하지만 유길준은 전통적인 재정 운영의 방식이 백성을 위하는 방법이 아니라고 하면서 비판하였다.

45 兪吉濬, 제7편 〈收稅ᄒᆞᄂᆞᆫ 法規〉, 《西遊見聞》, 184쪽.

46 兪吉濬, 제7편 〈收稅ᄒᆞᄂᆞᆫ 法規〉, 《西遊見聞》, 186쪽.

47 《論語》, 學而篇, "천승지국을 다스림은 일을 공경스럽게 하여 믿음직스럽게 하고 씀씀이를 절약하여 다른 사람을 사랑하며 백성을 부리는 데 때를 알맞게 해야 한다(道千乘之國, 敬事而信, 節用而愛人, 使民以時)".

무릇 세금을 덜어 주는 일이 실상은 愛民하는 本意가 아니요. 나라를 병들게 하는 그릇된 계책이라. 인민의 태만한 풍습을 양성하기 용이하고 뒤에 오는 세월에 이 일(세금을 덜어 주는 일)이 다시 없으면 원망하는 기색이 필연할 것인즉 나라를 다스리는 큰 길에 政事를 모르는 작은 은혜로 매우 해로운 단서로되 후세의 역사를 쓰는 붓을 잡은 자가 이 일을 칭송하는 이유는 다름이 아니라 옛날의 제왕되는 자가 혹 인민의 부세를 무겁게 부과하고 그 비용하는 경영인즉 사치스러움이 분수에 넘침을 기뻐하여 높고 화려한 담과 집을 짓거나 공명을 탐하여 의로움이 없는 전쟁에 종사하는 등의 私慾으로 국가의 公本된 사세를 돌아보지 않거늘 어떤 때 근검 절약한 임금은 저것과 같은 악행을 마음대로 하지 않고 인민의 세금을 줄이고 면하여 만약 인민의 부세를 면하는 것을 허락하는 대신에 전국의 公本된 사업을 행하지 않는다면 어떤 사람이 이것을 칭하여 아름다운 정사라 하리요.[48]

유길준은 세금을 덜어 줌으로써 오히려 백성의 게으른 풍습을 조장하고, 정부가 공적이고 근본적인 사업을 시행하지 못하게 될 수도 있다고 하여 부정적으로 평가하였다. 그리고 세계 17개국 각각의 인구수와 총 세금액수, 그리고 1인당 평균 세금 부담액을 제시하여 "중세(重稅)의 나라(國)일수록 그 부요(富饒)함과 편안함이 더하다"고 하여 중세를 옹호하였다.[49] "세(稅)가 중(重)하여도 정부가 그 재용을 써서 국가의 안녕을 경수(經守)하며 문명을 진기(振起)하여 개화하는 여러 가지 일에 그 뜻을 쓰면 이것은 당연한 부세"라는 것이다.[50]

이것은 앞서 서술한 대로 정부가 인민을 위해 있고 정부가 하는 일은 인민을 위한 일이라는 구상의 연장선상에 있는 것이었다. 정부가 인민을 위한 사업을 하는데 인민 스스로가 더 많은 세금을 내지 못할 이유가 없다는 논리로 증세의 타당함을 강조하고 있는 것이다.

---

48 兪吉濬, 제7편 〈收稅ᄒᆞᄂᆞᆫ 法規〉, 《西遊見聞》, 195쪽.
49 兪吉濬, 제7편 〈收稅ᄒᆞᄂᆞᆫ 法規〉, 《西遊見聞》, 189-193쪽.
50 兪吉濬, 제7편 〈收稅ᄒᆞᄂᆞᆫ 法規〉, 《西遊見聞》, 194쪽.

물론 전통시대에도 증세를 논하는 경우가 있었다. 이이(李珥)는 선조대 $\frac{1}{30}$ 전세가 너무 적다고 하면서 $\frac{1}{10}$로 전세를 증액할 것을 주장하였다.[51] 하지만 그는 전세 증액의 전제조건으로 공안(貢案)을 개정해서 백성의 전역(田役) 부담을 덜어 줄 것을 동시에 주장했다. 정약용(丁若鏞)은 《경세유표(經世遺表)》에서 부세 운송 과정에서의 감축분을 보충하고자 곡식을 더 걷는 세태를 비판하고 운송 과정에서 드는 비용만큼의 세금 증액을 주장했다. 그러면 이서들이 백성에게 정당한 세금 외에는 더 거두지 않아, 세금을 거두는 데 절제(節制)가 있을 것이라고 했다.[52] 이이는 증세를 위해 백성의 다른 조세 부담을 줄일 것을, 정약용은 증세를 해서 백성의 조세 부담을 줄여 줄 것을 주장한 것이다. 모두 최종적으로는 백성의 조세 부담을 줄여 민생을 안정시킬 것을 목표로 하였다.

하지만 앞서 살펴봤듯이 유길준은 무거운 세금을 징수해 정부가 인민을 위한 일을 하는 것이 곧 인민에게 이로운 것이라고 주장하였다. 증세로 인해 인민의 조세 부담이 무거워지더라도 정부가 하는 일을 위해 감수해야 한다는 것이다. 정부가 인민을 위하는 방식이 기존에는 조세 부담 경감이었다면 유길준의 구상에서는 인민을 위한 정부 기능의 확대로 바뀌었기 때문이다.

유길준의 이러한 주장은 다른 개화파 인물인 김윤식, 박영효의 재정에 관한 생각과도 입장을 달리하는 것이었다. 예컨대 김윤식은 제(齊)나라 태공(太公)의 예와 서양의 예를 들며 백성이 부유함이 곧 나라의 부유함이라고 하면서 백성에 대한 세금을 가볍게 할 것을 주장했다.[53] 그리고

---

51 朴鍾守, 1993, 〈16-17세기 田稅의 定額化 과정〉, 《韓國史論》 30, 87-88쪽.

52 丁若鏞, 《經世遺表》 卷七, 地官修制 田制七, 7쪽(民族文化推進會 編, 2002, 《韓國文集叢刊》 285, 127쪽).

53 金允植, 《雲養集》 卷之七, 〈十六私議〉, 第五結弊, 33쪽; 第七蓄積, 36쪽; 第八商稅, 37

국가의 축적(蓄積)은 곡물 가격의 시세 차이를 활용한 상평창법(常平倉法)을 통해 이룰 것을 주장했다. 박영효는 검소와, 산업·유통의 흥성을 통해 나라와 백성을 윤택하게 해야 한다고 주장했다.[54] 그리고 호구(戶口)를 상세히 기록하고 지조(地租)를 다시 조정해야 할 것을 주장하고, 세금을 적게 거두어야 한다고 했다. 김윤식, 박영효 모두 국부(國富)와 민부(民富)를 일치시켜 보고 이것을 일으켜야 한다고 보면서도 세금을 가볍게 해야 할 것을 주장했다. 이는 이이·정약용과 같이 백성의 조세 부담을 줄여 민생을 안정시켜야 한다는 전통 시대 재정관의 연속이었다.

오히려 유길준의 생각은 동시대 일본의 지식인 후쿠자와 유키치(福澤諭吉, 1835-1901)의 생각과 비슷한 점이 있었다. 후쿠자와는 1890년 〈지조경감(地租輕減)〉, 1891년 〈지조론(地租論)〉에서 당시의 '지조경감론(地租輕減論)' 즉 현행 지조세율인 지가(地價) $\frac{2.5}{100}$인 것을 $\frac{2}{100}$로 수정하자는 논의에 반대하였다.

후쿠자와는 당시 일본 사회의 문제점을 "빈부의 차이가 현격하게 증가하여 부자는 더욱 부유해지고 빈자는 더욱 가난해진다"는 것으로 지적했다. 그리고 그 원인을 "소수의 지주가 토지를 전유하여서 빈자의 생업을 괴롭게 함에 있다"고 보았다.[55] 이에 대해 당시 '지조경감론'을 주장하는 사람들은 지조를 경감하여 소작료를 줄임으로써 사민(斯民)을 휴양(休養)시킬 수 있을 것이라고 말하지만, 후쿠자와는 지조경감으로 사민휴양의 효과를 볼 수 없다고 하였다.[56] 소작료를 정하는 표준은 토지의 넓고

쪽; 第九護富, 38쪽(民族文化推進會 編, 2004, 《韓國文集叢刊》 328, 350-352쪽).

54 朴泳孝, 〈建白書〉(《日本外交文書》 第21卷, 106號, 1888년 2월 24일, 〈朝鮮國內政ニ關スル朴泳孝建白書〉, 298-300쪽).

55 福澤諭吉, 1891, 〈地租論〉(時事新報社 編, 1926, 《福澤全集》 第6卷, 国民圖書株式會社, 374쪽).

56 福澤諭吉, 1890, 〈地租輕減〉(慶應義塾 編, 1933, 《續福澤全集》 第3卷, 岩波書店, 61쪽).

좁음과 농민의 많고 적음에 연유해 경쟁의 도리에 기초하는 것이고 소작을 구하는 사람이 많게 되면 소작료는 그것에 준해서 오르는 것이라고 했다. 그러므로 지조를 경감시켜서 소작료의 경감을 기약할 수 없고, 지조 경감의 효과는 오직 지주를 기쁘게 하는데 지나지 않는다고 하였다.[57] 오히려 지조를 경감해서 지주의 겸병을 돕고, 결국에는 소작인을 불리하게 할 것이라는 것이다. 또 국가 입장에서도 세금을 한번 경감하면 다시 용이하게 증가하는 것이 불가능하고, 그 "손실한 것은 영원히 돌아오지 않는 나라의 손해"라고 하였다.[58] 이에 "지세를 무겁게 하여 일반 소작료로써 지주의 손에 들어갈 수 있는 것을 남기지 않고 정부가 취하는 것이 상책(上策)"이라고 하였다.[59]

후쿠자와의 논의는 지세에 한정한 것이기 때문에 여러 세금을 논의한 유길준의 구상과 완전히 일치하는 것은 아니지만 조세 부담 경감이 인민을 위한 방법이 아니라는 생각은 동일하다. 후쿠자와가 지조를 무겁게 하여 지주의 소득을 줄이고 그만큼을 정부가 취하자는 논의는 본래의 문제의식이 현격한 빈부 격차 해소에 있다는 점에서 조세를 통한 소득 재분배 효과를 의도하였다고 볼 수 있다. 유길준 역시 일정 액수 이상의 재산에 과세할 것과 사치품에는 높은 세율을, 일용품에는 낮은 세율을 구상하였고, 조세 수입으로 인민을 위한 정부의 활동에 지출할 것을 구상하였다는 점에서 역시 후쿠자와의 논지와 맥을 같이한다.

하지만 증세론은 시간과 공간을 초월해서 납세자인 민으로부터 저항감을 야기할 수밖에 없는 논의이다. 증세가 재원을 확보할 수 있는 가장

57 福澤諭吉, 〈地租輕減〉(《續福澤全集》 第3卷, 62쪽).

58 福澤諭吉, 〈地租論〉(《福澤全集》 第6卷, 398쪽).

59 福澤諭吉, 〈地租論〉(《福澤全集》 第6卷, 375쪽).

손쉬운 방법이면서도 가장 어려운 방법인 이유가 바로 조세 저항 때문이다. 이에 대해 유길준은 다음과 같은 대책을 제시하고 있다.

> 무릇 국가의 경비는 매년 그 총액을 인민에게 포고하여 稅課가 줄어들고 많아지는 근본을 알게 해야 한다. 세금이란 것은 정부가 民의 재화를 취해 국가의 일을 시행하기 위한 것이다. 명목이 서지 않으면 民이 判別하는데 현혹되고 과세 기준이 정해지지 않으면 관이 虛實에 미혹된다. 民이 적당한 비용을 안 연후에는 세액이 비록 번잡하더라도 농간 부리는 폐단이 줄어들 것이다. 이런 까닭에 정부는 해마다 지난해에 거둔 세금과 지출한 재화의 총액을 민간에 포고하고 또 금년에 거두어들일 세금과 지출할 재화의 총액을 민간에 포고함으로써 과세할 액수를 정하고 세율을 세워야만 참으로 타당한 방법이 되는 것이다. 단 稅課年式은 금년 7월 초 1일부터 시작하여 명년 6월 그믐에 마치는 것으로 한다.[60]

즉 1년 단위로 재정 예산·결산제도를 시행하고 예·결산 내용을 인민에게 포고하자는 내용이다. 그렇게 된다면 민이 부담하는 세액이 비록 번잡하더라도 농간을 부리는 폐단이 줄어들 것이라고, 즉 조세 저항이 줄어들 것임을 예상하고 있다. 재정 예·결산 내용의 공개를 통해 민이 납세의 당위성을 자각하게끔 하자는 구상인 것이다.

당시까지 조선은 장기고정적인 식례(式例) 수준의 예산제도를 갖추고 있었고 연말에 회계부(會計簿)를 작성해 상주하는 등 나름의 결산제도를 시행하고 있었다. 하지만 그 내용이 결코 민에게 공개되지는 않았다. 국왕과, 수세·경비 지출을 담당하는 관리들에 한해 공유될 뿐이었다.

그러나 재정 예·결산 내용이 민간에 공개된다면 민은 조세의 용처와 규모를 확인하고 과세의 적절성을 판단하는 근거를 확보하게 된다. 과세가 적절하다면 단순히 증세라는 이유만으로 납세에 저항할 만한 근거는

---

60 兪吉濬, 〈稅制議〉(《兪吉濬全書》 IV, 189-190쪽).

부족해지는 것이다. 유길준이 예·결산 내용의 공개를 증세에 대한 조세 저항을 해소하는 방법으로 채택한 이유가 바로 이것이다.

한편 정부도 재정 예·결산 내용을 감시하는 이목에 의해 인민의 공공적 이해에 부합하는 재정 운영을 요구받게 된다. 독립협회가 1898년 관민공동회에서 헌의 6조 중 3조에서 재정 예·결산 내용을 인민에게 공개할 것을 제시했던 것도 재정 예·결산 공개의 이 효과를 주목했기 때문이다. 인민의 감시 아래 보다 공공성을 갖춘 재정 운영은 다시 민간에 공개되어 과세 동의와 납세를 추동하는 선순환을 가져올 수 있었다.

이러한 구상은 서양 근세, 근대 초기 과세에 앞서 반드시 의회의 동의를 거칠 것을 원칙으로 삼기 시작한 역사에서 착안한 것으로 보인다. 영국의 권리청원과 권리장전을 시작으로 서양에서는 "대표 없이 과세 없다(No taxation without representation)"라는 조세법률주의의 원칙이 세워졌고, 이에 의회의 동의 없이 국왕이, 또는 식민지의회의 동의 없이 식민모국이 무단 과세할 수 없게 되었다. 유길준은 《서유견문》에서 영국의 정치제도를 가장 훌륭한 것으로 평가하면서 영국에서는 인민의 천거로 나아간 대신이 부세와 정령을 논의한다고 서술한 바 있는데, 이것으로 보아 그가 서양의 조세법률주의의 원칙을 이해하고 있었다는 것을 알 수 있다.[61] 유길준이 예·결산 내용을 공개하자고 한 구상에 정부의 재정 운영을 견제하는 기능이 동반될 수밖에 없었던 것도, 조세법률주의 원칙이 본래 과세자 측을 견제하기 위해 고안된 장치였던 것에서 연유하는 것이었다.

유길준의 증세론을 핵심으로 하는 조세 중심의 재정 확충안은 정부 기능의 확대 구상에 따른 재정 수요의 증가를 염두에 둔 것이었지만 그렇

61 兪吉濬, 제5편 〈政府의 種類〉, 《西遊見聞》, 151-152쪽.

다고 해서 당시의 재정적 현실을 외면한 것은 아니었다. 갑신정변 이후 청의 차관 제공 독점으로 인해 외채가 증가하는 상황에서 더 이상 전통적 절용론이나 부세개혁론, 대외 차관도입론은 대안이 될 수 없다고 인식하고 기존 재정체계 전반을 개혁하여 재정 건전성을 회복, 강화해 나가고자 한 것이었다.

그것은 유길준이 1881년 조사시찰단의 수원으로 일본을 방문하여 명치정부의 근대적 재정 운영 방식을 목격한 바 있고 이후 일본·미국 유학을 통해 서양 근대 재정제도를 학습한 경험이 있기 때문에 가능한 일이었다. 당시 일본과 서양 근대 국가에서 채택하고 있었던 재정 운영 시스템을 조선 현실에 맞게 적용하여 구체적 개혁안으로 도출해 낸 것이다.

이후 조선정부는 갑오재정개혁에서 재정 예·결산제도의 시행과 예·결산 내용의 공개를 제도화했고 대한제국 선포 후에는 인지세(印紙稅) 제도의 실시를 결정했다(1900). 또 통감부는 1909년 주세법과 연초세법을 제정하고 한일병합 이후 주세령(1916)·연초세령(1918)을 실시하였다. 유길준의 구상이 불과 몇 년 후 제한적이나마 실현되었다는 점에서 그의 개혁안이 현실성을 내포한 것이었음을 확인할 수 있다.

5. 맺음말

이 글은 유길준의 세제(稅制) 관련 저작들을 정부 재정적 관점에서 그가 추구하는 정부상과의 관련 속에서 분석하여 갑신정변 이후 그의 재정론이 무엇이었는지를 살피고자 했다.

내용을 요약하면, 먼저 유길준은 정부가 설치되는 의도는 인민을 위하는 데 있다고 하고, 정부의 정치제도와 직분으로 각각 서양 근대에서 실시하는 인민의 기본권 보장과 사회 분야에 대한 시책을 내세웠다. 이는 조선을 국제사회에서 경쟁력 있는 국가로 존립시키고자 국가 구성원 개개인을 경제적 주체로 육성, 국가 발전에 귀속시키려는 기초 작업이었다. 그것은 정부 기능의 확대를 의미하는 것으로 그만큼의 정부 재정의 확대가 뒤따르는 구상이었다.

유길준은 정부 재정을 확충하기 위한 방법으로 인민의 조세 납부와 내·외국채 모집을 제시하였다. 그러나 국채 원리금 상환이 결국 인민이 납부한 세금으로 이루어진다는 점에서 그의 재정 확충의 관건은 조세 수입에 있었다고 볼 수 있다.

당시 조세는 이서층의 중간 포흠으로 인해 인민의 결가 부담은 높으면서 중앙에는 제대로 납부되지 않고 있었다. 유길준은 먼저 모든 조세를 화폐로 납부할 것을 주장하여 중간 손실을 해결하고자 하였다. 하지만 개항 이후 정부 재정 지출 수요는 예정된 수입을 이미 초과하는 규모였고 여기에 유길준이 구상하는 정부 기능의 확대는 그보다 훨씬 많은 재정 수입을 요구하는 일이었다. 중간 손실이 사라지더라도 당시 수입만으로는 정부의 재정 수요를 감당할 수 없었다.

그러므로 유길준은 기존 세제를 개혁하여 재정을 확충하고자 구상하였다. 먼저 세원을 부동산뿐 아니라 동산에까지 확대하여 조세를 신설하고자 했고 기존에 자의적으로 수취되었던 무명잡세들을 정식 조세로 전환하였다. 또 토지에 대한 조세를 지가에 의한 것과 토지 소출에 의한 것으로 나누어 설정하여 하나의 세원을 복수로 활용하고자 하였다. 그리고 직접세와 간접세 개념을 도입하고자 했는데, 이는 직접세에 비해 조세 저항이 적은 간접세의 유용함을 주목했기 때문이었다.

유길준의 이러한 증세 구상은 인민의 조세 부담이 무겁더라도 정부가 이것을 인민을 위해 쓰기 때문에 정당한 세금이라는 생각을 통해 뒷받침되었다. 절용을 중시하는 전통적인 재정관을 탈피한 것으로 이전 시기 증세 주장이 백성의 조세 부담 경감을 통한 민생 안정에 관심이 있었던 것과 구별되었다. 또 같은 시대 개화파 인물인 김윤식·박영효가 국부와 민부를 일치시켜 보고 이것을 일으키자고 하면서 조세를 가볍게 거둘 것을 주장한 것과도 구별되는 것이었다. 오히려 후쿠자와 유키치가 당시 일본에서 지세율을 낮추자는 '지조경감론'에 반대하고 지세를 무겁게 하여 지주에게 돌아갈 몫으로 정부 재정을 충당하자고 주장한 것과 유길준의 구상이 유사하였다.

하지만 증세론은 납세자층의 조세 저항을 야기할 우려가 있었다. 이에 대해 유길준은 서양 조세법률주의 원칙에서 착안한 재정 예·결산 내용의 공개 구상을 통해 조세 저항의 우려를 해소하고자 했다. 이 밖에도 재정 예·결산 내용의 공개는 공공적 이해에 부합하는 재정 운영을 정부에 요구하는 기능을 한다는 점에서 그 자체가 하나의 재정제도로서의 의미를 가진다.

유길준의 이러한 재정 개혁 구상은 정부 기능의 확대를 염두에 둔 것이었지만 그렇다고 해서 당시의 재정적 현실을 외면한 것은 아니었다. 갑신정변 이후 청의 차관 제공 독점으로 인해 외채가 증가하는 상황에서 더 이상 전통적 절용론이나 부세개혁론, 대외 차관 도입론은 대안이 될 수 없다고 인식하고, 기존 재정체계 전반을 개혁하여 재정 건전성을 회복, 강화해 나가고자 한 것이었다. 그래서 해외 견문을 통해 학습한 서양 근대 재정 시스템을 조선 현실에 맞게 적용하여 구체적 개혁안으로 도출해 낸 것이다. 이후 조선 정부가 재정 예·결산제도의 실시와 예·결산 내용의 공개, 인지세의 실시를 제도화하고, 통감부가 주세법·연초세법을 제정하였는데, 이러한 것들이 모두 내용적으로는 유길준의 구상이 현실화한 것이라는 점에서 그의 구상이 현실 가능성을 내포한 것이었음을 확인할 수 있다.

참고문헌

1. 자료

兪吉濬, 1891, 〈地制議〉(兪吉濬全書編纂委員會 編, 1971, 《兪吉濬全書》 IV, 一潮閣).

兪吉濬, 1891, 〈稅制議〉(兪吉濬全書編纂委員會 編, 1971, 《兪吉濬全書》 IV, 一潮閣).

兪吉濬, 1895, 《西遊見聞》, 交詢社(景仁文化社, 1969, 영인본).

兪吉濬, 〈財政改革〉(兪吉濬全書編纂委員會 編, 1971, 《兪吉濬全書》 IV, 一潮閣).

福澤諭吉, 1890, 〈地租輕減〉(慶應義塾 編, 1933, 《續福澤全集》 第3卷, 岩波書店).

福澤諭吉, 1891, 〈地租論〉(時事新報社 編, 1926, 《福澤全集》 第6卷, 国民圖書株式會社).

朴泳孝, 〈建白書〉(《日本外交文書》 第21卷, 106號, 1888년 2월 24일, 〈朝鮮國内政ニ關スル朴泳孝建白書〉).

丁若鏞, 《經世遺表》 卷七(民族文化推進會 編, 2002, 《韓國文集叢刊》 285).

金允植, 《雲養集》 卷之七, 〈十六私議〉(民族文化推進會 編, 2004, 《韓國文集叢刊》 328).

許東賢 譯, 1987, 《兪吉濬論疏選》, 一潮閣.

2. 저서

김성배, 2009, 《유교적 사유와 근대 국제정치의 상상력 — 구한말 김윤식의 유교적 근대 수용》, 창비.

李相一, 1996, 〈雲養 金允植의 思想과 活動 硏究〉, 동국대학교 사학과 박사학위논문.

3. 논문

金柄夏, 1974, 〈兪吉濬의 經濟思想〉, 《東洋學》 4.

金鳳烈, 1983, 〈兪吉濬의 開化思想 — 農村經濟安定과 國家財政 確立方案을 중심으로〉, 《慶熙史學》 11.

김성우, 1998, 〈개화파의 경제사상과 경제정책〉, 《한국근대 개화사상과 개화운동》, 신서원.

金泳鎬, 1972, 〈實學과 開化思想의 聯關問題〉, 《韓國史研究》 8.

金容燮, 1974, 〈甲申-甲午改革期 開化派의 農業論〉, 《東方學志》 15.

______, 1984, 〈韓末 高宗朝의 土地改革論〉, 《東方學志》 41.

______, 1988, 〈近代化過程에서의 農業改革의 두 方向〉, 《韓國資本主義性格論爭》, 大旺社.

朴鍾守, 1993, 〈16-17세기 田稅의 定額化 과정〉, 《韓國史論》 30.

서영희, 1991, 〈개항기 봉건적 국가재정의 위기와 민중수탈의 강화〉, 《1894년 농민전쟁연구 1 — 농민전쟁의 사회경제적 배경》, 역사비평사.

왕현종, 1997, 〈19세기 후반 地稅制度 改革論과 甲午改革〉, 《韓國 近現代의 民族問題와 新國家建設》, 金容燮敎授停年紀念韓國史學論叢刊行委員會, 知識産業社.

兪光浩, 1985, 〈福祉國家 理念의 思想的 根源〉, 《경상논총》 3.

유바다, 2010, 〈1883년 김옥균 차관교섭의 의미와 한계〉, 《한국근현대사연구》 54.

조정희, 2006, 〈유길준의 경제개혁론〉, 《韓國思想과 文化》 33.

洪性邦, 1998, 〈人權과 基本權의 歷史的 展開〉, 《한림법학 FORUM》 7.

許東賢, 1996, 〈1881年 朝士 魚允中의 日本 經濟政策 認識 — 《財政見聞》 등을 중심으로〉, 《한국사연구》 93.

______, 2001, 〈어윤중의 개화사상 연구 — 온건개화파 내지 친청사대파설에 대한 비판적 검토〉, 《韓國思想史學》 17.

근대 노동 개념의 위계성
《서유견문》에서 《노동야학독본》까지

1. 머리말

근대사회에서 노동은 개인, 사회, 국가에 대한 윤리적 관념의 형성 과정 속에서 그 가치가 부여되어 왔던 어휘이다. 시장 또는 경제가 국가권력으로부터 상대적으로 독립되어 있는 영역이란 근대 관념의 등장 이후 노동은 경제적으로는 자유로운 행위이지만, 사회와 윤리에 의해 관리되어야 하는 행위가 되었다. 이로 인해 노동은 생존, 자아 실현, 사회와 국가에 대한 기여 등등의 복잡한 윤리의식과 깊게 연관되어 있는 어휘라고 할 수 있다. 반면 노동자는 낮은 임금, 육체노동, 전문 지식이 결여된 노동에 종사하는 사람이란 인식이 형성되었고, 이 용어에 대해 거부감을 갖는 경향이 강하다.[1] '노동'과 '노동자'의 이러한 차이는 사회적 상상으로서의 윤리관과 그렇지 못한 현실의 간극에서 비롯된 것이라고 할 수 있다. 근대 노

1 2014년 광주교육정책연구소에서 실시한 '청소년 노동인권의식 및 노동인권교육실태조사' 결과에 따르면 청소년의 88.6%가 노동자란 용어에 대해 거부감을 갖고 있으며, 그들이 생각하는 노동자는 임금이 낮을수록, 육체노동이 많을수록, 비전문적일수록 노동자라고 생각하는 경향이 강하다고 한다(http://nutrition2.asia/2015/news.php? data=MTIwNg==&data2=ZzVfd3JpdGVfMDI=).

동관은 신분에 따라 다르게 지시되었던 노동들이 '노동'이란 어휘로 통합되어 개인, 사회, 국가 등의 가치를 통해 노동을 신성화함으로서 성립되었지만, 다양한 노동들은 시장의 교환가치에 의해 차별적이고 위계적으로 그 가치가 선언되어 왔기 때문이라고 할 수 있다.

고대 그리스에서 노예노동을 의미하는 ponos는 수고란 의미를, 시민이었던 장인의 노동을 지시했던 ergon은 업적이나 성과란 의미를 갖고 있었다. labour는 노예들이 짐을 지고 뒤뚱거리는 모습을 본 로마인의 표현인 laborare에서 유래했으며, 프랑스어의 travailler는 노동을 제대로 하지 않는 노예를 고문하거나 벌을 줄 때 사용했던 tripalium(멍에)에서 유래했다. ergon과 같은 의미의 라틴어 opera는 프랑스어의 ouvrer의 어원이고, '만들다'란 의미의 라틴어 facere는 fabrikation의 어원이다.

노동이란 의미로 혼용되는 라틴어의 laborare와 facere, 프랑스어의 travailler와 ouvrer, 독일의 arbeiten과 werken는 전자가 노예노동에 기원을 둔 어휘에서 유래한 것인 반면, 후자는 물건을 제조하는 장인 노동을 지시하는 어휘에서 유래한 것이었다. 영어의 labour와 work 또한 혼용되어 사용되지만, 영국인들은 전자를 수동적이고 고통스런 노동으로 후자를 자발적이고 창의적인 노동으로 구별하기도 한다.[2]

노동을 지시하는 두 개의 어휘는 고대 이후 자주 혼용되어 사용되었고, 노동은 고통스럽고 천시되는 부정적인 의미와 동시에 공동체 또는 개인의 삶에서 가치 있는 행위란 이중적 의미로 인식되어 왔다.[3] 그러다가 프로테스탄티즘에서 노동을 '신의 선물' 또는 '신의 사명'으로 보는 관념

2 콘라트 파울 리스만 편저, 민프레트 퓔사크 지음, 윤도현 역, 2014, 《노동》, 서울: 이론과 실천, 12쪽.

3 콘체 베르너 지음, 이진모 역, 2014, 《코젤렉의 개념사 사전, 노동과 노동자》, 서울: 푸른역사.

이 확산되고, 18세기 애덤 스미스가 상품을 생산하는 노동에 주목하여 국가적 부의 원천으로 그 가치를 부여하면서 노동의 긍정적 의미가 새롭게 발견되기 시작했다. 그리고 헤겔은 노예의 노동이 변증법적 과정을 통해 해방될 수 있다고 사유함으로써 노동을 개인의 해방, 자아의 실현이란 가치로 의미화할 수 있는 길을 열었다.[4]

그러나 '신의 소명', '발전의 원천', '자아의 실현'이란 근대 노동관의 노동과 차별적인 노동 현실 사이의 괴리는 18세기 이후 전혀 좁혀지지 않았다. 마르크스는 생산노동(잉여가치를 발생시키는 노동)과 비생산노동을 구분하고, '노동력'을 개념화함으로써 생산노동에 종사하는 '노동자'를 수탈받는 계급의 혁명 주체로 발견했다. 그러나 마르크스 역시 노동이 시장의 교환가치에 의해 재규정된다는 점에 주목하지 않음으로써 생산성을 중시하는 근대 노동관을 벗어나지 못했다.[5]

---

4 양운덕, 1990, 〈헤겔과 맑스의 노동개념〉, 《현상과 인식》 13-4, 58-104쪽; 박길성, 1999, 〈맑스주의의 경제사회학 전통 — 노동, 계급, 역사, 그리고 제도〉, 《한국사회》 2, 119-139쪽; 신종화, 2009, 〈근대적 노동관과 새로운 사회구조의 충돌〉, 《한국학논집》 38, 19-52쪽.

5 아렌트는 마르크스가 잉여를 생산하는 노동의 사용가치(노동력)를 교환가치에서 분리했지만, 그것이 다시 교환시장에서 내재적이고 객관적인 가치로 선언된다는 점에 주목하지 않았기 때문에 노동을 '생산성'의 영역에서 사유하도록 했다고 비판하고 있다(한나 아렌트, 이진우·태정호 역, 1996, 《인간의 조건》, 서울: 한길사, 133-165쪽). 이러한 비판은 '(생산노동에 종사하는) 노동자'와 '프롤레타리아트'의 관계에 대한 발터벤야민의 언급에서도 확인된다. 발터 벤야민은 사회민주주의자들이 노동을 급진적으로 신성화함으로서, 즉 역사발전의 원동력으로 사고함으로서 마르크스와 레닌의 '노동자'에 내포되어 있었던 "억압받는 자의 복수"란 기억을 제거했고, 무산계급의 혁명성을 소거했다고 평가했다. "프롤레타리아트 계급(the prolétariat)에게는 새로운 진격의 의식에 어떠한 역사적 선례도 없다." "노동자 계급은 그 훈련과정에서(노동의 신성화과정)에서 증오와 희생정신을 모두 망각하였다. 왜냐하면 이 두 가지는 해방된 자손의 이상에서가 아니라 억압받은 선조의 이미지에서 그 자양분을 취하기 때문이다."라는 언급으로 볼 때 그는 마르크스 구상에 존재하는 '생산하는 노동자'와 '수탈받는 노동자'라는 두 개의 의미 중 후자에 '프롤레타리아트(무산계급)'를 기입함으로써 '노동자'가 혁명의 주체가 될 수 있었다고 보고 있다(발터 벤야민 저, 최성만 역, 2009, 〈역사의 개념에 대하여〉, 〈'역사의 개념에 대하여' 관련 노트들〉, 《발터벤야민 선집》 5, 서울: 도서출판 길,

일반적으로 근대 노동관을 신성화된 노동관이라는 하는데, 이것은 프로테스탄티즘에서 출발하여 마르크스에 이르기까지 노동을 개인, 사회, 국가 등의 가치에 기입하고 발전의 힘으로 구상해 왔기 때문이라고 할 수 있다.

한국의 경우, 근대 노동관은 유교의 근면주의와 결합되어 1894년 이후 등장한 것으로 알려져 왔다. 한국 근대 노동관에 대한 기존의 연구는 1) 1894년 이후 매체의 계몽기획 과정에서 인민을 노동 주체로 주목하면서 '게으른 조선인' 담론과 국가적 가치로 신성화된 근대 노동 관념의 확산을 고찰한 연구,[6] 2) 계몽 교재에 드러나는 노동담론을 분석하여 계몽의 대상이면서 동시에 천시된 노동자의 양의성에 주목하여 계몽담론의 균열상에 주목한 연구,[7] 그리고 3) 《노동야학독본》의 노동관을 분석하여 근대 노동 주체의 형성과 그 한계를 지적하고 있는 연구[8] 4) 노동 개념의 분석을 통해 근면주의와 이상주의적 노동관의 형성 과정을 고찰한 연구 등이 있다.[9]

이들 연구는 한국 근대 노동관의 유포 과정과 한국적 특징을 이해하

329-350쪽, 364쪽).

6 성숙경, 2008, 〈대한제국기 '게으른 조선인' 담론과 근대적 노동자 만들기〉, 《韓國史學報》 31, 177-199쪽.

7 김종진, 2004, 〈개화기 이후 독본 교과서에 나타난 노동담론의 변모 양상〉, 《한국어문학연구》 42; 박주원, 2006, 〈1900년대 초반 단행본과 교과서 텍스트에 나타난 사회담론의 특성〉, 《근대계몽기 지식인의 발견과 사유 지평의 확대》, 서울: 소명출판; 조윤정, 2013, 〈노동자 교육을 둘러싼 지식의 절합과 계몽의 정치성 — 유길준의 《노동야학독본》 고찰〉, 《人文論叢》 66, 407-445쪽.

8 이훈상, 1994, 〈구한말 노동야학의 성행과 유길준의 《노동야학독본》〉, 《두계 이병도 박사 구순기념논총》, 지식산업사, 35-78쪽; 강재순, 2004, 〈한말 유길준의 실업활동과 노동관〉, 《역사와 경제》 50, 1-32쪽; 조윤정, 앞의 글; 배수찬, 2006, 〈《노동야학독본》의 시대적 성격에 대한 연구 — 지식 체계와 교재의 구성 방식을 중심으로〉, 《국어교육》 119, 599-626쪽.

9 김경일, 2014, 《노동》, 서울: 도서출판 소화, 199-257쪽.

는데 기여했지만, 노동담론을 텍스트와 콘텍스트의 관계 속에서 충분히 고찰되지 못함으로 인해 '노동'이 지식인의 사유에 등장하는 과정을 포착하지 못했으며, '노동'과 '노동자'의 의미 분절 과정, 근대 노동관과 사회적 변화상과의 관계를 충분히 분석하지 못했다. 또한 노동 개념이 사회적 맥락과 관계하면서 노동관의 구조가 어떻게 변화되었는지에 대한 분석이 간과되어 있다. 이로 인해 한국 근대 노동관은 국가 또는 민족적 가치로 인해 근면주의가 강하게 투영되었다거나 정신노동과 육체노동의 차별적 인식으로 인해 계몽적 또는 부르주아적 한계를 가졌다고 지적할 뿐 한국 근대 노동관의 담론구조 자체를 문제시하지 않았다.

근대의 질서 관념이 그렇지 못한 현실과 반립하면서 순환론적인 근대적 상상을 형성하고, 근대성을 지속시키는 것으로 기능한다는 지적을 상기할 때, 질서관념의 구조와 사회적 맥락의 관계성에 대한 분석이 더욱 요구된다고 할 수 있다.[10]

이에 본 연구는 '노동'과 '노동자' 어휘의 등장 과정에서[11] '노동' 개념이 분할되고, 그 분절 구조가 어떠한 사회적 효과와 연결되고 있었는지를 고찰하고자 한다. 그리고 이를 위해 근대 사회의 운영원리를 체계적으로 설명하고 있었던 《서유견문》과 《노동야학독본》을, 그리고 해외에서 유입

10 언어의 내포와 의미작용에 대한 비판적 탐색은 근대성에 대한 반성을 전제로 한다. 근대 정치사회적으로 다의성을 갖는 언어가 근대사회의 질서를 유지하고, 근대사회를 지속시키는 것으로 기능하는 한 언어에 의해 규정되는 사유는 언어의 다의성 속에서 끊임없이 순환할 뿐이며, 그것을 극복할 수 없다고 보기 때문이다. 이것은 자유, 민주, 평등, 인권 등의 근대적 질서관념과 그렇지 못한 현실의 간극에 기초하고 있는 근대를 비판적으로 성찰하려면, 후자 못지않게 전자를 문제시 해야 한다는 지적이라고 볼 수 있다. 이에 이 글에서는 근대 노동관이란 질서관념의 핵심 개념인 '노동'을 둘러싼 의미장과 어휘의 배치관계에 주목하고자 한다.

11 당시 텍스트에 등장하는 어휘를 지시할 때는 '노동', '노동자'로, 현재 사용되는 의미로 사용될 때는 노동, 노동자로 사용한다.

되고 있었던 '노동'과 '노동자' 어휘의 의미작용을 고찰하기 위해서《皇城新聞》과《대한매일신보》를 고찰의 대상으로 삼았다.

2. 노동의 새로운 가치

'勞動'은 일본에서 번역된 '勞働'이 유입되면서 '수고롭게 거동하다'는 뜻에서 labor 또는 work의 의미로 변화된 어휘이다. '勞働'이 유입되기 전 노동을 지시하는 어휘로는 '勞'와 '役'을 찾을 수 있는데 '勞'는 어떤 행위로 인한 몸의 피로, 또는 몸을 수고롭게 하는 행위였고, '勞心'과 '勞力'으로 구분되었다. '役'은 의무적으로 강제된 행위로서 왕 또는 주인에게 예속된 노동 — '고통스러운 것'을 의미했다.

조선왕조실록의 352건의 기사에 등장하는 '勞動'은 임금이 '수고롭게 거동하다'는 의미로 사용되었고,[12] 단 1건의 기사, 1906년 반포된 이민보호법에 대한 내용 중에 勞動이 육체노동의 의미로 사용되었다.[13] 반면, 1894년 이후 발행된《독립신문(1896-1899)》은 2건(로동)의 기사,《황성신문(1898-1910)》은 1020건(勞働 포함) 중 998건의 기사,《대한매일신보(1905-1910)》는 990건의 기사에서 '노동'을 육체노동의 의미로 사용하고 있다. 이러한 차이는 '노동'이 집권층 사이에서는 거의 사용되지 않았던 반면, 사회적으로는 이미 확산된 어휘였음을 알려준다.

勞動과 勞働 중에서는 勞働이 더 일반적으로 사용되었는데《皇城新

12 http://sillok.history.go.kr/inspection/inspection.jsp?mState=2&mTree=0&clsName=&search Type=a&keyword=勞動

13《高宗實錄》고종 47년(1906년) 10월 29일(양력), 法律第二號, 移民保護法.

聞》의 경우 勞動과 勞働이 각각 362건, 658건의 기사에서 등장했고,《대한매일신보》에서는 각각 265건, 725건의 기사에 등장한다. '働'이 일하다 또는 일꾼이라는 의미를 가진 일본식 한자였음을 볼 때, 육체노동을 의미하는 勞働이 일본에서 유입되면서 수고롭게 움직인다는 勞動의 의미가 육체노동을 의미하는 것으로 변화된 것이라고 할 수 있다. 1901년 이후 勞動은 勞働과 동일한 의미로 사용되었다.

1894년 이후 신문에 등장한 '노동'은 근대 정치적인 개념의 일반적 유통과정과 다소 차이가 있다. 정치적 개념으로 사용되었던 '개화', '자강', '문명' 등은《한성순보》,《한성주보》,《서유견문》등 지식인의 텍스트에서 등장하고 난 이후 신문의 '논설', '기서', '투고' 등에 등장하는 데 비해, '노동'은 '노동자'란 어휘가 '잡보'에 등장하고 난 이후 한참 뒤에서야 '논설'에 등장한다. 이 점은 '노동자'의 출현 이후 '노동'이 파생되었고, 지식인들이 노동을 사유의 대상으로 삼을 수밖에 없었던 상황이 있었음을 알려준다.

한편 1890년대 발행된 이중어 사전에서 노동이란 어휘는 등장하지 않고, 역군과 일꾼이 worker, workman, coolie로 번역되었고[14], labourer는 '모군', '역군'으로, workman은 장인(匠人), 장색(匠色)으로 번역되기도 했다.[15] 역군과 장인 번역어의 미세한 차이는 장인노동과 역군노동에 대한 사회적 차이가 점차 사라지고 있었던 상황을 반영하는 것이라고 할 수 있다.

'노동'은 1895년 발행된《국민소학독본》에 두 차례 등장한다. "우리

14 황호덕·이상현 편, 2012,《한국어의 근대와 이중어사전 2—언더우드, 한영자전(1890)》, 서울: 박문사, 13쪽, 19쪽, 66쪽.

15 황호덕·이상현 편, 2012,《한국어의 근대와 이중어사전 3—스콧, 영한자전(1891)》, 서울: 박문사, 234, 385쪽.

居하게 되기까지 許多 勞動을 요하며"의 표현에서 생존을 위해 '수고롭게 움직임'이란 의미에서 크게 벗어나 있지 않다. 이보다는 '부지런히 일하다'의 '勤勞'가 개인의 행복, 나라의 부강과 연결되는 가치로 언급되고 있었다.[16] 노동 그 이상의 것인 '근로'가 국가적 가치와 연결되고 있었다고 할 수 있다.

《독립신문》에는 '부지런히 일하다', 《皇城新聞》에는 '勤勞'라는 어휘가 게으름과 나태함의 대립 어휘로 사용되며 구성원들에게 근면한 노동의 국가적 가치를 설명하고 있었다.[17] 1898년에서 1904년까지 《皇城新聞》에 '노동'이 등장하는 논설은 19건이고 '근로'는 24건이다. '노동'은 주로 이주노동, 일본이민법 개정 등과 관련한 논평 중 노동자란 어휘가 등장한 것이 대부분인데 비해 '근로'는 국가의 독립과 자강을 위해 노동에 종사하는 사람도 분발해야 한다는 내용 속에 등장한다.

'근로'는 《독립신문》 발행에 앞서 출판된 《西遊見聞》에서 이미 3회 등장하지만, 노동이란 어휘는 등장하지 않는다. "禮義廉恥와 才藝工巧를 알지 못해서 세상 사람의 풍속을 어지럽히고, 빈곤의 苦海에 빠지는데, 勤勞의 眞理도 알지 못하여 그 力役하는 상황은 심히 괴롭다"고 하여[18] 근로는 윤리적 태도, 지식, 기술을 토대로 하는 노동이란 의미가 내포되어 있었다. 즉 개인이 동원할 수 있는 모든 것을 쏟아 붓는 노동이다.

《서유견문》에 등장하는 노동과 관련한 어휘는 '勞心', '勞力' '力役' 의 3가지로 사회적 역할이 분명히 구분되어 있었다. '勞心者의 勤勞는 農牧

16 김현주, 2008, 〈'노동(자)', 그 해석과 배치의 역사—1890년대에서 1920년대까지〉, 《상허학보》 22, 46-47쪽.

17 성숙경, 앞의 글, 177-199쪽.

18 유길준, 〈人民의 敎育〉, 《西遊見聞》, 101쪽.

의 本이오 勞力者의 勤苦는 其末이라'[19]고 하여 勞心과 勞力이 본말의 관계라는 유교적 표현이 등장했다. 여기서 '勞心'은 '勤勞', '勞力'은 '勤苦'라는 표현은 앞서 언급했듯이 윤리, 지식, 기술을 토대로 하는 행위와 그렇지 않는 행위를 구분하는 관념이 투영된 것이라고 할 수 있다. 그리고 이것은 생산성 제고에 기여하는 노동과 그렇지 않는 노동을 구분하고, 전자에 더 큰 가치를 부여한 것이라고 할 수 있다.

'勞力'에 대해서는 '배운 자는 勞心하며 살아가고, 배우지 못한 자는 勞力하는 사람이 된 즉 農工商은 우리가 논하지 않아도 생계를 구하는 과정을 이해하려니와'[20]라고 하여 생산과 유통에 종사하는 노동을 의미했다. '勞心'과 '勞力'은 유교의 노동관처럼 위계화되어 있었지만, 공동체의 유지를 위해 필수적인 것인 만큼 本末의 관계 — 필수불가결한 관계를 형성하는 것이었다. 또한 농공상은 '恒産'이었고, 왕은 백성의 恒産'이 유지될 수 있도록 통치해야 한다는 관념 속에서 '勞力'은 이미 유교적 이념에서도 그 가치를 인정받고 있었다. 이러한 점에서 '勞力'은 공동체에 기여하는 생산 활동이란 의미를 갖는 것이었고, 고대 그리스에서 장인(시민의 신분)의 노동이란 의미의 기원을 갖는 work와 유사한 내포를 갖는 것이라고 할 수 있다.

반면 勞力과 달리 품을 팔아 생계를 유지한다는 의미로 力役이 등장한다. "신체가 건장해서 타인의 도움을 받을 필요가 없는 사람도 力役을 고통스럽게 여겨 貧院에 들어오기 때문에" 또는 "지식이 부족하여 생계를 잇는 방책이 力役에 불과하니 평생을 여기(貧院)에서 마감하고"[21]라고

19 유길준, 〈衣服飮食及宮室의制度〉, 《西遊見聞》, 423쪽.
20 유길준, 〈生涯求하는 方道〉, 《西遊見聞》, 285쪽.
21 유길준, 〈政府의 職分〉, 《西遊見聞》, 163쪽, 177쪽.

하여 영국 빈민구제제도에서 대한 설명 중에 力役이 등장하는데, 이때 力役은 생계유지를 위해 어쩔 수 없이 하는 단순한 육체노동을 의미했다. 力役은 국부의 증대 또는 사회의 생산성 제고에 기여하지 못하는 것이었기 때문에 영국의 적금치소(積金寘所)와 같이 일정금액을 빌려주고 그들에게 노동 의욕을 고취시켜 생산적 일에 종사할 수 있도록 해야 한다고 보았다.[22]

한자 사전에서 '勞'와 '役'에는 '힘들다', '고통스럽다'는 의미를 포함하고 있지만, '役'은 '천하다', '남의 부림을 받는 일꾼'이라는 의미가 담겨 있다. 조선 후기 이래 徭役에 대한 役價 지급이 확대되면서 '力役'으로 생계를 잇는 사람들이 증가했고, 역가가 일당으로 지급되기 때문에 力役으로 생계를 잇는 사람들은 '役軍' 또는 '日軍'으로 통칭되고 있었다. '노'는 공동체를 위해 필요한 '수고'를 의미했고, 이것은 다시 정신노동과 육체노동으로 구별되어 있었던 반면 '역'은 부림을 받는 예속된 육체노동이었고 동시에 가치 있는 노동은 아니었다.

1894년 이전 근대 국가의 경쟁질서 속에 조선을 위치 짓기 위해 근대 국가체제를 구상했던 유길준은《서유견문》에서 국가 경쟁력의 제고를 위해 인민의 자유로운 경제활동이 보장되어야 하고, 이를 위해 인민 기본권이 보장되어야 한다고 했다.[23] 인민의 자유로운 경제활동은 납세의 의무

22 유길준은 근대 정부의 역할에서 매우 중요한 것 중의 하나가 빈민의 생산성을 제고하는 것이라고 보고 있다. 따라서 빈민의 자활을 위한 기금운영제도인 영국의 積金寘所를 자세하게 소개하고 있다. 그는 빈민을 생산적인 노동으로 전환해야 국가의 부강에 도움이 될 수 있다고 보았지만, 노동자의 생존을 보장하고자 했던 프랑스의 최저임금 제도에 대해서는 매우 부정적인 평가를 내렸다(〈政府의 職分〉,《西遊見聞》, 162-170쪽).

23 김윤희, 2009, 〈근대 국가구성원으로서의 인민 개념 형성(1876-1894) — 民=赤子와《西遊見聞》의 인민〉,《역사문제연구》 21, 314-326쪽.

를 다함으로써 국가가 부를 축적하는 데 기여할 수 있는 것이었다.[24]

인민의 경제활동이 국가의 부를 형성하는 기본 토대라는 인식은 노동을 그 생산물의 가치와 직결시키는 관념이기도 했다. 이것은 경제활동을 부모를 부양하는 '효'의 실천행위[25]의 하나로 보았던 유교적 관념과는 분명히 다른 것이다. 인민의 경제활동이 가족을 부양하는 것을 목적으로 하는 한 개인의 '부'는 개인적 부귀영화일 뿐이다. 반면 경제활동이 국가적 가치와 연결되는 순간 개인의 '부'는 국가란 공적 가치를 갖게 된다. 이러한 인식은 개인의 경제활동과 국가적 부의 관계에 대한 아담스미스의 인식과 유사하며 노동을 생산물의 교환가치와 연결시켜 사유하는 관념이라고 할 수 있다. 그리고 생산 활동을 국가적 가치를 통해 재정렬함으로써 노동 가치의 위계성을 사회적으로 인정하도록 하는 사유방식이라고 할 수 있다.

그래서 유교에서 '효'라는 도덕적 가치로 인정된, 가족을 부양하는 노동(糊口之策)은 사회적으로 그 가치가 추락하는 반면, 도덕적으로 농공상의 위계에서 가장 천시되던 상업의 위상은 높아진다. 유길준이 14편에 〈商賈의 大道〉란 소절을 별도로 구성하여 상업의 중요성을 강조한 것은 바로 이러한 관념적 변화에 기인한다.

《서유견문》에서 국가적·사회적으로 인정되는 노동의 가치는 고정된 것이 아니다. 근대 국가의 경쟁질서 속에서 국가의 권위 형식이 시장을 토대로 하고 있기 때문에 그 가치가 시장에서 증명된다면 재배열의 가능성

24 정부의 역할을 설명한 다음 장인 7편에 '수세하는 법규'와 '인민의 납세하는 分義'가 배치되었고, 유길준은 이 장 이외에서도 국민으로 가장 중요한 의무가 납세와 징병에 응하는 것이라고 반복적으로 설명하고 있다(《西遊見聞》, 181-204쪽).

25 "너희 民人들은 경작하고 사냥하며 소달구지를 끌고 장사에 힘써 부모를 봉양함에 그것이 효가 되는 줄 알고"(《承政院日記》 高宗 13년 8월 9일, 關北接撫綸音).

은 활짝 열려 있는 것이다.

유길준은 '競勵[경쟁]'를 인간의 본성으로 규정했고, 더 나은 이익을 얻으려고 다투는 경쟁이 사회를 발전시킨다고 보았다. "사람이 언행을 갈고 닦으며, 지식을 연마함에 …(중략)… 富貴利達을 이루는 자 또한 타인에게 이익을 이루어 주게 되었다"[26]라는 표현에서 드러나듯, 가치 있는 노동은 자신에게 뿐만 아니라 타인으로부터 인정되는, 즉 시장과 사회를 통해 가치가 인정되는 것이었다. 《서유견문》에 등장하는 勞心과 勞力은 시장을 통해 교환가치가 입증된 노동이다.

근대 노동관이 노동을 국가적·사회적 가치에 기입하고, 발전과 진보의 원천으로 신성화한 것이라면, 《서유견문》의 노동관은 이미 근대적 노동관이다. '효'라는 가치로 이미 인정된 '勞'에 국가적 가치를 부여한 것은 기존의 관념과 크게 충돌되지 않았고, 유길준은 유교의 언어적 표현으로도 근대 노동의 의미를 설명할 수 있었다.

그러나 '勞'의 가치를 인정하는 과정으로서 '경쟁'과 그 토대인 '시장'이 유교적 관념과 충돌되는 것이었기 때문에, 다시 말해서 시장의 교환가치 변화에 따라 노동 가치의 위계가 역전될 가능성을 확장할 수 있는 사유는 기존체제에 균열을 발생시키는 것이었기 때문에 유길준은 경쟁 대신 '競勵[相競相勵]'를 사용했고, 시장의 자기조절능력의 불완전성을 보완하기 위해 유교적 윤리관을 소환했다.[27] 그러나 시장에 대한 정부의 개입을 분명하게 반대했던 유길준은 시장을 개인의 윤리적 선택에 의해서

---

26 유길준, 〈人民의 競勵〉, 《西遊見聞》, 130쪽.

27 애덤 스미스 역시 시장의 자기조절능력의 불완전성을 알고 있었는데, '보이지 않는 손'이란 개념의 모호함은 경제에 대한 공적(국가, 사회) 개입의 가능성을 열어놓은 것이라고 할 수 있다.

통제될 수 있는 것으로 사유함으로써[28] 역설적으로 시장의 자유를 무한하게 승인하고 있었다.

따라서 여기에서 주목하는 것은 노동은 공동체에 기여하는 유용한 것이며, 시장(또는 사회)을 통해 그 가치를 인정받아야 한다는 관념의 사회적 효과다. 이것은 사회의 변화 과정에서 가치를 인정받은(또는 스스로 증명한) 노동에 대해 사회적 시민권을 부여함과 동시에 가치를 인정받지 못한 노동을 사적 영역(생계, 부양, 자선)으로 추락시키는 과정을 사회가 승인하도록 한다. 동시에 근대사회에서 수많은 노동들은 차별적, 선택적으로 시민권을 인정받고, 위계적으로 공동체에 포섭되는 대상이 된다. 유길준에 의해 구상된 근대 노동관은 '(어떤 형태라도) 그 가치가 입증된 '노동'에 종사하는 자들이 공론장에서 시민권을 부여받고, 위계적으로 그것을 향유할 수 있도록 하는 근대 윤리관이라고 할 수 있다.

3. '노동자'에서 '노동'으로

유길준이 '노동'이란 어휘를 사용하지 않고 노동의 근대적 의미를 설명했다면, 그에게 '노동'이란 어휘의 출현은 어떤 의미였는가? 다시 말해서 '노동' 개념의 출현은 어떠한 사회적 현상과 연결되어 있었고, 근대 노동관에 어떠한 변화를 야기했는가?

1910년 이전 '노동'이 다양한 의미 규정을 갖는 개념어로 등장한 사례는 많지 않다. 쉽게 발견되는 텍스트는 1907년《太極學報》에 실린〈노동

28 김윤희, 앞의 글, 323쪽.

과 인생〉[29] 그리고 유길준의 《노동야학독본(1908)》이라고 할 수 있다.

"일본 정신계의 위인 고 료센(梁川) 선생"[30]의 글을 번역한 〈노동과 인생〉에서 주목할 부분은 일본에서 이미 "노동신성이라는 권위 있는 말도 지금은 그 문자와 같이 묵어가서(陳去) 현대 청년의 마음속 깊은 곳을 충동할 만한 新銳의 福音이 되지 못하는 경향이 있다"라고 하여 당시 팽배한 물질만능주의를 비판하고, 개인의 실현 — 발달과 진보 — 을 위해 노동에 자아실현이란 의미를 부여하고 있다는 것이다.[31]

신 또는 하늘이 부여한 인간의 자연성으로서 '노동'은 이미 《서유견문》과 신문에서도 언급되고 있었지만, 그 고유성이 개인의 실현과 어떻게 관계되는지는 설명하고 있지 않다. 그런데 이 글이 《태극학보》에 소개되었다는 점은 '노동'을 개인과 관련한 의미장 속에서 재사유할 필요성이 제기되고 있었음을 알려준다. 이 글은 자강운동의 효과가 물질만능주의를 확산시켰다는 지식인의 비판을 배후로 한다. 이와 마찬가지로 《노동야학독본》에서 노동을 정의한 것은 어떠한 사회적 현상과 관련이 있을까?

《西遊見聞》에서 국가적 가치로 신성화된 노동관은 1894년 이후 신문의 계몽기획을 통해 확산되고 있었다. 게으름과 나태함을 대립어로 하는 '勤勞'는 생산 활동을 추동하기 위한 어휘로, 독립, 자강, 부국 등을 위해

---

29 《太極學報》 14호, 1907년 10월 24일; 15호, 11월 24일.

30 쓰나시마 료센(綱島梁川)은 다이쇼시기 종교의 공통 원리를 찾으려는 일본의 종교의식에 영향을 미친 사상가로 1905년 러일전쟁 시기 '견신체험'을 고백한 글로 일본에서 반향을 일으켰다(최호영, 2014, 〈야나기 무네요시의 생명사상과 1920년대 초기 한국시의 공동체문제〉, 《일본비평》 11호, 238-272쪽).

31 이 글에서 '노동'은 몽환적 세계관을 극복하고 현재의 개인을 발견하고 진보의 길로 인도하는 것으로 설명되고 있다. 파스칼, 루터, 후쿠자와 유키치 등의 노동관을 소개하고, 개인의 발달, 자아실현 등을 통해 노동을 의미화하고 있다. 이것은 이전까지 국가의 발달 또는 문명화의 가치로 경제 주체를 형성하고자 했던 기획의 효과가 사라져 가는 현상을 타개하기 위해 자아실현을 통해 개인을 주체화시키는 방향으로의 전환을 보여 준다.

구성원이 생산성을 극대화할 것을 추동하는 기표였다.

반면 1905년 이전 노동은 〈논설〉에 한 번도 등장하지 않았고, 주로 〈잡보〉, 〈외보〉 등에 등장했다. 1899년에서 1901년까지 勞動은 전통적으로 왕이 수고롭게 몸을 움직인다는 의미로, 勞働은 力役을 담당하는 자를 지시하는 勞働者에서 등장했다. 또한 《皇城新聞》에 '근로'보다 '노동'의 출현이 많았다고 하더라도 노동 어휘의 의미장이 국가, 사회, 개인 등과 연결되지 못하고 있었다.

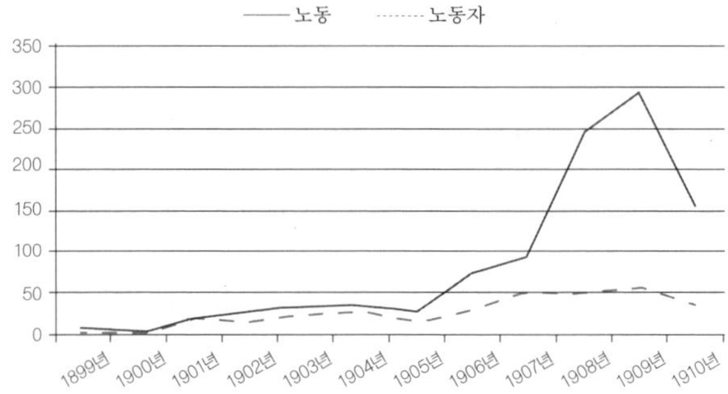

〈그림 1〉 황성신문의 노동 어휘 출현 기사 건수

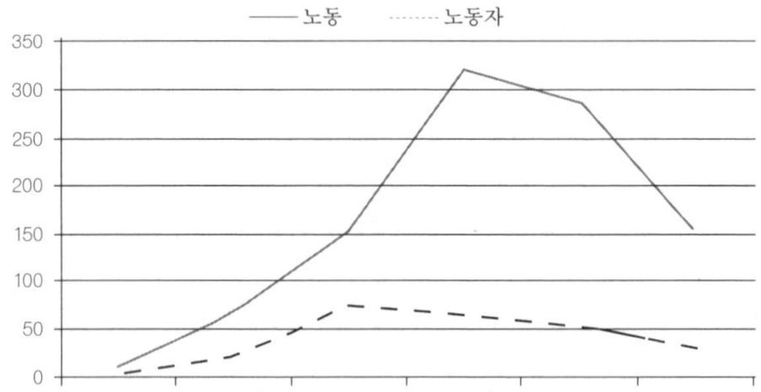

〈그림 2〉 대한매일신보의 노동 어휘 출현 기사 건수

1899년에서 1905년까지 노동과 노동자가 출현하는 기사 건수의 변화는 연동되어 있었다. '노동'은 아직 '노동자'에서 독립되지 못한 어휘였다. '노동하는'이란 '노동'의 형용사, 또는 동사형의 출현도 매년 한두 건에 지나지 않았다.

반면, 1905년 이후는 노동자보다는 노동이 출현하는 기사 건수가 높아지고, 1908년과 1909년을 기점으로 그 차이가 현격하게 벌어진다. 여기에는 '노동야학'의 유행으로 관련 기사와 광고의 증가가 가장 큰 원인이라고 할 수 있으며, 동시에 노동자에 대한 계몽의 필요성이 제기되면서 노동자의 사회적 역할에 대한 의미 부여 나아가 '노동'에 대한 재사유를 필요로 하는 사회적 현상이 반영되고 있다고 할 수 있다. 1905년을 전후로 '노동자'와 '노동'의 출현빈도의 변화는 그 이전 형성된 '노동자'의 의미장과 그 이후 발생한 '노동' 가치의 변화와 관련되어 있었다. 먼저 1905년 이전 '노동자' 어휘의 의미장은 크게 두 가지로 유형화될 수 있다.

첫째, 1905년 이전 '노동자'란 어휘는 力役으로 생계를 유지하는 이주노동자의 이미지와 함께 유입되고 있었다. 《皇城新聞》에서 '노동자'가 최초로 등장한 것은 1899년 미국이 일본인의 하와이 이주를 제한하려고 한다는 기사였다.[32] 1902년 최초로 한인의 하와이 이민이 시작되기 전 부터 하와이의 일본인 이주노동자에 대한 미국의 조치는 한인 노동자에게도 영향을 미치는 것이었고, 이후 《皇城新聞》에서는 미국의 일본, 청, 조선 등의 이주노동자 상황을 지속적으로 보도했다.

또한 만주철도에 필요한 벌목이 연해주에서 활발히 진행되었고, 1900년부터 한인의 이주가 본격적으로 이루어지기 시작했다. 한인 이주노동자의 증가 현상은 해외 노동시장의 변동에 대해 관심을 갖게 했고, 해외

32 《皇城新聞》 1899년 7월 1일 〈布哇의 日本住民制限〉.

노동시장에서 한인노동자의 위상에 대한 관심을 촉발시켰다. "청인은 종종 비밀회를 세워 러시아 지방정부의 법을 어지럽히지만, 한인은 그런 일이 없기 때문에"[33] 러시아가 한인노동자 유치에 적극적이라고 하거나, "청인은 근면한 자도 勞働하여 재산을 모으면 귀국하여 러시아 땅의 이익이 청국에 흡수되지만, 한인은 본국 지방관의 학정을 감수하고 귀국하는 자가 적고 또 순종적이라서 제어하기 쉽다"[34]라는 표현에서 드러나듯, 해외 노동시장에서 한인노동자의 경쟁력을 가늠하고 있었음을 알 수 있다. 또한 이주노동이 국가의 이익이 되기 위해서는 그들이 재산을 모아 귀국할 때뿐인데, 이 점에서 한인 이주노동자는 중국 이주노동자에 비해 국가에 대한 기여가 적다고 생각했음을 보여 준다.

지식인들이 국내 '노동자'의 가치를 발견하는 데 영향을 주기 시작한 것은 1902년 일본의 이민법 개정이었다. 1902년 일본에서는 해외 이민의 범주에서 중국과 조선을 삭제함으로써 여권 발급 없이 渡韓을 허용하는 법안이 통과되었고, 이로 인해 일본 노동자의 유입이 급격히 증대되었다. 이에 《皇城新聞》은 이민법 개정에 대해 강한 비판의 논설을 실었다.[35] 또한 국가의 이익을 빼앗기지 않기 위해서 "모든 인민으로 하여금 교육을 마땅히 여기고 고유의 자본 원료에 勞働을 가하게〈加勞働〉 한다면 경제는 자연히 발달하고 자본은 풍족해질 것이다"라고 하여 경제의 발달과

33 《皇城新聞》 1900년 4월 16일 〈韓國의 俄勢〉.

34 《皇城新聞》 1901년 10월 14일 〈俄地의 韓民移住〉.

35 대표적인 이민법 비판 논설은 일본인의 자유 도한(渡韓)으로 국가의 부를 빼앗긴다는 위기를 강조한 것으로 1901년 10월4일, 11월 23일, 12월 23일 등의 논설에서 반복적으로 주장되었다. 그리고 1902년 3월 28일에는 일본에서 한국 이민을 추동하는 日本人朝鮮協會를 비판했고, 1903년에는 《朝鮮新報》와 일본 노동자 이주의 득실을 따지는 논쟁을 펼쳤다(《皇城新聞》 1903년 3월 20일-4월 3일 잡보, 5월 2일 기서 등).

풍족함이 '노동'에 있다는 내용의 기사가 게재되었다.[36] 이때 노동은 농공상의 '노'뿐만 아니라 '力役'을 포함하는 것이었다. 이 논설은 일본인 이주자의 증가로 조선의 부가 유출된다는 위기감이 조선인 '노동'의 중요성을 자각하도록 추동했음을 알려준다.

둘째, 서양에서 확산되고 있었던 노동자 파업에 대한 기사와 함께 유입된 '위험한 노동자'의 이미지이다. 해외 노동자 파업에 대한 기사는 1901년 《황성신문》에 처음 등장한다. "세계 각국에서 자본가와 노동자 간에 뜻이 소통되지 않아서 동맹파업이 확산되고 있다"는 문장으로 시작한 이 기사는 미국의 상하원제도를 소개하는 것이다. 상원은 자본가, 하원은 노동자의 대표로 구성되었고, 이를 통해 미국에서는 양자의 갈등을 해소하여 선박, 광산, 철도 사업을 안전하게 경영하고 있다는 것이었다.[37] 노동자의 파업과 경제발전의 관계에 대한 인식은 "(독일) 勞働社會가 不穩한 상황으로 곳곳에서 동맹파업자가 일어났는데" 이로 인해 독일의 무역이 부진해졌다는 기사에도 발견된다.[38] 이처럼 《皇城新聞》을 통해 유통되었던 해외 노동자의 동맹파업에 관한 기사들은 노동자의 파업이 경제발전에 걸림돌이라는 내용으로 구성되어 있다는 점이다.

여기에 1902년부터 보도되기 시작한 러시아 노동자 파업은 체제 혼란과 파괴의 이미지를 갖는 것이었다.[39] 모스크바 부근에서 노동자 폭동이 일어나서 군대와 충돌하고, 불안감이 사회적으로 확산되고, 농민단체와 부호가의 집이 약탈당했다는 소식을 전하는 기사는 '노동자'에 대한 부

36 《皇城新聞》 1903년 6월 4일 〈我國經濟上有感〉.

37 《皇城新聞》 1901년 5월 25일 〈資本家와 勞動者의 聯絡法〉.

38 《皇城新聞》 1901년 9월 27일 〈德國貿易의 不振〉.

39 《皇城新聞》, 1902년 5월 3일 〈俄國勞働者의 大暴動〉; 《皇城新聞》, 1902년 5월 20일 〈俄國革命黨의 氣焰〉.

정적 이미지를 유포시키고 있었다. 특히 1904년 더욱 고양된 러시아혁명에 대한 보도기사가 증가하면서 '흉도', '暗殺', '폭동', '방화' 등이 러시아 노동자 집단의 행위로 보도되고 있었다.[40]

해외에서 유입되고 있었던 위험한 '노동자'상은 대한제국에서 발생하는 파업 노동자의 이미지와 겹쳐질 수 있는 것이기도 했다. 이미 1898년과 1900년 목포항 부두노동자의 임금 인상 동맹파업, 1904년 금산 경부철도 공사장의 한일 노동자 충돌 등 부두와 철도 노동자의 집단행위가 발생하고 있었던 상황이었기 때문에[41] 지식인들이 '노동자'의 불온하고 파괴적인 이미지 속에서 '노동'에 새로운 가치와 의미를 부여하기는 쉽지 않았다고 할 수 있다.

예를 들어, 1905년까지 매체의 기사 제목에서 '노동'은 해외 소식을 전할 때를 제외하면 거의 등장하지 않는다. 그러나 1건의 〈勞動團體〉라는 제목의 기사는 대한철도 각 회사 총회소에서 철도노동에 동원된 노동자를 보호하기 위해 단체를 조직했다는 것이다.[42] 이 기사에서 '노동'은 "지극히 빈천한 것"으로 규정되었고, "일개 노동자가 무식으로 인해 도를 넘는(格外) 무례한 학대를 (받는 것을) 금지"하기 위한 목적으로 결성된 단체는 선행으로 보도했다. 반면 같은 철도 노동 단체이지만, "본국 노동자류가 상호 간에 단체를 조직하고 …(중략)… 관리를 협박하고 죄수를 탈옥시키는" 노동자가 스스로 결성한 단체에 대한 기사는 〈役丁行弊〉라는 제목으로 보도되었다. 이 기사 내용 중에는 철도가 완공된 후 이들 '無統率 無恒産'의 '役丁輩'가 어디에 가서 안정되게 일을 할지 매우 우려가 된

40 《皇城新聞》에 게재된 러시아의 노동자 폭동에 대한 기사는 1902년 5건, 1903년 9건, 1904년 15건, 1905년 9건이다.

41 국사편찬위원회 편, 1991, 《한민족독립운동사》 9, 과천: 국사편찬위원회, 116쪽.

42 《皇城新聞》 1903년 5월 25일 〈勞動團體〉.

다는 논평이 부가되었다. 불온과 파괴, 그래서 통제와 관리가 필요한 빈천한 '노동자'를 연상시키는 '노동'은 국가와 사회적 가치(발전과 문명화)를 부여받고 그것에 상응하는 시민권을 인정받기에 매우 위험한 어휘였다.

그러나 1905년 노동시장의 확대로 '노동자'층이 확대되고, 그들을 거래함으로써 부가 생산된다는 것이 사회적으로 인정되면서 '노동'은 '노동자' 어휘에서 점차 독립되어 계몽의 의미장 속으로 들어오기 시작했다. 통감부는 기존의 철도부설 공사를 확장하기 시작했고, 항만과 도로를 정비·확장하고, 지배기구가 들어설 건물을 신축하는 등 대규모 건설 사업을 진행했다. 또한 러일전쟁 이후 일본인 이주의 급격한 증가로 거류지를 중심으로 건축 붐이 크게 일기 시작했다. '役夫'의 수요 증대와 그에 부합하는 공급체계에서 발생하는 이익은 1905년 이후 인력회사와 '노동야학'의 증가로, 인력 거래에 따른 이익의 증대와 관료와 군인의 실직은 이들 회사의 이권을 둘러싼 갈등으로 표면화되기 시작했다. 또한 인력회사를 통한 노동자의 조직화는 노동운동을 촉발시키는 계기였다.[43]

이 시기 '노동'의 쓰임에서 새로운 현상은 '勞動社會', '勞動界', '下等勞動之類', '下等社會'라는 어휘의 등장이다. '노동사회'는 앞서 언급했듯이 독일 노동운동에 대한 보도에서 처음 등장한 이후 1907년까지 《皇城

---

43 이러한 상황은 윤진호의 연구(〈대한제국기 '노동회'의 성격과 활동에 관한 연구 — 한국 노동운동의 기원과 관련하여〉, 《경제발전연구》 18-1, 2012, 143-197쪽)에서 잘 드러나 있다. 특히 '노동야학'이 노동자를 모집하여 인력회사에 제공하는 역할을 담당하고 있었고, 이로 인해 '노동야학'에 지방의 자산가와 노동자의 참여가 크게 확대되었다는 점. 그리고 1908년 노동회의 이권을 둘러싼 일진회와 유길준 등의 갈등이 제기되고 있었다는 고찰은 이 시기 '노동야학'과 '인력회사'의 관계뿐만 아니라 인력회사의 투자 가치가 높았다는 점을 보여준다. 또한 노동자의 임금투쟁이 사회적 이슈로 등장할 수 있었던 배경에는 노동회에 의해 조직된 노동자가 존재했기에 가능한 것이었다. 그러나 윤진호는 노동회 노동자의 운동을 자본주의적 노동운동의 맹아적 형태로 보고 있다. 이것은 아마도 공장 노동자를 근대적 의미의 노동자로 보는 관점을 그대로 투영했기 때문으로 생각된다.

新聞》과《대한매일신보》에는 거의 등장하지 않는다. 그러나 1908년에는 78건의 기사에, 1909년에는 31건의 기사에 등장한다. '노동계'는 이에 비해 적게 등장하지만《대한매일신보》에서는 1908년 10건, 1909년 6건의 기사에서 등장한다. 1908년 노동회가 전국적인 조직망을 갖추게 되고, 노동자가 조직됨으로 인해 사회적 계층으로서 그들이 포착되고 있었다고 할 수 있다.

또 다른 변화는 '勞動하는'이라는 표현이 이 가장 많이 등장하고 있지만, '勞動爲業', '勞動을 執하여'라는 능동적 표현이 사용되기도 한다는 점이다.[44] 해외로 이주하기 위해 또는 배우기 위해 '노동'을 한다는 것인데, 이것은 '노동'이 호구지책 이외의 다른 목적을 이루기 위한 수단으로 인식되기도 했다는 것을 의미한다. 더구나 노동시장의 확대와 임금 상승이란 사회적 현상 속에서 '노동'은 호구지책의 굴레에서 벗어날 수 있는 가능성을 입증하고 있었다.

"신사농공과 하등역부노동자류라도 모두 신문을 구매하여 읽고, 길을 가거나 화장실에 가더라도 다시 펴서 읽고 버리지 않으니 민지가 발달하고 사회의 진보(進明)가 그들에게서 발흥하는 듯 하거늘"이라는[45] 표현에서 보듯 사회 발전을 추구하는 '노동자'상이 형성되고 있었다. 지식인들은 '노동자'에서 국가와 사회의 발전에 기여할 수 있는 가능성을 확인하고 있었다.

그러나 그들의 '현재'는 여전히 호구지책의 그림자가 짙게 드리워져

44《皇城新聞》1905년 4월 5일〈藉稱勞動〉;《皇城新聞》, 7월 4일〈金氏優學〉.

45 이 글에서 역부와 노동이 같은 의미로 쓰였는지 아니면 역부와 노동이 구별되어 쓰였는지는 분명하지 않다. 1905년 정미, 면포, 인쇄 등의 공장이 증가로 공장 노동자가 출현하고 있었음으로 볼 때 역부와 노동자가 구별되는 것이라고 볼 수도 있다. 그러나 당시 공장 노동자 대부분이 일당을 받는 역부와 다른 것이 없었기 때문에 역부와 노동자의 의미 구별의 사회적 효과는 거의 없다고 볼 수 있다.

있었고, 임금투쟁 과정에서 발생하는 집단적 폭력행위는 이전부터 해외에서 유입된 위험한 '노동자'의 이미지를 현실화시키는 것이었다. 또한 민권에 대한 강조와 민권운동의 활성화는 억압받는 사람들을 각성시켰고, '권리 찾기'에 따른 혼란이 야기되고 있었다. 당시 지식인들은 그간 진행된 실용주의적 자강교육이 오히려 이익을 둘러싼 갈등을 촉발시키고, 사람들에게 물질만능주의를 확산시켰다고 진단했다.[46]

1905년 이후 노동시장의 급격한 확대와 임금상승으로 '노동자'에서 발전에 기여할 수 있는 가치를 확인하게 되었고, 지식인들은 노동자를 가르쳐야 하는 사회적 의미를 발견했다. 그래서 '노동자'는 교육, 관리, 통솔되어야 하는 '하등사회'로 공론장에 등장하기 시작했다. 그리고 "사천년 동안 갇혀있었던 부인사회와 오백년간 압박 받은 勞働社會를 쇄신 흥기하여 국가사상을 배양하려면 국문이 제일 필요하다"[47]라는 언급에서 드러나듯 '노동사회'는 국가사상을 통해 새로운 역할을 부여받고 있었다.

지식인의 계몽기획에 위험한 동거자로서 '노동자'가 등장함으로써 지식인들은 '노동자'에서 발견된 가치 있는 '노동'에 주목했다. '노동자'의 '貧賤', '惡弊', '폭력'의 이미지를 제거하면 그들의 '노동'은 국가적·사회적으로 가치 있는 것이기 때문이다. 1907년 《태극학보》에서 소개된 〈노동과 인생〉 그리고 1908년 유길준이 발간한 《노동야학독본》은 이러한 사회적 맥락 속에 놓여 있는 것이었다.

46 김기승, 1987, 〈白巖 朴殷植의 思想的 變遷過程 — 大同思想을 중심으로〉, 《歷史學報》 114, 1-39쪽; 정숭교, 1995, 〈1904-1910년 자강운동의 국민교육론〉, 《韓國史論》 33, 144-207쪽.

47 《皇城新聞》 1907년 9월 14일 논설 〈讀帝國報有感〉.

4. '노동'의 분할과 위계적 효과

계몽 교재로서 《노동야학독본》은 기존 연구를 통해 알려진 바, 1)근대 노동관(신성화된 노동)을 그 내용으로 하고, 노동자에 대한 차별적 관념을 내포하고 있다는 점,[48] 2) 동시대에 출판된 일본의 노동자 교육교재, 그리고 실용적 내용 때문에 노동야학 교재로 널리 이용되던 잡지 《교육월보(남궁억 편찬)》와 비교하여 다소 어려운 윤리적 내용으로 구성되어 있다는 점이다.[49] 또한 기존 연구에서 평가된 바, 근대적 노동 주체를 형성하는 계몽적 내용으로 근대화 노선을 실현하는 데 기여했던 반면 노동자에 대한 차별적 관념은 부르주아적 노동관의 한계를 드러내고 있다는 것이다. 기존 연구에서 《노동야학독본》에 대해 공통적으로 지적하고 있는 것은 그의 노동관이 노동자에 대해 계몽과 차별이란 양의성을 갖고 있다는 것이며 양자 중에 어느 쪽에 더 가치를 부여하는 가의 여부에 따라 논자마다 지식인 유길준의 사회적 기여에 대한 평가가 달라진다는 것이다.

그러나 계몽과 차별의 양의성은 이미 노동의 분할과 위계적 배치 위에 정초되어 신성화된 근대 노동관의 특징이기 때문에 그 자체로 계몽의 근대 노동관이다. 차별 없는 계몽은 불가능하다. 또한 차별은 생산노동(잉여가치를 발생시키는 노동력)과 비생산노동을 구별했던 마르크스의 노동관에서도 핵심적인 것이기 때문에 부르주아적 한계라고 할 수 없다. 양의성의 어느 한쪽에 더 가치를 두는 평가는 동어반복의 순환론적 인식의 한계를 드러내는 것이다.

따라서 이 장에서는 이러한 순환론적 인식의 반복을 정지시키기 위

48 이훈상, 앞의 글, 35-78쪽; 강재순, 앞의 글, 1-32쪽.

49 조윤정, 앞의 글, 407-445쪽

해 근대 노동관의 배치구조에 주목하고자 한다. 《西遊見聞》에서 위계적으로 배치된 '勞力'과 '力役'이 '노동'이란 어휘로 지시되었을 때 발생하는 효과에 주목하고자 한다.

유길준은 1907년 귀국 이후 각종 경제단체와 회사 그리고 교육단체 등에서 활발한 사회활동을 시작했다. 그리고 1908년 노동회 고문이 되었고, 노동야학에 사용할 교재로 《노동야학독본》을 저술했다.[50]

《노동야학독본》은 독자의 지식 수준에 부합하기 위해 개념어 중심의 목차를 구성하고, 그 정의와 사회적 기능을 간결하게 설명하는 글쓰기였기 때문에 의미 전달이 매우 분명하다. 또한 국한문 혼용을 유지하되 한문에 한글 음을 병기하여 독해를 도왔다.

표 1. 《노동야학독본》 50개 과의 구성과 주요 개념어

내용	해당 과	주요 개념	요약(노래) 또는 사례
사람의 정의	1-7	人/ 도리, 권리, 의무, 자격, 직업, 福祿	8 육조가
사람의 고유성	9-12	몸, 가족, 임금, 나라	13 애국가
사람의 생활	14-16	의식주, 我活(생계), 力役(노동),	
노동 윤리	17-22	定業, 雜業/ 정직, 성실, 근면, 巨祿	23 노동가, 24-29 노동연설, 30 연설답사
공동체 구성원으로서의 윤리	31-46	국민/ 의무, 도덕, 자유, 相助, 약속, 진언, 자선, 청결, 용기, 단합, 분발, 질서, 독립, / (돈)	
사회관계의 원리	47-50	경쟁, 交際, 自助	

《노동야학독본》의 50과 구성을 단순화하면 인간 → 생활 → 국민 → 사회관계로 이어지는 구성을 채택하고 있다. 이것을 세계 → 국가 → 인민 → 정부의 순으로 구성된 《서유견문》과 비교해 볼 때, 유길준이 근대 윤리관을 통해 사회적 질서관념을 확산시키고자 했음을 쉽게 알 수 있다.

50 강재순, 앞의 글, 1-32쪽.

《西遊見聞》의 구성은 근대 국가 간 경쟁관계인 세계질서를 통해 국가, 인민, 정부의 의미를 규정하고 있지만, 《노동야학독본》은 근대 인간의 보편성을 통해 인간의 사회적 활동을 규정하고 있다. 전자는 서양의 국가 시스템과의 통섭을 위해 기존 체제를 텍스트에 끌어들여 긴장감을 드러내고 있었던 반면 후자는 텍스트에서 당시의 갈등과 혼란의 사회 현상을 철저히 구축하고 있다. 이것은 역설적으로 《노동야학독본》이 갈등과 혼란의 사회상과 정면으로 대결하는 텍스트였음을 알려준다.

먼저 '勞動'에 대한 설명이 제16과의 力役에서 처음 등장한다. "힘역사는 力을 勞하는 일이니 갈오대 勞動이라 心勞는 정신의 노동인즉 근력을 쓰지 아니하거니와 힘수고는 정신의 노동이 적고 오로지 근력에 의지하여 '형상에 들어나는' 고로 수고로히 움직인다(動) 함이라"고 하여 力役을 노동으로 규정했다.[51] 기존 연구에서는 이 문장이 노동을 정신노동과 육체노동으로 구별한 것이고, 勞心와 勞力의 관계는 각각 군자와 소인, 부리는 자와 부림을 받는 자, 자본가와 노동자로 대입되는 것이기 때문에 차별적 노동관으로 부르주아적 한계 또는 유교적 관념을 탈각시키지 못한 한계를 분명히 보여 준다고 평가한다. 그러나 이것은 力役을 육체노동 일반으로 규정함으로써 — 勞力과 力役을 통합함으로써 정신노동을 '노동'의 범주에서 분리해 낸 것이다. 이 문장 뒤에 이어지는 내용을 보면 '노동'이 육체노동을 지시하는 어휘였다는 점이 분명하게 확인된다. "박힌 일"은 농공상의 노동으로 定業이고, "시간별이 하는 노동"과 "日貨파는 勞動"은 "뜬 일"로 雜業이다.[52] 《노동야학독본》의 '노동'은 정신노동을 뺀 육체노동 일반을 지시하는 것이다. 그렇다면 정신노동을 '노동'의 범주에

51 유길준, 1908, 《勞動夜學讀本》, 京城日報社, 31쪽.
52 유길준, 앞의 책, 31-32쪽.

서 제외시킨 것은 어떠한 효과와 연결되는 것인가?

유길준은 '앉아서 하는 일(정신노동)'은 작업 과정을 효율적으로 배치하는 데 필요한 것이고 '서서 하는 일(육체노동)'은 근력을 써서 생산하는 일이라고 설명한다. 그리고 그 관계는 "세상에 앉은 사람이 적고 선 사람이 많아야 그 나라가 부강하고 그 사회가 문명하지요. 선 사람은 앉은 사람이 없어도 그대로 살지만 앉은 사람은 선 사람이 없으면 잠시도 못 견디지요"[53]라고 하여 '노동'을 부와 문명화의 토대로, 정신노동을 '노동'이 효율적인 것이 되도록 하는 것으로 설명한다.

유교적 관념에서 노심과 노력은 본말의 관계로 서로의 가치를 확인하는 상호성의 관계(mutuality)에 놓여 있다.[54] 또한 공동체 유지를 위한 기본원리[通義]이다. 반면 유길준의 '노동'은 단순히 공동체를 유지하는 것에서 벗어나 문명화의 기본 동력으로 상정되어 있다. '노동'은 그것을 위한 물적 토대인 생산성의 영역에서, 정신노동은 생산을 위한 효율성의 영역에서 사유되고 있는 것이라고 할 수 있다. 즉 공동체의 유지에서 공동체의 발전으로, 정신노동과 육체노동이란 본말의 상호성은 생산성 제고를 위한 시너지 관계로 치환되었다고 할 수 있다.

또한 정신노동자가 곧 자본가를 의미한다는 기존 연구의 지적은 선이해적인 평가이다. '노동'에서 정신노동을 분리하는 과정에서 지주와 자본가 일부가 부가적으로 분리된 것뿐이다. 유길준의 정신노동은 지식과 기술을 통해 생산에 효율성을 제고하는 노동이기 때문에 지식인, 자본가(경영인), 기술자 등의 노동이라고 할 수 있다.

---

53 유길준, 위의 책, 42-43쪽.

54 《孟子》, 〈滕文公上〉. "勞心者治人 勞力者治於人 治於人者食人 治人者食於人 天下之通義也."

《노동야학독본》의 '노동' 개념이 이전과 다른 점은 육체노동과 정신노동의 차별이 아니라 그것을 생산성과 효율성으로 재배치함으로써 유교에서 구상된 양자의 상호성의 관계를 분절하여 '효율적 생산'에 복무하도록 하는 것이다. 정신노동과 육체노동을 구분하는 방식은 앞서 《서유견문》에서 이미 등장하고 있었던 만큼 새로울 것이 없다. 《노동야학독본》에서 주목할 점은 정신노동과 육체노동의 분할이 아니라 勞力과 力役을 통합한 '노동' 개념 내부의 새로운 분할이다.

유길준이 유형화한 정업은 농업(농부), 잠업, 목축업, 임업, 양식어업, 공장노동(목수, 토목, 미장, 도공, 야장, 석수, 직공), 보부상, 그리고 사공, 사냥꾼, 어부, 백정이다. 그리고 이외에도 다양한 것이 있음을 언급했지만, 정신노동이라고 할 만한 것은 전혀 없고, 오히려 잠업, 목축업, 임업, 양식어업 등 자본가의 사업장으로 운영될 수 있는 범주가 포함되어 있다. 반면 농업은 "밭가는 일(농부)"라고 기입하여 지주를 포함하고 있지 않다.

주목되는 것은 가장 천시된 백정이 정업의 범주에 있다는 것이다. 이것은 백정이 공공에 필요한 재화를 제공하고, 막대한 포사세를 납부하기 때문이었으며, 독립협회 운동 등을 통해 그들의 존재가 사회적으로 인정되고 있었기 때문이다. 국가 또는 사회에 기여할 수 있는 노동이란 기준으로 볼 때 백정노동은 가치 있는 노동이다. 이는 앞서 《서유견문》에서 유길준이 상업의 가치를 크게 부여했던 사유방식과 동일하다.

잡업은 "협잡이라 함이 아니고, 일이 定해지지 못했다 함이니 그래서 박힌 일이 되지 못할 뿐이다"라고 하여 '雜'이란 글자가 불러올 오해를 정정하고 있다. 잡업은 파트타임과 "日雇"의 노동이다. "시간벌이는 아침에 저녁을 헤아리지 못하고, 일화(일삯)팔이는 오늘에 내일을 생각하지 못하니 …(중략)… 일하고 안 하고는 나에게 있다고 하나 쓰고 안 쓰고는 남에게 있으니 어찌 괴롭지 아니한가"라고 하여 잡업에 종사하는 사람들의 비참함을 이야기했다.

육체노동을 '勞動'으로 규정하고 다시 노동의 범주를 잡업과 협업으로 구분한 것은 노동의 결과물을 기준으로 하는 것이다. 실록에서 業은 '作業'으로 쓰일 때 '恒産' 또는 사업이란 의미로 '형상화된 결과물'을 생산하는 것이다. '生業'으로 쓰일 때는 먹고살기 위해 하는 농공상의 일을 지시한다.[55] 이러한 쓰임으로 볼 때 業은 재화를 만들어 내는 생산 활동이다. 장인노동이란 의미적 기원을 갖고 있는 work와 유사하다. 그리고 노동은 생산 활동을 위해 소비하는 근력이다. 그래서 노동은 근력이 "형상에 들어나는" 것으로 분명히 인지되는 것이다. 정업은 생산물이란 결과를 목적으로 하는 노동이다.

그러나 잡업은 분명히 보이지 않는 것 — 유길준이 표현에 따르면 "지각과 限定"이 없는 것이다. 잡업은 "닥치면 하는 벌이"이고, "일정한 일[事]이 없어서" 하는 것으로 생산활동에 보조적으로 동원되는 노동이다. 따라서 정업과 잡업에 투여되는 노동의 관계는 생산과정에서 이미 위계적이다. 생산의 전 과정을 포괄하는 노동과 생산과정에 보조적으로 동원되는 노동은 사용 가치가 다르며 동시에 시장에서 인정되는 가치도 다르다.

그래서 잡업에 종사하는 노동자의 삶은 정업에 종사하는 노동자보다 더 비참하다. 스스로 고단한 삶을 벗어나기 위해서는 근면하고 교육받아서 정업의 지위에 올라야 하고, 그 비참함을 대물림하지 않기 위해 자식을 교육시켜서 정업에 종사할 수 있도록 해야 한다는 것이다. 또한 정업의 지위에 오르지 못하더라도 비참함을 면하기 위해서는 절약과 저축을 해

55 《조선왕조실록》에 작업이 등장하는 기록은 22건, 생업이 등장하는 기록은 252건이다.

야 한다고 이야기하고 있다.[56]

그러나 정업과 잡업의 위계는 생계를 해결하고 사회적 필요를 충족시킨다는 점에서 평등하다. 앞서 《서유견문》에서 잡업에 해당했던 力役은 생계를 해결하기 위한 것 이상의 가치를 갖고 있지 않지만, 《노동야학독본》의 잡업은 생계를 해결하는 것 이상의 사회적 필요 노동이다. 잡업과 같은 육체노동에 대한 인식의 변화는 앞서 설명했듯이 1905년 이후 사회 경제적 변화로 인해 '役夫'의 노동 가치가 인정되고 있었기 때문이었다.

"사람의 직업은 곳 사람의 생애이니 …(중략)… 직업은 巨祿하니 사람이 정한 것으로는 귀천이 있다 하나 사람의 힘에 맡겨진 것으로 하기는 피차가 없는 것이라 그렇기에 총리대신이나 등 짐꾼이나 사람의 직업 되기는 마찬가지"가 된다.[57]

따라서 노동자가 갖춰야 될 덕목은 복종이 아니라 권리를 갖고 있는 근대의 보편적 인간으로서의 윤리이며, 대한제국의 구성원으로서 갖춰야 할 도리이다. 《노동야학독본》에서 인간과 국민으로서의 윤리관이 상당히 많은 비중을 점하는 것은 바로 이 때문이다. 또한 체제 유지를 위한 질서 관념이 강하게 투영되고, 그 것을 강조하기 위해 유교의 도덕을 소환하고 있다. 유교의 도덕으로 덧씌워진 질서 관념은 노동의 위계성을 승인하도록 하는 효과를 더 크게 발휘하는 것이었으며, 이것은 '노동' 일반에 종사하는 국가 구성원 모두를 대상으로 하는 것이다.

《노동야학독본》의 노동 개념의 새로움은 정신노동과 육체노동의 차별이 아니라 정업과 잡업이라는 육체노동 내부의 분할이다. 유길준이 설명했듯이 잡업 노동자가 정업 노동자로 상승해야만 비참한 삶의 굴레를

---

56 유길준, 앞의 책, 41-50쪽.

57 유길준, 위의 책, 12쪽.

벗어날 수 있다는 관념은 '노동' 내부가 분할되어 있어야만 유지될 수 있는 관념이다. 이것은 마르크스가 생산노동과 비생산노동을 구분함으로써 노동 내부를 분할했던 것과 유사한 효과를 발생시키는 것이라고 할 수 있다. 또한 생산성에 의해 위계화된 숙련과 비숙련의 차별을 승인했던 관념의 기원이기도 하다. '노동' 내부의 분할과 위계는 노동 생산성을 제고하고, 유지시키는 사회적 효과를 발생시킨다.

따라서 마르크스의 구상과 노동자의 정치적 진출사이의 관계는 그의 노동 개념이 아니라 노동자를 무산계급의 대표자로 구상했을 때의 효과, 그리스 정치 공동체에서 비참한 생활로 고통받는 시민이었던 무산계급(the proletariat)이 '노동자'의 의미장을 뒤덮어 버렸던 상황과 관련되어 있다고 할 수 있다.[58]

그렇다면 유길준의 '노동자'는 어떠한 사회적 관계 속에 위치하고 있었는지 주목할 필요가 있다. 제19과에서 제21과까지 설명된 〈노동의 정직〉, 〈노동의 성실〉, 〈노동의 근면〉에서 그들의 노동은 철저히 계약 관계에 구속되어 있다. 약속한 기간, 임금, 결과의 산출이 그들이 지켜야 할 의무이고, 의무에 상응할 때만 그들은 권리를 주장할 수 있다.[59]

또한 제24과에서 제29과까지 노동연설(6개)에는 '노동'을 개인의 생애, 삶의 개선, 사회의 문명화, 국가의 부강과 연결시키고, "애국가", "노동가" 등을 통해 반복적으로 강조하고 있다. 반면, 호구지책을 해결하지 못하는 비참함은 그들의 분발을 추동할 때 가끔씩 등장할 뿐이며, 부당한 천시와 억압은 그들이 약속된 노동을 완수해야만 시정을 요청할 수 있는 것이다.

58 발터 벤야민, 앞의 책, 364쪽.
59 유길준, 앞의 책(1908), 30-34쪽.

'현재의 빈곤과 억압'은 자신의 노동이 사회적으로 인정될 때 사라지는 것이었다. 제47과 부터 제50과까지에서 설명하고 있는 바, 그들 노동이 다른 나라의 그것과 비교하여 뒤지지 말아야 하며, 외국인의 눈에도 만족할 만한 것이 되어야 한다는 설명은 '노동자'의 가치가 시장에서 인정받아야 한다는 의미였다.[60] 또한 마지막 장 '自로 助음'에서는 "스스로 도움이 실상은 서로 도움이니 가령 농부가 공장의 물건을 사니 이는 공장이 간접으로 농부를 도움이오, 공장이 농부의 곡식을 사니 농부가 간접으로 공장을 도움이로다"라고[61] 하여 교환은 자연적인 것이기 때문에 시장을 통해 스스로의 노동을 증명해야 살아갈 수 있다고 설명했다. 이것은 '노동'이 시장을 통해 그 가치를 실현하는 것이라는 관념이며 그 효과는 '노동자'에게 시장에서 인정된 효과가 가져다줄 미래적 가치 — 개선과 발전에 복무할 수 있도록 하는 것이었다. 《노동야학독본》의 '노동자'는 개인과 공동체의 발전이란 의미장에 갇혀 있었던 것이다.

《노동야학독본》에서 '노동'의 의미화는 빈곤, 억압, 불온의 노동자 이미지를 소거하고 그들을 미래적 가치에 복무하도록 하는 것이었다. 또한 가치입증을 통해 포섭의 범주를 무한히 확장할 수 있는 근대 노동관은 정치사회적 변화에 따라 가치를 인정받는 노동과 그렇지 않는 노동을 끊임없이 분할하고, 노동에 대한 사회적 위계를 승인하도록 하는 효과를 발생시키는 것이었다. 그리고 이러한 반복의 과정은 호구지책의 '노동'을 끊임없이 추락시켰다. '노동자'가 정치사회적 시민권을 획득하더라도 '호구지책의 노동'이 공론장에서 인정받기 어려웠던 것은 근대 '노동' 내부의 분할과 위계적 구조에 기인한다고 할 수 있다.

60 유길준, 앞의 책, 83-91쪽.

61 유길준, 위의 책, 90쪽.

근대 노동 개념은 노동이 시장을 통해 확인되어야 하고, 그 가치를 인정받을 수 있다는 관념을 핵심으로 하는 것이었다. 그리고 이러한 관념의 효과는 시장을 통해 그리고 시장에 의해서만 '노동'의 가치를 확인할 수 있으며, 호구지책의 노동은 그 가치를 인정받지 못하도록 하는 것이다. 동시에 이러한 관념을 토대로 형성된 윤리관 아래에서 노동운동은 차별을 소거하는 것이 아니라 사회적 가치를 인정받기 위한 것 이상의 효과를 가져 오지 못한다. 노동들은 시장을 통해 가치가 확인되어야 하는 만큼 선택적인 인정 체계에 놓여 있다. 그래서 그 과정이 반복될수록 노동시장 내부는 더욱 복잡하게 분할되고 위계화된다.

한국의 역사상 노동의 사회적 위계가 크게 벌어져 왔던 것은 사회적 인정 체계가 시장의 교환가치에 의해 강하게 구속되어 왔던 상황과 관련을 맺고 있다고 할 수 있다. 근대 국가의 경쟁질서 속에서 공동체의 발전에 대한 열망이 강조될수록 그 발전의 정도를 가늠하는 시장의 교환가치는 사회적으로 더 큰 위력을 발휘했던 것이다.

5. 맺음말

《서유견문》의 노동관은 위계적으로 분할된 유교의 노동관을 토대로 국가적 가치를 기입함으로써 성립되었다. 그리고 이것은 유교적 관념을 탈각하기 못했기 때문에 아니라 위계를 더 분할하는 데 기여함으로써 근대 노동관의 포섭력과 운동성을 제고하도록 하는 것이었다. 1894년 이전 국가적·사회적 가치로 신성시된 근대 노동관은 '노동'이란 새로운 어휘를 사용하지 않고서도 설명될 수 있었는데 그 이유는 이미 유교에서 공동체에 기여하는 노동들에 대해 도덕적 가치를 차별적으로 부여하고 있었기 때문이다. 그러나 《서유견문》의 노동관이 유교의 노동관과 다른 점은 노동을 국가와 사회의 발전이란 가치를 통해 발견한 것이다. 勞心, 勞力, 力役은 유교의 도덕적 가치가 아닌 '발전'을 확인할 수 있는 '시장'의 교환가치에 의해 그 가치가 차별적으로 인정되는 것이 되었다. 이러한 관념의 등장은 시장에서 발생하는 교환가치가 노동에 대한 사회적 태도를 결정하는 중요한 기준으로 받아들여지기 시작했음을 의미했다.

1894년과 1905년 사이 '노동'은 대부분 '노동자'란 어휘에서 출현했다. 일본인 이주노동자, 해외로 간 한국 이주노동자, 그리고 서양국가의 노동자 파업 등에 대한 소식이 전해지면서 '노동자' 어휘는 빈천, 불온, 파괴적 이미지로 매체에 그 모습을 드러내기 시작했고, '노동자'는 국가 또는 사회의 발전에 복무하기보다는 사회적 갈등을 야기하는 경우가 더 많다는 인식이 유포되었다.

그러나 1905년 통감부 설치와 함께 일본인의 이주 증가, 사회간접자본의 확충 등으로 인해 노동 인부의 수요가 크게 증대되고 임금 역시 상승했다. 노동 인력을 공급하는 회사, 단체, 조합 등이 생겨나고, 인력 거래에 따른 이익의 증대와 그로 인한 갈등이 심화되었다. 이러한 사회적 변화 속에서 '노동자'는 생계를 유지하는 것 이상으로 사회에 기여할 수 있는 존재로 인식되기 시작했다. 그러나 '노동자'를 발전의 가치에 복무할 수 있도록 하려면, 빈천, 불온, 파괴라는 위험성을 통제, 관리, 제거해야 했다.

따라서 지식인들은 勞心, 勞力, 力役에서 가장 천시되던 力役의 의미를 재해석해야 했으며, 동시에 力役에 종사하는 사람들을 계몽해야 했다. 유길준은 《노동야학독본》을 통해 勞心를 분리하고, 勞力과 力役을 포함하는 새로운 '노동' 개념을 구상했다. 《노동야학독본》의 '노동' 개념이 이전과 다른 점은 육체노동과 정신노동의 차별이 아니라 그것을 생산성과 효율성으로 재배치함으로써 유교에서 구상된 양자의 상호성의 관계를 분절하여 문명화를 위한 '효율적 생산'에 복무하도록 하는 것이었다. 또한 육체노동은 상품과 노동력으로서 시장을 통해 드러나는 것이기 때문에 '노동'의 가치는 곧바로 시장의 교환가치에 의해 규정될 수 있었다.

나아가 유길준은 '노동' 내부를 정업과 잡업으로 분할함으로써 생산성 제고를 지속적으로 유지시킬 수 있는 관념적 기제를 구상했다. 잡업은 분명히 보이지 않는 것 — 유길준이 표현에 따르면 "지각과 限定"이 없는 것이다. 잡업은 "닥치면 하는 벌이"이고, "일정한 일[事]이 없어서" 하는 것으로 생산 활동에 보조적으로 동원되는 노동이다. 따라서 정업과 잡업에 투여되는 노동의 관계는 생산과정에서 이미 위계적이다. 생산의 전 과정을 포괄하는 노동과 생산과정에 보조적으로 동원되는 노동은 사용가치가 다르며 동시에 시장에서 인정되는 가치도 다르다. 정업과 잡업의 구분 — 생산노동과 보조적 노동으로의 분할은 시장의 교환가치의 규정성을 더 크게 하는 효과를 발생시키는 것이었다.

또한 유길준이 설명했듯이 잡업 노동자가 끊임없이 정업 노동자로 상승해야만 비참한 노동의 굴레를 벗어날 수 있다는 관념은 '노동' 내부의 분할과 위계성을 토대로 성립된 것이며, 근대 사회의 생산성 제고를 지속적으로 유지시키는 데 기여한다. 이것은 생산성에 의해 위계화된 숙련과 비숙련의 차별을 승인했던 관념의 효과와 동일하다.

빈천, 불온, 폭력의 위험성이 제거된 《노동야학독본》의 '노동'은 시장을 통해 가치 입증된 노동들을 내부에 포섭하면서 분할과 위계의 정렬을 반복할 수 있는 구조를 갖게 되었다. 그래서 이러한 관념이 사회적으로 확산될수록 노동운동은 사회적 차별에 대한 저항의 가능성을 소거당하면서 선택적 차별적으로 체제에 포섭되는 과정에 놓이게 된다.

참고문헌

1. 사료

《西遊見聞》.

《國民小學讀本》.

《독립신문》.

《皇城新聞》.

《大韓每日申報》.

《太極學報》.

《勞動夜學讀本》.

2. 연구서

국사편찬위원회 편, 1991, 《한민족독립운동사》 9, 과천: 국사편찬위원회.

김경일, 2014, 《노동》, 서울: 도서출판 소화.

발터 벤야민, 최성만 역, 2009, 〈역사의 개념에 대하여〉, 〈'역사의 개념에 대하여' 관련 노트들〉, 《발터벤야민 선집》 5, 서울: 도서출판 길.

콘라트 파울 리스만 편저, 민프레트 퓔사크 지음, 윤도현 역, 2014, 《노동》, 서울: 이론과실천.

콘체 베르너, 이진모 역, 2014, 《코젤렉의 개념사 사전, 노동과 노동자》, 서울: 푸른역사.

한나 아렌트, 이진우·태정호 역, 1996, 《인간의 조건》, 서울: 한길사.

황호덕·이상현 편, 2012, 《한국어의 근대와 이중어사전2 — 언더우드, 한영자전(1890)》, 서울: 박문사.

황호덕·이상현 편, 2012, 《한국어의 근대와 이중어사전3 — 스콧, 영한자전(1891)》, 서울: 박문사.

3. 논문

강재순, 2004, 〈한말 유길준의 실업활동과 노동관〉, 《역사와 경제》 50.

김기승, 1987, 〈白巖 朴殷植의 思想的 變遷過程 — 大同思想을 중심으로〉, 《歷史學報》 114.

김윤희, 2009, 〈근대 국가구성원으로서의 인민 개념 형성(1876-1894) — 民=赤子와 《西遊見聞》의 인민〉, 《역사문제연구》 21.

김종진, 2004, 〈개화기 이후 독본 교과서에 나타난 노동담론의 변모 양상〉, 《한국어문학연구》 42.

김현주, 2008, 〈'노동(자)', 그 해석과 배치의 역사 — 1890년대에서 1920년대까지〉, 《상허학보》 22.

박길성, 1999, 〈맑스주의의 경제사회학 전통 — 노동, 계급, 역사, 그리고 제도〉, 《한국사회》 2.

박주원, 2006, 〈1900년대 초반 단행본과 교과서 텍스트에 나타난 사회담론의 특성〉, 《근대계몽기 지식인의 발견과 사유 지평의 확대》, 서울: 소명출판.

배수찬, 2006, 〈《노동야학독본》의 시대적 성격에 대한 연구 — 지식 체계와 교재의 구성방식을 중심으로〉, 《국어교육》 119.

성숙경, 2008, 〈대한제국기 '게으른 조선인' 담론과 근대적 노동자 만들기〉, 《韓國史學報》 31.

신종화, 2009, 〈근대적 노동관과 새로운 사회구조의 충돌〉, 《한국학논집》 38.

양운덕, 1990, 〈헤겔과 맑스의 노동 개념〉, 《현상과 인식》 13-4.

윤진호, 2012, 〈대한제국기 '노동회'의 성격과 활동에 관한 연구 — 한국 노동운동의 기원과 관련하여〉, 《경제발전연구》 18-1.

이훈상, 1994, 〈구한말 노동야학의 성행과 유길준의 《노동야학독본》〉, 《두계 이병도 박사 구순기념논총》, 서울: 지식산업사.

정숭교, 1995, 〈1904-1910년 자강운동의 국민교육론〉, 《韓國史論》 33.

조윤정, 2013, 〈노동자 교육을 둘러싼 지식의 결합과 계몽의 정치성 — 유길준의 《노동야학독본》 고찰〉, 《人文論叢》 66.

최호영, 2014, 〈야나기 무네요시의 생명사상과 1920년대 초기 한국시의 공동체문제〉, 《일본비평》 11호.

3부

원문 역주와 번역

世界大勢論

일러두기

1. 《世界大勢論》은 《兪吉濬全書 Ⅲ: 歷史編》(兪吉濬全書編纂委員會 編, 一潮閣, 1971) 1~121쪽에 수록되어 있는 내용을 저본으로 삼아 입력하고 번역한 것이다.
2. 《世界大勢論》의 전반부인 〈인종의 차이〉부터 〈세계역사일반〉까지는 김희연, 후반부인 〈세계대세일반〉부터 〈사계절〉까지는 박한민이 각각 역주 작업을 하였다.
3. 역주자가 《世界大勢論》에 등장하는 한자 지명이나 국가명을 확인하고 옮기는 과정에서 중국 측에서 발간된 《海國圖志》 교주본(陳華·常紹溫·黃廣云·張廷茂·陳文源 点校註釋, 岳麓書社, 1998)을 참고하였으며, 그 내용을 각주에 반영해 두었다.
4. 〈세계대세일반〉에 언급되고 있는 지리의 경우, 《世界大勢論》 저술 이후에 발간되기 시작한 《漢城旬報》의 각국 관련 기사와의 관련성을 비교해 본다는 차원에서 해당 내용에 각주를 달아 두었다. 〈세계대세일반〉에 등장하는 각국의 배치와 소개 순서는 전반적으로 우치다 마사오(內田正雄)의 저작인 《輿地誌略》 각 권에서 소개하고 있는 내용 배치를 따르면서 이를 간략하게 요약하였던 것으로 보인다.
5. 유길준이 《世界大勢論》을 저술하면서 내용상 일치하는 구절이 확인되는 부분의 경우, 해당 내용의 원문에 밑줄을 치고 각주를 달아 참고하였던 서지를 확인할 수 있도록 배치하였다.

人種殊異

大槪 世界萬國에 節序의 寒暄이 各殊ᄒᆞ고 土地의 饒瘠이 各異ᄒᆞ며 또 古來 習慣이 又各不同ᄒᆞᆫ 故로 各國人民의 衣食居處와 밋 國風人情이 俱非一樣이라 其殊異中最可注觀者ᄂᆞᆫ 曰 人種의 殊異며 曰 宗教의 殊異며 曰 言語의 殊異며 曰 政治의 殊異며 曰 衣食居處의 殊異며 曰 改化의 殊異라

世界中 人民의 外貌骨格이 各相不同ᄒᆞ야 許多種類가 이스나 그러ᄒᆞ나 大綱五種에 區別ᄒᆞ니라 人種이라[1] 第一은 亞細亞人種이니 又稱 黃色人種이라 頭顱가 稍方ᄒᆞ고 顔面이 平廣ᄒᆞ며 顴骨이 秀ᄒᆞ고 鼻不高ᄒᆞ며 皮膚ᄂᆞᆫ 黃土色이요 頭髮이 多ᄒᆞ며 漆黑ᄒᆞ고 鬚髯이 少ᄒᆞ고 或 업ᄂᆞᆫ 者도 이스며 身体[體]ᄂᆞᆫ 長大치 못ᄒᆞ니 大槪 亞細亞洲 中部 朝鮮 日本 支那 安南 等 諸國人民이 此種에 屬ᄒᆞ니라

第二ᄂᆞᆫ 歐羅巴人種이니 又稱 白色人種이라 顱骨이 正圓에 近ᄒᆞ고 顔面이 畧干橢圓ᄒᆞ며 前額이 直立ᄒᆞ고 鼻甚隆ᄒᆞ며 其梁이 亦隆ᄒᆞ고 顴骨이 不突出ᄒᆞ며 口唇이 不大ᄒᆞ고 身体가 長大ᄒᆞ며 肌膚ᄂᆞᆫ 卵白色에 淡紅을 帶ᄒᆞ고 頭髮은 黃褐色이요 眼睛은 碧色을 帶ᄒᆞ야스니 歐羅巴洲 와 밋 亞細亞西部 亞米利加北部에 棲息ᄒᆞᆫ 人民과 밋 此等地로서 他地에 移住ᄒᆞᆫ 人民이 皆 此種에 屬ᄒᆞ니라

第三은 巫來由人種이니 又稱 棕色人種이라 顱項이 稍狹ᄒᆞ며 面廣ᄒᆞ고 顴骨이 秀ᄒᆞ며 身体가 不長大ᄒᆞ고 肌膚ᄂᆞᆫ黃褐色이요 頭髮은 多且黑ᄒᆞ고 剛堅치 못ᄒᆞ니 印度諸島와 밋 巫來由半島의 土人이 此屬이라[2]

---

1 원문에는 이 뒤에 '頭顱'가 쓰여 있으나 문맥상 부적절하다. 바로 옆 줄의 글자를 중복해서 쓴 듯하다.

2 원문에는 이 뒤에 '利加人種이니'가 쓰여 있다.

第四는 亞弗利加人種이니 又稱 黑色人種이라 腦骨이 狹ᄒᆞ고 左右上尖ᄒᆞ며 前額이 傾且聳ᄒᆞ고 顴高ᄒᆞ며 鼻低ᄒᆞ되 其孔은 大ᄒᆞ고 口唇은 厚且大ᄒᆞ고 前面은 突出ᄒᆞ며 肌膚는 漆黑色이요 頭髮은 必縮捲ᄒᆞ니 此人種은 亞弗利加와 밋 大洋兩洲의 土人이라

第五는 亞米利加 人種이니 又稱銅色人種이라 髗骨이 亞細亞洲 人種과 稍似ᄒᆞ니 顴骨이 秀ᄒᆞ고 面廣不平ᄒᆞ며 目陷[=陷]ᄒᆞ고 鼻廣且低ᄒᆞ며 肌膚는 赤銅色갓트니 亞米利加 本土人種이 卽此人種이라

以上 所論ᄒᆞ야 區別ᄒᆞᆫ 人種이 其本種所屬土人은 判然可別이나 그러ᄒᆞ나 兩種이 混交ᄒᆞ야 其中兩間種類을 生ᄒᆞ고 其子孫이 또 他人種과 混交ᄒᆞ야 生ᄒᆞ는 時는 何種에 屬ᄒᆞᆯ지 不可判別ᄒᆞ고 又氣候食物等의 殊異을 因ᄒᆞ야 同人種이라도 其色形이 一㨾[=樣]아닌 者가 잇는 故로 土地로써 以上區別을 推看ᄒᆞ미 不可ᄒᆞ니라

宗教殊異[3]

宗教의 殊異는 國家利害에 關係호 事가 不小[4]ᄒᆞ니 大槪 人生의 灵秀호 理致을 分辨호則 精神과 形体의 二大具라 宗教는 精神에 屬ᄒᆞ고 技術은 形体에 屬ᄒᆞ니 緣故로 技術로써 形体을 管配ᄒᆞ고 宗教로써 精神을 管配ᄒᆞᄂᆞ니 形体을 管配홀 者는 技術을 採用ᄒᆞ기에 止ᄒᆞ거니와 精神을 管配홈은 宗教의 奴隷가 되ᄂᆞ니 宗教을 爲ᄒᆞ야 忘國忘家ᄒᆞ기에 至ᄒᆞ는 者가 잇는지라 宗教의 殊異홈이 이갓트니 엇지 國家利害에 關係치 아니하리요

從要컨ᄃᆡ 各國에 本來相傳ᄒᆞ는 宗教잇서 教育을 勉勵ᄒᆞ야 倫紀을 紊亂치 아니ᄒᆞ게 ᄒᆞ는지라 是故로 各國이 唯當本在宗教을 固守ᄒᆞ고 他國宗教의 傳播ᄒᆞ믈 防禦ᄒᆞ야 自國人民으로ᄒᆞ여곰 他國宗教의 奴隷되지 말게 홀거시니 此事가 엇지 有志者에 任責이 아니리오 世界中 宗教種類가 不啻十百이라 有國ᄒᆞ면 반다시 其國本來宗教가 이스며 或 其國本來宗教가 업고 他國宗教을 採用홈이 日久月深ᄒᆞ야 本國宗教라 稱ᄒᆞ기을 我國의 儒教는 中國에 取호 者며 日本의 佛教는 印度에 取호 者갓치 세대가 久遠ᄒᆞ고 人民이 尊信호則 本國宗教와 無異ᄒᆞ니 엇지 本國宗教 아니라ᄒᆞ리오 大槪 各 宗教의 立教本義을 보건ᄃᆡ 勸善懲惡ᄒᆞ는데 過치 아니ᄒᆞᄂᆞ니 그라호 故로 반다시 言天言神ᄒᆞ야 冥冥不知中에 禍福을 託之[定]ᄒᆞ고 下民의 不善不義의 行實을 禁止ᄒᆞ며 曰忠曰孝의 倫理을 勸勉함이니 現今에 盛行ᄒᆞ는 者을 左에 揭載ᄒᆞ노라

儒教는 我國과밋 中原等에 盛行ᄒᆞ고[5] 佛教는 印度의 錫蘭島[6]와밋 后印度 中

---

3 이 편은 특히 원문에 앞뒤 내용의 자구를 중복하여 쓴 오류가 많은데, 각주로 표시해 둔다.

4 少로 써야 적절할 듯 하나 원문에 小로 기록되어 있다.

5 원문에 이 다음에 "原我國 日本"이라 하여 뒤 내용과 중복된 내용이 기록되어 있다.

6 스리랑카: 스리랑카는 인도 남단에 위치한 작은 섬나라로, 탐바빤니(Tambapanni, 銅

原 我國日本國等에 盛行ᄒᆞ고[7] 波羅門教[8]ᄂᆞᆫ 前印度에 盛行ᄒᆞ고[9] 耶蘇旧教ᄂᆞᆫ또 天主教라 名ᄒᆞ니 新教行ᄒᆞ는 地에 同行ᄒᆞ고[10] 耶蘇新教ᄂᆞᆫ 歐羅巴亞墨利加兩洲에 盛行ᄒᆞ고 希臘教ᄂᆞᆫ 魯西亞에 行ᄒᆞ며또 土耳其와 希臘人民이 尊奉ᄒᆞᄂᆞᆫ 者가 多ᄒᆞ고[11] 猶太教ᄂᆞᆫ 歐米兩洲中猶太人이라 名ᄒᆞᄂᆞᆫ 人民이 此教을 奉ᄒᆞ니 兩洲各國에 散在ᄒᆞᆫ 猶太人을 各國人民이 甚히 賤待ᄒᆞᄂᆞ니라[12] 回回教ᄂᆞᆫ 土耳其와 亞拉比亞等이 盛行ᄒᆞ나니라[ᄒᆞ][13] 此外ᄂᆞᆫ 不暇枚擧ᄒᆞ노라[14]

葉洲), 랑카섬(Lankadipa, 楞伽島)으로 불리기도 했다. 스리랑카는 일찍이 사자와의 인연으로 건국되었기 때문에 師子洲(Sinhara)-獅子國-실론(Ceylon, 錫蘭島)이라 불리기도 한다. 1972년 6월부터 현재 국명인 스리랑카(Sri-Lanka)를 사용하고 있는데, 이는 '번영하는 랑카섬'이라는 뜻이다.

7 원문에 이 다음에 "錫蘭島와및后印度中原我國日"라고 앞 내용과 중복된 내용이 기록되어 있다.

8 브라만교: 고대 인도에서 브라만 계급을 위주로 《베다》를 근거로 하여 생성된 종교로 한자어로 바라문(婆羅門)이며 특정 교조가 없는 것이 특징이다. 브라만교는 힌두교 및 기타 인도 종교의 바탕이 된 종교다. 여기서 유길준은 힌두교를 지칭한 것으로 보인다.

9 원문에 이 다음에 "新教行ᄒᆞ는地에"라고 뒷 내용과 중복된 내용이 기록되어 있다.

10 원문에 이 다음에 "ᄂᆞᆫ또天主教라名ᄒᆞ니新教行ᄒᆞ는地에"라고 앞 내용과 중복된 내용이 기록되어 있다.

11 원문에 이 다음에 "猶太人이라名ᄒᆞᄂᆞᆫ人民이"라고 뒷 내용과 중복된 내용이 기록되어 있다.

12 원문에 이 다음에 "에散在ᄒᆞᆫ猶太人을各國人"라고 앞 내용과 중복된 내용이 기록되어 있음.

13 여기의 ᄒᆞ는 원문 오류로 보인다. 문맥상 들어가지 않는 것이 적절하다.

14 원문에 이 다음에 "그란故로人事가漸多"라고 뒷부분의 언어수이 내용과 중복된 내용이 기록되어 있다.

言語殊異

言語ᄂᆞᆫ 意思의 聲音이라 그라ᄒᆞᆫ故로 人事가 漸漸多端ᄒᆞᆫ則 人의 意思가 漸漸繁多ᄒᆞ고 言語가 漸漸增加ᄒᆞᄂᆞ니 ᄯᅩ 言語ᄂᆞᆫ 交通ᄒᆞᄂᆞᆫ 機具라 그라ᄒᆞᆫ故로 交通이 漸漸盛大ᄒᆞᆫ則 各國人民의 談話가 夥多ᄒᆞ고 言語가 漸漸混淆ᄒᆞ리니 從要ᄒᆞ건ᄃᆡ 年月을 經過ᄒᆞᆫ則 語葉은 倍倍增加ᄒᆞ고 語種은 漸漸減小ᄒᆞᆯ 者이나 그러ᄒᆞ나 現時에 世界中 用行ᄒᆞᄂᆞᆫ 言語種類가 如左ᄒᆞ니라

亞細亞洲 一百五十三種이요

歐羅巴洲 五十三種이요

亞弗利加洲 一百十四種이요

亞墨利加洲 四百二十三種이요

大洋洲 一百十七種이라ᄒᆞ니

大槪人民이 잇슨則 반다시 言語가 잇고 言語가 이스면 반다시 文字가 이스나 그러ᄒᆞ나 言語만 잇고 文字업ᄂᆞᆫ 國도 이스며 文字가 잇서도 其用 甚히 不便한 者가 多ᄒᆞ니 盖 文字ᄂᆞᆫ 言語의 符号니 문자의 善美ᄒᆞᆫ 者ᄂᆞᆫ 人智의上達ᄒᆞᆷ를 從ᄒᆞ야 發起成就ᄒᆞᆫ 者이라

今 世界中 在有ᄒᆞᆫ 文字種類가 言語와 갓치 幾百種類나 그러ᄒᆞ나 其法을 分別ᄒᆞᆫ則 二法에 過치 아니하ᄂᆞ니 一字로써 一語一物을 表ᄒᆞᄂᆞᆫ 者도 이스며 一字로 一音을 表ᄒᆞ고 此音을 連綴ᄒᆞ야 一語一物을 表ᄒᆞᄂᆞᆫ 者도 이스니 假令漢文은 一字로 一語一物을 表ᄒᆞᄂᆞᆫ 者요 本國文은 一字로 一音을 表ᄒᆞ고 連音ᄒᆞ야 一語一物을 表ᄒᆞᄂᆞᆫ 者이니 漢文은 甚히 靈妙하나 字數가 衆多ᄒᆞᆫ 故로 他國人이 學成ᄒᆞ기 甚難且久ᄒᆞ고 本國文은 字數가 些少ᄒᆞᆫ 故로 他國人이라도 學得ᄒᆞ기 甚便且易ᄒᆞ니 夫文字ᄂᆞᆫ 言語의 符号라 言語가 世代을 經過ᄒᆞ며 年月이 久遠ᄒᆞᆯ슈록 增加ᄒᆞᄂᆞᆫ 者이니 文字도 亦然ᄒᆞᆷ이 明白ᄒᆞᆫ 證據라 그라ᄒᆞᆫ 故로 一語

一物을 一字로 表ᄒᆞᄂᆞᆫ 文字ᄂᆞᆫ 超等[15]ᄒᆞᆫ 才智 아니면 悟解ᄒᆞ기 甚難ᄒᆞ니 無論 何等語物ᄒᆞ고 數字連音ᄒᆞ야 隨意記表ᄒᆞᆷ이 最爲便利ᄒᆞᆫ 者이라

15 원문에서 等 앞의 글자가 잘 보이지 않으나 문맥으로 미루어 보아 뛰어넘을 초(超)로 추정하였다.

政治殊異

政治의 殊異가 亦多ᄒᆞ나 그러ᄒᆞ나 其体을 分別ᄒᆞᆫ則 二法에 過치 아니ᄒᆞᄂᆞ니 曰 多人政治며 曰 少人政治라 少人政治가 三種이 이스니 左에 揭載ᄒᆞ노라

第一은 君主專制니 君主의 權威가 無限ᄒᆞ야 國中 土地人民을 私有ᄒᆞ고 生殺與奪ᄒᆞᄂᆞᆫ 權이 其掌握에 在ᄒᆞ야 其命令이 正理을 違ᄒᆞ며 公道을 背ᄒᆞ야도 人民이 莫敢異議ᄒᆞᄂᆞ니 亞墨利加와 亞細亞諸國에 多有ᄒᆞ니라

第二ᄂᆞᆫ 君主專治니 一姓相傳ᄒᆞ야 自成法律ᄒᆞ고 君主威權이 限域이 有ᄒᆞ니 君主가 自戒自守ᄒᆞ야 人民의 歡心을 不失ᄒᆞ고ᄌᆞ ᄒᆞ며 自己의 德化을 宣布ᄒᆞ고ᄌᆞ ᄒᆞ나 然ᄒᆞ나 一國을 私有ᄒᆞᆷ으로써 主義을 삼ᄂᆞᆫ 法은 前者와 無異ᄒᆞ니 魯西亞等 諸國의 政治라

第三은 貴族政治니 國內貴族이 累世政權을 掌握ᄒᆞᆷ을 云ᄒᆞᆷ이라 그라ᄒᆞᆫ 故로 一定ᄒᆞᆫ 國君이 업고 數人貴族이 合議ᄒᆞ야 行政ᄒᆞ나 그러ᄒᆞ나 貴族의 一國을 私有ᄒᆞᆷ과 갓튼 故로 人民을 奴隷ᄒᆞ기에 至ᄒᆞ야ᄂᆞᆫ 秋毫도 前二者와 無異ᄒᆞ니 此政治을 當時에 行ᄒᆞᄂᆞᆫ 자 업고 昔時에 多有ᄒᆞ니 以上 三者을 少人政治라 云ᄒᆞᄂᆞᆫ 者ᄂᆞᆫ 全國多數人民中에 政治에 參與ᄒᆞᄂᆞᆫ 者가 少數人員이라 反此ᄒᆞ야 全國人民이 政治에 公同參與ᄒᆞᄂᆞᆫ 者을 多人政治라 云ᄒᆞ니 其体가 二種이라 左에 揭載ᄒᆞ노라

第一은 君民同治니 君主가 在上ᄒᆞ야 萬民을 統轄ᄒᆞᄂᆞᆫ 法은 如前ᄒᆞ나 그러ᄒᆞ나 敢히 天下을 私有ᄒᆞ지 못ᄒᆞ고 반다시 公明正大ᄒᆞᆫ 憲法을 確定ᄒᆞ야 國民으로 ᄒᆞ야곰 一同國政에 參與ᄒᆞ게 ᄒᆞ니 此卽立憲政治라

第二ᄂᆞᆫ 共和政治니 君主의 血統으로 相傳繼承ᄒᆞ지 아니ᄒᆞ고 國中에 士民의 分別이 업스며 有德君子을 選擧ᄒᆞ야 在位年限을 定ᄒᆞ고 萬機을 統轄ᄒᆞ게 ᄒᆞᄂᆞ니 此職을 大統領이라 号ᄒᆞ고 其他ᄂᆞᆫ 前者와 갓치 憲法을 確定ᄒᆞ고 政令을 率由遵行ᄒᆞᄂᆞ니 國民이 政治에 一同參與ᄒᆞ니라

盖邦國各有國体ᄒᆞ니 決斷코 變更ᄒᆞᆷ이 可치 아니ᄒᆞ나 그러ᄒᆞ나 政治가 國体에 不適ᄒᆞᆫ 者ᄂᆞᆫ 政治의 善否을 議論ᄒᆞᆷ이 宗教의 善否을 議論ᄒᆞᆷ과 갓타서 共歸無益ᄒᆞᄂᆞ니 但 當此國에 適宜ᄒᆞᆯ 政治[을 — 역자 삽입] 問ᄒᆞ미 可ᄒᆞᆫ지라 泰西史冊을 考覽ᄒᆞ건ᄃᆡ 少人政治을 改ᄒᆞ야 多人政治을 設ᄒᆞᆫ 者가 多ᄒᆞ니 由此比觀ᄒᆞ면 多人政治가 少人政治보단 善美ᄒᆞᆷ을 可知ᄒᆞᆯ 者이라

衣食居處殊異

衣食居處는 土地肥瘠과 時候寒暖을 從ᄒᆞ야 各有殊異ᄒᆞ니 其殊異는 人智의 發達과 國財의 消長에 関係ᄒᆞᆫ 事가 不少ᄒᆞᆫ 故로 其大畧을 左에 擧ᄒᆞ노라

炎熱地方은 四時에 自然히 果實이 多有ᄒᆞ야 勞力ᄒᆞ지 아니ᄒᆞ고 天然ᄒᆞᆫ 食物을 仰ᄒᆞ야 生活ᄒᆞᆷ을 得ᄒᆞᄂᆞᆫ 故로 漁獵의 事을 經營치 아니ᄒᆞ고 ᄯᅩ 耕作ᄒᆞᄂᆞᆫ 事을 服勤치 아니ᄒᆞ며 其氣候가 恒常熏暎[暖]ᄒᆞᆫ 故로 禦寒ᄒᆞᆯ 衣服을 要求ᄒᆞ지 아니ᄒᆞᆯ ᄲᅮᆫ이 아니라 人民의 習性이 長時怠惰ᄒᆞᄂᆞ니 이갓튼 地面에 居處ᄒᆞ야 一直衣食의 用心업고 朦然히 度世ᄒᆞᄂᆞᆫ 故로 開化■[16]境에 進步ᄒᆞ지 못ᄒᆞ니 印度와 밋 東印度諸島의 人種이 卽此요 又其中果實이 豊饒치 못ᄒᆞᆫ 地方은 虫類와 魚介만 食ᄒᆞᄂᆞᆫ 人種이 有ᄒᆞ니라[17]

沍寒ᄒᆞᆫ 地方은 草水의 蕃植이 稀少ᄒᆞ고 耕作이 不成ᄒᆞᆫ 故로 魚鳥海獸의 類을 獵ᄒᆞ야ᄡᅥ 其活計을 經營ᄒᆞ고 又 嚴冬에ᄂᆞᆫ 獸皮을 被ᄒᆞ고 土中에 穴居ᄒᆞ야 俚/惮[憚][18]免寒氣ᄒᆞᄂᆞ니 盖嗹屬亞墨利加의 土人갓튼 者가 自初로 智識을 講求치 아니ᄒᆞ며 富饒을 經營치 아니ᄒᆞ니라

溫和地方에ᄂᆞᆫ 前二者와 갓치 沍寒ᄒᆞ지도 아니ᄒᆞ고 炎熱ᄒᆞ지도 아니ᄒᆞ니 此地에 居住ᄒᆞᆫ 人民은 可謂天幸大福이나 그러ᄒᆞ나 土地가 曠漠ᄒᆞᆫ 沙磧이 間間多有ᄒᆞ니 其處人民은 耕作이 不便ᄒᆞ야 大概 獸畜牧養ᄒᆞᆷ으로 為業ᄒᆞ고 水草을 追逐ᄒᆞ야 居處을 不得不轉徙ᄒᆞ고 其豊饒ᄒᆞᆫ 地面에ᄂᆞᆫ 人力을 少勞ᄒᆞᆫ則 利益을 大

---

16 이 부분은 글자를 식별하기 어렵다.

17 內田正雄의 《與地誌畧》 券1 〈衣食ノ需用及ヒ開化ノ等級〉 내용을 번역한 내용이다. 하지만 원문과 달리 野蠻이란 표현을 人種으로 바꾸어 옮긴 점이 눈에 띈다.

18 원문에 惮인지 憚인지 식별하기 어렵다.

得ᄒᆞᄂᆞᆫ 故로 農功을 興ᄒᆞ며 器械을 製ᄒᆞ고 其事을 勤勵ᄒᆞ며 其業을 務勉ᄒᆞ야 其始初에 一定ᄒᆞᆫ 土地에 住ᄒᆞ고 次次로 村落을 成ᄒᆞ며 從此ᄒᆞ야 邦國을 逮[建]ᄒᆞ기에 至ᄒᆞ니 故로 世界中最先耕作業을 創始ᄒᆞᆫ 者ᄂᆞᆫ 溫暵[暖]地方에 居ᄒᆞᆫ 人民이요 爾後 漸漸進步ᄒᆞᆫ 者도 溫暵地方의 人民이니 我國이 ᄯᅩᄒᆞᆫ 溫帶中 一國이요 他歐羅巴諸國과 밋 亞墨利加合衆國等이 皆然ᄒᆞ니라

衣服의 制度ᄂᆞᆫ 熱國은 草木의 纖絲을 用ᄒᆞ고 寒國은 獸皮을 用ᄒᆞ고 溫帶諸國은 二者을 並用ᄒᆞᄂᆞᆫ 중에 器械와 人力으로ᄡᅥ 製造縫織ᄒᆞ야 用ᄒᆞᄂᆞᆫ 故로 質良ᄒᆞ고 形美ᄒᆞ니라

宮室의 製作은 寒國에서ᄂᆞᆫ 土中에 穴居ᄒᆞ고 熱國에서ᄂᆞᆫ 樹木의 蔭과 又或空洞ᄒᆞᆫ 處에 住ᄒᆞ고 或 樹幹草葉으로ᄡᅥ 茅屋板舍을 作ᄒᆞᄂᆞᆫ 者도 이스며 又 曠野에 轉居ᄒᆞᄂᆞᆫ 者ᄂᆞᆫ 帳幕을 設ᄒᆞ고 其中에 住ᄒᆞ며 溫和地方 諸國은 開化進步ᄒᆞ야[19] 當時에 木造石造鐵造等 極美麗極便利ᄒᆞᆫ 百樣製造가 이스니 大畧如右ᄒᆞ니라[20]

19 원문에는 옆에 무엇인가 표기가 있으나 글자를 식별하기 어렵다.

20 원문에 이 다음에 "便利ᄒᆞᆫ百樣製造가이스니大畧"라고 앞 내용과 중복된 내용이 기록되어 있다.

開化殊異

開化殊異ᄂᆞᆫ 四級에 分ᄒᆞ니라

第一은 野蠻이니 人類中에 最爲下等이라 人倫을 不知ᄒᆞ며 知覺이 最少ᄒᆞ고 唯男女情慾과 飢時求食ᄒᆞᄂᆞᆫ 外에ᄂᆞᆫ 他事을 不行ᄒᆞ며 其産業ᄂᆞᆫ 漁獵에 止ᄒᆞ고 他種伙物이 업스며 또 同類中에 酋長이 잇고 또 地方을 因ᄒᆞ야 其風化가 淺深이 이스니 其一은 澳大利亞와 밋 南亞墨加洲에 土着人種等이니 廣漠[21]ᄒᆞᆫ 山野며 或荒凉ᄒᆞᆫ 海濱에 裸體跣足ᄒᆞ고 魚介及虫類을 食ᄒᆞ며 粒食을 不知ᄒᆞ고 林木空洞處와 밋 土中에 穴居ᄒᆞ며 又或 獸皮을 被ᄒᆞ며 夏日은 踈畧[略]ᄒᆞᆫ 芽舍에 住居ᄒᆞᄂᆞᆫ 者 等이며 其二ᄂᆞᆫ 漁獵을 從事ᄒᆞ고 海濱或河邊에 住居ᄒᆞ야 魚肉獸肉으로 食料을 삼고 獸皮을 被ᄒᆞ며 冬月은 土中에 穴居ᄒᆞ고 部落이 互相交通ᄒᆞ야 前者보단 稍勝ᄒᆞᆫ 者며 其三은 北亞墨加洲의 土人等이니 獸獵으로 生業을 삼고 恒常猛獸와 格鬪ᄒᆞ야 猛悍ᄒᆞᆫ 風俗이 이스며 婦人은 或 農業을 經營ᄒᆞᄂᆞᆫ 者도 有ᄒᆞ야써 部落을 成立ᄒᆞᆫ 者니라

第二ᄂᆞᆫ 未開니 野蠻보단 一進ᄒᆞᆷ믈 未開라 云ᄒᆞᆷ이니 大槪 知覺이 稍進ᄒᆞ야 人人이 各各伙物이 이스나 然이나 其地에서 製造ᄒᆞᄂᆞᆫ 貨幣가 업ᄂᆞ니 其中에 또ᄒᆞᆫ 開化의 淺深이 잇ᄂᆞᆫ지라 其一은 遊牧ᄒᆞᄂᆞᆫ 人民이니 亞細亞洲內地 亞拉比亞 西比利亞等地에서 其牧養ᄒᆞᄂᆞᆫ 獸畜과 갓치 曠野에 住ᄒᆞ야 家居을 不營ᄒᆞ고 帳幕으로써 雨露을 防禦ᄒᆞ고 農業을 不事ᄒᆞᄂᆞ니 盖 牧畜은 水草을 從ᄒᆞᄂᆞᆫ 故로 所居地에 水草가 乏絶ᄒᆞᆫ則 部衆이 皆他處에 轉居ᄒᆞᄂᆞᆫ 者며 其二ᄂᆞᆫ 牧羊이니 牧羊으로 生業을 삼아 村落을 成立ᄒᆞ고 二三年間에 住居ᄒᆞᄂᆞᆫ 者가 이스나 그러ᄒᆞ나 長久ᄒᆞᆫ村落을 經營ᄒᆞ지 아니ᄒᆞ니 亞拉比亞亞業加坦[22]에 在ᄒᆞᆫ 者며 其

21 원문에 廣 뒤 글자는 식별하기 어려우나 문맥상 廣漠으로 추정하였다.

22 亞業加坦은 亞業加斯坦에서 한 글자가 빠진 것이 아닐까 추정하였다. 참고로 《漢城

三은 農業을 營作ᄒᆞ며 獸畜도 牧養ᄒᆞ고 ᄯᅩ 漁獵도 從事ᄒᆞ니 其中에 物品을 製造ᄒᆞ며 商事을 經營ᄒᆞ기에 至ᄒᆞᆫ 者도 이스니 此種人民은 亞弗利加洲의 土人이 多ᄒᆞ고 或 文字 잇ᄂᆞᆫ 者도 이스며 업ᄂᆞᆫ 者도 잇고 部落의 大ᄒᆞᆫ 者ᄂᆞᆫ 足히 邦國을 成立ᄒᆞᆯ 者가 이스니 其中에 法律이 自存ᄒᆞ야 酋長의 命令을 服從ᄒᆞ나 그러ᄒᆞ나 殘忍ᄒᆞᆫ 風俗과 强暴ᄒᆞᆫ 習性이 夥多하야 他部落을 掩襲 其家貨人畜을 鹵掠ᄒᆞ며 奴隷을 賣買ᄒᆞ[23]야써 生業을 삼ᄂᆞᆫ 者가 多有ᄒᆞ며 ᄯᅩ 前印度와 밋 亞細亞內[24]地에 此種이 多存ᄒᆞ니라

第三ᄂᆞᆫ 半開니 農工商等事이 共行ᄒᆞ고 技述文學을 講習ᄒᆞ며 他國과 貿易의 道을 經營ᄒᆞ고 品物을 製作ᄒᆞ며 産物을 出ᄒᆞ고 鑛山을 開ᄒᆞ며 ᄯᅩ 禮義을 重히 ᄒᆞᄂᆞᆫ 風習이 有ᄒᆞ야 未開ᄒᆞᆫ 人民에게 比ᄒᆞᆫ則 其開化等級이 幾層上에 在ᄒᆞ니 亞細亞東部와 밋 亞細亞西部며 波斯 歐羅巴 土耳其等國갓튼 者니 大概 半開ᄒᆞᆫ 人民의 固有習俗은 一總舊法을 膠守ᄒᆞ고 開化에 進步ᄒᆞ기을 希望치 아니ᄒᆞ고 自尊ᄒᆞᄂᆞᆫ 心이 太多ᄒᆞ며 自恃ᄒᆞᄂᆞᆫ ■[25]이 太過ᄒᆞ야 其生覺에써 ᄒᆞ되 自己의 國이 世界中 第一이요 他國은 皆 夷狄이라 名ᄒᆞ야 自己보단 勝優ᄒᆞᆫ 事物이 有ᄒᆞ야도 傚則事ᄒᆞ지 아니ᄒᆞ고 貴族은 平民을 蔑視ᄒᆞ며 男子ᄂᆞᆫ 女人을 賤待ᄒᆞ고 器械을 粗造ᄒᆞ야 人力을 勞苦ᄒᆞ며 坐談이 勝ᄒᆞ고 實事에 昧ᄒᆞ며 人情交際ᄂᆞᆫ 其外面은 溫厚ᄒᆞ나 其中心은 殘忍ᄒᆞᆫ 者가 多ᄒᆞ고 ᄯᅩ 全國中 온갓 事務ᄂᆞᆫ 皆君主政府에서 決斷ᄒᆞ고 人民은 政治에 參預ᄒᆞᄂᆞᆫ 權을 不授ᄒᆞᆷ으로써 通例을 삼으니 此ᄂᆞᆫ 文明ᄒᆞᆫ 人民과 所異ᄒᆞᆫ 處나 然ᄒᆞ나 宗[實]狀은 人民을 教育ᄒᆞ지 못ᄒᆞ여 智識이 高明치 못ᄒᆞᆫ 然故로 參政權을 與ᄒᆞᆫ則 國政이 反致紊亂ᄒᆞ나니라

第四ᄂᆞᆫ 文明이니 半開地位을 脫ᄒᆞ고 一進ᄒᆞᆫ則 文明이니 文明이라 ᄒᆞᄂᆞᆫ 者

旬報》 1883년 10월 31일 〈洲洋에 대해 論함〉 기사에는 亞業加斯坦이라고 나와 있다.

23 원문에 잘 보이지 않아 문맥상 추정하였다.

24 원문에 잘 보이지 않아 문맥상 추정하였다.

25 원문에 心+辟 자인데 미상이다. 문맥상 버릇 벽(癖/擗)이 적당하다고 추정된다.

는 農工商의 諸業이 盛大ᄒᆞ고 文學技術에 篤實ᄒᆞᆷ이니 歐洲諸國과 밋 亞墨利加合衆國갓튼 者을 云ᄒᆞᆷ이라 此民의 工用은 造化力의 壓制을 不受ᄒᆞ고 學術로써 勉勵ᄒᆞ야 物■[26]를 輔成ᄒᆞ며 旧法과 門地을 尊崇치 아니ᄒᆞ고 賢明과 學術을 貴重히 ᄒᆞ며 其人情風俗國体는 不同ᄒᆞ나 그러ᄒᆞ나 大概 虛飾ᄒᆞ는 模樣이 少ᄒᆞ고 廉恥의 風이 多ᄒᆞ며 法令이 明白ᄒᆞ고 刑罰이 寬嚴ᄒᆞ니 政治는 多數에 決ᄒᆞ나니라

右 開化을 四級에 分ᄒᆞ야스나 然ᄒᆞ나 大体 開化는 流水의 本源과 갓튼 者라 流ᄒᆞᆯ슈록 漸大ᄒᆞ고 墜石의 速力과 갓ᄒᆞᆫ 者라 降ᄒᆞᆯ슈록 倍增ᄒᆞ나니 然則 階級을 設ᄒᆞ야 言ᄒᆞᆫ 者는 隨意區劃ᄒᆞ는데 過치 아니ᄒᆞᆷ이니 從要ᄒᆞ건ᄃᆡ 文名과 半開며 半開와 未開며 ᄯᅩ 未開와 野蠻이라 ᄒᆞ는 者가 其間에 決斷코 境域이 有ᄒᆞᆷ이 아니요 又 今日에 歐洲諸國과 밋 亞墨利加合衆國等을 文明開化라 ᄒᆞ나 此等이 決斷코 開化의 極이 아니라 唯現時 開化의 進ニ不已ᄒᆞᆯ ᄲᅮᆫ이니 真開化는 如何ᄒᆞᆫ 者인지 未知ᄒᆞ노니 古人이 今日의 文明을 前知치 못ᄒᆞᆷ과 갓치 今人이 ᄯᅩ한 決斷코 後日의 開化을 前知치 못ᄒᆞ는 者이니 設或 前人이 今日을 知者가 잇다 ᄒᆞ야도 吾未斯信이요 今人이 後日을 知者가 잇다ᄒᆞ야도 吾未斯信이라 右四條等級의 殊異을 分知ᄒᆞ야 自己國朝의 耻(=恥)辱慢侮을 忘却ᄒᆞ지 말며 習慣成俗을 輕忽히 ᄒᆞ지 말고 他國이 文明에 進就ᄒᆞᆫ 所以然者을 推察ᄒᆞ야 我國開化進步을 計較ᄒᆞ는 者는 真可謂憂國賢士며 愛君忠臣이니 我東方同胞兄弟 幾千萬諸公에게 願ᄒᆞ노라

26 원문에 글자를 식별하기 어려우나 理로 추정된다.

世界歷史一斑[27]

左에 世界歷史一班을 記ᄒᆞ노라

謹按ᄒᆞ건ᄃᆡ 我

聖祖太祖太王이 受命龍興ᄒᆞ사써 乾坤을 整頓ᄒᆞ시며써 人民을 安乏[定]ᄒᆞ게 ᄒᆞ시고 漢陽에 定鼎ᄒᆞ샤 億萬年無疆ᄒᆞᆫ 基業을 建[建]ᄒᆞ시니 距今四百九十二年 壬申七月十六日이라 是故로 草芥微臣이 敢히 此歲로써 我國紀元을 삼고 年代을 紀ᄒᆞ노니 其以前年代ᄂᆞᆫ 太祖紀元前幾年이라 書ᄒᆞ고 其以後年代ᄂᆞᆫ 卽今歲 太祖紀元四百九十二年이라 支那는 古로 從ᄒᆞ야 其時天子의 建元ᄒᆞᆫ 年을 用ᄒᆞ니 今年은 光緖九年이오 日本은 其開國ᄒᆞᆫ 天皇神武의 卽位嵗(=歲)로 紀年ᄒᆞ니 今年이 神武天皇 紀元二千五百四十三年이요 西洋諸國은 其宗教開祖耶蘇生嵗로써 紀元ᄒᆞ니 今年이 西曆一千八百八十三年이라 稱ᄒᆞᄂᆞᆫ 故로 我國은 太祖大王 開國ᄒᆞ오신 年으로 紀元을 用ᄒᆞ오니[28] 此ᄂᆞᆫ 臣子의 於戲不忘[29]ᄒᆞᄂᆞᆫ 意思에 出ᄒᆞᆷ이요 ᄯᅩᄂᆞᆫ 年代을 記ᄒᆞ기에 甚히 便利ᄒᆞᆷ을 爲ᄒᆞᆷ이라

太祖紀元前 三千五六百年上■[30]을 遡ᄒᆞ야 其世界의 景況을 想像ᄒᆞ니 地球上 三四地方에 人民이 開化域에 趍赴ᄒᆞ니 卽支那地方에ᄂᆞᆫ 殷商末葉이며 姬周初世요 印度에ᄂᆞᆫ 佛祖釋迦의 教派을 開成ᄒᆞᄂᆞᆫ 時際에 當ᄒᆞ며 亞細亞土耳其메소포다미야(未所波太迷亞)에 ᄲᅡ비론(巴比倫)이라 名ᄒᆞᄂᆞᆫ 邦國과 밋 亞細亞土耳其內에 地中海에 濱ᄒᆞ야 헤네시야(勿搦齊)라 稱ᄒᆞᄂᆞᆫ 邦國이 이스며 ᄯᅩ 亞弗

27 이 편에서 유길준은 세계 역사를 설명하는 가운데 조선 건국연도인 1392년 즉 태조 기원을 병기하고 있다. 원문에 태조를 개행(改行)하였으나 본 역주에서는 개행하지 않았다.

28 원문에서, 이하 두 줄 이상이 ■로 채워져 있다.

29 於戲不忘 오희불망 : 《대학(大學)》의 〈전(傳)〉 3장에 나오는 "아! 전왕(前王)을 잊지 못하리로다[於戲前王不忘]"한 것을 인용한 것이다. 이 내용은 선정(善政)을 베푼 전왕(前王)이 이미 돌아가셨지만 후인(後人)들이 그를 사모하여 잊지 못한다는 뜻이다.

30 원문에 글자를 식별하기 어렵다.

利加北端에는 埃及이 盛大ᄒᆞ야 邦國을 開ᄒᆞ며 都府을 建ᄒᆞ니 此各地는 當時에 文物이 隆盛ᄒᆞ야 人間實用事物이 許多發造ᄒᆞ나 그러ᄒᆞ나 四周는 皆曚昧蠻夷요 道路가 不開ᄒᆞ야 東西에 邦國이슴을 互相不知ᄒᆞ고 亞細亞內地는 但野民이 曠野叢林에 遊牧ᄒᆞᄂᆞᆫ데 過치 못ᄒᆞ며 歐羅巴洲갓튼 處[處]는 尙且野蠻猛獸巢窟이라 그라ᄒᆞᆫ 故로 大凡 世界人民의 變革은 皆前擧數者의 波及ᄒᆞᆫ 바이라 云ᄒᆞᆷ이 可ᄒᆞ니라

巴倫比[31] 地方이 後來 分裂ᄒᆞ야 亞西里亞(앗시리야)國이 되니 其都城을 呢呢微(니니쓰)라 名ᄒᆞ고 勢力이 頗盛大ᄒᆞ야 太祖紀元前 二千五百三十五年에 其本地巴比倫을 滅ᄒᆞ고 其地를 領ᄒᆞ니 此을 猶太(쥬데아) 人民이라 名ᄒᆞᆫ 者라 猶太人의 立國ᄒᆞᆫ 地는 現今 亞細亞土耳其內 小亞細亞의 地니 數世後에 舊巴比倫이 再興ᄒᆞ야 强盛이 無比ᄒᆞ니 亞西里亞의 版圖을 兼併ᄒᆞ고 또 猶太을 滅ᄒᆞ며 亞細亞西部을 全統併呑ᄒᆞ야스나 그러ᄒᆞ나 不幾歲에 다시 波斯(베르샤)에게 滅ᄒᆞ니라

波斯는 上古遊牧ᄒᆞᄂᆞᆫ 人民의 割據ᄒᆞᆫ 者러니 太祖紀元前 千九百二十一年에 其土酋長의 子 居魯士(시류스)가 起ᄒᆞ야 全國을 統合ᄒᆞ고 또 巴比倫을 滅ᄒᆞ며 印度以西亞細亞의 西部와 亞弗利加의 北部을 다 其版籍에 歸ᄒᆞ니[32] 埃及의 類도 當時에 波斯에게 並呑ᄒᆞ니 埃及은 建國■■[33]로붓터 千餘年間 恒常盛大ᄒᆞᆫ 邦國이라 처음으로 他國版圖에 並ᄒᆞ니 波斯는 建國ᄒᆞᆫ 지 大約 二百三十年만에 希臘國 歷山王(기리기 아레기산쏘)에게 被滅ᄒᆞ니라

希臘國은 本來 亞細亞部 人民의 遷徙ᄒᆞᆷ으로붓터 文明開化가 漸次 其國에

31 원문에서 巴倫比이라고 글자 순서가 잘못 나와 있다. 원래는 앞에서 표기했던 것처럼 巴比倫이라 표기해야 한다.

32 여기서 판적(版籍)이란 호구(戶口)를 적은 책을 가리키는 것으로, 판적에 귀속시켰다는 것은 세력판도에 넣었다는 것을 뜻한다.

33 원문에서 식별하기 어렵다.

波及ᄒᆞ니 太祖紀元前 二千二三百年에 이믜 小國을 開ᄒᆞ고 後数百年을 經過홈이 人口가 漸殖ᄒᆞ니 其間許多ᄒᆞᆫ 治亂沿革이 잇고 稍稍隆盛에 至ᄒᆞ니 歷山王世에 及ᄒᆞ야 隣國을 滅ᄒᆞ고 波斯을 並呑ᄒᆞ야 其版圖ᄂᆞᆫ 印度以西로봇터 亞弗利加洲에 跨ᄒᆞ얏더니 歷山王이 沒ᄒᆞᆫ 後에 邦土가 分裂ᄒᆞ야 國勢가 不振ᄒᆞ고 其終은 畢竟 羅馬版圖에 盡入ᄒᆞ니 此年代ᄂᆞᆫ 支那의 戰國時世라 四周地方이 아즉 開치 못ᄒᆞ고 其业[北]部ᄂᆞᆫ 野蠻人民이라 恒常邊境을 侵鹵ᄒᆞ며 또 地中海近傍과 밋 亞弗利加北部에 開化가 次第波及ᄒᆞ야 許多沿革이 이스니 世界歷史에 不可不關涉ᄒᆞ나 그러ᄒᆞ나 歐羅巴洲內部로붓터 西部에 이르히 漠然히 一物도 可記홀 者가 無ᄒᆞ니라

羅馬國은 奧太利中央에 起ᄒᆞ니 其初ᄂᆞᆫ 土人의 部落에 過치 못ᄒᆞ더니 太祖紀元前 二千百四十五年에 建國ᄒᆞ고 其後에 形勢가 漸漸盛大ᄒᆞ야 希臘을 滅ᄒᆞ고 歐羅巴南部로붓터 中部와 밋 西部가지 兼並ᄒᆞ고 또 亞弗利加北部로붓터 印度以西亞細亞西部에 이르히 蚕食[蠶食]鯨呑ᄒᆞ야 版籍이 古今無比ᄒᆞᆫ 故로 當時俚諺에 云ᄒᆞ되 羅馬領地ᄂᆞᆫ 太陽이 恒常不沒ᄒᆞᆫ다 ᄒᆞ며 其後에 또 支那와 徃[往]來ᄒᆞᆫ 事도 有ᄒᆞ니 此時을 羅馬全盛世代라 ᄒᆞ니 其帝의 名은 敖佳壽多壽帝(오ㅣ가스다스)라 太祖紀元前 千四百六十二年에 猶太國을 呑滅ᄒᆞ니 此前巴比倫國 滅亡時에 猶太國이 再興ᄒᆞ야 漸漸强盛ᄒᆞ더니 至此ᄒᆞ야 羅馬의 兼並ᄒᆞᆫ 바가 되니 大概 羅馬에게 被呑ᄒᆞ기 前에 耶蘇教開祖 基督(그라이수도)이 此地에서 生ᄒᆞ야 畢竟 太祖紀元前 九百九十一年에 羅馬國이 東西兩部로 分裂ᄒᆞ야 至大ᄒᆞᆫ 版圖을 割領ᄒᆞ니 西帝ᄂᆞᆫ 現今 伊太利 日耳曼 英吉利 法蘭西 西班牙等地와 밋 亞弗利加北部을 領ᄒᆞ고 東帝ᄂᆞᆫ 希臘과 밋 亞細亞西部며 亞弗利加의 埃及가지 領ᄒᆞ니 爾後 七十六年에 至ᄒᆞ야 西部가 亡ᄒᆞ니라

西羅馬의 滅ᄒᆞ기前 大約 百年間에 歐羅巴人民과 밋 歐羅巴 各地人民이迭相遷徙ᄒᆞ야 世界上 一大變革을 生出ᄒᆞ니 大概 匈奴가 支那의 破敗ᄒᆞᆫ 바가 되야 其大衆이 歐羅巴 內地에 侵入 峩特(꼿즈)라 名ᄒᆞᄂᆞᆫ 現今 日耳曼地에 住ᄒᆞ야 野民을 駈[=驅]除ᄒᆞ니 峩特이 所逐이 된지라 또ᄒᆞᆫ 他地方에 侵入ᄒᆞ야 其民을

駈除ᄒᆞ니 由是로 被逐ᄒᆞᆫ 者가 또 他人을 逐ᄒᆞ며 被逐ᄒᆞᆫ 者에게 또 見逐ᄒᆞᆫ 者가 또 他人을 逐ᄒᆞ야 迭相駈[驅]逐ᄒᆞ니 現今 日耳曼地에 一大騷亂을 生ᄒᆞ고 其中에 又或 伊西佛等地에 侵入ᄒᆞᆫ 者도 有ᄒᆞ며 또 安各羅[34]撒遜(안그로사기손)이라 ᄒᆞᄂᆞᆫ 者ᄂᆞᆫ 日耳曼地에 居住ᄒᆞ든 野民이니 其時에 現今 英吉利地에 入ᄒᆞ야 立國ᄒᆞ니 卽今 英吉利國이 是요 同時에 現今 佛國이 亦起ᄒᆞ니 此卽 日耳曼地에 住居ᄒᆞ든 野民 佛朗哥(흐랑그스)라 ᄒᆞᄂᆞᆫ 者가 遷徙立國ᄒᆞ니 此時에 西羅馬가 分裂ᄒᆞ야 遂至滅亡ᄒᆞ니라

佛蘭西國은 其後에 王을 立ᄒᆞ고 漸次 國力을 養成ᄒᆞ야 太祖紀元前 五百九十二年에 至ᄒᆞ야 甲利泰甫(샤르레만)이 登位ᄒᆞᄆᆡ 國勢가 頓盛ᄒᆞ야 伊太利 日耳曼等 隣邦을 並呑ᄒᆞ고 歐洲 全面이 大畧 其版圖에 歸ᄒᆞ니 自此時로 耶蘇敎派의 勢力이 漸趍盛大ᄒᆞ고 其法王이 漸漸威權을 弄ᄒᆞ기에 至ᄒᆞ니 甲利泰甫가 死后에 路易(루이)가 嗣位ᄒᆞ야 其邦土을 區劃ᄒᆞ야 佛蘭西 伊太利 日耳曼이라 ᄒᆞ고 其三子을 封ᄒᆞ야 公侯伯 以下의 封土을 統轄ᄒᆞ게 ᄒᆞ니 封建의 制가 從此畧備ᄒᆞ나 그러ᄒᆞ나 其後에 迭爲分裂ᄒᆞ야 不相統屬ᄒᆞ니 其間 沿革이 不少ᄒᆞ야 現今 歐洲의 形勢ᄂᆞᆫ 宲[實]狀 此時에 芝[定]ᄒᆞ니라

西羅馬가 滅ᄒᆞᆫ 後 大約 百年頃에 回敎의 開祖 馬迦美(마호멧도)가 亞拉比亞地에서 興ᄒᆞ야 一派敎法을 創始ᄒᆞ니 其門徒의 勢力이 頗至盛大ᄒᆞ야 甲利泰甫時에 其版圖가 亞細亞 內地로붓터 印度에 連亘ᄒᆞ고 地中海 近傍 亞弗利加洲 北岸으로붓터 西班牙가지 跨ᄒᆞ야 其敎法과 갓치 如此ᄒᆞᆫ 廣大版圖을 開ᄒᆞ야써니 其後 回敎法王某의 世代에 至ᄒᆞ야 元太祖의 滅ᄒᆞᆫ 바가 되나 그러ᄒᆞ나 敎法風俗은 其國에 猶有餘存ᄒᆞ며 現今도 西班牙ᄂᆞᆫ 不守ᄒᆞ되 오히려 回敎을 奉ᄒᆞᄂᆞᆫ 者가 多ᄒᆞ고 就中 特別히 土耳其 갓튼 者ᄂᆞᆫ 其種屬으로서 起ᄒᆞᆫ 者이라 亞細亞西部을 呑滅ᄒᆞ며 太祖紀元 六十八年에 東羅馬을 滅ᄒᆞ고 君斯担丁(군스단지로불)에 都ᄒᆞ니 君斯担丁은 本來 東羅馬의 都邑이라 現今 土耳其의 首都니

34 羅자는 원문에서 윗부분이 조금 잘려 있다.

先是에 東羅馬國이 每每 回教兵의 侵代[35]을 被ᄒᆞ며 또 國內教法의 爭論으로 人民이 騷亂ᄒᆞ야 羅馬法王과 和睦ᄒᆞ지 못ᄒᆞ니 由是로 國勢가 日衰ᄒᆞ고 太祖紀元前 三百四十一年에 耶蘇教가 分ᄒᆞ야 爲二ᄒᆞ니 一은 希臘教요 一은 卽今 耶蘇教라 自此로 內亂이 相尋ᄒᆞ야 土耳其에게 終被滅亡ᄒᆞ니라

蒙古ᄂᆞᆫ 上古로붓터 遊牧ᄒᆞᄂᆞᆫ 野民이 居處ᄒᆞᆯ ᄯᅡ람이더니 太祖紀元前 千五六百年頃으로붓터 或 支那邊境을 侵鹵ᄒᆞ며 或 亞細亞內地를 犯掠ᄒᆞ고 終竟 歐洲에 侵入ᄒᆞᆫ 者도 實狀 此地野民이라 此을 匈奴라 名ᄒᆞᄂᆞ니 太祖紀元前 百餘年에 元太祖가 ᄯᅩᄒᆞᆫ 此地로서 起ᄒᆞ야 亞細亞 全洲 過半을 畧乏[定]ᄒᆞ고 其嗣子에 至ᄒᆞ야 尙且版圖을 廣拓ᄒᆞ야 其盛大ᄒᆞᆷ이 支那海濱으로붓터 日耳曼에 界ᄒᆞ고 魯西亞을 並呑ᄒᆞ야 亞拉比亞 印度 小亞細亞을 除ᄒᆞᆫ 外에ᄂᆞᆫ 亞細亞 全洲을 大畧 領轄ᄒᆞ야ᄡᅥ니 不幾何에 此境域이 分裂ᄒᆞ나 然ᄒᆞ나 元太祖后 大約 百餘年에 其裔 帖木兒(다메르란)가 다시 獨立韃靼으로ᄡᅥ 發起ᄒᆞ야 亞細亞을 平乏[定]ᄒᆞ고 歐羅巴와 밋 亞弗利加을 震動ᄒᆞ야 再次 世界을 並呑ᄒᆞ고자 ᄒᆞᄂᆞᆫ 形勢가 잇더니 半途殂歿ᄒᆞ야 邦土가 竟歸 分裂ᄒᆞ니 此年代로붓터 今日에 이르히 全世界을 平乏[定]ᄒᆞ야 萬國을 一統ᄒᆞ고자 ᄒᆞᄂᆞᆫ 英雄이 生出ᄒᆞ지 못ᄒᆞ고 다만 一次拿破崙(나보레옹)이 이스나 그러ᄒᆞ나 此ᄂᆞᆫ 實狀 歐洲內을 擾亂ᄒᆞ기에 過치 아니ᄒᆞᆫ 故로 亞細亞 亞弗利加 及 歐羅巴 三大洲에 現今 割據分立ᄒᆞᆫ 邦國이 此時로붓터 已然ᄒᆞ니라

耶蘇教가 新舊兩宗이 分ᄒᆞᆫ後 不出五十年ᄒᆞ야 歐洲列國이 合從ᄒᆞ야 耶蘇灵地을 自己所領을 삼고ᄌᆞ ᄒᆞ고 回教門徒을 仇敵으로 視ᄒᆞ야 土耳其을 合力共討ᄒᆞ니 此所謂十字軍이라 太祖紀元前 二百九十一年으로붓터 伊後 百七十四年間에 이르도록 專然히 此에 從事ᄒᆞ니 其戰鬪의 所由起處을 보건ᄃᆡ 耶蘇教祖基督의 降生ᄒᆞᆫ 地 猶太國 住麗沙歛(쥬레샤렘)地가 土耳其의 領地가 되얏ᄂᆞᆫ 故로 耶蘇教徒가 其地을 恢復ᄒᆞ고ᄌᆞ ᄒᆞᆷ이라 由是로 人心이 教法과 밋 僧侶을 尊

35 侵伐이라 써야 할 것을 잘못 쓴 듯하다

崇ᄒᆞ야 羅馬法王의 威權이 盛大ᄒᆞ니라

此年代로붓터 航海通商ᄒᆞᄂᆞᆫ 道가 漸開ᄒᆞ야 歐羅巴洲 世界歷史에 關係홈이 更特爲大[36]ᄒᆞ니 太祖紀元 百一年에 葡萄牙國 閣龍(고롬쑤스)이라 ᄒᆞᄂᆞᆫ 者가 遠洋에 航行ᄒᆞ야 亞墨利加洲을 發見ᄒᆞ니 本來 不能相通ᄒᆞ든 別世界라 歐洲各國이 競先爭後ᄒᆞ야 人民을 移殖ᄒᆞ고 爾後 六年에 亞墨利加洲을 迴ᄒᆞ야 印度洋通路을 開ᄒᆞ니 此路ᄂᆞᆫ 本來 陸路로 東西相通ᄒᆞ던 者이더니 從此로 海路通行ᄒᆞ니 此后로붓터 各國이 競爭ᄒᆞ야 航海通商ᄒᆞᄂᆞᆫ 道을 勉勵ᄒᆞ니 此을 可謂 世界上 一大變革이라

當此時ᄒᆞ야 耶蘇教가 分為二門ᄒᆞ니 其一은 舊教라 云ᄒᆞ고 其一은 新教라 云ᄒᆞᆫ 者이라 大概 耶蘇教의 獘害가 不止一端ᄒᆞᄂᆞᆫ 故로 改革ᄒᆞ고ᄌᆞ ᄒᆞ야 別노 一派을 創設ᄒᆞᆫ 者니 此을 新教라 ᄒᆞ고 新舊兩宗이 其門徒을 互結ᄒᆞ고 其黨派을 共樹ᄒᆞ야 畢竟 太祖紀元 百二十六年에 爭端을 開ᄒᆞ고 其翌年으로붓터 三十年間을 戰爭不息ᄒᆞ니 歐洲騷乱이 此時에 宗[實]甚이라 其戰爭이 既止ᄒᆞᆷ이 新舊兩教가 並行不悖ᄒᆞ고 오즉 人人의 自由을 任ᄒᆞ야 無論 何宗ᄒᆞ고 隨意遵奉ᄒᆞ게 ᄒᆞ니라

以上 戰爭의 根本은 皆教法에 關係ᄒᆞᆫ 故로 此時에 貴族과 僧侶가 威權을 握ᄒᆞ고 各國人民이 皆爲服從ᄒᆞ니 其貴族은 門閥을 籍ᄒᆞ야 土地을 私有ᄒᆞ고 僧侶ᄂᆞᆫ 空理을 唱ᄒᆞ야 人民의 心志을 束縛ᄒᆞᆫ 故로 人間宗[實]用의 文學技術이 共至衰廢ᄒᆞ니 噫라 宗教의 害가 深且大ᄒᆞ며 門閥의 獘[弊]가 慘且酷ᄒᆞ야 其獘[弊]害가 可謂至是極臻이나 新舊兩教의 戰爭이 止息ᄒᆞ면서 同時에 文學技術이 漸開ᄒᆞ고 또 人民의 知覺이 進步ᄒᆞ기을 隨ᄒᆞ야 創發新明ᄒᆞᆫ 事物이 夥多ᄒᆞ니 宗[實]狀 人民과 邦國의 形勢에 關係가 不少ᄒᆞ고 就中 火器發明은 다만 戰法

36 원문에 옆에 뭔가 써져 있으나 잘 보이지 않음.

을 一變흘 ᄯᆞ름이 아니라 至竟 門閥을 廢斥ᄒᆞ고 僧侶을 抑制[37]ᄒᆞᄂᆞᆫ 根源이 되니 空理을 固守ᄒᆞ지 아니ᄒᆞ고 實理을 討尋ᄒᆞ며 知識[38]을 擴充ᄒᆞᄂᆞᆫ 勢力이 可謂開化의 大變革이라 其期限을 判然 指言ᄒᆞ기 至難ᄒᆞ나 그러ᄒᆞ나 大約 太祖紀元 二百五六十年頃으로붓터 人心이 漸次로 此方向에 趍赴ᄒᆞ니 其去舊就新ᄒᆞᄂᆞᆫ 際에 人心이 ᄯᅩ한 一和치 아니ᄒᆞ야 畢竟 土崩瓦解(=瓦解)[39]ᄒᆞ고 大生擾亂ᄒᆞ니 然ᄒᆞ되 乱[亂]𰀀[定] 後에 人情政体가 至此一變ᄒᆞ야 君民이 分權ᄒᆞ고 國設憲法ᄒᆞ니 盖此搖亂은 英國에서 開端ᄒᆞ야 亞墨利加洲合衆國이 ᄯᅩᄒᆞᆫ 獨立ᄒᆞ야 共和政治을 立ᄒᆞ니 此實

太祖紀元 三百九十一年이라 此時에 佛國이 ᄯᅩᄒᆞᆫ 瓦解ᄒᆞ야 國王을 廢ᄒᆞ고 拿破崙이 帝位에 陟ᄒᆞ야 一朝에 歐羅巴 全洲을 震慴ᄒᆞ야스되 不久廢黜[40]ᄒᆞ니

---

37 制 부분은 잘 안 보이나 制로 추정하였다.

38 識 부분은 잘 안 보이나 識으로 추정하였다.

39 土崩瓦解 토붕와해 : '흙이 붕괴되고 기와가 깨진다'라는 뜻으로, 사물이 수습할 수 없을 정도로 철저하게 궤멸되는 것을 비유하는 고사성어. 《史記》〈주보언열전主父偃列傳〉에서 유래되었다. '토붕'은 흙(지반)이 무너진다는 뜻으로, 그 위에 존재하는 것이 따라서 무너지므로 그 피해가 막심하다. '와해'는 기와가 깨진다는 뜻으로, 토붕보다 피해가 덜하다. 한(漢)나라는 개국 이후 제6대 황제인 경제(景帝)에 이르기까지 오랜 기간을 평온하게 보내 국력이 충만하였다. 제7대 황제로 즉위한 무제는 중앙집권을 강화하고 흉노를 토벌하는 등 여러 가지 개혁을 단행하였다. 그 결과 나라의 위세를 만방에 떨칠 수 있었으나, 필연적으로 국력이 소모된 상황이었다. 이에 서락(徐樂)은 무제에게 국정에 대하여 간언하는 글을 올렸다. 서락은 '국가의 가장 큰 근심거리는 토붕에 있다. 토붕이란 백성들이 폭정의 고통을 감당할 수 없게 되어 마침내 무리를 지어 반항함으로써 비롯되는 것이다. 이에 비하여 와해란 정권의 내부에서 일어나는 권력 다툼이다. 토붕은 기존의 정권을 뒤엎어서 새로운 정권을 세우는 것이지만, 와해는 단지 인사 교체를 조성하는 일일 뿐이다'라는 요지의 글을 올려, 황제에게 토붕의 형세가 일어나지 않도록 주의하라고 간언하였다. 이처럼 원래는 토붕과 와해가 구분되었으나, 나중에 하나의 성어로 합쳐졌다. 반고(班固)는 《사기》의 〈秦始皇本紀〉에 대한 논평에서 "진나라가 쇠퇴한 지 오래되어 천하가 흙이 무너지고 기와가 깨진 형국이니, 비록 주공과 같은 인재가 있었다고 하더라도 그 재주를 펼칠 수 없었을 것(秦之積衰, 天下土崩瓦解, 雖有同旦之材, 無所復陳其巧)"이라고 하였다. 여기에서 유래하여 토붕와해는 사물이나 일의 형세가 수습할 수 없을 정도로 철저하게 궤멸되는 것을 비유하는 데 사용된다.

40 폐출(廢黜) : 원문에 글자를 식별하기 어려워 왼쪽의 黑자만 뚜렷하게 보이는 상태이다. 문맥상 "폐출"로 추정하였다.

此后로붓터 各國形勢가 稍㝎[定]ᄒᆞ야 封建制度을 全廢ᄒᆞ고 今日姿容을 成ᄒᆞ니 文學技術의 進步가 倍倍益明ᄒᆞ야 蒸氣車 蒸氣船 電信機 印刷器械等 發明이 不遑枚擧라 畢竟 歐洲各國이 開化先鞭을 執着ᄒᆞ니라

以上은 世界歷史의 文明進步 如何을 報道ᄒᆞ고ᄌᆞ ᄒᆞ야 書出ᄒᆞᄂᆞᆫ데 過치 아니ᄒᆞ니 其詳細ᄂᆞᆫ 他日 各國史編纂ᄒᆞᆯ 써에 悉記不遺ᄒᆞᆯ지라 萬一 天下事情을 知ᄒᆞ고 文明諸國의 利益을 採用ᄒᆞ야 我國의 富强을 圖謀ᄒᆞ고ᄌᆞ ᄒᆞᄂᆞᆫ 者ᄂᆞᆫ 반다시 此篇을 撿閱ᄒᆞ야 大發作大奮起[41]ᄒᆞ시옵[42]

41 원문에 글자를 식별하기 어려우나 문맥상 起로 추정하였다.

42 ᄒᆞ시옵/ᄒᆞ시ᄋᆞᆸ: 존칭을 나타내는 선어말어미 '시'와 겸양을 나타내는 선어말어미 '압(옵)'이 결합된 것으로서, 뒤에 '-소서'가 생략되었다고 할 수 있다.

世界大勢一班

[난외주] 英國一里爲朝鮮三里七分, 英國一方里爲朝鮮十三方里七分

世界形狀이 團圓ᄒᆞ야 球玉갓튼 故로 地球라 云ᄒᆞ니 其表面面積이 一億九千八百 四十七萬六千四百方英里[43]니 此을 四分ᄒᆞ야 其三은 海라 ᄒᆞ고 其海에 五大洋이 이스니

太平洋 太西洋 印度洋 南氷洋 北氷洋

其一은 陸地라 ᄒᆞ고 其陸地에 ᄯᅩᄒᆞᆫ 五大洲가 이스니

亞細亞洲 亞弗利加洲 歐羅巴洲 亞墨利加洲 大洋洲

大槪海陸의 其面積을 比較ᄒᆞᆫ則 海面이 陸面의 三倍가 되니라

此間에 將載兩半球圖

其五大洲에ᄂᆞᆫ 皆吾人五族兄弟의 人種이 棲息ᄒᆞᄂᆞᆫ 處니 其各洲面積과밋 人口가 如左ᄒᆞ니라

亞細亞洲 人口 六億五千二百万 面積 千七百六十三萬千百八十方英里
亞弗利加洲 人口 七千萬 面積 千百八十三萬 八千方英里
歐羅巴洲 人口 二億六千五百万 面積 三百七十七萬八千八十方英里
亞墨利加洲 人口 五千八百万 面積 千四百六十万 八千六百八十方英里
大洋洲 人口 二千百万 面積 四百萬方英里

---

43 英里 : mile. 1마일은 약 1.6Km.

由是比觀ᄒᆞ면 世界中 人口總數은 十億六千六百萬有餘요 陸地面積 大總數은 五千百八十八万五千九百四十方英里라

世界中人民이 各相會集ᄒᆞ야 一國을 成ᄒᆞ고 或政府을 設立ᄒᆞ야 獨立ᄒᆞ기도 ᄒᆞ며 或他國政府의 管轄을 仰ᄒᆞ야 屬從ᄒᆞ기도 ᄒᆞ니 今其邦國을 擧數ᄒᆞᆫ則 如左ᄒᆞ니라

亞細亞洲

朝鮮조선 卽我國이라

支那 獨立帝治니 首都을 北京이라 ᄒᆞ고 但 其國中의 香港은 英吉利에 屬ᄒᆞ고 澳門은 葡萄牙에 屬ᄒᆞ되 此國이 世界中 第一人口夥多ᄒᆞᆫ 國이라

蒙古 伊犁 西藏

以上 三國은 支那에 屬ᄒᆞ야스나 그러ᄒᆞ나 各自國王이 잇스니 支那로서 其國務을 干涉ᄒᆞᄂᆞᆫ故로 半獨立國이라 云ᄒᆞᄂᆞᆫ 者이라

日本 獨立帝治니 國都ᄂᆞᆫ 東京이라

西比利亞 魯西亞屬地

安南 又稱交趾支那 獨立王治니 但其國內에 佛蘭西屬地가 少有ᄒᆞ니라
暹羅 獨立王治
緬甸 獨立王治

老檛

暹羅 緬甸 兩國이 分領ᄒᆞ나 그러ᄒᆞ나 國內에 別노 許多酋長이 잇서 各其所領地內을 管轄ᄒᆞ고 但 兩國의 保護을 仰ᄒᆞ니 滿洲 伊犁等地가 支那에게 服從ᄒᆞᄂᆞᆫ 道理와 갓트니라

英領緬甸

英吉利屬地니 此地의 南端이 海中에 突出ᄒᆞᆫ 地方은 巫來由半島라 ᄒᆞ니라

以上五國을 總稱後印度ᄒᆞ니라

英領印度

英吉利屬地니 此地附屬島을 錫蘭島라 云ᄒᆞ니라

佛領印度 佛蘭西領地

葡領印度 葡萄牙領地

以上을 總稱ᄒᆞ야 前印度라 ᄒᆞ니 前印度에 猶更 尼桑 [克什米爾] 尼泊爾 不丹의 數小國이 이스니 或獨立ᄒᆞ며 或英國의 保護을 仰ᄒᆞ야 屬從ᄒᆞ야 半獨立体을 成ᄒᆞ니라

波斯 伊蘭又稱比耳西亞

獨立王治

亞業加坦

土耳其斯坦

皮路直坦

此三國은 國內에 數多酋長이 有ᄒᆞ야 分領ᄒᆞ나 本來蠻民이 集合ᄒᆞᆫ故로 完全ᄒᆞᆫ 國体을 成立ᄒᆞᆫ 者을 不見ᄒᆞ니라

亞細亞土耳其

土耳其屬地

亞拉比亞

此國中의 黑德斯ᄂᆞᆫ 土耳其에 屬ᄒᆞ고 亞丁은 英吉利에 屬ᄒᆞ얏스니 其餘ᄂᆞᆫ 蠻民의 割據ᄒᆞᆫ 者이라 完全ᄒᆞᆫ 國体을 成立ᄒᆞᆫ 者가 無有ᄒᆞ니라

呂宋

全島가 西班牙에 屬ᄒᆞᆫ 者와 갓트나 그러ᄒᆞ나 土人이 別노 部落을 成立ᄒᆞ야 不服ᄒᆞᄂᆞᆫ 者도 有ᄒᆞ니라

蘇祿諸島

獨立酋長이 有ᄒᆞ야 領轄ᄒᆞ나 그러ᄒᆞ나 아직 國体ᄂᆞᆫ 成立ᄒᆞ지 못ᄒᆞ니라

瓜哇

和蘭屬地러니 去年에 獨立帝治되니라

蘇門荅臘

全島가 大概 和蘭에 屬ᄒᆞ야스나 그러ᄒᆞ나 쏘 土人의 獨立部落도 有ᄒᆞ니라

婆羅[44]

44 난외에 "草本有此國■在婆羅下西里伯 和蘭屬地"라 적혀 있다.

獨立王治니 但 其國內에 英領少許와 蘇祿酋長의 屬地少許가 有ᄒᆞ니라

馬路古諸島

其中에 安門島ᄂᆞᆫ 和蘭에 屬ᄒᆞ고 餘島ᄂᆞᆫ 蠻民의 部落이 되니라

小巽他諸島

大畧 和蘭에 屬ᄒᆞ니라

呂宋以下 總稱 東印度諸島라 ᄒᆞ니라

此間將載亞細亞地圖

亞弗利加洲[45]

埃及

土耳其의 半屬地니 此國과밋 亞拉比亞 兩間에 蘇士運渠가 이스니 地中海와 紅海에 通路가 되니라

祭皮亞

土耳其의 屬地라 稱ᄒᆞ니 其實은 獨立國과 同ᄒᆞ니라

亞比亞尼亞

數個小邦이 分裂ᄒᆞ야 各各 野蠻人民의 酋長이 有ᄒᆞ니라

---

45 《漢城旬報》 1883년 11월 30일 〈亞非利駕洲〉의 내용을 참고할 것. 형식이나 내용 서술을 놓고 보았을 때 〈世界大勢論〉이 기초가 되어 작성된 것으로 보이며, 더 많은 내용이 들어가 있다.

的波里

土耳其의 半屬地

突尼斯

同上ᄒᆞ니라

亞爾皮

佛蘭西屬地

摩洛哥

獨立王治

以上 四國을 總稱ᄒᆞ야 巴爾巴利諸國이라 云ᄒᆞ니라

撒哈羅

世界中 第一大沙漠의 名이요 또 土人의 部落이 有ᄒᆞ니라

塞內岡比

數多小邦이 境域을 別ᄒᆞ야 皆野蠻人民의 酋長이 有ᄒᆞ고 又英吉利 佛蘭西 와밋 葡萄牙 三國의 領地가 有ᄒᆞ니라[46]

蘇丹

野蠻人民의 集合ᄒᆞ야 互相分立ᄒᆞᆫ 者가 有ᄒᆞ니라

幾內亞

大小幾多邦國에 區別ᄒᆞ고 또 英吉利 佛蘭西 西班牙와밋 葡萄牙 四國의 屬

46 난외주로 "草本有此等島名在蘇丹上岌朴成德諸島 葡萄牙領地"가 적혀 있다.

地가 有ᄒᆞ며 又 其中에 里卑里亞라 名ᄒᆞᄂᆞᆫ 共和政治ᄒᆞᄂᆞᆫ 獨立國이 有ᄒᆞ니라

合丁多

蠻民의 互相分立ᄒᆞᆫ 國이라

岌朴哥羅尼

英吉利屬地니 其外에 ᄯᅩ 二小國이 各各 共和獨立國을 保有ᄒᆞ니 此地 南端을 喜望峰이라 ᄒᆞᄂᆞ니라

岌朴北部諸島

此ᄂᆞᆫ 岌朴哥羅尼 北部蠻民의 諸部落을 總稱ᄒᆞᆫ 者이라

莫三鼻

葡萄牙屬地

桑結巴[作桑給巴]

獨立王治

牙蘭

索謀和

右二國은 諸酋長이 有ᄒᆞ야 各各 割據ᄒᆞ니 本來蠻夷을 免ᄒᆞ지 못ᄒᆞ니라

馬達加斯加島

獨立王治

大湖地方

此地方은 蠻民이 各處에 部落을 立훈 싸람이요 아직 邦國을 成훈 者가 無ᄒᆞ니 其大湖이슴으로써 取名ᄒᆞ니라

西北岸諸島 葡萄牙屬地

東岸諸島

大槪 英吉利에 屬ᄒᆞ고 其餘는 酋長이 有ᄒᆞ야 分領ᄒᆞ야스나 그러ᄒᆞ나 本來 蠻夷쁜이라

此間將挿入亞弗利加洲圖

歐羅巴洲

英吉利

獨立立憲王治니 英倫蘇格蘭及愛爾蘭 三大島을 合ᄒᆞ야 一國을 建ᄒᆞ니 此國都는卽 倫敦이라

佛蘭西

獨立共和政治이니 此都을 巴里라 云ᄒᆞ니라

和蘭

獨立立憲王治

比耳義

同上

西班牙

同上

葡萄牙

同上

日耳曼

二十五邦이 聯合ᄒᆞ야 普魯士王으로 皇帝을 삼고 立憲帝治의 政体을 設ᄒᆞ니 首都을 伯灵府라 云ᄒᆞ니 其二十五邦은 普魯西王國 瓦敦堡王國 巴城里亞王國 薩索尼王國 丁巴太公國 梅咯稜堡斯乖零太公國 墨西太公國 痾敦堡太公國 佛倫瑞太公國 薩克威密太公國

其餘十五邦은 小邦이라 其名을 畧ᄒᆞ노라

墺大利

獨立立憲帝治니 其都을 維也納府라 ᄒᆞ니라

嗹

獨立立憲王治

瑞典 那威

兩國이 合併ᄒᆞ야 獨立立憲王治을 行ᄒᆞᄂᆞ이라

魯西亞

獨立王治니 其都을 聖彼得府라 云ᄒᆞ니 世界第一大國이라 英佛普墺 四國과 竝稱ᄒᆞ야 歐洲五强國이라 云ᄒᆞ고 다시 亞墨利加合衆國을 竝ᄒᆞ야 世界六强國이라 ᄒᆞ니라

瑞西

獨立共和政治

伊太利

獨立立憲王治

希臘

同上ᄒᆞ니 表徵ᄒᆞᆫ 後에 土耳其屬國이 되얏더니 近年에 獨立國이 되니라

巴西

獨立立憲帝治

亞然丁合邦

十四洲同盟國이라

秘魯

獨立共和政治

智利

同上

玻里非

同上

巴拉圭

同上

烏拉乖

同上

巴他峨尼

同上

中亞墨利加洲

瓜地馬担 獨立共和政治

三薩尾多 同上

関都拉 同上

尼加拉瓜 同上

哥斯德利加 同上

百里斯 英吉利領地

北亞墨利加洲

嗹屬亞墨利加 嗹國屬國地

英屬亞墨利加 英吉利屬地

合衆國

此國은 三十四洲 十鄕及首都一所을 合ᄒᆞ야 政治을 四十五에 區畫ᄒᆞ고 合盟ᄒᆞ야 獨立共和政治을 立ᄒᆞ니 此國政府잇ᄂᆞᆫ 處所을 華盛敦府라 云ᄒᆞ고 商賣盛ᄒᆞᆫ 處所을 紐育府라 云ᄒᆞ니라

墨西哥 獨立共和政治

此處將挿入亞墨利加洲圖

大洋洲

太平洋中에 잇ᄂᆞᆫ 諸島을 合稱ᄒᆞᆫ 名이니 此地을 三部에 分ᄒᆞ야 其一을 南亞細亞諸島라 ᄒᆞ니

澳太利亞

達斯馬尼

新西蘭

以上 三島ᄂᆞᆫ 英吉利屬地

巴布亞

荷蘭人이 自己屬地라 云ᄒᆞ나 其實은 土人의 自領ᄒᆞᆫ 者 甚多ᄒᆞ니 以上 四島外에도 衆多ᄒᆞᆫ 小島가 有ᄒᆞ되 邦國이라 稱ᄒᆞ기 不可ᄒᆞᆫ故로 畧ᄒᆞ노라

其二을 米哥羅尼西諸島라 云ᄒᆞ니

馬利亞納諸島

加羅里那諸島

以上 西班牙屬地

馬爾沙諸島 英吉利屬地

三維斯諸島 諸島內에 哈維가 獨立立憲帝治의 政府를 建ᄒᆞ고 諸島를 管轄ᄒᆞ니라

其三은 波利尼西諸島니

非支諸島

英吉利及合衆國의 殖民地나 그러ᄒᆞ나 아직 歸屬處를 不知ᄒᆞ니 大概 邦國이라 云ᄒᆞ지 못ᄒᆞᆯ 者이라

那米加德諸島

古克諸島

友島

低島

公會島

以上 五島ᄂᆞᆫ 아직 國体를 成立ᄒᆞ지 못ᄒᆞ야스니 其住民은 蠻夷ᄯᆞ름이라

馬其薩諸島 佛蘭西屬地

東島 島中에 土人이 有ᄒᆞ니 蠻夷를 免ᄒᆞ지 못ᄒᆞ니라

此中將插入大洋洲圖

右五大洲諸國이 有大有小ᄒᆞ며 有强有弱ᄒᆞ니 大概 千態萬象을 不可勝擧라 國大人多ᄒᆞ되 恒常 外國의 輕侮를 見ᄒᆞᄂᆞᆫ 者도 이스며 國小人稀ᄒᆞ되 宇內에 雄

飛ᄒᆞ야 外國의 尊敬을 受ᄒᆞᄂᆞᆫ 者도 이스니 凡此等事務을 不知ᄒᆞᄂᆞᆫ 者ᄂᆞᆫ 天下事을 不足與語니 當世에 有意ᄒᆞᆫ 者ᄂᆞᆫ 深察明觀ᄒᆞ시읍

以上所論과 갓치 幾多星霜을 經過ᄒᆞ며 幾多變遷을 遭遇ᄒᆞ야 世界一部가 開化域中에 進入ᄒᆞ니 自此로 文明步驟을 隨ᄒᆞ야 人民이 各自 一身의 權利와 밋 一國의 權利을 擴張ᄒᆞᄂᆞᆫ 風이 盛行ᄒᆞ니 大槪 一身의 權利라 ᄒᆞᄂᆞᆫ 者ᄂᆞᆫ 凡百所欲爲事가 國家의 政法을 紊犯ᄒᆞ지 아니ᄒᆞ며 他人의 事物에 貽害ᄒᆞ지 아니ᄒᆞ면 無論 何等事ᄒᆞ고 隨意行止ᄒᆞ야 自由ᄒᆞ기을 得ᄒᆞᄂᆞ니 然故로 政府라도 人民의 行事가 憲法律則을 背戾ᄒᆞ지 아니ᄒᆞᆫ則 國家의 威力으로 空然히 譴罰ᄒᆞ지 못ᄒᆞ며 또 國內政治ᄂᆞᆫ 一切自行ᄒᆞ야 他國人이라도 國內에 來住ᄒᆞᄂᆞᆫ 時ᄂᆞᆫ 本國法律로써 管轄ᄒᆞ고 秋毫도 假借ᄒᆞᄂᆞᆫ 바가 업스니 此을 一國主裁權이라 云ᄒᆞ고 又 凡國이 各自獨立ᄒᆞ야 開國ᄒᆞ고ᄌᆞᄒᆞᆫ則 開國ᄒᆞ고 鎖國ᄒᆞ고ᄌᆞᄒᆞᆫ 鎖國ᄒᆞ야 國中政事을 大小업시 秋毫도 他國의 干涉과 侵畧을 不受ᄒᆞᄂᆞ니 此을 一國獨立이라 云ᄒᆞ고 又 各國이 皆同等이니 大体 國의 大小가 有ᄒᆞ며 兵士의 强弱이 有ᄒᆞ나 然ᄒᆞ나 我禮彼答ᄒᆞ며 相兄互弟ᄒᆞ야 秋毫도 尊卑의 分別設行ᄒᆞ지 아니ᄒᆞ니 此을 一國同等權이라 云ᄒᆞ니 此三大權을 合体ᄒᆞᆫ 者ᄂᆞᆫ 卽 一國의 權利니 文明國의 人民은 內則 一身의 權利을 主張ᄒᆞ고 外則 一國의 權利을 主張ᄒᆞᄂᆞᆫ故 其著書며 新誌에 權利主張ᄒᆞᄂᆞᆫ 論說을 記載업ᄂᆞᆫ 者 업고 其行事며 交際에 權利主張ᄒᆞᄂᆞᆫ 實跡이 顯著ᄒᆞ지 아니ᄒᆞᆫ 者 업스니 泰西學者가 今日世上을 稱ᄒᆞ야 人權國權世界라 云ᄒᆞᄂᆞ니 大体 人權은 一身의 權利요 國權은 一國의 權利라 그러ᄒᆞᆫ故로 이갓치 人權國權이라 名ᄒᆞ니라

人權을 擴張ᄒᆞ고ᄌᆞᄒᆞᆫ則 漸次로 政治을 修良ᄒᆞ며 行實을 整齊ᄒᆞᄂᆞᆫ데 在ᄒᆞ거니와 國權을 擴張ᄒᆞ고ᄌᆞᄒᆞ믄 兵力을 養치 아니ᄒᆞᆷ이 可치 아니ᄒᆞ니 抑夫我國人은 外國에 居ᄒᆞᆫ則 外國法律을 從ᄒᆞ지 아니치 못ᄒᆞ고 外國人이 我國에 在ᄒᆞᆫ 者ᄂᆞᆫ 我法律노써 罰ᄒᆞ지 못ᄒᆞ니 此所謂 治外法權이요 他國에ᄂᆞᆫ 其海關稅額을 任意高低ᄒᆞᄂᆞᆫ 權이 有ᄒᆞ되 我國에서ᄂᆞᆫ 他國에 計較ᄒᆞ며 議論ᄒᆞ야 僉同ᄒᆞᆫ 然後에 施

行ᄒᆞ며 또 通商三百年에 一種一額을 抽ᄒᆞ지 못ᄒᆞᄂᆞᆫ 事도 有ᄒᆞ며 我公使ᄂᆞᆫ 率兵ᄒᆞ고 外國에 往ᄒᆞ지 못ᄒᆞ되 外國公使ᄂᆞᆫ 率兵ᄒᆞ고 我國에 來ᄒᆞᄂᆞᆫ 事을 得ᄒᆞ니 凡此等事ᄂᆞᆫ 實狀 一國의 三大權을 損失ᄒᆞ야 光榮을 保有치 못ᄒᆞ니 其所以然者을 詳推細察ᄒᆞᆫ則 都是 我國에 兵力이 업ᄂᆞᆫ 然故라

大槪 英國의 貿易이 盛ᄒᆞ야 商賈로 世界을 壓服ᄒᆞᄂᆞᆫ 者ᄂᆞᆫ 英國에 軍艦이 多ᄒᆞᆫ 緣故요 魯西亞 國權이 强大ᄒᆞ야 四隣을 威慴ᄒᆞᆫ다 ᄒᆞᄂᆞᆫ 者ᄂᆞᆫ 魯國에 陸軍이 盛ᄒᆞᆫ 然故요 日耳曼은 百年以來로 漸次 國威廣張ᄒᆞᄂᆞᆫ 者ᄂᆞᆫ 日耳曼 常備兵이 逐歲增加ᄒᆞᆫ 然故라 由是見彼ᄒᆞᆫ則 一國國權의 基本은 兵力에 在ᄒᆞ다 云ᄒᆞᆷ이 可ᄒᆞ니 左에 兵備盛大ᄒᆞᆫ 諸國의 人口와 밋 兵數을 揭ᄒᆞ노니 此ᄂᆞᆫ 三年前 調査表을 採觀ᄒᆞᆫ 者이라 必然 今日에 少有增感ᄒᆞ니 讀者ᄂᆞᆫ 諒鑒ᄒᆞ시옵

英國陸軍 千八百七十八人

將校

現在士官 千四百三十六人

○ 非役士官 九十人

隊付士官 五千三百十六人

義勇兵士官 二百九十六人

陸軍敎育之諸學校種之士官 百五人

總計 七千百五十三人 現今所在

騎兵 一萬三千三百七十五人 千八百七十六

大砲兵 一萬七千八百五十六人 年

工兵 四千七人

步兵 六萬一千三十七人

總計 九萬六千二百七十五

一千八百七十八年

千四百五十八萬 三千七百磅 一磅凡日本一円

貳拾■■ 六十萬三千五百磅也

日本貨 七千二百九十一萬八千五百円

佛蘭西

人口 三千六百九十萬五千

陸軍人 五十萬二千六百九十七

軍艦 四百九十八艘

日耳曼

人口 四千二百七十二萬七千

陸軍人 四十一萬九千十四

軍艦 八十八艘

英吉利

人口 三千百六十二萬八千

陸軍人 十三万五千六百二十五

軍艦 二百三十六艘

魯西亞

人口 八千五百六十八萬五千

陸軍人 七十六萬五千八百七十二

軍艦 二百二十三艘

伊太利

人口 二千六百八十萬一千

陸軍人 十九萬九千五百五十七

軍艦 八十六艘

荷蘭

人口 三百五十七萬九千

陸軍人 六萬一千九百四十七 海外所領四萬兵 此中에 不有라

軍艦 八十五艘

日本

人口 三千五百七十六萬八千

陸軍人 七萬四千三百三十四

軍艦 二十九艘

世界上에 基布ᄒᆞᆫ 各國에 皆軍士가 이스나 그러ᄒᆞ나 其兵의 操練이 精熟ᄒᆞ지 못ᄒᆞ며 器械의 製造가 良善ᄒᆞ지 못ᄒᆞᆫ 者ᄂᆞᆫ 軍士라 謂홈이 可치 아니ᄒᆞ니라 如此히 平時ᄂᆞᆫ 兵力으로써 國威을 揚耀ᄒᆞ고 一朝에 有事ᄒᆞᆫ 時節을 當ᄒᆞᆫ則 兵力으로써 勝敗을 決斷ᄒᆞᄂᆞ니 兵力이 이갓지 아니ᄒᆞ면 一國의 權利을 護衛ᄒᆞ지 못홈이라 그러ᄒᆞ나 又 今日은 昔時갓치 無名ᄒᆞᆫ 軍士을 起ᄒᆞ지 못ᄒᆞ나니 公法으로 準據ᄒᆞ야 事機을 推察ᄒᆞ고 ᄯᅩ 平時ᄂᆞᆫ 兩國의 親睦을 保持ᄒᆞ기을 爲ᄒᆞ야 各種法律을 設立ᄒᆞ야 相守相遵ᄒᆞ니 左에 其大畧을 記ᄒᆞ노라

各國이 約束을 互結ᄒᆞ야 其和親을 堅守ᄒᆞ며 交易을 便利ᄒᆞ게 ᄒᆞᄂᆞᆫ 者을 云ᄒᆞ되 條約이라 ᄒᆞ니 이믜 條約을 結ᄒᆞᆫ則 此國으로서 彼國에 全權ᄒᆞᆫ 者 一人을 遣ᄒᆞ야 其都府에 在留ᄒᆞ야 交際事務을 商議ᄒᆞ게 ᄒᆞ니 此을 公使[미니스다아]라 稱ᄒᆞᄂᆞᆫ 者이라[47] 現今天下萬國에 通和結約ᄒᆞᆫ 者ᄂᆞᆫ 皆公使ᄅᆞᆯ 相遣ᄒᆞ야 其國都에 在留ᄒᆞ니 萬一 其國人民이 開化의 事理와 文明ᄒᆞᆫ 物情을 不知ᄒᆞ야 頑固守舊ᄒᆞ고 外人을 仇視ᄒᆞ야 結黨聚徒ᄒᆞ야 外國公使所居館舍을 襲擊ᄒᆞ던지 其人命을 殺害ᄒᆞ면 甲乙國政府의 和約이 破絶ᄒᆞ기 易ᄒᆞ고 或 甲乙國政府 間에

47 《西洋事情》初編 券1 〈外國交際〉(《福澤諭吉著作集》券1, 慶應義塾大學出版會, 2002, 28쪽과 동일한 서술.

和論이 再行ᄒᆞ야 甲國이 公使를 復遣ᄒᆞᆫ則 반ᄃᆞ시 軍士를 引率ᄒᆞ야 乙國 國都에 入ᄒᆞ야 館舍를 護衛ᄒᆞ며 乙國은 其亂民을 捕捉ᄒᆞ야 處刑ᄒᆞ고 自國의 治民不善ᄒᆞᆫ 罪를 謝ᄒᆞ여 甲國人이 被殺ᄒᆞᆫ 者 잇슨則 其被殺人의 本來職掌의 大小輕重을 隨ᄒᆞ야 乙國이 償金과 恤銀을 給與ᄒᆞ니 償金이라 ᄒᆞᄂᆞᆫ 者ᄂᆞᆫ 甲國이 此事를 因ᄒᆞ야 所入ᄒᆞᆫ 諸費며 ᄯᅩ 乙國에 謝禮ᄒᆞᄂᆞᆫ 物을 稱ᄒᆞᆷ이요 恤銀이라 ᄒᆞᄂᆞᆫ 者ᄂᆞᆫ 被殺人의 家族의게 乙國이 吊慰ᄒᆞ며 ᄯᅩ 資産을 給渡ᄒᆞᄂᆞᆫ 物을 稱ᄒᆞᆫ 者이라

大概 公使의 職掌은 條約의 大義에 根本ᄒᆞ야 兩國의 親睦을 保全ᄒᆞᆷ으로 主義ᄅᆞᆯ 삼ᄂᆞ니 그러ᄒᆞᆫ故로 交際上에 風波를 起ᄒᆞ야 爭端이 發見ᄒᆞ며 和親이 破敗ᄒᆞ고져 ᄒᆞ드라도 兩國間의 善爲周旋ᄒᆞ야 平和ᄒᆞᆫ 地에 挽回ᄒᆞ야 兵甲相見ᄒᆞ지 아니ᄒᆞᄂᆞᆫ 者ᄂᆞᆫ 此皆公使된 者의 功力이요 ᄯᅩ 外國交易場에 自國商人을 處寘統率ᄒᆞ며 交易等事를 周旋ᄒᆞ기ᄅᆞᆯ 爲ᄒᆞ야 官吏一人을 寘ᄒᆞ니 此ᄅᆞᆯ 領事[곤슈율]라 稱ᄒᆞ니 그러ᄒᆞᆫ故로 一個國에 差遣ᄒᆞ고 公使ᄂᆞᆫ 一名이로ᄃᆡ 領事의 員數ᄂᆞᆫ 其國交易場數ᄅᆞᆯ 準ᄒᆞᄂᆞ니[48] 右ᄂᆞᆫ 方今世界大勢一班이라 其詳細ᄂᆞᆫ 後日復記ᄒᆞ겟습

48 《西洋事情》 初編 卷1 〈外國交際〉(《福澤諭吉著作集》 券1, 慶應義塾大學出版會, 2002, 28-29쪽의 내용과 동일한 서술.

地球惣說

吾人棲息ᄒᆞᄂᆞᆫ 世界가 其形狀이 球玉갓튼 故로 地球라 名ᄒᆞ니 其直徑은 大約 七千九百英里요 其周圍ᄂᆞᆫ 大約 二萬三千七百英里니 恒常 二樣運轉을 ᄒᆞ야 暫時도 靜止ᄒᆞ지 아니ᄒᆞ야 其一을 自轉이라 云ᄒᆞ니 每一晝夜에 一度식 自轉輾ᄒᆞ고 其一을 公轉이라 云ᄒᆞ니 每一年에 太陽을 一周ᄒᆞᄂᆞ니 此을 要ᄒᆞᆫ則 此世界ᄂᆞᆫ 一個 行星에 不過ᄒᆞᆫ 者라

太虛에 基布羅列ᄒᆞᆫ 星이 其數가 本來 不可窺測이나 然이나 其中에 我太陽으로 中心을 삼고 周回ᄒᆞ며 又自轉輾ᄒᆞ야 其形樣이 地球와 全異치 아니ᄒᆞ니 光輝을 自發ᄒᆞ지 못ᄒᆞ고 太陽을 反射ᄒᆞ먀 甚히 粲然ᄒᆞᆫ 者라 惣稱ᄒᆞ야 行星이라 云ᄒᆞ니 各行星의 名目과 直徑과 自轉과 公轉의 日數며 太陽相距里數가 如左ᄒᆞ니라

[다음 페이지의 표]

以上을 八行星이라 云홈이니 其八行星의 附屬ᄒᆞᆫ 衛星과밋 太陽을 合ᄒᆞ야 太陽系統이라 云ᄒᆞ니라

衛星은 自轉ᄒᆞᄂᆞᆫ 事가 업고 一行星으로 中心을 삼고 公轉ᄒᆞ면서 其主星과 ᄒᆞᆫ가지 太陽을 周回ᄒᆞᄂᆞ니 其數가 木星에게 四個요 土星에게 八個며 天王星에게 四個요 我地球에도 一個가 有ᄒᆞ니 月이 卽是라 月은 ᄯᅩᄒᆞᆫ 他行星과 갓치 光輝을 自發ᄒᆞ지 못ᄒᆞ고 太陽의 光輝을 反射ᄒᆞ야 粲然生明ᄒᆞᆯ ᄯᅡ람이라 每一朔에 地球을 一度식 周回ᄒᆞᄂᆞ니 其直徑은 二千餘英里요 周圍ᄂᆞᆫ 六千餘英里의 大球라 我地球을 相距ᄒᆞᆫ 平均里數가 二十四萬英里라 云ᄒᆞ니라

星名	直徑	自轉日數	公轉日數	太陽相距里數
水星	三千英里	二十四時五分	八十七日	三千五百萬英里
金星	七千五百英里	二十三時二十分	二百二十四日	六千六百萬英里
地球	七千九百英里	二十四時	三百六十五日	九千二百萬英里
火星	四千英里	二十四時三十九分	六百八十六日	一億四千萬英里
木星	八萬五千英里	九時五十五分	四千三百三十二日	四億七千二百萬英里
土星	七萬二千英里	十時十六分	一萬七百五十九日	八億七千二百萬英里
天王星	三萬三千英里	未詳	三萬六百八十六日	十七億五千三百萬英里
海王星	三萬六千英里	未詳	六萬百二十六日	二十七億四千六百萬英里

經緯度의 事

大凡陸地에 人生이 住居ᄒᆞᆫ則 此處로서 彼處가지 幾里며 此山으로서 彼山가지 幾里됨을 不可不知며 不可不定이나 然ᄒᆞ나 廣闊大洋에ᄂᆞᆫ 渡航ᄒᆞᄂᆞᆫ中 十日或二十日에 至ᄒᆞ도록 一山도 不見ᄒᆞ며 小陸도 不見ᄒᆞ야 定標ᄒᆞᆯ 者 업ᄂᆞᆫ故로 泰西航海者가 天文을 測ᄒᆞ야 方角을 定ᄒᆞ니 由是ᄒᆞ야 不測大洋이라도 小無差違ᄒᆞᆫ지라 大概 其方角을 定ᄒᆞᄂᆞᆫ 法이 地球北端을 北極이라 云ᄒᆞ고 地球南端을 南極이라 云ᄒᆞ고 南端北端間 正中에 一線을 畫ᄒᆞ야 赤道라 云ᄒᆞ니 赤道로써 正心을 삼고 南으로 南極에 至ᄒᆞ고 北으로 北極에 至ᄒᆞ기 兩邊을 各各九十度식으로 分ᄒᆞ고 ᄯᅩ 東西도 赤道갓치 一線을 畫ᄒᆞ야 兩邊을 合ᄒᆞᆫ則 ᄯᅩᄒᆞᆫ 一百八十度가 되니 此을 南北緯度라 云ᄒᆞᆫ지라 却說前論과 갓치 世界形狀이 團圓ᄒᆞᆫ故로 自西至東히 正中一線을 畫ᄒᆞ니 其線이 團圓ᄒᆞᆫ 地球을 纏迴ᄒᆞ야 輪形이 되니 地球表側에서 北極으로 南極가지 百八十度인則 裏側도 ᄯᅩᄒᆞᆫ 百八十度라 兩面을 合ᄒᆞ야 三百八十度니 大概 地球 周圍ᄂᆞᆫ 二萬三千七百英里라 此을 三百六十에 分ᄒᆞ야 一度距離을 六十英里에 定ᄒᆞ며 ᄯᅩ 英吉利의 距利仁宇翊智[구리인우잇지]라 云ᄒᆞᄂᆞᆫ 地方天文臺로 爲本ᄒᆞ고 北極으로 南極가지 直線을 畫ᄒᆞ고 其直線과 赤道의 會集ᄒᆞᆫ 所로븟터 ᄯᅩ 西에서 始ᄒᆞ야 東에 至ᄒᆞ기가지 每段 六十里식 畫定ᄒᆞ고 그와갓치 ᄯᅩ 北極으로서 南極가지 線路을 畫ᄒᆞ야 地球의 周圍을 三百六十에 分ᄒᆞ고 東西經度라 云ᄒᆞ니 大概 右와 갓치 世界周圍을 東西南北 四方 十字로 分ᄒᆞ야 渡海時에 天文을 見ᄒᆞ고 方角을 測ᄒᆞ야 地方이 不見ᄒᆞᄂᆞᆫ 大洋에서도 船艦의 下碇處ᄂᆞᆫ 分寸도 不違ᄒᆞ니 此을 航海者의 測量이라 云ᄒᆞ고 ᄯᅩ 緯度ᄂᆞᆫ 赤道로서 南北에 各各 度數을 筭ᄒᆞ야 赤道以北을 北緯幾度라 云ᄒᆞ고 赤道以南을 南緯幾度라 云ᄒᆞ고 又 經度ᄂᆞᆫ 距利仁宇翊智로서 東西兩方에 各一度二度식 筭ᄒᆞ야 其以西을 西經幾度라 云ᄒᆞ고 其以東을 東經幾度라 云ᄒᆞ니 是故로 西經百八十度ᄂᆞᆫ 卽 東經百八十度라 我國京城을 北緯 三十七度 三十五分이며 東

經 百二十七度 六分이라흔則 赤道以北 三十七度 三十五分이요 距利仁宇翊智 以東百二十七度 六分이라

晝夜의 理라

地球는 本來 一個暗體라 太陽의 光輝을 受ᄒᆞ야 明朗ᄒᆞ고 其光輝을 不受ᄒᆞᆫ 處는 暗黑ᄒᆞᄂᆞ니 大槪 地球의 半面은 恒常 太陽의 光輝을 受ᄒᆞ고 其半面은 恒常 不受ᄒᆞᄂᆞᆫ지라 그란故로 地球 東面이 爲晝時는 其西面이 爲夜ᄒᆞ니 假令 支那 金陵 午正이 米利堅 紐育의 子正되는 理致로 推者ᄒᆞ면 可知라 今夫 太陽이 一處에 定在ᄒᆞ야 不往不來ᄒᆞ고 但 每一面식 其所在處에서 自轉ᄒᆞᄂᆞᆫ故로 地球上 各地方이 受射홈을 從ᄒᆞ야 交互爲晝ᄒᆞ며 又 交互爲夜ᄒᆞᄂᆞᆫ지라 盖地球의 經度는 三百六十度요 其運動은 二十四時間에 一回自轉ᄒᆞᄂᆞᆫ 者인則 一時間에 十五度 回轉ᄒᆞᄂᆞᆫ 者라 是以로 涯角이 遼隔ᄒᆞᆫ 兩地方에서 其時刻의 差異을 知ᄒᆞ고ᄌᆞᄒᆞᆫ則 其經度에 差異을 十五度로 除筭ᄒᆞ면 從可卽知니 假令 我國 京城과 日本國 東京의 經度差異가 十二度 四十三分이니 東京은 東에 在ᄒᆞ고 我京은 西에 在ᄒᆞᆫ 者라 地球는 西으로 東을 向ᄒᆞ야 回轉ᄒᆞᄂᆞ니 然則 在東地方이 在西地方보단 其曙其暮홈이 經度의 遠近을 從ᄒᆞ야 早晩이 有ᄒᆞ니 我京이 東京보단 少晩ᄒᆞᆫ 者는 自然ᄒᆞᆫ 理致라 其晩ᄒᆞᆫ 時間은 兩地距離가 十五度에 不滿ᄒᆞᆫ故로 一時間이 되지 못ᄒᆞ고 四十八分時許니 泰西人이 一日을 二十四時에 分ᄒᆞ고 一時間을 또 二十六分時에 分ᄒᆞ고 一分間을 또 六十秒時에 分ᄒᆞ니 本文의 計筭을 從此ᄒᆞ노라

五帶의 事

地球上에 赤道近傍은 太陽이 直射ᄒᆞᄂᆞᆫ 故로 恒常 炎熱ᄒᆞ나 그러ᄒᆞ나 南北이 相離ᄒᆞᆷ을 從ᄒᆞ야 漸漸 溫和ᄒᆞ고 南北兩極 近傍에 至ᄒᆞᆫ則 沍寒ᄒᆞ야 周歲間에 霜雪이 不絶ᄒᆞ니 由是로 地球表面을 五帶에 分別ᄒᆞ고 赤道로서 南北 各 二十三度 三十分의 處에서 平行線을 虛構ᄒᆞ야 此을 二至線이라 名ᄒᆞ고 其間을 熱帶라 名ᄒᆞ니 地球上 極熱ᄒᆞᆫ 地方이요 또 南北兩極을 距ᄒᆞ야 二十三度 三十分의 處에 平行線을 虛構ᄒᆞ야 此을 極線이라 名ᄒᆞ고 極線과 兩間을 寒帶라 ᄒᆞ니[49] 地球上에 寒帶가 有二ᄒᆞ야 世界中 極寒ᄒᆞᆫ 地方이라 또 寒帶와 熱帶 中間을 溫帶라 云ᄒᆞ니 地球上에 溫帶가 亦有二ᄒᆞ야 甚히 熱ᄒᆞ지도 아니ᄒᆞ고 또 甚히 寒ᄒᆞ지도 아니ᄒᆞ니 世界中 中和地方이라 以上을 合ᄒᆞ야 五帶라 云ᄒᆞ니 我國도 溫帶中에 在ᄒᆞᆫ지라 寒熱 兩帶中에 居住ᄒᆞᄂᆞᆫ 人民에게 比ᄒᆞ면 엇지 多福人民이 아니라 ᄒᆞ리요

49 《世界国尽》 附錄 〈天文の地学〉(《福澤諭吉著作集》 券2, 慶應義塾大學出版會, 2002, 148쪽).

四時의 事

太陽이 地球을 溫ᄒᆞ게 홈이 其遠近을 從ᄒᆞ야 溫冷이 異홈이 아니라 其日光의 直射와 斜射을 由ᄒᆞ야 其溫冷이 異ᄒᆞᆫ 者라 그란故로 地球上에 太陽이 直射ᄒᆞᄂᆞᆫ 處ᄂᆞᆫ 恒常 炎熱ᄒᆞ고 不然ᄒᆞᆫ 處ᄂᆞᆫ 寒冷ᄒᆞᄂᆞ니 此卽 四時의 變化을 生ᄒᆞᄂᆞᆫ 所以然이라 抑夫 地球ᄂᆞᆫ 三百六十五日 二時 四十四分으로써 太陽을 一回週轉ᄒᆞᄂᆞ니 其週轉ᄒᆞ야 行ᄒᆞᄂᆞᆫ 道을 名ᄒᆞ야 軌道라 云ᄒᆞ고 軌道와 赤道ᄂᆞᆫ 平行ᄒᆞᄂᆞᆫ 者라 그란故로 太陽이 恒常 赤道을 直射ᄒᆞ고 其南北地方은 恒常 溫冷이 同一ᄒᆞ야 古今萬代에 四時變更이 업슴이 可ᄒᆞ나 그러ᄒᆞ나 赤道와 軌道ᄂᆞᆫ 二十三度 三十分의 交角이 有ᄒᆞ야 太陽이 或은 赤道以南 二十三度 三十分의 地方을 直射ᄒᆞᄂᆞᆫ 時도 有ᄒᆞ며 或은 赤道以北 二十三度 三十分의 地方을 直射ᄒᆞᄂᆞᆫ 時도 有ᄒᆞ니 赤道以南을 直射ᄒᆞᄂᆞᆫ 時ᄂᆞᆫ 其地方이 爲夏ᄒᆞ고 赤道以北이 爲冬ᄒᆞ고 赤道以北을 直射ᄒᆞᄂᆞᆫ 時ᄂᆞᆫ 其地方이 爲夏ᄒᆞ고 赤道以南이 爲冬ᄒᆞᄂᆞ니 其間에 太陽이 漸漸 直射ᄒᆞᄂᆞᆫ 地을 移ᄒᆞ야 以南二十三度 三十分의 處로서 赤道가지 歸ᄒᆞ면 赤道以南의 秋가 되고 赤道以北에 春이 되며 此을 從ᄒᆞ야 漸漸 赤道以北의 移ᄒᆞ야 再度赤道가지 歸來ᄒᆞ면 赤道以北에 秋가 되고 赤道以南의 春이 되며 夏時에 晝長夜短ᄒᆞᆫ 者ᄂᆞᆫ 太陽이 自己直上에 近ᄒᆞᆫ 故로 其光을 見ᄒᆞᄂᆞᆫ 事가 太陽이 自己直上에 遠ᄒᆞᆫ 時보단 長ᄒᆞᆫ 緣故녀 ᄯᅩ 春秋兩時에 晝夜均分ᄒᆞᆫ 者ᄂᆞᆫ 太陽이 赤道上을 直射ᄒᆞᄂᆞᆫ故로 赤道南北으로서 見ᄒᆞᆫ則 其光을 見ᄒᆞᄂᆞᆫ 時며 不見ᄒᆞᄂᆞᆫ 時가 均分ᄒᆞᆫ 緣故니 大概 赤道直下에ᄂᆞᆫ 四時에 晝夜가 均分ᄒᆞ나 그러ᄒᆞ나 我國은 冬夏 二時에 晝夜의 長短分別이 有ᄒᆞ되 北方 西比耳亞 地方갓튼 者ᄂᆞᆫ 夏時에 日暮ᄒᆞ지 不幾何에 卽速曙明ᄒᆞ니 大體 太陽이 北으로서 出ᄒᆞ야 地平을 回ᄒᆞᄂᆞᆫ 者갓치 보고 ᄯᅩ 冬日은 反此ᄒᆞ야 南으로 東方에 近ᄒᆞ게 出ᄒᆞ고 西方에 近ᄒᆞ게 入ᄒᆞᄂᆞᆫ 者갓치 보ᄂᆞᆫ 故로 太陽이 地平上에 顯ᄒᆞᄂᆞᆫ 事가 暫時에 不過ᄒᆞ니 自此로 ᄯᅩ 北極邊에 近ᄒᆞ기 六十六度 三十分 以上에 至ᄒᆞᆫ 時ᄂᆞᆫ 冬月은 太陽이 地上에 不顯ᄒᆞ고 夏月은 地上에 長照ᄒᆞ야 一年이 一晝가 되며 一夜가 되니

四季의 變化ᄒᆞᄂᆞᆫ 事理가 頗難分解ᄒᆞᆫ지라 近日에ᄂᆞᆫ 煩忙ᄒᆞ니 後日을 俟ᄒᆞ야 詳記ᄒᆞ랴 ᄒᆞ노라

세계대세론

인종의 차이
종교의 차이
언어의 차이
정치의 차이
의식주의 차이
개화수이
세계역사일반
세계대세일반
자유대략
지구총설
경도와 위도
낮과 밤의 이치
5대의 기후
사계절

인종의 차이(殊異)[1]

대개 세계 만국(萬國)에 차례로 바뀌는 절기(節序)마다 날씨의 춥고 더움이 각기 다르고, 토지의 기름지고 척박함이 각기 다르며, 예로부터 전해지는 습관이 또 각기 같지 않은 까닭에 각국 인민의 의식주(衣食居處) 및 나라 풍속과 인정이 모두 하나같지 않다. 그 차이가 나는 것들 중 가장 주목해서 볼 만한 것은 인종의 차이, 종교의 차이, 언어의 차이, 정치의 차이, 의식주의 차이, 개화의 차이이다.

세계 가운데 인민의 외모와 골격이 서로 각각 같지 않아 허다한 종류가 있다. 그러나 대강 다섯 가지 종류로 구별되니 (이것이 — 역자 삽입) 인종이다. 첫 번째는 아시아 인종이니 황색인종이라 칭하기도 한다. 두개골이 조금 네모지며 얼굴이 평평하고 넓으며 광대뼈가 높이 솟아나 있고 코는 높지 않다. 피부는 황토색이요 머리카락이 많으며 새카맣고 수염이 적고 혹 없는 자도 있으며 신체는 장대하지 않다. 대개 아시아대륙 중부 조선, 일본, 중국, 베트남 등 여러 나라 인민이 이 종에 속한다.

두 번째는 유럽 인종이니 백색인종이라 칭하기도 한다. 광대뼈가 동그라미(正圓)에 가깝고 얼굴이 약간 타원형이며 앞이마가 똑바르다. 코가 매우 높고 그 콧대(梁)가 역시 높으며 광대뼈가 돌출하지 않았으며 입술이 크지 않다. 신체가 장대하며 피부는 계란 흰자처럼 흰색에 붉은색을 엷게 띠고 머리카락은 황갈색이요 눈동자는 푸른색을 띤다. 유럽 대륙과 아시아 서부, 아메리카 북부에 서식하는 인민 및 이러한 지역에서 다른 지역으로 이주한 인민이 모두 이 종류에 속한다.

세 번째는 말레이(巫來由) 인종이니 종색(棕色) 인종이라 칭하기도 한다. 두개골과 목덜미가 조금 좁으며 얼굴은 넓적하고 광대뼈가 높이 솟아나 있으며

---

1 원문에 각기 다름을 뜻하는 수이(殊異)라 표기되어 있다. 여기서는 현대어로 이해하기 쉽게끔 '차이'라 풀이하였다.

신체가 장대하지 않다. 피부는 황갈색이고 머리카락은 많고 검으며 빳빳하지 않다. 인도제도(諸島) 및 말레이 반도의 토착민이 이에 속한다.

네 번째는 아프리카 인종이니 흑색인종이라 칭하기도 한다. 두개골이 좁으며 좌우위로 뾰족하며 앞이마가 경사지고 또 용솟아 있다. 광대뼈는 높고 코는 낮으나 콧구멍은 크고 입술은 두껍고 크며 전면이 돌출되어 있다. 피부는 새카맣고 머리카락은 오그라들어 말려 있다. 이 인종은 아프리카 및 대양 양 대륙의 토착민이다.

다섯 번째는 아메리카 인종이니 동색(銅色) 인종이라 칭하기도 한다. 두개골이 아시아 인종과 조금 닮았으니 광대뼈가 높이 솟아나 있고 얼굴은 넓으나 평평하지 않다. 눈은 푹 꺼져 있고 코는 넓고 낮으며 피부는 적동색(赤銅色) 같다. 아메리카 본토 인종이 곧 이 인종이다.

이상 논하여 구별한 인종이 그 본종 소속 토착민은 판연하여 구별할 수 있으나 양 종이 혼교(混交)하여 그 둘 사이에서 종류를 낳고 그 자손이 또 다른 인종과 혼교하여 낳는 때에는 어떤 종에 속할지 판별이 불가하다. 또 기후와 음식 등의 차이로 인해 같은 인종이라도 그 (피부 — 역자 삽입) 색이나 모습이 매한가지가 아닌 사람이 있기 때문에 토지를 가지고 이상의 구별을 추측하여 살펴보는 것은 불가능하다.

종교의 차이[2]

종교의 차이는 국가 이해에 관계되는 일이 적지 않으니 대개 인생의 아름다운 이치를 분별하면 정신과 형체의 두 가지 대체를 갖추는 것이다. 종교는 정신에 속하고 기술은 형체에 속하니 그러므로 기술로써 형체를 관리하고 종교로써 정신을 관리하니 형체를 관리하는 것은 기술을 채용하기에 그치거니와 정신을 관리하는 것은 종교의 노예가 되니 종교 때문에 나라를 잊고 가정을 잊기에 이르는 자가 있는지라. 종교의 차이가 이같으니 어찌 국가 이해에 관계하지 아니하겠는가.

요컨대 각국에 본래 전하는 종교가 있어서 교육을 힘써서(勉勵) 윤리와 기강을 문란하지 않게 한다. 이 때문에 각국이 마땅히 오직 본래 있던 종교를 고수하고 다른 나라 종교의 전파를 막아 자국 인민으로 하여금 다른 나라 종교의 노예가 되지 말게 할 것이니 이 일이 어찌 뜻 있는 자의 책임이 아니리오. 세계 가운데 종교의 종류가 열 가지, 백 가지뿐이 아니다. 나라가 있으면 반드시 그 나라 본래 종교가 있다. 더러 그 나라 본래 종교가 없고 다른 나라 종교를 채용한 것이 세월이 오래되어 그 나라 본래 종교라 칭하는데 우리나라의 유교는 중국에서 취한 것이며 일본의 불교는 인도에서 취한 것같이 세대가 오래되고 인민이 존숭하니 그 나라 본래 종교와 다름없으니 어찌 그 나라 본래 종교가 아니라 하겠는가. 대개 각 종교의 종교를 세운 본 뜻(立教本義)을 보건대 권선징악(勸善懲惡)하는 데 지나지 않는다. 그렇기 때문에 반드시 하늘과 신을 말하여 드러나지 않은 모르는 가운데 화와 복을 의탁하여 정하고 아랫것들(下民)의 불선하고 불의한 행실을 금지하며 충효의 윤리를 힘쓰게 하니(勉勵), 지금 성행하는 것을 아래에 게재한다.

유교는 우리나라 및 중국(中原) 등에 성행하고 불교는 인도의 스리랑카(錫

2 이 편은 특히 원문에 앞뒤 내용의 자구를 중복하여 쓴 오류가 많은데, 각주로 표시해 둔다.

蘭島) 및 후인도(后印度), 중국, 우리나라, 일본 등에 성행하고 힌두교[원문 브라만교(波羅門教)(Brhmanism)]는 전인도(前印度)에 성행한다.[3] 예수교 구교(耶蘇旧教)는 또 천주교라 이름하니 신교가 행해지는 지역에 동행하고 예수교 신교(耶蘇新教)는 유럽, 아메리카 양 대륙에 성행한다. 그리스 정교(希臘教)는 러시아에 행해지며 또 터키와 그리스 인민이 존경하여 받드는(尊奉) 자가 많고, 유태교는 유럽, 아메리카 양 대륙 가운데 유태인이라 명명한 인민이 이 종교를 받드니 양 대륙 각국에 산재한 유태인을 각국 인민이 매우 천대한다. 이슬람교(回回教)는 터키와 아라비아 등지에서 성행한다. 이 밖에는 겨를이 없어 일일이 열거하지 못한다.

3 전인도와 후인도에 대한 설명은 이 글의 〈세계대세일반〉 항목에 나와 있는 것을 참조하라.

언어의 차이

언어는 의사를 나타내는 목소리이다. 그런 까닭에 인간 사물이 점차 다단해지는즉 사람의 의사가 점점 번다해지고 언어가 점점 증가한다. 또한 언어는 서로 통하는 기구이다. 그런 까닭에 서로 통하는 것이 점점 성대해지는즉 각국 인민의 이야기(談話)가 많아지고 언어가 점점 뒤섞이게 된다. 요컨대 세월을 경과하면 낱말(語葉)은 배로 증가하고 언어의 종류(語種)는 점점 감소할 것이다. 그러나 지금 세계 가운데 통용되는 언어 종류가 다음과 같다.

아시아 대륙 153종, 유럽 대륙 53종, 아프리카 대륙 114종, 아메리카 대륙 423종, 대양주[4] 117종이라 하니[5] 대개 인민이 있으면 반드시 언어가 있고 언어가 있으면 반드시 문자가 있다. 그러나 언어만 있고 문자 없는 나라도 있으며 문자가 있어도 그 사용이 심히 불편한 것이 많으니 대개 문자는 언어의 부호니 문자의 훌륭(善美)한 것은 인간지혜가 진보하고 발달(上達)함을 따라 일어나고 성취하는 것이다.

지금 세계 가운데 있는 문자 종류는 언어와 같이 수백 종류이다. 그러나 그 방법을 분별하면 두 가지 법에 지나지 않으니, 한 글자로 한 단어 한 사물을 표하는 것도 있으며 한 글자로 한 발음을 나타내고 이 소리를 연속하여 한 단어 한 사물을 나타내는 것도 있다. 가령 한문은 한 글자로 한 단어 한 사물을 나타내는 것이요, 우리 국문은 한 글자로 한 발음을 나타내고 연음하여 한 단어 한 사물을 나타내는 것이다. 한문은 심히 영묘하나 글자수가 많기 때문에 다른 나라 사람이 배워 성취하기 몹시 어렵고 또 오래 걸리고, 우리 국문은 글자수가 매우 적기 때문에 다른 나라 사람이라도 배워서 습득하기 심히 편하고 또 쉽다.

---

4 이 용어는 남아시아 제도, 미크로네시아 제도, 폴리네시아 제도를 가리킨다. 이 글의 〈세계대세일반〉 항목을 참조하라.

5 여기에 언급되고 있는 언어 종류의 구별 수치는 1882년 발간된 內田正雄의 《輿地誌略》 卷1의 22-23쪽 내용과 일치한다.

무릇 문자는 언어의 부호이다. 언어가 세대를 경과하며 세월이 오래될수록 증가하는 것이니 문자도 역시 그러함이 명백한 증거이다. 그렇기 때문에 한 단어 한 사물을 한 글자로 나타내는 문자는 월등한 재주와 지혜가 아니면 깨달아 이해하기가 매우 어려우니, 어떠한 언어사물이든 막론하고 여러 글자를 연음하여 뜻에 따라 기록하여 나타내는 것이 가장 편리한 것이다.

정치의 차이

정치의 차이가 또한 많다. 그러나 그 체제를 분별하면 두 가지 방법에 지나지 아니하니 다인정치와 소인정치이다. 소인정치에는 세 가지 종류가 있으니 아래에 게재한다.

첫째는 군주전제(君主專制)이니 군주의 권위가 무한하여 나라 가운데 토지와 인민을 사유하고 생사여탈권이 그 손바닥에 있어 그 명령이 바른 이치를 어기며 공도를 등지더라도 인민이 감히 이의를 제기할 수 없다. 아메리카와 아시아 여러 나라에 많다.

둘째는 군주전치(君主專治)이니 한 성씨(姓)가 서로 전하여(세습하여) 스스로 법률을 이루고 군주의 권위에 한계와 영역이 있으니 군주가 스스로 경계하고 스스로 지켜서 인민의 환심을 잃지 않고자 하며 자기의 덕을 선포하고자 한다. 그러나 한 나라를 사유하는 것을 주의로 삼는 것은 전자와 다르지 않으니 러시아 등 여러 나라의 정치이다.

셋째는 귀족정치이니 국내 귀족이 누대에 걸쳐 정권을 장악함을 이르는 것이다. 그러한 까닭에 일정한 나랏님(國君)이 없고 몇몇 귀족이 합의하여 정치를 행한다. 그러나 귀족이 한 나라를 사유함과 같은 까닭에 인민을 노예로 삼기에 이르러서는 추호도 앞의 두 가지와 다르지 않다. 오늘날 이 정치를 행하는 것이 없고 옛날에 많이 있었다. 이상 세 가지를 소인정치라 이르는데 전국 다수 인민 가운데 정치에 참여하는 자가 소수 인원이다. 이에 반하여 전국 인민이 정치에 공동 참여하는 것을 다인정치라 하니 그 체제가 두 가지 종류이다. 아래에 게재한다.

첫째는 군민동치(君民同治)이니 군주가 위에 있어 만민을 통할하는 방법은 전과 같다. 그러나 감히 천하를 사유하지 못하고 반드시 공명정대한 헌법을 확정하여 국민으로 하여금 모두 국정에 참여하게 하니 이는 곧 입헌정치(立憲政治)이다.

둘째는 공화정치이니 군주의 혈통으로 서로 계승하지 않고 나라 가운데 선비와 백성의 분별이 없으며 덕이 있는 군자를 선거하여 재위 연한을 정하고 천하의 정치를 통할하게 하니 이 직책을 대통령이라 한다. 그 밖에는 전자와 같이 헌법을 확정하고 정령(政令)을 먼저 따르고 준행하니 국민이 정치에 모두 참여한다.

대개 방국에 각각 국체(國体)가 있으니 결단코 변경함이 옳지 않다. 그러나 정치가 국체에 부적합한 것은 정치의 좋고 나쁨을 논의함이 종교의 좋고 나쁨을 논의함과 같아서 모두 무익한데 돌아가므로, 다만 이 나라에 있어서 적합한 정치를 묻는 것이 옳다. 서양(泰西)의 역사서를 살펴보건대 소인정치를 고쳐 다인정치로 설정한 것이 많으니, 이로 말미암아 견주어 보면 다인정치가 소인정치보다는 훌륭함을 알 수 있을 것이다.

의식거처의 차이

의식주는 토지의 비옥함과 척박함, 때와 기후의 추움과 따뜻함에 따라 각각 차이가 있다. 그 차이는 인간지식의 발달과 국가재용의 성쇠(消長)에 관계되는 일이 적지 않기 때문에 그 대략을 아래에 열거한다.

몹시 더운(炎熱) 지방은 사계절에 자연히 과실이 많이 있어 노력하지 않고도 천연 식물을 따서 생활함이 가능하기 때문에 어로, 수렵하는 일을 경영하지 않고 또 경작하는 일을 힘써 종사하지 않으며 그 기후가 항상 불을 쬐는 듯이 덥기 때문에 추위를 막을 의복이 필요하지 않을 뿐만 아니라 인민의 습성이 오랫동안 몹시 게으르다. 이 같은 지역에 거처하여 한결같이 입고 먹는 것에 대해 신경 쓸 것이 없고 우매하게 세상을 살아가기 때문에 개화■[6]경에 진보하지 못하니 인도 및 동인도 제도의 인종이 곧 이것이요, 또 그 가운데 과실이 풍요치 못한 지방은 벌레 따위와 어패류만 먹는 인종이 있다.

몹시 추운(沍寒) 지방은 풀이 자라는 것이 적고 경작이 이뤄지지 않기 때문에 물고기, 새, 바다짐승 따위를 사냥하여 그 생계를 경영한다. 또 한겨울에는 짐승 가죽을 입고 흙 속에 혈거(穴居)하여 (이에 — 역자 삽입) 의지하여 한기를 면한다. 대개 아메리카 대륙 소속 토인 같은 자가 처음부터 지식을 강구하지 아니하며 부요를 경영하지 않는다.

(날씨가 — 역자 삽입) 온화한 지방[온대지방]에는 앞서 두 곳처럼 몹시 춥지도 않고 몹시 덥지도 않다. 이 지역에 거주하는 인민은 하늘이 준 큰 복이라 할 수 있을 것이다. 그러나 토지가 광막한 모래벌(沙磧)이 사이사이에 많이 있으니 그곳 인민은 경작이 불편하여 대개 가축을 기르는 것을 업으로 삼고 물과 풀을 찾아 거처를 부득이 옮겨 다닌다. 그 풍요한 땅에는 인력을 조금만 쏟으면 크게 이익을 얻는다. 때문에 농공(農功)을 일으키며 기계를 제작하고 그 일을 힘쓰며 그 업을 힘써서 그 시초에 일정한 토지에 살고 차츰 촌락을 이루며 이로부터 방

6 이 부분은 원문에 글자를 식별하기 어렵다.

국을 세우기에 이른다. 따라서 세계에서 가장 먼저 경작업을 창시한 것은 온난지방에 사는 인민이요, 이후 점점 진보한 자도 온난지방의 인민이니 우리나라가 또한 온대 가운데 한 나라요, 그 밖에 유럽 여러 나라 및 아메리카 합중국 등이 모두 그러하다.

의복 제도는 더운 나라는 草木의 섬유와 실을 사용하고 추운 나라는 짐승 가죽을 사용하고 온대 여러 나라는 두 가지를 병용하는 가운데 기계와 인력으로 제조, 봉직(縫織)하여 사용하기 때문에 질이 좋고 형태가 아름답다. 가옥(宮室)의 제작은 추운 나라에서는 흙 속에 혈거하고 더운 나라에서는 나무 그늘 혹은 동굴 같은 곳에도 살고 혹은 나무 줄기, 풀잎으로 초가집, 판잣집을 만드는 자도 있다. 또 광야에 옮겨 다니며 사는 자는 장막을 설치하고 그 가운데 살며, 온화지방[온대지방] 여러 나라는 개화, 진보하여 당시에 목조, 석조, 철조 등 지극히 아름답고 지극히 편리한 갖가지 제조(製造)가 있으니 대략 아래와 같다.[7]

7 이하에 열거하는 예시들이 이어질 것으로 보이나 원문에 내용이 기재되어 있지 않다.

개화의 차이

개화의 차이는 네 가지 등급으로 나뉜다. 첫 번째는 야만이니 인류 가운데 가장 아래 등급이다. 인륜을 알지 못하고 지각이 최소한이며 오로지 남녀의 정욕과 배고픈 때에 먹을 것 구하는 것 외에는 다른 일을 행하지 않는다. 그 산업은 어로와 수렵에 그치고 다른 종류의 세간이 없으며 같은 부류 가운데 추장이 있다. 또 지방에 따라 그 풍속의 수준(風化)에 차이가 있다. 그 첫 번째는 호주[오스트레일리아(澳大利亞)] 및 남아메리카 대륙의 토착인종 등이다. 넓고 아득한(廣漠) 산야나 혹은 황량한 바닷가에 벌거벗은 몸으로 맨발로 다니며 어패류, 곤충 따위를 먹으며 곡식 먹을 줄을 모른다. 수풀과 빈 동굴 및 흙 속에 혈거하거나 더러는 짐승 가죽을 입으며, 여름날에는 거칠게 대강 만든 풀집에 주거하는 자 등이다. 그 두 번째는 어로와 수렵에 종사하고 바닷가 혹은 강가에 거주하여 물고기, 짐승고기로 식량을 삼고 짐승 가죽을 입으며 겨울에는 흙 속에 혈거하고 부락이 서로 교통하여 전자보다는 조금 나은 자이다. 그 세 번째는 북아메리카 대륙의 토착민 등이니 수렵으로 생업을 삼고 항상 맹수와 격투하여 사나운 풍속이 있으며, 부인은 더러 농업을 경영하는 사람도 있어서 부락을 성립한 자이다.

두 번째는 미개이니 야만보다는 한 단계 진보한 것을 미개라 명명한 것이니 대개 지각이 약간 나아 사람마다 각각 세간이 있다. 그러나 그 땅에서 제조하는 화폐가 없으니 그 가운데에 또한 개화의 차이가 있다. 그 첫 번째는 유목하는 인민이니 아시아 내지, 아라비아, 시베리아 등지에서 그 기르는 짐승과 가축 같이 광야에 살며 가옥(家居)을 경영하지 않고 장막으로 비와 이슬을 피하고 농업에 종사하지 않으니 대개 목축은 풀을 따르기 때문에 살던 땅에 풀이 없어지면 부락 무리가 모두 다른 곳으로 옮겨가 사는 자이다. 그 두 번째는 양을 기르니 양을 기르는 것으로 생업을 삼아 촌락을 이루고 2-3년간 거주하는 자가 있다. 그러나 오랫동안 촌락을 경영하지 않으니 아라비아, 아프가니스탄에 사는 자이다. 그 세 번째는 농업을 경영하여 지으며 짐승과 가축도 기르고 또 어로와 수렵에도 종사한다. 그 가운데 물품을 제조하며 상업을 경영하는 데 이른 자도 있다. 이 종류의 인민은 아프리카 대륙의 토착민이 많고 혹 문자가 있는 자도 있으며 없는 자도 있다. 부락의 큰 사람은 족히 나라(邦國)를 세울 자가 있으니 그 가운데 법률이 있어 추장의 명령을 복종한다. 그러나 잔인한 풍속과 강포한 습성이 많아 다른 부락을 노략하고 기습하여 그 집과 재산과 사람과 가축을 노략질하며 노예를 매매하여 생업을 삼는 자가 많이 있으며 또 전인도(前印度) 및 아시아 내지에 이러한 종류가 많이 있다.

세 번째는 반개(半開)이다. 농업, 공업, 상업 등이 모두 행해지고 기술, 문학을 강습하며 다른 나라와 무역하는 길을 경영하고 물품을 제작하며 물산을 소출하고 광산을 개발하며 또 예의를 중히 여기는 풍습이 있다. 미개한 인민에 비하면 그 개화한 등급이 여러 층 위에 있다. 아시아 동부와 아시아 서부며 페르시아, 유럽, 터키 등과 같은 것이다. 대개 반개한 인민의 고유한 습속은 하나같이 옛 법을 끈질기게 지키고 개화에 진보하기를 희망하지 아니하고 스스로 높이는 마음이 아주 많으며 스스로 믿는 ■(버릇?)이 매우 지나쳐 그 생각으로 하되 자기 나라가 세계 중 제일이요 다른 나라는 모두 오랑캐(夷狄)라 부르며 자기보다 나은 사물이 있어도 본받아 섬기지 않는다. 귀족은 평민을 멸시하며 남자는 여인을 천대하고, 기계를 대강 만들어 인력을 수고롭게 하며, 아무 일도 하지 않으면서 앉아서 말만 하는 것(坐談)이 기승을 부리고 실제 일에 어두우며, 사람간의 교제는 그 겉으로는 온후하나 그 중심은 잔인한 자가 많다. 또 전국 가운데 온갖 사무는 모두 군주와 정부에서 결단하고 인민은 정치에 참예하는 권리를 주지 않는 것으로 통례를 삼으니, 이는 문명한 인민과 차이가 있는 바이다. 그러나 실상은 인민을 교육하지 못하여 지식이 고명하지 못하기 때문에 참정권을 주면 국정이 도리어 문란에 이르게 된다.

네 번째는 문명(文明)이니 반개한 지위를 벗어나 한층 진보하였으니 문명이다. 문명이라 하는 것은 농공상의 모든 일이 성대하고 문학기술에 독실한 것이니 유럽 대륙 여러 나라 및 미합중국 같은 것을 이른다. 이 백성의 공용(工用)은 조화력의 압제를 받지 않고 학술로써 힘써 권면(勉勵)하여 (물■[8]를) 도와 이루고(輔成) 옛 법과 문벌을 존숭치 아니하고 현명과 학술을 귀중히 여기며 그 인정, 풍속, 국체는 같지 않다. 그러나 대개 헛되이 꾸미는 모양이 적고 염치의 풍속이 많으며 법령이 명백하고 형벌이 관대하고도 엄격하니 정치는 다수가 결정한다.

이상 개화를 네 등급으로 나누었다. 그러나 대체로 개화는 흐르는 물의 본원과 같은 것이라 흐를수록 점차 커지고 떨어지는 돌의 속력과 같은 것이라 내려갈수록 배증한다. 그런즉 등급(階級)을 설정하여 말한 것은 마음대로 구획하는데 지나지 않는다. 요컨대 문명과 반개며 반개와 미개며 또 미개와 야만이라 하는 것이 그 사이에 결단코 경계(境域)가 있음이 아니요, 또 오늘날에 유럽 여러 나라 및 미합중국 등을 문명개화라 하나 이러한 것들이 결단코 개화의 지극함(極)이 아니다. 다만 현재 개화의 진전을 그치지 않을 따름이니 진정한 개화는 어떠한 것인지 아직 알지 못한다. 옛 사람이 오늘날의 문명을 미리 알지 못하는 것같이 오늘날의 사람이 또한 결단코 앞날의 개화를 미리 알지 못하는 것이다. 설혹 옛 사람이 오늘날을 아는 것이 있다 하여도 나는 이를 믿지 않으며, 오늘날 사람이 앞날을 아는 것이 있다 하여도 나는 이를 믿지 않는다. 이상 4개조 등급의 차이를 분별하여 나라의 조정(國朝)의 치욕과 업신여김 당함을 망각하지 말며 습관과 풍속을 이루는 것(成俗)을 가벼이 여겨 소홀히 하지 말고 다른 나라가 문명에 진취한 까닭(所以然者)을 미루어 살펴서 우리나라 개화 진보를 견주어 살피는(計較) 자는 진실로 우국현사며 애국충신이라 이를 수 있다. 우리 동방 동포형제 수천만 제공(諸公)에게 원하노라.

---

8 원문에 物 다음 글자를 식별하기 어렵다. 문맥상 理로 추정하였다.

세계역사일반(世界歷史一斑)[9]

아래에 세계역사 일반을 기록한다.

삼가 살피건대 우리 성조 태조대왕이 (하늘로부터) 명을 받아 왕업을 일으키시어 온 세상(乾坤)을 정돈하시고 인민을 안정하게 하시고 한양에 도읍을 정하시어 억만년 끝없는 기업을 세우시니 지금으로부터 492년 (前 — 역자 삽입) 임신 7월 16일이라. 이 때문에 하찮은 신하가(유길준 자신을 지칭 — 역주) 감히 이 해를 가지고 우리나라 기원을 삼고 연대의 근거를 삼으니 그 이전 연대는 태조기원전(太祖紀元前) 몇 년이라 쓰고 그 이후 지나온 시대(年代)는 곧 올해가 태조기원 492년이라. 중국(支那)은 예로부터 그 당시 천자의 연호(建元)를 사용하니 올해는 광서(光緖) 9년이요, 일본은 그 개국한 천황 진무(神武)의 즉위년으로 기년하니 올해가 진무천황 기원 2543년이요, 서양 여러 나라는 그 종교 창시자(開祖) 예수가 탄생한 해로 기원하니 올해가 서력 1883년이라 칭하는 고로 우리나라는 태조대왕 개국하신 해로 기원을 사용하니, 이는 신하의 '이미 돌아가셨지만 잊지 않는다'는 뜻에서 나옴이요, 또는 연대를 기록하기에 매우 편리함을 위함이라.

태조기원전 3500-3600년 전을 거슬러 그 세계의 상황(景況)을 그려 보니 지구상 서너 지방에 인민이 개화한 지역에 나아가니 곧 중국지방에는 은나라(殷商) 말엽이며 주나라(姬周) 초기요, 인도에는 불조(佛祖) 석가가 교파를 여는 때 즈음에 해당하며, 아시아, 터키, 메소포타미아에 바빌론이라고 명명한 나라 및 아시아와 터키 가운데에 지중해에 인접한 페니키아라 칭하는 나라가 있으며, 또 아프리카 북단에는 이집트가 성대하여 나라를 열어 도읍(都府)을 세우니 이 각 지역은 당시에 문물이 융성하여 인간 실용 사물이 허다하게 발전, 창조되었다. 그러나 사방 주위(四周)는 모두 몽매한 오랑캐(蠻夷)요, 길이 열리지

9 이 편에서 유길준은 세계 역사를 설명하는 가운데 조선 건국연도인 1392년 즉 태조기원을 병기하고 있다. 원문에 태조를 개행(改行)하였으나 이 번역본에서는 개행하지 않았다.

않아 동서에 나라가 있음을 서로 알지 못하고 아시아 내지는 다만 야민(野民)이 허허벌판과 우거진 숲에 유목하는데 지나지 않으며, 유럽대륙 같은 곳은 또한 야만맹수의 소굴이라. 그러한 고로 무릇 세계인민의 변혁은 대개 앞에 언급한 몇 곳이 파급한 결과라고 말할 수 있다.

바빌론 지방이 나중에 분열하여 앗시리아(亞西里亞)국이 되니 그 도성을 니네베(呢呢微)[10]라 명하고 세력이 자못 성대하여 태조기원전 2535년에 그 본토 바빌론을 멸망시키고 그 땅을 다스리니 이를 유태(Judea) 인민이라 이름한다. 유태인이 나라를 세운 땅은 지금 아시아 터키 내 소아시아의 땅이니 몇 세대 후에 구 바빌론이 재흥하여 강성이 비할 데 없으니 앗시리아의 판도를 겸병하고 또 유태를 멸망시켜 아시아 서부를 전부 통합하여 병탄하였다. 그러나 얼마 지나지 않아 다시 페르시아(波斯)에 멸망당하였다. 페르시아는 옛날 유목인이 할거하는 자였는데, 태조기원전 1921년에 그 땅 추장의 아들 키루스(Cyrus)(居魯士)가 발흥하여 전국을 통합하고 또 바빌론을 멸망시키고 인도 서쪽 아시아 서부와 아프리카 북부를 다 그 판도에 넣었으니, 이집트 등도 당시에 페르시아에게 병탄을 당하였다. 이집트는 건국■■으로부터 천여 년 간 항상 성대한 방국이었다. 처음으로 다른 나라의 판도에 병합당하니 페르시아는 건국한 지 대략 230년 만에 그리스의 알렉산더 왕에게 멸망당하였다.

그리스는 본래 아시아부 인민이 옮긴 것으로부터 문명개화가 점차 그 나라에 파급되었으니 태조기원전 2200-2300년에 이미 소국(小國)을 개창하고 그 후 수백 년이 지나자 인구가 점차 번성해져서 그 사이 허다한 치란(治亂)의 연혁이 있고 점점 융성하게 되자 알렉산더 왕 대에 이르러 이웃나라를 멸망시키고 페르시아를 병탄하여 그 판도는 인도 서쪽으로부터 아프리카 대륙까지 뻗었다. 알렉산더 왕이 죽은 후에 나라 영토(邦土)가 분열하여 국세가 부진하여 마지막에는 끝내 로마 판도에 다 들어가니 이때는 중국의 전국시대(戰國時代)로, 사방 지역이 아직 개화하지 못하고 그 북부는 야만 인민이었다. 항상 변경을 침

---

10 니네베 nineveh [nínəvə] : 구약성경에서 니느웨라고 하는 지역이다. 라틴어명 Ninus, 구약 중 32권째인 나훔서는 바로 이 니느웨의 멸망과 패배를 노래한 예언서다.

략하고 노략질하며 또 지중해 근방 및 아프리카 북부에 개화가 차츰 파급되어 허다한 연혁이 있으니 세계 역사에 부득불 관섭하였다. 그러나 유럽대륙 내부로부터 서부에 이르기까지 막연히 한 가지 사물도 기록할 만한 것이 없다.

로마국은 오스트리아(奧太利) 중앙에서 발흥하였다. 그 처음에는 토착민(土人)의 부락에 지나지 못하더니 태조기원전 2145년에 건국하고 그 후에 형세가 점점 성대해져서 그리스를 멸망시키고 유럽 남부로부터 중부 및 서부까지 아울러 병탄하고 또 아프리카 북부로부터 인도 서쪽 아시아 서부에 이르기까지 잠식하고 집어삼켜서 판도가 고금을 통틀어 비할 데가 없었다. 때문에 당시 항간에 떠도는 말(俚諺)에 이르기를 로마의 영토에는 태양이 늘 지지 않는다 하였고 그 후에 또 중국과 왕래한 일도 있으니 이때를 로마 전성기라 한다. 그 황제의 이름은 아우구스투스(敖佳壽多壽帝)였다. 태조기원전 1462년에 유태국을 병탄하여 멸망시키니 이에 앞서 바빌론국이 멸망하였을 때에 유태국이 재흥하여 점점 강성하더니 이때에 이르러 로마가 겸병한 바가 되었다. 대개 로마에게 병탄당하기 전에 예수교 창시자(開祖) 그리스도(基督, Christ)가 이 땅에서 탄생하였다. 마침내 태조기원전 991년에 로마가 동서 양쪽으로 분열되어 지대한 판도를 나누어 다스리니 서로마 황제(西帝)는 지금 이탈리아, 독일, 영국, 프랑스, 스페인 등지 및 아프리카 북부를 다스리고 동로마 황제(東帝)는 그리스 및 아시아 서부와 아프리카의 이집트까지 다스리니 이후 76년에 이르러 서로마(西部)가 멸망하였다.

서로마가 멸망하기 전 대략 100년 사이에 유럽 인민 및 유럽 각지 인민이 모두 서로 번갈아 이동(遷徙)하여 세계 (역사 — 역자 삽입) 상 일대 변혁을 일으켰다. 대개 흉노(匈奴)가 중국에게 격파, 패배당하여 그 큰 무리가 유럽 내지에 침입해 고트(峩特, Goth)라 이름하는 지금 독일 땅에 살면서 농민(野民)을 몰아냈다. 이로 말미암아 쫓겨난 자가 또 다른 사람을 쫓아내며, 쫓아낸 자에게 또 쫓겨난 자가 또 다른 사람을 쫓아내어 서로 번갈아서 몰아내니 지금 독일 땅에 일대 소란을 일으키고 그 가운데 더러는 이탈리아, 스페인, 프랑스 등지에 침입한 자도 있다. 또 앵글로색슨(安各羅撒遜)이라 하는 자는 독일 땅에 거주하던 농민이었는데 그때에 지금 영국 땅에 들어가 나라를 세우니 곧 지금 영국이 이것이다. 같은 때에 지금 프랑스가 역시 흥기하니 이는 곧 독일 땅에 거주하던 농민 프랑크라 하는 자가 이동하여 나라를 세웠다. 이때에 서로마가 분열하여 마침내 멸망하였다.

프랑스는 그 후에 왕을 세우고 점차 국력을 양성하여 태조기원전 592년에 이르러 샤를마뉴/카롤루스 대제(甲利泰甫, 프랑스어: Charlemagne, 영어: Charles the Great)가 왕위에 오르자 국세가 점차 성대해져서 이탈리아 독일 등 이웃나라를 병탄하고 유럽대륙 전체가 대략 그 판도에 귀속되었다. 이때로부터 예수교파의 세력이 점차 성대해졌고 그 교황(法王)이 점점 권위를 농간하기에 이르렀다. 샤를마뉴 사후 루이(路易)가 왕위를 이어받아 그 나라 영토(邦土)를 나누어 프랑스, 이탈리아, 독일이라 하고 그 세 아들을 봉하여 공(公), 후(侯), 백(伯) 이하의 봉토를 통치하여 다스리게 하니 봉건제가 이로부터 대략 갖추어졌다. 그러나 그 후에 번갈아 분열하여 서로 통합했다가 속하였다가 하니 그 사이 연혁이 적지 않다. 지금 유럽 대륙의 형세는 실상 이때에 정해졌다.

서로마가 멸망한 후 대략 100년경에 이슬람교(回教) 창시자(開祖) 마호메트(馬迦美)가 아라비아 땅에서 일어나 일파의 교법을 창시하였다. 그 문도(門徒)의 세력이 제법 성대해지기에 이르러 샤를마뉴 때에 그 판도가 아시아 내지로부터 인도에 연달아 걸치고 지중해 근방 아프리카 대륙 북안(北岸)으로부터 스페인까지 뻗어 그 종교와 같이 이와 같은 광대한 판도를 개척하였다. 그 후 이슬람교 술탄(法王) 모의 시대에 이르러 몽고(元) 태조[칭기즈칸]에게 멸망당했다. 그러나 교법과 풍속은 그 나라에 오히려 남아서 존속하였으니 지금도 스페인은 지키지 않는데 오히려 이슬람교를 받드는 자가 많다. 그 가운데 특히 터키 같은 자는 그 같은 무리로서 일어난 것이다. 아시아 서부를 병탄하였으며 태조기원 68년에 동로마를 멸망시키고 콘스탄티노플에 도읍하니 콘스탄티노플은 본래 동로마의 도읍이며 현재 터키의 수도이다. 이보다 앞서 동로마국이 매번 이슬람 병사의 침략[11]을 당했고 또 국내 종교(教法)의 논쟁으로 인민이 소란하여 로마

11 원문에 侵代라 되어 있는데 侵伐이라 써야 할 것을 잘못 쓴 듯하다.

교황(法王)과 화목하지 못하여 이로 말미암아 국세가 날로 쇠하였다. 태조 기원전 341년에 기독교(원문 耶蘇教)가 나뉘어 둘이 되니 하나는 희랍교(希臘教그리스정교 — 역주)요, 하나는 지금의 기독교(耶蘇教)였다. 이때로부터 내란이 서로 일어나 마침내 터키에게 멸망당하였다.

몽고는 예로부터 유목하는 야민(野民)이 거처할 따름이었는데, 태조기원전 1500-1600년경으로부터 더러는 중국 변경을 침로(侵鹵)하며 더러는 아시아 내지를 침략하고 마침내 유럽대륙에 침입한 자도 실상 이 지역의 야민이다. 이를 흉노(匈奴)라 한다. 태조기원전 100여 년에 원나라 태조가 또한 이 땅에서 일어나 아시아대륙 전체의 절반 이상을 거의 차지했다. 그 대를 이은 아들에 이르러 더욱 판도를 넓혀 그 성대함이 중국 바닷가로부터 독일에 이르고 러시아를 병탄하여 아라비아(亞拉比亞) 인도 소아시아를 제외한 아시아 전역을 거의 영할(領轄)하였으나 얼마 지나지 않아 그 경계와 영역(境域)이 분열되었다. 그러나 원태조 후 약 100여 년에 그 후손 티무르(帖木兒, Timur)가 다시 독립 달단[타타르(Tatar)]으로서 발기(發起)하여 아시아를 평정하고 유럽과 아프리카를 뒤흔들어 재차 세계를 병탄하고자 하는 모양이 있더니 도중에 사망하여 나라 영토(邦土)가 끝내 분열로 돌아갔다. 이때로부터 지금에 이르기까지 전 세계를 평정하여 만국을 통일하고자 하는 영웅이 나오지 못하고 다만 나폴레옹 1세(一次拿破崙)가 있었다. 그러나 이는 실상 유럽 대륙 내를 요란하게 하는 데 지나지 않았다. 때문에 지금 아시아 아프리카 및 유럽 세 대륙에 나라들이 할거하여 분립한 것이 이때로부터 그러한 것이다.

기독교가 신/구 두 종파로 나뉜 뒤 50년이 지나지 않아 유럽대륙 여러 나라가 합종하여 기독교 성지(灵地)를 자기가 다스리는 곳으로 삼고자 하고 회교 문도를 원수(仇敵)로 보아 터키를 합력하여 토벌하니 이것이 이른바 십자군이다. 태조기원전 291년으로부터 이후 174년간에 이르도록 오로지 이에 종사하니 이 전투가 일어난 까닭을 보면 예수교 교조 그리스도(基督)가 하늘로부터 내려와 인간으로 태어난 곳인 유태국(猶太國) 예루살렘(住麗沙斂) 지역이 터키의 영토가 되었기 때문에 예수교도가 그 땅을 회복하고자 함이었다. 이로 인해 민심이 교법(教法) 및 성직자(僧侶)를 존숭하여 로마교황(羅馬法王)의 권위(威權)가 성대하였다.

이 시기로부터 항해·통상하는 방법이 점차 많아져 유럽대륙이 세계 역사에 관계함이 특히 커졌으니 태조기원 101년에 포르투갈(葡萄牙)의 콜럼버스(閣龍)라 하는 자가 먼 바다에서 항해하여 아메리카 대륙을 발견하였는데 (이는 — 역자 삽입) 본래 서로 통할 수 없던 다른 세계였다. 유럽 각국이 앞다투어 인민을 이식(移殖)하고 이후 6년에 아메리카 대륙을 돌아 인도양 통로를 개척하였다. 이 길은 본래 육로로 동서가 서로 통하던 것이었는데 이 뒤로는 해로로 통행하니 이후로부터 각국이 경쟁하여 항해·통상에 힘썼다. 이를 세계상의 일대 변혁이라 이를 수 있을 것이다.

이때가 되어 예수교가 두 종파(二門)로 나뉘었으니 하나는 구교(舊教)라 하고 다른 하나는 신교(新教)라 한다. 대개 예수교의 폐해가 한 가지에 그치지 않았기 때문에 개혁하고자 하여 따로 한 종파를 창설한 것이니 이를 신교라 한다. 신/구 양 종파가 그 문도를 모으고 그 당파를 수립하여 마침내 태조기원 126년에 분쟁의 실마리(爭端)가 열렸다. 그 이듬해로부터 30년간 전쟁이 그치지 않으니 유럽의 소란이 이때에 실로 심하였다. 그 전쟁이 이미 그치고도 신/구 양교가 모두 거스르지 않고 오직 사람마다 자유에 맡겨 어떠한 종파든지 임의대로 준행하게 하였다.

이상 전쟁의 근본은 대개 종교(教法)에 관계하였기 때문에 이때에 귀족과 성직자가 권위를 장악하고 각국 인민이 모두 복종하게 되니 그 귀족은 문벌을 구실 삼아 토지를 사유하고, 성직자는 공리(空理)를 주장하여 인민의 마음과 뜻을 속박하였다. 이 때문에 인민 실용의 문학기술이 모두 쇠퇴하여 폐멸하기에 이르렀다. 아아! 종교의 폐해가 심히 크며 문벌의 폐단이 참혹하여 그 폐해가 지극하다고 할 수 있을 것이다. 그러나 신/구 양 종교의 전쟁이 그치면서 동시에 문학과 기술이 점차 개화되고 또 인민의 지각이 진보함에 따라 창달신명(創發新明)한 사물이 퍽 많으니 실상 인민과 나라들의 형세에 관계가 적지 않다. 그 가운데 특히 화기(火器)의 발명은 다만 전법(戰法)을 일변할 뿐만 아니라 문벌을 폐지하고 성직자를 억제하는 근원이 되었다. 공리(空理)를 고수하지 않고 실리(實理)를 찾으며 지식을 확충하는 세력이 개화의 대변혁이라 이를 수 있을 것이다. 그 기한을 분명하게 가리켜 말하기 어렵다. 그러나 대략 태조기원 250-260년경으로부터 인심이 점차 이 방향으로 다다랐는데, 옛것을 버리고 새로운 것을 취하는 때에 인심이 또한 하나로 조화되지 아니하여 마침내 수습할 수 없을 정도가 되어(土崩瓦解) 큰 소요가 일어났다. 소란이 정리된 후에 민심(人情)과 정체가 일변하기에 이르러 군민이 권리를 나누고 국가가 헌법을 두었다. 대개 이 소요는 영국에서 발단하였고 아메리카 합중국이 또한 독립하여 공화정치를 세우니 이것이 실로 태조기원 391년이었다. 이때에 프랑스가 또한 난리가 나서(瓦解) 국왕을 폐위하고 나폴레옹(拿破崙)이 제위에 올라 하루아침에 유럽 전 대륙을 두렵게 하였으나 오래 지나지 않아 폐출(廢黜)되었다. 이후로부터 각국 형세가 조금씩 안정되어 봉건제도를 전부 폐지하고 오늘날의 모습을 이루었다. 문학, 기술의 진보는 더더욱 뚜렷해져서 증기[기관]차, 증기선, 전신기, 인쇄기계 등 발명을 낱낱이 들어 말할 겨를이 없다. 마침내 유럽대륙 각국이 개화에 먼저 뛰어든 것이다.

이상은 세계 역사의 문명진보 여하를 알리고자 하여 쓴 것에 불과하다. 그 상세한 것은 나중에 각국 역사를 편찬할 때에 남김없이 기록할 것이다. 만일 천하 사정을 알고 문명 여러 나라의 이익을 채용하여 우리나라의 부강을 도모하고자 한다면 반드시 이 편을 살펴보아 크게 분발하시길.

세계대세일반(世界大勢一班)

[난외주] 영국 1리=조선 3리 7분
영국 1방리=조선 13방리 7분

세계 형상이 둥글어 구슬 같기 때문에 지구라 말한다. 그 표면 면적이 1억 9,847만 6,400평방마일[12]이니 이를 넷으로 나누어 $\frac{3}{4}$은 바다라 하고 그 바다에 5대양이 있으니

태평양 대서양 인도양 남빙양 북빙양[13]

$\frac{1}{4}$은 육지라 하고[14] 그 육지에 또한 5대주가 있으니[15]

아시아주 아프리카주 구라파주 아메리카주 대양주

대개 바다와 육지의 그 면적을 비교하면 바다 쪽이 육지 쪽의 3배가 된다.

이 사이에 장차 양반구의 지도를 넣는다.

그 5대주에는 모두 우리 5족의 형제 인종이 서식하는 곳이니 그 각 주의 면

12 이 수치를 ㎢로 환산하면 514,034,940.3㎢이다. 실제 지구의 표면적은 510,065,284.702㎢이다.

13 오대양에 대한 상세한 설명은 다음 기사의 초반부에 서술되어 있다. 《漢城旬報》 1883년 10월 31일 〈論洲洋〉.

14 "육지는 지구 표면의 약 4분의 1을 점하고 있고, 해양은 4분의 3을 점하고 있다."(《漢城旬報》 1883년 10월 31일 〈論洲洋〉).

15 물의 표면적은 361,126,221.569㎢이며, 육지의 표면적은 148,939,063.133㎢로 비율로 보면 물 : 육지 = 3 : 7 정도가 된다.

적과 인구가 다음과 같다.[16]

아시아주 : 인구 6억 5,200만, 면적 1,763만 1,180 평방마일[17]

아프리카주 : 인구 7,000만, 면적 1,083만 8,000방 평방마일[18]

구라파주 : 인구 2억 6,500만, 면적 377만 8,080방 평방마일[19]

아메리카주 : 인구 5,800만, 면적 1,460만 8,680방 평방마일[20]

대양주 : 인구 2,100만, 면적 400만 평방마일[21]

이로써 비교해 보면 세계 속 인구총수는 10억 6,600만 정도요,[22] 육지면적의 총수는 5,188만 5,940 평방마일[23]이라.

---

16 인구 수치의 경우 1882년 발간된 內田正雄의《輿地誌畧》卷1의 22-23쪽 내용과 일치한다. 다만 이 책에서는 亞細亞洲-歐羅巴洲-亞弗利加洲-亞米利加洲-亞西亞尼洲의 순으로 되어 있다.

17 이 수치를 ㎢로 환산하면 45,664,562.11㎢이다. 실제 아시아 대륙의 면적은 44,579,000㎢이다. 참고로《西遊見聞》제1편〈邦國의 區別〉에서는 182,642,130方里라고 표기되어 있으며, 이것을 ㎢로 환산하면 28,169,716.96㎢이다.

18 ㎢로 환산하면 28,070,291.14㎢이다. 실제 아프리카 대륙의 면적은 30,221,532㎢이다.《西遊見聞》제1편〈邦國의 區別〉에서는 122,679,488方里이며, ㎢로 환산하면 18,921,409.06㎢이다.

19 ㎢로 환산하면 8,749,187.036㎢이다. 실제 유럽 대륙의 면적은 10,180,000㎢이다.《西遊見聞》제1편〈邦國의 區別〉에서는 33,333,680方里이며, ㎢로 환산하면 5,141,203.35㎢이다.

20 ㎢로 환산하면 37,836,307.51㎢이다. 실제 아메리카 대륙의 면적은 42,549,000㎢이다.《西遊見聞》제1편〈邦國의 區別〉에서는 북아메리카와 남아메리카로 나누어서 면적이 제시되고 있는데, 이를 합치면 1억 8,150만 방리이다. ㎢로 환산하면 27,993,561.12㎢이다.

21 ㎢로 환산하면 10,359,952.44㎢이다.

22《西遊見聞》제2편〈世界의 人種〉에서는 각 지역별로 황색인, 백색인, 흑색인, 회색인, 적색인이 얼마나 살고 있는지 구분해서 수치를 제시하고 있다. 그리고 총합의 세계 인구수는 13억 5,100만 명으로〈세계대세론〉의 수치보다 3억 8,500만 명 정도가 더 있는 것으로 나온다(《西遊見聞》, 65-67쪽).

23 ㎢로 환산하면 134,383,967.7㎢이다.

세계 안의 인민이 각자 모여서 일국을 이루거나 아니면 정부를 설립하여 독립하기도 하며, 아니면 다른 나라 정부의 관할을 받아서 속종(屬從)하기도 한다. 현재 그 방국의 수를 거론한다면 다음과 같다.

아시아주

조선은 곧 우리나라이다.

지나 : 독립으로 황제가 다스리는데 수도를 베이징이라 한다. 다만 나라 안의 홍콩은 영국에 속하고 마카오는 포르투갈에 속하는데 이 나라가 세계 안에서 제일 인구가 많은 나라다.

몽고 이리 티베트

이상 3국은 지나에 속하기는 하지만 각자 국왕이 있으니 지나가 그 국무에 간섭하기 때문에 반독립국(半獨立國)이라 하는 것이다.

일본 : 독립으로 황제가 다스리는데, 수도는 도쿄이다.

시베리아 : 러시아 속지

베트남 : 또한 코친차이나라고 칭한다. 독립으로 왕이 다스리는데 다만 국내에 프랑스 속지가 조금 있다.

타이 : 독립으로 왕이 다스린다.

버마(미얀마) : 독립으로 왕이 다스린다.

라오스

타이, 미얀마(버마) 양국이 나누어 다스리나 국내에 별도로 허다한 추장이 있어서 각자 소유한 영지 안을 관할하며, 다만 양국의 보호를 바라니 만주, 이리 등지가 지나에게 복종하는 도리와 같다.

영국령 버마(미얀마)

영국의 속지인데 이 지역의 남단이 바다 안으로 돌출한 지방은 말레이반도라 한다.

이상의 다섯 나라를 총칭하여 후인도(後印度)라 한다.

영국령 인도

영국의 속지니 이 지역의 부속도서를 실론섬이라 한다.

프랑스령 인도 : 프랑스의 영지

포르투갈령 인도 : 포르투갈 영지

이상을 총칭하여 전인도(前印度)라 하니 전인도에 다시 니삼, [카슈미르],[24] 네팔, 부탄의 소수국이 있으니 혹 독립하며 아니면 영국의 보호를 받고 복종하여 반독립체를 이루었다.

페르시아 : 이란 또는 페르시아(比耳西亞 — 음차)

독립으로 왕이 다스린다.[25]

---

24 난 외에 적혀 있는데, 《輿地誌畧》 권2에서도 배치 순서가 같으므로 이를 채워넣었다.

25 카자르 왕조(Qajar dynasty, 1781-1925년) 시기에 해당한다.

아프가니스탄(Afghanistan)
투르키스탄(Turkistan)
파키스탄(Pakistan)

이 세 나라는 국내에 수많은 추장이 있으며 나누어서 거느리고 있는데 본래 야만의 인민(蠻民)이 모였기 때문에 완전한 국체가 성립한 것을 보지 못한다.

아시아터키
터키의 속지

아라비아(Arabia)
이 나라 안의 메디나(Medina)는 투르크에 속하고[26] 아덴(Aden)은 영국에 속하였으니[27] 그 나머지는 야만의 인민이 할거한 것이라 완전한 국체를 성립한 것이 없다.

필리핀(Philippines)
섬 전체가 스페인에 속한 것과 같으나[28] 토인이 별도로 부락을 이루어 복종하지 않는 자도 있다.

술루(Sulu) 제도[29]
독립 추장이 있어서 관할하나 아직 국체는 성립하지 못했다.

---

26 메디나와 메카 지역은 16세기 초부터 오스만 제국의 지배를 받게 되었다.
27 1839년 이후 영국의 동인도회사령이었다.
28 스페인은 16세기 초부터 필리핀에 대한 식민 지배를 실시하였고, 1898년 미국과의 전쟁으로 인하여 주도권을 상실하게 되었다.
29 술루 제도 : 필리핀 남서부에 위치한 민다나오 섬과 보르네오 섬 사이에 위치. 15세기부터 19세기까지 이슬람 국가로 술루 왕국이 존재.

자바(Java)

네덜란드 속지인데 지난 해에 독립하여 황제가 다스리게 되었다.

수마트라(Sumatra)

섬 전체가 대개 네덜란드에 속한다. 그러나 또한 토인의 독립부락도 있다.

보르네오(Borneo)

독립으로 왕이 다스리나 다만 국내에 영국령을 약간 허용한 것[30]과 술루 추장의 속지를 약간 허용한 것이 있다.

말루쿠제도(Maluku Islands)[31]

그 가운데 암본 섬(Ambon Island)[32]은 네덜란드에 속하고 나머지 섬은 야만의 인민 부락이다.

소순다열도(Lesser Sunda Islands)[33]

대략 네덜란드에 속한다.

필리핀 이하를 총칭하여 동인도제도라 한다.

이 사이에 장차 아시아 지도를 싣는다.

---

30 1878년에 British North Borneo Company는 29대 술탄 자마룰 알람 키람(Jamalul Ahlam Kiram)으로부터 북보르네오 지역을 임차하였다.

31 말레이 제도의 일부로 술라웨시 섬의 동쪽, 파푸아 섬의 서쪽, 티모르 섬의 북쪽에 해당한다.

32 말루쿠 제도에 속한 섬으로 반다 해 북안에 위치한다.

33 말레이 제도 남쪽 부분의 섬으로 인도네시아의 발리 주, 누사틍가라바랏 주, 누사틍가라티무르 주 및 독립국인 동티모르로 이루어져 있다.

아프리카주

이집트(Egypt)

터키의 반속지(半屬地)이니 이 나라와 아라비아 사이에 수에즈 운하[34]가 있으니 지중해와 홍해의 통로가 된다.

리비아(Libya)

터키의 속지라 칭하나 그 실제는 독립국과 같다.[35]

에티오피아(Ethiopia)[36]

여러 개의 작은 나라로 분열하여 각각 야만 인민의 추장이 있다.

트리폴리(Tripoli)

터키의 반속지(半屬地)[37]

튀니지(Tunisia)

위와 같다.

알제리(Algeria)[38]

프랑스 속지

---

34 Suez Canal : 1869년 11월에 개통.

35 絡皮亞라고 되어 있으나 터키의 속지이면서 북아프리카에 위치한 나라는 리비아이다. 리비아의 경우 16세기 중반부터 오스만 제국에 정복되어 통치를 받았는데, 1911년 이탈리아-터키 전쟁을 통해서 이탈리아가 여기를 차지하여 식민지로 삼았다.

36 阿比西尼亞(Abyssinia)의 오기인 듯. 1931년 이전에는 아비시니아로 불렸다.

37 1835년부터 오스만 제국의 지배하에 놓여 있었는데, 1911년에 이탈리아가 이곳을 점령하였다.

38 한자식 표기는 阿爾及里亞. 알제리는 16세기 중반에 오스만 제국에 함락되어 통치를 받기 시작했으며, 1847년 프랑스에 의해 점령되면서 식민지가 되었다.

모로코(Morocco)

독립으로 왕이 다스린다.

이상의 네 개 나라를 총칭하여 바르바리(Barbary) 제국(諸國)이라 한다.[39]

사하라(Sahara)

세계 중 제일 큰 사막의 이름이요, 또한 토착민의 부락이 있다.

세네갈(Senegal)

다수의 작은 나라가 영역을 나누었고 모두 야만 인민의 추장이 있으며, 또한 영국, 프랑스 그리고 포르투갈 3국의 영지가 있다.[40]

수단(Sudan)

야만 인민이 집합하여 서로 분립한 것이 있다.

기니(Guinea)

크고 작은 여러 나라로 구별하며, 또한 영국, 프랑스, 스페인과 포르투갈 4국의 속지가 있다. 또 그 안에 라이베리아(Liberia)라고 이름을 붙인 공화정치를 하는 독립국이 있다.[41]

---

39 "또 이집트에서 서쪽으로 대서양까지와 북으로 지중해에 이르기까지를 통틀어 巴爾巴利(바르바리 Barbary) 지방이라 부르는데, 그곳에는 的波里(트리폴리)-突尼斯(튀니지)-非三(비제르트 Bizerte)-亞爾及(알제리)-摩洛哥(모로코) 다섯 나라가 있다"(《漢城旬報》 1883년 11월 30일 〈亞非利駕洲〉).

40 "남으로 대서양의 塞內岡比(세네갈과 갬비아) 지방에 이르는데 이곳 연안의 나라들은 모두 영국-프랑스-葡國(포르투갈)의 관할에 속한다. 그 나머지 18개 부락은 모두 토인 酋長이 다스린다."(《漢城旬報》 1883년 11월 30일 〈亞非利駕洲〉).

41 "세네갈과 갬비아에서 남쪽, 수단에서 서쪽으로 이르는 해안 일대가 機內亞(기니) 지방이다. 上部와 下部로 나뉘는데 상부는 里卑利亞(리베리아)國인데 北美合衆國의 보호를 받다가 독립하여 共和政府를 이루고 있다"(《漢城旬報》 1883년 11월 30일 〈亞非利駕洲〉). 참고로 라이베리아는 미국에서 해방된 흑인 노예들이 1847년에 세운 나라

카콘다(Caconda)

야만의 인민이 서로 분립한 나라다.[42]

케이프타운 식민지(Cape of Good Hope)[43]

영국의 속지로 그 외에 또한 2개의 작은 나라가 각각 공화독립국을 보유했고, 이 지역의 남단을 희망봉이라 한다.[44]

케이프타운 북부제도

이는 케이프타운 식민지 북부의 야만 인민의 여러 부락을 총칭한 것이다.

모잠비크(Mozambique)[45]

포르투갈 속지

잔지바르(Zanzibar)[46] [桑佁巴라 쓴다]

독립으로 왕이 다스린다.

로 공화제를 채택하고 있다.

42 "下部에서 남쪽으로 大西洋의 合丁多(카콘다 Caconda)에 이르면 疴瓦布(츠메프 Tsumeb) 및 達馬拉(타마랄랜드 Damaraland) 양부가 있는데 미개척의 황무지이다. 사람들도 겨우 형태만 갖추고 있는데 이곳저곳에 모여 살면서 시도때도 없이 분열한다"(《漢城旬報》 1883년 11월 30일 〈亞非利駕洲〉).

43 哥羅尼 : colony.

44 "이곳의 남쪽은 바로 岌朴哥羅尼(케이프타운 식민지)이다. 지금은 영국 영토가 되었기 때문에 토지가 점차 개간되고 장사꾼도 점차 성하고 있는데, 특히 喜望岬(케이프타운)은 옛날 유럽의 항해자들이 모두 이곳을 거쳐 東洋을 왕래했기 때문에 유럽과 아프리카 두 주 가운데의 번화한 고장이다. 지금은 그 항로가 폐지되고 蘇士運河(수에즈 운하)를 거치기 때문에 비록 쇠퇴하기는 했지만 아직도 이 주에서 제일가는 항구라는 명성을 잃지 않고 있으며, 洲의 富를 독차지하고 있다 한다"(《漢城旬報》 1883년 11월 30일 〈亞非利駕洲〉).

45 모잠비크의 한자 표기명은 莫三比克 혹은 莫三鼻給. 16세기 초부터 포르투갈의 식민지배가 시작되었으며, 완전히 독립하여 공화국을 수립한 것은 1975년의 일이다.

46 현재의 탄자니아.

케냐

소말리아

위의 두 나라는 여러 추장이 있어서 각각 할거하니 본래 오랑캐(蠻夷)를 면치 못한다.[47]

마다가스카르(Madagascar) 섬

독립으로 왕이 다스린다.[48]

대호 지방

이 지방은 야만의 인민이 각처에 부락을 세웠을 따름이요, 아직 방국을 만든 자가 없으나 큰 호수가 있어서 그 이름을 취하였다.[49]

서북안제도[50] : 포르투갈 속지

---

47 "莫朴哥羅尼 북쪽에서 인도양에 이르기까지 4개국이 있으니 莫三鼻(모잠비크)·桑給巴(잔지바르 Zanzibar)·牙蘭(케냐)·索謀利(소말리아)이다. 그러나 잔자바르만 독립국이고 케냐와 소말리아는 여러 개의 부락으로 되어 통일되지 못하고 있다. 모잠비크는 포르투갈의 속국이 되었다"(《漢城旬報》 1883년 11월 30일 〈亞非利駕洲〉).

48 "大洲 연해의 동쪽에 馬達加斯加(마다가스카르)가 있는데 연해에 있는 큰 섬나라로서 政令과 제도가 모두 國王에게서 나와 타국의 간섭을 받지 않는다. 요즈음 프랑스가 그곳을 병탄할 뜻을 두고 여러 섬을 점령하고 있다"(《漢城旬報》 1883년 11월 30일 〈亞非利駕洲〉).

49 "케냐와 잔지바르 서쪽과 수단의 동남쪽을 大湖地方이라 부르는데, 維多利亞(빅토리아 Victoria)·尼亞西(니아사 Nyasa)·亞麥多(앨버트 Albert)·尼亞西-單加尼加(탱가니카 Tanganyika)로서 이는 그곳에 大湖가 있기 때문에 붙여진 이름이다. 그곳 토인들의 형상은 수단과 별 차이가 없다고 한다. 그 가운데 허다한 부락이 있는데 지금은 다 기록하지 않는다"(《漢城旬報》 1883년 11월 30일 〈亞非利駕洲〉).

50 "모로코에서 서쪽으로 대서양에 이르는 사이에 亞索利(아조레스Azores)와 馬德竦(마데이라Madeira) 등의 제도가 있는데 모두 포르투갈 소속이다"(《漢城旬報》 1883년 11월 30일 〈亞非利駕洲〉).

동안제도

대개 영국에 속하고[51] 그 나머지는 추장이 있어 나누어 다스리나 본래 오랑캐뿐이다.

이 사이에 장차 아프리카 지도를 삽입한다.

구라파주

영국(United Kingdom of Great Britain)[52]

독립이며 입헌으로 왕이 다스리니 잉글랜드, 스코틀랜드, 아일랜드의 세 개의 큰 섬을 합하여 일국을 세웠다. 이 나라의 수도는 곧 런던이다.

프랑스(France)

독립이며 공화정치로, 여기의 수도를 파리라 한다.

네덜란드(Netherlands)

독립이며 입헌으로 왕이 다스린다.

벨기에(Belgium)

위와 같다.

스페인(Spain)

위와 같다.

51 毛里西諸島(모리셔스제도 Mauritius Islands).

52 영국에 대한 상세한 소개로는 《漢城旬報》 1883년 12월 20일 기사로 〈英國誌略〉을 참고할 수 있다.

포르투갈(Portugal)

위와 같다.

독일(Germany)

25개의 나라가 연합하여 프로이센 왕을 황제로 삼고 입헌으로 황제통치의 정체(正體)를 만들었으니 수도를 베를린이라고 한다. 그 25연방은 프로이센[왕국], 뷔르템베르크[왕국],[53] 바이에른[왕국], 작센[왕국],[54] 바덴[대공국],[55] 메클렌부르크-슈베린[대공국],[56] 헤센[대공국],[57] 올덴부르크[대공국], 브라운슈바이크[대공국],[58] 작센바이마르아이제나흐[대공국][59]

그 나머지 15개[60]의 나라는 소국이므로 그 이름을 생략한다.

오스트리아(Austria)

독립이며 입헌으로 황제가 다스리며, 그 수도를 빈이라고 한다.

---

53 Württemberg(1806~1918).

54 Sachsen(1806~1918). 薩克索尼亞(Saxony) → 薩索尼. 《海國圖志》 卷57 〈普魯社國沿革〉(《海國圖志》 下, 1584쪽 각주 60번).

55 Großherzogtum Baden(1806~1918). 원문에서는 '丁巴'라고 되어 있으나 '巴丁'이 맞는 표현이므로 표기를 바로잡아 번역하였다.

56 Großherzogtum Mecklenburg-Schwerin(1815~1918).

57 Großherzogtum Hessen(1806~1918).

58 Braunschweig(1815~1918). 《輿地誌略》 券6의 독일 부분을 살펴보면 '不倫瑞'라고 표기되어 있다. 이 한자 표기와 가장 근접한 것은 브라운슈바이크 공국이다. 하지만 브라운슈바이크는 대공국이 아니라 공국이었으며, 표기도 '不倫瑞克'이 되어야 맞다. 유길준도 《輿地誌略》의 오류를 그대로 답습하여 옮겨온 것으로 보인다. 원래대로라면 메클렌부르크-슈트렐리츠(Mecklenburg-Strelitz)가 대공국으로서 들어가 있어야 하는데, 《輿地誌略》에서는 브라운슈바이크가 나온 바로 다음 줄의 같은 위치에 메클렌부르크-슈트렐리츠가 위치하고 있다.

59 Großherzogtum Sachsen-Weimar-Eisenach(1815~1918).

60 원문에서는 '十四'라고 되어 있으나 옆으로 수정 표기가 들어가 있으며, 거론한 국가들의 수를 세어 보더라도 10개이다. 거론하지 않은 나머지 나라는 15개가 되어야 맞으므로 오류를 바로잡아 번역하였다.

덴마크(Denmark)

독립이며 입헌으로 왕이 통치한다.

스웨덴(Sweden) 노르웨이(Norway)

양국이 합병하여 독립입헌으로 국왕의 통치를 실시한다.

러시아(Russia)

독립으로 왕이 통치하고, 수도를 페테르부르크라 하며 세계 제일의 대국이다. 영, 프, 독, 오 4국과 아울러 칭하여 유럽의 5강국이라 하며, 다시 아메리카 합중국을 아울러서 세계 6강국이라 한다.

스위스(Swiss)

독립으로 공화정치

이탈리아(Italy)

독립이며 입헌으로 국왕이 통치

그리스(Greece)

위와 같으니 드러난 후에 터키 속국이 되었다가 최근에 독립국이 되었다.

브라질(Brazil)

독립이며 입헌으로 황제가 다스린다.

아르헨티나(Argentina)

14주 동맹국이다.

페루(Peru)

독립이며 공화정치이다.

칠레(Chile)[61] : 위와 같다.

볼리비아 : 위와 같다.

파라과이(Paraguay)[62] : 위와 같다.

우루과이(Uruguay)[63] : 위와 같다.

파타고니아(Patagonia)[64] : 위와 같다.

중아메리카주[65]

과테말라 : 독립이며 공화정치이다.

엘살바도르(El Salvador) : 위와 같다.

온두라스(Honduras) : 위와 같다.

---

61 《海國圖志》 卷4 〈南亞默利加州全圖〉, '治利國'(《海國圖志》 上, 340쪽).

62 《海國圖志》 卷4 〈南亞默利加州全圖〉, '巴拉危涯國'(《海國圖志》 上, 340쪽).

63 《海國圖志》 卷4 〈南亞默利加州全圖〉, '烏危國'(《海國圖志》 上, 340쪽). 여기에서는 '烏拉圭'로 표기됨.

64 《海國圖志》 卷4 〈南亞默利加州全圖〉, '巴他峨尼'(《海國圖志》 上, 341쪽).

65 "멕시코 남쪽에 6개의 작은 나라가 있는데 瓜他馬拉(과테말라)·三薩瓦多(엘살바도르)·闐都拉斯(온두라스)·尼加拉加(니카라과)·哥斯馬利加(코스타리카)·英屬 闐都拉斯(英領온두라스)인데, 통틀어 中아메리카라 한다. 그리고 英屬 온두라스를 제외하면 모두 독립국이다"(《漢城旬報》 1883년 11월 20일 〈亞米利加洲〉).

니카라과(Nicaragua) : 위와 같다.

코스타리카(Costa Rica) : 위와 같다.

벨리즈(Belize)[66] : 영국의 영지.

북아메리카주

덴마크령 아메리카[그린란드(Greenland)] : 덴마크의 속국지[67]

영국령 아메리카[영국령 캐나다] : 영국의 속지[68]

합중국(United States of America)

이 나라는 34주 10향과 수도 1개소를 합하여 정치를 마흔 다섯으로 구획하고 합맹하여 독립공화 정치를 만들었다. 이 나라 정부가 있는 곳을 워싱턴[69]이라 하고 상업이 성한 곳을 뉴욕(New York)이라 한다.[70]

---

66 1981년 영국으로부터 독립하기 전까지는 영국령 온두라스라고 불렸다.

67 "북아메리카의 북쪽에 있는 것은 이름이 嗹屬 아메리카인데, 嗹國(그린랜드 Greenland)에 속해 있다"(《漢城旬報》 1883년 11월 20일 〈亞米利加洲〉).

68 "北洲(북아메리카주)의 여러 섬은 북아메리카주의 북쪽에서 동쪽까지 바둑알처럼 깔려 있는데, 이름이 英屬 아메리카이다"(《漢城旬報》 1883년 11월 20일 〈亞米利加洲〉).

69 정확한 명칭은 Washington, D. C(District of Columbia)이다.

70 "合衆國(美國)은 전국을 34邦으로 나누어 각 邦에 政府를 두어 邦內의 政治를 관할하고, 또 諸洲가 연합해서 華盛頓(워싱턴)에다 大政府를 세워 전국의 사무를 통괄하는 한편, 외국과의 交際를 주관하는데, 이를 연합정부라 한다. 이 나라는 처음에 영국의 관할에 있었는데 서기 1775년 워싱턴이란 자가 영국 정부에 반기를 들고 일어나 독립했다. 이후부터 날로 부강해지고 달로 開化해서 그 나라의 융성함이 歐洲 5대국과 맞먹는다"(《漢城旬報》 1883년 11월 20일 〈亞米利加洲〉).

멕시코(Mexico)

독립이며 공화정치.[71]

이곳에 장차 아메리카주 지도를 삽입한다.

대양주

태평양 가운데 있는 여러 섬을 합쳐서 칭한 이름이니 이 지역을 3개로 나누어 하나를 남아시아 제도라 하니

오스트레일리아(Australia)[72]

타스마니아(Tasmania)[73]

뉴질랜드(New Zealand)[74]

---

71 "합중국 남쪽에 墨西哥(멕시코)가 있는데 독립국이다"(《漢城旬報》 1883년 11월 20일 〈亞米利加洲〉).

72 "1788년 영국 정부가 죄인을 이 섬에 유배한 것이 유럽 사람이 이주한 시초가 된다. 서기 1829년 이후부터 영국의 양민 역시 많이 이주하여, 1852년에는 광산업을 하는 사람들이 처음으로 섬 가운데의 산에서 금이 난다는 사실을 알고 찾아 채취하여 제법 이익을 얻었기 때문에 유럽 각국 사람들의 발걸음이 이어졌다. 이때부터 영국 정부에서는 죄인을 더 보내지 않고 온 섬을 ① 新南維里斯(뉴 사우드 웨일즈) ② 維多利(빅토리아) ③ 南오스트레일리아 ④ 西오스트레일리아 ⑤ 姑因蘭(퀸즐랜드) ⑥ 北오스트레일리아로 나누고 각각 太守를 파견하여 다스렸다"(《漢城旬報》 1883년 11월 20일 〈亞米利加洲〉).

73 "타스마니아 섬은 일명 萬地曼蘭(판디멘즐랜드 Van Diemen's Land)인데, 오스트레일리아의 동남쪽에 있으며 총면적은 약 39만 8,911방리이다. 서기 1646년[1642년임 — 인용자 주]에 네덜란드 사람이 처음으로 이 섬을 항해하면서부터 영국 정부가 죄인을 옮겼다. 이후 유럽 사람이 많이 이주하여 날로 불어나니 역시 태수를 파견하였다"(《漢城旬報》 1883년 11월 20일 〈亞米利加洲〉).

74 "뉴질랜드諸島는 총면적이 1백37만7천方里인데, 이 섬이 있는 것을 알게 된 것은 역시 네덜란드 사람이 처음이었으나 지금은 영국의 관할이 되었다"(《漢城旬報》 1883년 11월 20일 〈亞米利加洲〉).

이상의 세 섬은 영국의 속지[75]

파푸아(Papua)

네덜란드인이 자기 속지라고 말하나 실제로는 토인이 스스로 통치하는 것이 몹시 많으니 이상 네 개의 섬 이외에도 많은 작은 섬이 있으나 방국(邦國)이라 칭할 수 없기 때문에 생략한다.[76]

두 번째는 미크로네시아 제도라 하니

마리아나 제도(Mariana Islands)[77]

캐롤라인 제도(Caroline Islands)[78]

이상은 스페인 속지[79]

---

75 "크고 작은 섬들이 수천 개가 넘는데 특별히 큰섬은 ① 波布亞大利亞(오스트레일리아) ② 達斯馬尼(타스마니아) ③ 新西蘭(뉴질랜드) ④ 波布亞(파푸아뉴기니) 네 개 섬이다."

76 "오스트레일리아섬의 正北쪽에 波布亞島(파푸아섬)이 있는데, 일명 新幾內亞島(뉴기니아섬)이라 한다. 총면적은 약 375만 방리이나 지금은 유럽 사람들로서 이주하는 자가 거의 없다. 대개 이 섬은 서기 1606년에 포르투갈 사람이 발견한 뒤에 네덜란드 정부에서 군함을 파견, 강역을 조사하여 영토를 만들려 하였으나 경략할 겨를이 없어 근년 영국 정부가 섬 전체를 점령하려 한다고 한다. 그곳에 사는 토인들은 모두 흑인인데 洲의 야만인들과 비슷하다. 그 사람들의 숫자도 전에 비해 많이 줄어들었다 한다"(《漢城旬報》 1883년 12월 9일 〈阿西亞尼亞洲〉).

77 《海國圖志》 卷3, 〈奧大利亞及各島圖〉(《海國圖志》 上, 197쪽); "馬利亞那(마리아나)諸島는 동인도제도의 동쪽에 위치하며 17개의 큰 섬과 무수히 많은 작은 섬으로 되어 있다. 섬에는 스페인 사람이 이주하여 사는데, 다섯 개 섬에 불과하며 전에는 야만인이 있었으나 지금은 없다 하니 이상한 일이다"(《漢城旬報》 1883년 12월 9일 〈阿西亞尼亞洲〉).

78 "加羅里那(캐롤라인)諸島는 마리아나 諸島의 동남쪽에 있다"(《漢城旬報》 1883년 12월 9일 〈阿西亞尼亞洲〉). 서태평양에 있으며, 뉴기니 섬의 북쪽과 필리핀 동쪽에 위치하며 서반부는 팔라우, 동반부는 미크로네시아 연방의 영토이다. 발견 당시 스페인 국왕인 카를로스 2세의 이름을 딴 것이며, 1875년 스페인의 식민지로 편입되었다.

79 "마리아나 諸島는 서기 1521년에, 캐롤라인 諸島는 서기 1686년에, 필리핀 諸島는

마셜 제도(Marshall Islands) : 영국의 속지.[80]

샌드위치 제도 : 여러 섬 내에 하와이가 독립이고 입헌으로 황제가 통치하는 정부를 세우고 여러 섬을 관할한다.[81]

세 번째는 폴리네시아 제도이니

피지 제도(Fiji Islands)

영국과 합중국의 식민지이나 아직 귀속하는 곳을 알지 못하니 대개 방국이라 말하지 못할 것이다.[82]

나비게이터 제도[Navigator Islands]

쿡 제도(Cook Islands)

통가(Tonga) 섬[Friendly Islands]

투아모투(Tuamotu) 섬

소시에테(Society) 섬

이상의 5개 섬은 아직 국체가 성립하지 못했으니 그 주민은 오랑캐일 따름이다.[83]

서기 1696년에 모두 스페인 사람이 개척했기 때문에 지금 스페인 정부의 관할에 있다"(《漢城旬報》 1883년 12월 9일 〈阿西亞尼亞洲〉).

80 "馬爾沙(마샬) 諸島는 마리아나 필리핀의 동쪽에 있다", "마샬 諸島는 서기 1529년에 포르투갈 사람이 발견했으나 어느 나라에 속할 것인지 정하여지지 않았다", "三羅斯諸島는 서기 1778년 英吉利 사람이 조사하였으나 지금은 그 섬 君主와 백성들이 힘써 獨立을 꾀하고 歐洲 사람의 통치를 거부하고 있으니 가위 오세아니아洲 가운데서 제일 강국이라 하겠다"(《漢城旬報》 1883년 12월 9일 〈阿西亞尼亞洲〉).

81 "三羅斯諸島는 마셜諸島와 南아메리카 사이에 위치하는데 큰 섬이 15개이다. 그중 哈維(하와이)가 제일 크다"(《漢城旬報》 1883년 12월 9일 〈阿西亞尼亞洲〉).

82 "소속 관계를 보면, 피지諸島는 현재 英·美 양국이 다투어 그들의 국민을 옮기고 있지만 아직 결정되지 않았고"(《漢城旬報》 1883년 12월 9일 〈阿西亞尼亞洲〉).

83 "非支(피지 Fiji)諸島는 오스트레일리아의 동북쪽에 위치하고, 那米加德諸島는 피지

마르케사스 제도(Marquesas Islands) : 프랑스 속지
동쪽 섬의 섬 안에 토착민이 있으나 오랑캐를 면치 못한다.[84]

이 가운데 장차 대양주의 지도를 삽입한다.

위의 5대주 여러 나라에 크고 작음이 있으며, 강약이 있으니 대개 천태만상이라 거론할 수 없다. 나라가 크고 인구가 많되 항상 외국의 업신여김을 받는 자도 있으며, 나라가 작고 인구가 드물되 우내(宇內)에 웅비하여 외국의 존경을 받는 자도 있다. 무릇 이러한 사무를 알지 못하는 자는 천하의 일을 같이 말하기에 충분하지 않으니 당대에 뜻이 있는 자는 깊이 살피고 밝게 보시라.

諸島의 동북쪽에 위치하며, 友島(통가섬 Tonga)는 세 섬이 합하여 하나로 되어 있는데, 피지諸島의 동남쪽에 위치하며, 古克(쿠크 Cook)諸島는 통가섬의 동쪽에 위치하며, 公會(소시어티 Society)諸島는 쿠크제도의 동북쪽에 위치하는데 크고 작은 섬이 10여 개이다. 低島(투아모투섬 Tuamotu)는 소시어티 諸島의 동쪽에 위치하는데, 수많은 群島로 되어 있어 하나하나 열거하기가 어렵다", "那米加德諸島와 통가섬·쿠그諸島·이스터섬은 모두 아직 소속이 정해지지 않았다. 소시어티諸島는 서기 1843년에 프랑스 정부와 그 土民 사이에 큰 싸움을 벌였다가 마침내 프랑스가 병탄하였으나 아직 移住한 프랑스人은 없다. 투아모투섬 가운데 侃卑爾島(감비르섬 Gambier)가 있는데, 그 섬만은 프랑스에 소속되어 있고 기타는 역시 아직 정해지지 않았다"(《漢城旬報》 1883년 12월 9일 〈阿西亞尼亞洲〉).

84 "馬其薩(마르케사스 Marquesas)諸島는 하와이 섬의 동남쪽에 위치하며", "오직 마르케사스諸島의 토속이 특히 다른 섬보다 심하여 싸움을 일삼고 금수처럼 사람을 잡아먹는다고 한다", "마르케사스諸島는 프랑스 정부가 그 섬 가운데인 努加非瓦(누쿠히마 Nukuhiva)에다 營을 설치하여 諸島를 다스리고 있다 한다"(《漢城旬報》 1883년 12월 9일 〈阿西亞尼亞洲〉).

자유대략(自由大畧)

이상에서 논한 바와 같이 수많은 세월을 경과하며 수많은 변천을 조우하여 세계 일부가 개화의 영역 안에 진입하였으니, 이로부터 문명의 진보가 빠름을 따라서 인민이 각자 일신의 권리와 일국의 권리를 확장하는 기풍이 성행한다. 대개 일신의 권리라 하는 것은 무릇 하고자 하는 온갖 바가 국가의 정법을 문란하게 범하지 않으며, 타인의 사물에 해를 끼치지 않으면 물론 무슨 일이든 하고 뜻에 따라 행하고 멈추어 자유로움을 얻는다. 그러한 까닭에 정부라도 인민의 행사가 헌법규칙을 배반하지 아니하면 국가의 위력으로 이유 없이 벌을 주지 못한다. 또한 국내정치는 일체 스스로 행하여 다른 나라 사람이라도 국내에 왕래하는 때에는 본국의 법률로 관할하고 추호도 용서하는 경우가 없으니 이를 일국의 주재권이라 한다. 또 무릇 나라가 각자 독립하야 개국하고자 하면 개국하고, 쇄국하고자 하면 쇄국을 하여 나라 안의 정사를 크고 작음이 없이 추호도 다른 나라의 간섭과 침략을 받지 않으니 이를 일국의 독립이라 한다. 또 각국이 모두 동등하니 대체로 나라의 크고 작음이 있으며 병사의 강약이 있으나 우리의 예의에 저들이 답하며 서로 형제가 되어 추호도 존귀와 비천함의 분별을 만들어 실시하지 않으니 이를 일국의 동등권이라 한다. 이 3개의 대권을 합친 것은 곧 일국의 권리이니 문명국의 인민은 안으로 일신의 권리를 주장하고, 밖으로 일국의 권리를 주장하는 까닭에 저서며, 새로운 잡지에 권리를 주장하는 논설이 기재 없는 것이 없고, 그 행사며 교제에 권리를 주장하는 실적이 현저하지 않은 것이 없다. 태서의 학자가 지금 세상을 칭하여 인권국권 세계라 하니 대체로 인권은 일신의 권리요, 국권은 일국의 권리이다. 그러므로 이와 같이 인권, 국권이라 명한다.

인권을 확장하고자 하면 점차로 정치를 잘 다스리며 행실을 가지런히 하는 데 있거니와 국권을 확장하고자 하면 병력을 양성하지 않음이 가능하지 않다. 무릇 우리나라 사람은 외국에 있으면 외국의 법률을 따르지 않고, 외국인으로 우리나라에 있는 자는 우리 법률로 처벌하지 못하니 이는 이른바 치외법권(治外法權)이다. 다른 나라에는 그 해관과 세액을 임의로 높이고 낮출 권리가 있으나 우리나라에서는 다른 나라와 견주어 살피며 논의하여 같이 한 연후에 시행한다. 또 통상 300년에 1종 1액을 매기지 못하는 일도 있으며, 우리 공사는 병사를 이끌고 외국에 가지 못하나 외국공사는 병사를 이끌고 우리나라에 올 수 있다. 무릇 이러한 일은 실상 일국의 3대권을 잃어서 광영을 보유하지 못하니 그러한 바를 상세하게 살펴보면 이는 모두 우리나라에 병력이 없기 때문이다.

대개 영국의 무역이 왕성하여 상업(商賈)으로 세계를 제압하고 복종시키는 것은 영국에 군함이 많기 때문이요, 러시아의 국권이 강대하여 네 이웃을 두렵게 한다는 것은 러시아국에 육군이 성하기 때문이요, 독일은 100년 이래로 점차 국위가 확장하는 것은 독일 상비병이 세월이 지나면서 증가했기 때문이다. 이로 말미암아 저들을 보면 일국 국권의 기본은 병력에 있다 말할 수 있다. 다음에 병비가 성대한 여러 나라의 인구와 병력수를 게재하였는데, 이는 3년 전 조사표를 모아본 것이다. 필경 지금은 약간의 증감이 있을 터이니 독자는 양해하여 보시기 바란다.

영국 육군 1,878인

장교

현재 사관　1,436인

○ 비역 사관　90인

대부 사관　5,316인

의용병 사관　296인

육군교육 제반 학교의 각종 사관 105인

총계　　7,153인 현재 소재[85]

---

85 현재 사관+대부 사관+의용병 사관+육군교육 제반 학교의 각종 사관의 합산. 여기서 비역 사관 항목은 같이 계산하지 않음.

기병 13,375인 1876(년)

대포병 17,856인

공병 4,007인

보병 61,037인

총계 96,275인[86]

1878년

1,458만 3,700파운드(Pound). 1파운드는 대개 일본의 1엔

20■■ 60만 3,500파운드이다.

일본 화폐로 7,291만 8,500엔[87]

프랑스[88]

인구 3,690만 5,000명

육군 50만 2,697명

군함 498척

독일

인구 4,272만 7,000명

육군 41만 9,014명

86 기병+대포병+공병+보병의 합산.

87 1파운드는 일본 화폐로 환산했을 때 5엔(=5달러)이다(久米邦武 編, 水澤周 譯注, 2008, 《特命全權公使 米歐回覽實記》 1, 慶應義塾大學出版會, 19쪽의 '貨幣' 항목의 설명 참조). 그러므로 1,458만 3,700파운드를 일본 화폐로 환산하면 7,291만 8,500엔으로 정확하게 들어맞는다.

88 288쪽의 佛蘭西부터 289쪽의 日本까지 언급되고 있는 수치는 1881년에 간행된 후쿠자와의 저작 《時事小言》 第4編 國權之事(《福澤諭吉著作集》 巻8, 慶應義塾大學出版會, 2003, 114-117쪽)에 실려 있는 수치와 일치한다. 《時事小言》에서는 人口, 歲入, 陸軍人, 陸軍費, 軍艦, 海軍費의 순으로 수치가 제시되어 있다. 하지만 유길준의 경우 《世界大勢論》을 작성하면서 인구, 육군, 군함의 세 가지 항목만 발췌하여 게재하였다. 마지막에 나오는 일본 측 수치의 경우 《時事小言》에서 인구는 1879년, 육군인은 1880년, 군함은 1880년에 조사된 내역임을 밝히고 있다.

군함 88척

영국

인구 3,162만 8,000명

육군 13만 5,625명

군함 236척

러시아

인구 8,568만 5,000명

육군 76만 5,872명

군함 223척

이탈리아

인구 2,680만 1,000명

육군 19만 9,557명

군함 86척

네덜란드

인구 357만 9,000명

육군 6만 1,947명. 해외에서 거느린 4만의 병력은 이 가운데 있지 않다.

군함 85척

일본

인구 3,576만 8,000명

육군 7만 4,334명

군함 29척

세계에 퍼져 있는 각국에 모두 병사가 있으나 그 병력의 조련이 숙련되지 못하며, 기계의 제조가 좋지 않은 것은 군사라 말할 수 없으리라. 이와 같이 평시에는 병력으로 국위를 선양하고 하루아침에 유사한 시절을 맞으면 병력으로 승패를 결단하니 병력이 이와 같지 않으면 일국의 권리를 호위하지 못한다. 그러하나 또한 지금은 예전같이 무명의 군사를 일으키지 못하니 공법으로 준거하여 시세를 미루어 살피고, 또 평시에는 양국의 친목을 유지하기 위해서 각종 법률을 만들어서 상호 준수하니 아래에 그 대략을 적노라.

각국이 약속을 서로 맺어 그 화친을 굳게 지키며 교역을 편리하게 하는 것을 말하되 조약이라 한다. 이미 조약을 체결했으면 이 나라로서 저 나라에 전권이 있는 자 한 명을 파견하여 그 수도에 재류하면서 교제사무를 상의하도록 하니 이를 공사(minister)라 칭한다. 현재 천하만국에 화친을 통하고 조약을 맺은 자는 모두 공사를 서로 보내어 그 나라의 수도에 재류한다. 만일 그 나라의 인민이 개화의 사리와 문명한 물정을 알지 못하여 수구를 완고하게 지키고 외부 사람을 원수로 보아 당을 결성하고 무리를 모아 외국공사가 거주하는 관사를 습격하던지 그 인명을 살해하면 갑을 국 정부의 화약이 깨어지고 단절하기 쉽다. 아니면 갑을 국 정부 사이에 강화(講和)의 논의를 다시 실시하여 갑국이 공사를 다시 보내면 반드시 군사를 인솔하여 을국 수도에 들어가 관사를 호위하며, 을국은 그 난민을 붙잡아서 처형하고 자국의 백성을 다스리는 것이 좋지 않았던 죄를 사죄한다. 갑국의 인민으로 피살된 자가 있으면 그 피살자의 본래 직분의 대소와 경중에 따라서 을국이 상금과 구휼은을 지급한다. 상금이라 하는 것은 갑국이 이 일로 인하여 발생한 제반 비용이며, 또한 을국에 사례하는 물건을 칭한다. 구휼은이라 하는 것은 피살인의 가족에게 을국이 조문하여 위로하고, 또 자산을 지급하며 건네는 물건을 칭한 것이다.

대개 공사의 직무는 조약의 대의에 근거하여 양국의 친목을 보전하는 것을 주의로 삼는다. 그렇기 때문에 교제상에 풍파를 일으켜 다투는 단서를 발견하며 화친이 깨어지려 하더라도 양국 사이의 주선을 잘 하여 평화한 입지를 만회하여 병력을 서로 보지 않는 것은 모두 공사된 자의 공력이다. 또 외국교역장에 자국의 상인을 두고 통솔하며 교역 등의 일을 주선하기 위하여 관리 한 명을 두니 이를 영사(Consul)라 칭한다. 그러므로 일개국에 파견하는데 공사는 한 명이지만 영사의 인원수는 그 나라의 교역장 수에 따른다. 위의 내용은 현재 세계대세의 일반이다. 상세한 내용은 훗날 다시 기록하려 한다.

지구총설(地球總說)

우리가 서식하는 세계가 그 형상이 구슬 같기 때문에 지구라 명명하였다. 그 직경은 대략 7,900마일[88]이요, 그 주위는 대략 2만 3,700마일[89]이니 항상 2개의 운전을 하야 잠시도 정지하지 아니하며, 하나를 자전이라 하니 매 1주야에 1도씩 자전하고, 다른 하나를 공전이라 하니 매 1년에 태양을 일주하니 이를 요컨대 이 세계는 일개 행성에 불과한 것이다.

하늘(太虛)에 분포, 나열한 별은 그 수를 본래 헤아릴 수 없다. 그러나 그 중에 우리 태양으로 중심을 삼고 주위를 돌며 또한 자전하여 그 모양이 지구와 완전히 다르지 않다. 빛을 스스로 발하지 못하고 태양을 반사하여 몹시 빛나는 것이라 총칭하여 행성이라 한다. 각 행성의 이름과 직경과 자전과 공전의 일수며 태양과 떨어진 거리는 다음과 같다.

행성명	수성	금성	지구	화성	목성	토성	천왕성	해왕성
직경	3,000마일[90]	7,500마일[91]	7,900마일[92]	4,000마일[93]	85,000마일[94]	72,000마일[95]	33,000마일[96]	36,000마일[97]
자전일수	24시5분[98]	23시20분[99]	24시	24시39분[100]	9시55분[101]	10시16분[102]	상세하지 않음[103]	상세하지 않음[104]
공전일수	87일[105]	224일	365일	686일[106]	4,332일[107]	10,759일[108]	30,686일[109]	60,126일[110]
태양과 떨어진 거리	3,500만 마일[111]	6,600만 마일[112]	9,200만 마일[113]	14,000만 마일[114]	47,200만 마일[115]	87,200만 마일[116]	17억5,300만 마일[117]	27억4,600만 마일[118]

이상을 8행성이라 하니 그 8행성에 부속한 위성과 태양을 합쳐서 태양계라 한다.

위성은 자전하는 일이 없고 하나의 행성을 중심으로 삼고 공전하면서 그

89 12,713.8176㎞. 지구의 적도 지름은 12,756.270㎞.
90 38,141.4528㎞. 무엇을 가리키는지 명확하지 않은 수치이다.
91 4828.032㎞. 실제 적도 지름은 4,879.4㎞.
92 12,070㎞. 실제 적도 지름은 12,103.7㎞.
93 12,713.8176㎞. 실제 적도 지름은 12,756.270㎞.
94 6437.376㎞. 실제 적도 지름은 6,804.9㎞.
95 136,794.24㎞. 실제 적도 지름은 142,984㎞.
96 115,872.768㎞. 실제 적도 지름은 120,536㎞.
97 53,108.352㎞. 실제 적도 지름은 51,118㎞.
98 57,936.384㎞. 실제 적도 지름은 49,528㎞.
99 실제 자전주기는 58.6462일.
100 실제 자전주기는 -243.0185일.
101 정확하게는 24시간 37분 23초.
102 정확하게는 9시간 55분 29.685초.
103 정확하게는 10시간 47분 6초.
104 자전주기는 17시간 14분 24초.
105 자전주기는 16시간 6분 36초.
106 실제로는 87.969일.
107 정확하게는 686.96일.
108 정확하게는 4,333.2867일.
109 정확하게는 10,756.1995일.
110 정확하게는 30,707.4896일.
111 정확하게는 60,223.3528일.
112 56,327,040㎞. 실제 거리는 57,909,176㎞.
113 106,216,704㎞. 실제 거리는 108,208,926㎞.
114 148,059,648㎞. 실제 거리는 149,598,707㎞.
115 225,308,160㎞. 실제 거리는 227,936,637㎞.
116 759,610,368㎞. 실제 거리는 778,297,886㎞.
117 1,403,347,968㎞. 실제 거리는 1,426,725,413㎞.
118 2,821,180,032㎞. 실제 거리는 2,870,972,220㎞.
119 4,419,258,624㎞. 실제 거리는 4,498,252,900㎞.

주성과 한 가지 태양의 주변을 도니 그 수가 목성은 4개[120]요, 토성은 8개[121]며, 천왕성에 4개[122]요, 우리 지구에도 1개가 있으니 달이 곧 이것이다. 달은 또한 다른 행성과 같이 빛을 스스로 발하지 못하고 태양의 빛을 반사하는 1,000여 마일의 큰 구[123]이다. 우리 지구와 떨어진 평균 거리가 24만 마일[124]이라 한다.

---

120 현재까지 발견된 목성의 위성 수는 64개이다. 여기에서 가리키고 있는 위성 4개는 이오, 에우로파, 가니메데, 칼리스토일 것이다.

121 현재까지 발견된 토성의 위성 수는 60개이다. 토성의 아홉 번째 위성 포에베가 발견된 것은 1898년의 일이므로 유길준이 서술할 당시까지의 지식으로는 정확한 수치라 할 수 있다.

122 현재까지 발견된 천왕성의 위성은 27개이다. 여기에 언급되고 있는 4개는 천왕성의 부속 위성 발견 순서를 감안했을 때 티타니아, 오베론, 아리엘, 움브리엘일 것이다.

123 1,609.344*km*. 달의 적도 지름은 3,476.2*km*이다.

124 386,242.56*km*. 지구 중심에서 달 중심까지의 거리가 평균 384,400*km*이다.

경도와 위도(經緯度의 事)[125]

대저 육지에 사람이 거주하므로 이곳으로 저곳까지 몇 리이며, 이 산에서 저산까지 몇 리인지를 알지 못할 수 없으며, 정할 수 없는 것도 아니다. 그러나 광활한 대양에는 항해하는 중 10일 혹은 20일에 달하도록 하나의 산도 보이지 않고, 작은 육지도 보이지 않아 좌표를 정할 것이 없기 때문에 태서의 항해자가 천문을 측량하여 방각을 정했다. 이로 말미암아 대양을 측량하지 않더라도 조금도 차이가 없다. 대개 그 방각을 정하는 법이 지구 북단을 북극이라 하고, 지구 남단을 남극이라 하고, 남단과 북단 사이에 정중앙에 하나의 선을 그어 적도라 한다. 적도로 중심을 잡고 남으로 남극에 이르고, 북으로 북극에 이르는 양변을 각각 90도씩 나누고, 또 동서로 적도처럼 하나의 선을 그어서 양변을 합치면 또한 180도가 된다. 이를 남북 위도라 한다. 각설하고 앞서 말한 것처럼 세계 형상이 둥글기 때문에 서에서 동까지 정중앙에 하나의 선을 그으니 그 선이 둥근 지구를 두르는 둥근 모양이 되니 지구의 측면에서 북극부터 남극까지 180도이므로 안쪽도 또한 180도이다. 양면을 합치면 380도이니[126] 대개 지구 주위는 2만 3,700마일[127]이므로 이를 360으로 나누어 1도의 거리를 60마일로 정한다. 또 영국의 그리니치라고 하는 지방의 천문대를 기준으로 삼고 북극에서 남극까지 직선을 그리고, 그 직선과 적도가 만나는 곳으로부터 또 서에서 시작하여 동에 이르기까지 매단 60리씩 획정한다. 그와 같이 또 북극에서 남극까지 노선을 그려 지구의 주위 360으로 나누고 동서 경도라 한다. 대개 위와 같이 세계 주위를 동서남북 사방 10자로 나누어 항해할 때에 천문을 보고 방각을 측량하여 지방이 보이지 않는 대양에서도 함선의 정박처는 아주 작은 것도 틀리지 않

125 《海國圖志》 卷99 〈緯經二度論〉(《海國圖志》 下, 2213-2220쪽)에 이에 대한 설명이 있기는 하지만 여기와도 구절이 맞아떨어지지는 않는다.

126 《世界大勢論》 원문에서도 '三百八十度'라고 표기되어 있는데, 이는 유길준의 계산 착오로 보인다. 360도라고 써야 맞다.

127 38,141.4528㎞.

으니, 이를 항해자의 측량이라 한다. 또 경도는 적도로서 남북에 각각 도수를 계산하여 적도 이북을 북위 몇 도라 하고, 적도 이남을 남위 몇 도라 한다. 또 경도는 그리니치로서 동서 양 방향에 각 1도 2도씩 계산하여 그 서쪽을 서경 몇 도라 하고, 그 동쪽을 동경 몇 도라 한다. 이러한 까닭으로 서경 180도는 곧 동경 180도이다. 우리나라 경성은 북위 37도 35분[128]이며, 동경 127도 6분[129]이라 하면 적도 이북 37도 35분이요, 그리니치 동쪽으로 127도 6분이다.

128 정확하게는 북위 37도 33분.

129 정확하게는 동경 126도 59분.

낮과 밤의 이치(晝夜의 理)

지구는 본래 일개 암체라 태양의 빛을 받아서 밝으며, 그 빛을 받지 않은 곳은 어두우니 대개 지구의 반쪽 면은 항상 태양의 빛을 받고 그 반쪽 면은 항상 받지 못한다. 그러므로 지구 동쪽 면이 낮일 때에는 그 서쪽 면이 밤이 되니 가령 중국(지나)의 금릉[130]이 정오일 때 미국 뉴욕의 자정되는 이치로 추찰하면 알 수 있다. 지금 태양이 한곳에 머물러서 왕래하지 않고 다만 매 1면씩 그 소재지에서 자전하는 까닭에 지구상 각 지방이 쬐임을 받음에 따라서 서로 교차하면서 낮이 되며, 또한 서로 교차하면서 밤이 된다. 대개 지구의 경도는 360도요, 그 운동은 24시간에 1회 자전하는 것이므로 1시간에 15도로 회전하는 것이다. 이로써 궁벽하고 멀리 떨어진 두 지방에서 그 시각의 차이를 알고자 하면 그 경도에 차이를 15도로 나누면 알 수 있다. 가령 우리나라 경성과 일본국 도쿄의 경도 차이가 12도 43분이니 도쿄는 동쪽에 있고 우리 경성은 서쪽에 있는 것이다.[131] 지구는 서쪽에서 동쪽을 향하여 회전하므로 동쪽 지방에 있는 것이 서쪽 지방에 있는 것보다 해가 뜨고 짐이 경도의 원근에 따라 이르고 늦음이 있으니 우리 경성이 도쿄보다는 조금 늦은 것은 자연스러운 이치이다. 그 늦은 시간은 양쪽 지방의 거리가 15도에 미치지 못하기 때문에 1시간이 되지 못하고 48분 정도[132]이니

130 金陵 : 현재의 중국 난징(南京).

131 도쿄는 동경 139.75도이며, 서울은 동경 126.59도이다.

132 도쿄와 서울 간의 경도 차이는 위의 수치를 기준으로 한다면 13.16도 차이가 난다. 경도 1도당 4분의 시차가 발생하기 때문에 이를 환산하면 대략 52분 정도의 차이가 있음을 알 수 있다. 참고로 한국에 처음으로 서양식 표준시가 도입된 것은 1908년 4월 1일부터로 이때는 동경 127.5도를 기준으로 하였다(《舊韓國官報》 隆熙 2년 2월 21일 제3994호, 勅令 第5號 〈大韓國標準時에關흔件〉). 하지만 1910년 4월부터 표준시 경도를 동경 135도로 변경하였고, 이것은 해방 이후까지 유지되었다. 1954년 3월 21일 대통령령 제876호로 표준시의 기준을 다시 동경 127.5도로 바꾸었으나 1961년 8월 10일 국가재건최고회의의 결정으로 동경 135도로 변경하여 현재에 이르고 있다. 요컨대 현재 한국과 일본의 표준시는 동경 135도로 동일한 시간대이다.

유럽인이 하루를 24시로 나누고 1시간을 또 26분의 시로 나누고[133] 1분 사이를 또 60초로 나누니 본문의 계산을 따르노라.

133 1시간은 60분이므로 이는 유길준의 착오로 보인다.

5대 기후(五帶의 事)

지구상 적도 근방은 태양이 직사하기 때문에 항상 덥다. 그러하나 남북이 서로 떨어짐에 따라 점점 온화하고 남북 양극 근방에 이르면 추워서 1년 사이에 서리와 눈이 끊이지 않는다. 이로 말미암아 지구 표면을 5대로 분별하고 적도로서 남북 각 23도 30분의 지역에서 평행선을 가짜로 만들어 이를 이지선이라 이름을 붙이고, 그 사이를 열대라고 명명하니 지구상 극히 더운 지방이다. 또 남북 양극에서 떠나 23도 30분의 지역에 평행선을 가짜로 만들어 이를 극선이라고 이름을 붙이고 극선과 두 사이를 한대라 한다. 지구상에 한대가 두 개 있으니 세계 안에서 가장 추운 지방이다. 또 한대와 열대 중간을 온대라 하니 지구상에 온대가 역시 두 개 있어 심하게 덥지도 않고, 또 심하게 춥지도 않으니 세계 안에서 중화지방이다. 이상을 합쳐서 5대라 한다. 우리나라도 온대 안에 있으므로 춥고 더운 양대 안에 거주하는 인민에 비하면 어찌 복이 많은 인민이 아니라 하겠는가?

사계절(四時의 事)[134]

태양이 지구를 따뜻하게 함이 그 원근에 따라 따스함과 차가움이 다른 것이 아니라 그 일광의 직사와 사사로 말미암아 그 따스함과 차가움이 다른 것이다. 그러므로 지구상에 태양이 직사하는 곳은 항상 더우며 그렇지 않은 곳은 한랭하니, 이것은 곧 사철의 변화를 생기게 하는 까닭이다. 무릇 지구는 365일 2시 40분으로 태양의 주변을 1회 도니 그렇게 주변을 돌아서 행하는 길을 궤도(軌道)라 한다. 궤도와 적도는 평행하는 것이다. 그러므로 태양이 항상 적도를 직사하고, 그 남북 지방은 항상 따스함과 차가움이 동일하여 고금 만대에 사철 변경이 없다고 할 수 있다. 그러나 적도와 궤도는 23도 30분의 교각[135]이 있어서 태양이 혹은 적도 이남 23도 30분의 지방을 직사하는 때도 있으며, 혹은 적도 이북 23도 30분의 지방을 직사하는 때도 있다. 적도 이남을 직사하는 때는 그 지방이 여름이 되고 적도 이북이 겨울이 되며, 적도 이북을 직사하는 때는 그 지방이 여름이 되고 적도 이남이 겨울이 된다. 그 사이에 태양이 점점 직사하는 지역을 옮겨서 이남 23도 30분의 지역으로 적도까지 돌아가면 적도 이남은 가을이 되고, 적도 이북은 봄이 된다. 여기에 따라 점점 적도 이북으로 옮겨가 재차 적도까지 돌아오면 적도 이북은 가을이 되고, 적도 이남은 봄이 된다. 여름철에 낮이 길어지고 밤이 짧아지는 것은 태양이 자기의 바로 위에 가까운 까닭으로, 그 빛을 보는 것은 태양이 자기 바로 위에서 먼 때보다 긴 까닭이다. 또 봄가을 양철에 낮과 밤을 균분하는 것은 태양이 적도상을 직사하는 까닭으로 적도 남북으로 보면 그 빛을 보는 때이며, 보지 못할 때가 균분한 연고이다. 대개 적도 바로 아래에는 사철에 낮과 밤이 균일하다. 그러하나 우리나라는 겨울과

134 《海國圖志》 卷99, 〈辨四季寒暑論〉(《海國圖志》 下, 2223-2228쪽)에 이와 비슷한 내용이 상세하게 설명되어 있지만 정확하게 구문이 일치하지는 않는다.

135 교각(交角): 어떤 두 직선이나 두 평면이, 또는 한 직선과 한 평면이 서로 만날 때 이루어지는 각.

여름 두 철에 밤낮의 길고 짧은 분별이 있다. 북방 시베리아 지방 같은 곳은 여름철에 해가 저물고 얼마 되지 않아 곧 밝아온다. 대체로 태양이 북쪽에서 나와 지평을 돌아가는 것같이 보고, 또 겨울날에는 이와 반대로 남쪽으로 동방에 가깝게 나오고, 서쪽에 가깝게 들어가는 것 같이 보기 때문에 태양이 지평 위에 나타나는 일이 잠시에 불과하다. 이로써 또 북극 근처에 가깝기 66도 30분 이상에 이른 때에는 겨울 달은 태양이 지상에 나타나지 않고, 여름 달은 지상에 길게 비추어 1년이 하루 종일 낮이 되거나 하루 종일 밤이 된다. 그러하니 사철의 변화하는 사리를 자못 나누어서 이해하기는 어렵다. 최근에는 바쁘므로 훗날을 기다려 자세히 기록하고자 한다.

地制議 辛卯

일러두기

아래 [원문 입력본]과 [번역본]에 나타나는 구분은 필자의 체제 설정(본서 106~109쪽의 〈표〉)에 따라 배치한 것이다.

'대분류'는 ①, ②, ③으로 나누었고, '중분류'는 ① 아래 5개의 단위(①-1~①-5), ② 아래 9개의 단위(②-1~②-9), ③ 아래 3개의 단위(③-1~③-3)이고, '소분류'는 중분류 단위 아래 '별표('*')로 표시하여 나누었다.

이 중 대분류와 중분류는 필자가 파악한 글의 '주제' 단위에 따라 구분한 것이다. 반면 소분류는 원문(《지제의(유길준전서)》)의 한 '문단(줄을 바꾸어 쓰기 시작한 곳에서부터 다음 줄을 바꾸어 쓴 부분 직전까지)' 단위를 반영한 것이다. 예컨대 ①-2의 경우 하위에 별표('*') 3개로 구성되어 있는데, 이것은 원문상 ①-2가 3개의 문단으로 이루어졌다는 의미이다.

[원문 입력본]과 [번역본]에 소분류('별표')를 그대로 반영하여 한 문단으로 길게 입력할 경우, 소분류 내의 유기적 구성이 잘 드러나지 않고 또한 110~113쪽의 표의 내용을 잘 보여 주지 못할 우려가 있다. 따라서 소분류의 한 문단을 '하나의 의미덩어리'라고 판단할 만한 길이로 나누어 입력하였다.

특별히 지적할 부분은 다음과 같다.

①-2 첫 번째 소분류(*)의 경우, 원문에는 '田尺一等'부터 '田尺六等'까지의 각 항목이 모두 '여섯 문단'으로 대응하여 나누어져 있다. 하지만 의미상 한 덩어리('結 면적을 尺으로 환산하는 정식')로 파악할 수 있기 때문에, 〈표〉에서는 한 문단으로 처리하였다.

①-4 소분류(*) 중 '方一里內田統式' 부분은 비록 직전 문장과 줄을 바꾸어 기재하고 있지만, 의미상 일종의 계산표식이 삽입된 것으로 파악할 수 있다. 따라서 독립된 문단으로 처리하지 않았다.

② 부분은 ②-1부터 ②-9까지 서두에 각각 '凡-'의 형태로 표기된 문단이 제시되고, 직후 줄을 바꾸어 각각의 '凡-' 문단에 대한 세부 설명을 제시하고 있다. 곧, ['凡~'+세부 설명]의 형태로 파악할 수 있다. 따라서 세부 설명을 하는 문단은 '凡-' 문단과 더불어 하나의 문단, 곧 소분류(*) 단위로 파악하였다.

地制議 辛卯

1-1

我國地方　起自赤道北三十四度 至四十三度 長據緯八度及三分度之二 廣則雖不一 折補爲經二度及二分度之一 以經二度及二分度之一 乘緯八度及三分度之二 可得一百十二萬六千三百二十方里 三面環海 唯西北與中國及俄境相接 故謂之半島國

我國里法　以五尺爲一步 方一步實積 爲二十五尺 三百六十步爲一里 方一里實積爲十二萬九千六百步 尺計則爲方三百二十四萬

1-2

田尺一等　長准周尺四尺七寸七分五釐 以其尺 方一百爲一結 以周尺之方 則一結之實積 爲二十二萬八千零單六及四分尺之一 方一里之地 得田十四結四萬七千九百十二尺及二分尺之一

田尺二等　長准周尺五尺一寸七分九釐 以其尺 方一百爲一結 以周尺之方 則一結之實積 爲二十六萬八千二百二十零及百分尺之四十一 方一里之地 得田十二結二萬一千三百五十五尺及百分尺之六

田尺三等　長准周尺五尺七寸三釐 以其(尺)[1] 方一百爲一結 以周尺之方 則一

1 원문에는 '尺'이 생략되어 있으나 의미상 삽입되어야 함.

結之實積 爲三十二萬五千二百四十二尺及百分尺之九 方一里之地 得田九結二十一萬二千八百二十一尺及百分尺之十九

田尺四等　長准周尺六尺四寸三分四釐 以其尺 方一百爲一結 以周尺之方 則一結之實積 爲四十一萬三千九百六十三尺及百分尺之五十六 方一里之地 得田七結三十四萬二百五十五尺及二十五分尺之二

田尺五等　長准周尺七尺五寸五分 以其尺 方一百爲一結 以周尺之方 則一結之實積 爲五十七萬零二十五尺 方一里之地 得田五結三十八萬九千八 百七十五尺

田尺六等　長准周尺九尺五寸五分 以其尺 方一百爲一結 以周尺之方 則一結之實積 爲九十一萬二千零二十五尺 方一里之地 得田三結五十萬三千九百二十五尺也(今此各等積尺 與世宗實錄 少有差異 盖當時修輯之人 只擧成數也 殊不知毫釐之差 實爲千里之謬也)

按此　世宗二十六年所定田制也 田分六等 每等田尺各異 皆以其尺 方十爲一負 百負爲一結 各等一結 皆以其尺 方百則實積爲萬尺矣 其意盖出於 各等同科定結 以便稅法 然田政之廢壞 未嘗不由於結負之不均 其故何也 自古聞以地而出稅 未開以稅而定地矣 量尺之長短不一 地面之廣狹 隨以參差[2] 官眩於會計之繁 而民不能周知 吏易弄奸 而莫之察也

磻溪氏[3]　嘗取頃畝之式 以代結負之制 其法六尺爲一步(實積三十六尺) 百步爲一畝(實積三千六百尺) 百畝爲一頃實積三十六萬尺 其言 曰古者政在養民 故度力定田 田皆百畝 後世田惟[4]收稅 故隨其租數 同科定結 是以頃法 地廣皆同 而視其饒埆 稅

---

2 參差: 길고 짧고 들쭉날쭉하여 가지런하지 아니함. 參差不齊(참치부제).

3 磻溪 柳馨遠(1622~1673)을 이름. 이하에 나오는 책은《磻溪隧錄》을 가르킴.

4 유길준 전서의 원문에는 '惟'로 기재되어 있으나,《磻溪隧錄》 원문은 '唯'로 기재되어 있음. 옮겨 적는 과정에서 유길준의 실수로 생각됨.

有差等[此以田地爲主] 結法 租稅皆同 而視其饒瘠 地有闊狹[此以租稅爲主] 頃畝指田數也 結負指租數也 夫頃法體也本也 結法用也末也 明其本而計之以總 則數具目前 而用在其中矣 執其末而遺於經界 則本地已紊 而無所考正矣

祖宗立制 條理詳密 重民勤國 均賦薄斂之意至矣 苟以是意行之 雖千萬世 無弊可也 而式至于今 結負無紀 賦稅不均者 何也 此非但政廢吏慢而然 原結負之法 主於租稅之同科 而不主田地之同尺 故易以有弊也 結負非無尺數也 以其載於簿書 而不齊於田面 又其長短多端 乘除加減之法 當官者不能盡察 況於田氓乎 官不能盡察 而民不能盡知 則胥吏易以容奸 以難察之法 欲齊衆胥之奸 其勢不可得也 於是賄賂請托 漏落欺隱之弊 無所不有 而結負無紀 賦稅不均矣 若一齊其尺 定爲頃畝 而計其所出之數 用以均平賦稅而已 則尺量不二 而人易知 田面整齊而難容奸 其本旣正 末自擧矣 寧有是弊哉 此古人所以必先明經界也 唯我世廟 東方聖主也 惜乎 當時諸臣 遇千載之時 而不能以經界之說 啓迪而行之 以幸萬世也

國家 宣祖壬辰之亂前 八道田結 總一百五十一萬五千五百餘結 壬辰後 八道結數 爲六十七萬四千三百零九結 今以壬午減省廳錄考之 八道田畓 合一百三十四萬八千二百四十三結八十一負八束 地固自如 而前後增減如是 蓋壬辰後 則新經大亂 勢固然矣 自厥後近三百年 人民之蕃殖 有加於國初 而田不加懇 何也 田非不懇也 特結負爲之弊 而上之人無所察 吏得以售奸 而通國中無無隱結之邑 此其故可知也

磻溪氏 深知此弊 發爲頃畝之論 而實用方里之面積 以限田制 故其法甚美矣 猶有未盡者 頃不配剩土之制也 且官民受田之論 雖出於慕古之意 然不合於後世之治 三代以上 土廣而人稀 俗樸而物賤 民安於自足 而不知爲富 故行井田之制 以齊其產 今時則不然 民之好利 甚於好善 而富者連阡陌 貧者無立錐 固以國家之政令 奪富者之田 以與貧者 似爲仁政之一端 而無所不可 然細釋其原

則將爲病民之道 而反生大害 不如因之爲導 以明全國之田制而已

1-3

本國之地 以方里 大約爲一百十二萬六千三百二十 而尺計爲方 得積三萬六千四百九十二億萬萬曰億 七千六百八十萬尺 除山澤道路園場城邑閭里及沙礫不可耕之地 十分之七 取十分之三 卽三十三萬七千八百九十六方里 尺計一萬零九百四十七億八千三百零四萬方尺 通各等田 以四等打定 可得二百六十四萬四千六百三十六結 九萬六千五百三十五尺 及二十五分尺之二十一 今且擧其成數 以二百五十萬結爲定 據稅科審出之數 則每一結 歲得皮穀一千零六十五斗二升六合及五十七合之十八 此亦只擧其成數 以一千零六十六斗爲定 而算歲收之數 則可得二十六億六千五百萬斗 卽一億二千四百五十萬石二十斗爲一石也 每一人一年食 以五石爲準 爲二千五百七十萬一年之食也 稅用二十取一之法 可得五百六十七萬五千石也

今我國民口 略爲一千五百萬 則此不過爲一年有半以上之食矣 民食之艱 可以推知 而以結總論之 雖曰有欺隱之弊 豈有擧全國田土之半而幻弄之理 此可見草萊之未盡闢 而原隰之未盡懇 然國民一年之食 不得不有上論之數 則抑土地之品 有加於四等 結總則未及於上 而穀之所收過之歟

旣有如上之穀數 則稅應如之 而五百六十七萬五千石之皮穀 除運費 國入可算米四百萬斛[5]十斗爲斛 此不爲不多 而國用恒絀何歟 吏胥雖曰偸弄幻竊 安有擧全國之稅穀而盡之 如今日者乎 以土則未盡懇闢 而穀則不得不如上數 以養全國之民 一年稅 亦宜隨而加多矣 今也已過二十取一之率 民日以困 而財反以縮此其故未可知也 唯當改定田制 以攬一國之總 然後始可以論之

5 휘 곡, 휘(열 말의 용량).

1-4

夫田先定經界　而次論頃畝可也 若先用頃畝定經界 則田制之紊 雖未如結負之眩惑 亦不得明瞭易知耳 田尺無拘地之肥瘠 皆以周尺一尺爲准 而方一里准爲三百二十四萬尺 九分之可得三十六萬尺

方一里內田統式(1里^2 내의 田統式)

一畦長六尺 廣五尺 實積三十尺 百畦爲一畝

一畝實積三千尺 百畝爲一頃

一頃實積三十萬尺 九頃爲一統

一統實積二(百)[6]七十萬尺

方一里之內　置田九頃 而一頃各附剩土六萬方尺 合五十四萬方尺也 然則一頃之地 可爲三十六萬方尺 而今擧六分一之多等棄之何也 有徑壠田間 小路焉 有溝洫焉 或有溪磵以橫之 或有道路以占之 一里之地 雖無巨山大川 勢不得盡爲田土 則無寧先置衍剩 而備之以全頃畝之制於一里之內也 通一國之地 而劃方成里 爲一百十二萬六千三百二十 又九劃一里之地爲頃 得一千零十三萬六千八百八十 而本國之地 少平廣之原 一里之內 爲田九頃者 亦不多得 而或有幾頃幾畝者 又或有通幾里幾十里 而不得頃一畝者矣 且以上旣以道路有除 而此又除之 今實其所除之數於量定之際 取原十分之三 而又取其餘七之十分之一 可得合三百七十五萬零六百二十五頃 擧成數以三百五十萬頃爲算 每方里劃九頃爲一統 有圖而記列之

6 원문에는 '百'이 삭제되어 있으나, 작자의 기재상 오류인 것으로 보인다.

1-5

田統圖式

每田統各有字號 如今五字一結之類

每頃各有第號 自第一至第九

衆曲線上加大點者 山也

直線上加小點者 村閭也

三線同行者 大路也

二線同行者 少路也

一線者 川也

直線上加屈曲線者 溝澮也

兩線間 加點如尺形者 堤堰也

口字形連第二第三頃 如日字形者 澤也

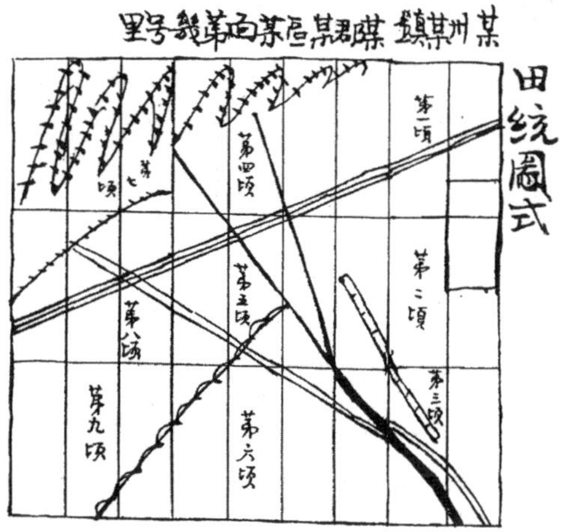

右圖　略擧大築槩以示式也 夫地有高低之不平 然劃定經界 無不成方里之理 勿拘山林川澤城市村閭及海濱沮洳沙石荒蕪之地 先劃一里之經界 製圖如上 登載各頃內所有之物 巨細無遺 而遇平原廣野 里可成統 則開錄田沓如例 若有不可耕之地及他相碍之物 田不可成統 唯逐頃記田沓及他物亦如例 以至果園林藪城市村閭 亦用是法

連十統[十方里]　爲一面 面置戶統長地統長各一人[面無人家 宜用最近地統長兼管 而加置副一人 區亦准此] 戶統長以管一面之人事[戶統制 見于戶籍制議] 地統長 以管一面之田制 而 一面之內 又有幾多村閭 村各置長二人 一隷于戶 一隷于地 各執其役 以助面統長

連十面[一百方里] 爲一區 區置戶統正地統正各一人 而又各置其副一人 以佐其勞 各面統長 各以其事屬焉

連十區[一千方里] 爲一郡 郡置戶統監地統監各一人 又各以二副及一書記助其職 而各區統正 各以其事屬焉

連十郡(一萬方里) 置一鎭(非今鎭營之類) 而戶統地統置一管察 助以二副及二書記 各郡[7]統監 各執其職效勞 而管察者 管郡區以下職員 之誠鎭勤慢 察其鎭內戶地兩統之虛實正誤也 郡監以監其郡 區正以正其區 面長以長其面 若有奸鎭之欺冒 眞假之蒙蔽 鎭管察隨其摘發而告之州 有所懲勘

合四鎭(四萬方里)爲一州 州置伯(官制見于職官編) 盖一方里爲一田統 統有統圖 十統爲一面 面有面圖 而面長處亦置統圖 十面爲一區 區有區圖 而區正處亦備面圖 十區爲一郡 郡有郡圖 而郡監處亦具區圖 十郡爲一鎭 鎭有鎭圖而鎭管察合置各郡區以下諸圖 並記其土宜人造之物產 四鎭爲一州 而州置鎭以下諸圖 又有州圖 各州各以其州之地統戶統 上之戶部 而戶部設戶籍司 以掌一國之戶統 置地籍司以管一國之地統 自州鎭至面統之圖 各宜類別彙集以便考鏡 則一國之人戶與田土及凡百事物 皆可按圖而知矣

今此製圖 不用測地 不可成也 宜先得精算之士(精算之士 如不多得 宜揀聰明子弟而敎之) 使習測地之法 而各州置測量官長及副幾人 隷于州伯 以測其州內之地 各鎭亦置一二人 以協助州測量官 而亦管其鎭內測量之任 各郡則以地統監兼行測量官之務 全國之地 每以四萬方里 晝定州界 又四分州界 而劃鎭界 各鎭界內劃郡界 郡內劃區 區內劃面及統之界 統內劃頃之制 州鎭測量官率其管內郡區之官面統之役 以行其事 各製圖本 屬之該掌官役 自後則面長每歲按圖 而巡視其面內 凡山林之斫伐 田土之破落 及新田之起闢與翻懇(翻懇者 以田作畓) 逐頃記載 以上于區 區聚之而呈于郡 郡收之而納于鎭 鎭合之而達于州 州每五歲改作圖本 上于戶部(凡州鎭測量官隨時巡視其境內 以審其正誤) 戶部每十歲 改整全國地統之圖可也

[2]-1

凡江水之所漲落 海潮之所出入 至如平曠蘆荁之野 或因堤堰之未築 或由官禁之多歧 地之可田者 一未之懇 棄膏腴之壤 而作荒燕之區 皆宜劃頃作統 載

7 원문에는 '區'로 기재되어 있으나, '郡'이 들어가야 맞는 의미가 된다.

之圖本 記之籍案 聽民築堰作田 而經費不敷 助以官財 自官助財之法 視其可成功者可許 而其償納 計土出 歲取三分之一限 淸帳無利息 工役告訖 立旨成給 其自墾並作 或賭租收稅 俱任便勿拘可也

今或有築堤者　多不成 至蕩產而無寸效 故世皆目之以狂擧 稍爲自愛之人 雖垂诞於其肥沃之土 而掉頭不赴 唯浮浪虛誕之流 望其倖成而獲大利 不揣始卒而趍之 此所以多敗者也 夫以些少之財 恃拙法而任庸工 創浩大之役 其能成之乎 故法拙者 官究其術而誨之 財拙者 官量其費而辦之 俾竣其役以底于功 此出於爲民興利之大意也

且平曠之地　則募民徙居起懇 而貧無以自致者 量其一歲之食居室農牛田器之費 自官給貸之 宜免田稅幾年 而歲收其土出四分一 准淸官貸 凡募民徙居之法 政府先於一年之前發令 使願徙者具姓名 報于其所居面之戶統長 次以達于戶部 至期 令各州傳次護送于徙居之地

或曰 築者之助　徙者之貸 其意甚善 然官財有限 將安所辦乎 曰宜以開拓之費 歲徵于全國之民 而若民力不紓 不可以出 可借富民之財而行之 若又富民不願 募國債于外邦而行之 亦可也 曰民財之借 國債之募 皆當有息 而今此償納之法 官不收其息 將何所取而補其不足乎 且官之所取乎人者則計息 而民之所還于官者則不計 豈非惠而不知爲政之道乎 曰不然 民苟有利官不惜費 況民旣懇田 官必收稅 此雖爲一時之失 實萬世之利也 官所以助貸于民者 爲其興產開業 而國受其利也 今將收大利於無窮 而復以暫時之給借 區區加息于民哉 故借募官償之息 不必論也

2-2

凡崖谷崎嶇　不可耕之地 辨土宜 令民樹藝果茶之屬可也

夫果者 奉祀接賓之需 而茶亦人世之要品也 且果爲救荒之一助 救荒之果 栗爲最

云 向在丙子之饑 青報之民 以棗[8]而粥 豊慶之人 青報 青山報恩 豊慶 豊基聞慶 以柹[9]而餠 多所全活 使果而無是功 物豊則可以厚民之生 況果之爲物 日用之不可闕 者歟 我國之果 厥品不多 而國人之嗜好則甚 市上販日本柑[10]者 至有剖售焉 此其國之甚貧可知 而民之癖嗜可見矣 夫民之所好者 可四求寰宇之內 種 之國中 而達于四境 亦農政之一端也 耽羅之島柑柚橘 凡十五種 而其所謂 大橘者 肅廟時赴燕使賫來 送之島中而取種云 又如唐金橘洞庭橘唐柚唐柑 之類 其先皆必從中國而來 故得此名也

且嶠南之 智異山 有所謂丹巖茶者 卽丹巖閔公 名鎭遠 英廟朝相臣 赴燕時 購還 種之 此山者也 密陽之山 有黃茶 此亦中國之所有 我國之所無 而獨産此邑 則其始也 必有有心人 取種于此 而後之人 不傳之也

夫何古之人如是惓惓於民國之計 雖一草一木之微 苟我之所無 而足爲厚 生之資 則千里而賫之 經歲而護之 不思其苦 而後之人 不惟不是之爲耳 古 今之所以殫勞取種 已爲我有者 亦不傳播於國中 使止於一山一島之産 而 不之顧歟 今中國日本之橘茶 歲售我國者甚多 向使賫來之種 已爲均藝于所 宜之各地 安(不)[11]知我之橘茶 今日反售於彼 而民以獲利者哉 客有從嶠南來者 曾遺 余智異茶 卽丹巖茶也 我國不知焙茶 乃蒸曝 故其狀如點滓 然猶有餘味 甚香且淡 盖茶則好品也

2-3

凡頃畝之間 不許樹雜木 已有者 不必拔去 而且大路傍 種樹者 不可禁 而唯桑與栗木則勿禁 不 宜多種至於連蔭而蔽田 且或山底溪側可田之地 土性宜桑者 雖不田而種桑 亦 不爲防可也

---

8 대추 조.

9 감나무 시.

10 귤 감, 사탕수수(甘蔗).

11 원문에는 없지만, 문맥상 '不'를 첨가해야 의미가 통함.

盖桑者 衣之本　故古之賢守牧 至有課民植桑 許贖其罪 又或出金買桑 募婦教蠶 此可見至誠愛民興利厚生之意也 按我國養蠶之法 頗多所欠 抽絲之制 未盡其妙 俱宜別選人肄其業 兼採他邦之良法 置局而究其術 著書而言記其事 傳布于國中 俾民周知其妙可也

今夫蠶繭之絲　彼我一也 彼之絲一斤 有價至當五錢四百八十兩 而下不失爲三百兩以上 我之絲謂盆絲紝絲者 卽最上品 而其價俱不過爲一百二三十兩 此其故無他 彼則精於抽繭之術線取之制日新 而水火之適度 亦有一定之規也 我則不然 繅車無改新之妙 只任人巧之天然而已也

聞中國日本蠶農甚盛　每歲輸出之繭絲 較國中土產諸物占最大額 而我國尙無一斤之售賣者 此抽絲無法 不適於用 故彼不之求也 由是論之 講究養蠶之術 課定種桑之法 肄傳抽絲之規 誠我邦今日之急務 而亦有係於全國理財之大政也

[2]-4

凡山谷之間　原隰之土 豊水佳水 足爲良田之處 雖設爲牧畜之場 不必禁 不唯不禁 而亦當勸之 然必尺計劃頃 以便征稅可也

我國近日所畜之物　大者牛馬小者猪 而羊則鄕谷之人 知名者亦鮮 且飼雞不多 而鵝鴨之屬 視爲不可馴之物 夫牛則人已食其力 不宜多殺而奪其肉以爲農作之本 乃反宰屠如恐不及 以致牛之日貴 故農家之自備一牛者絕少恒借於隣 而耕必後時也 今也 牧不以道 殺之過多 而人之所食之獸肉 又只仰於牛 故雖曰多殺 肉亦甚貴 貧者有終歲 不知肉味焉

且國人不知牧羊　幾乎絕影 而遂稱我國無羊 豈其然乎哉 茶山氏姓丁 名若鏞 正

廟朝人曰 古稱朝鮮無羊 非風土爾殊[12] 習俗然也 今牲署所畜 栗洲所牧 亦皆蕃息 憶余少時 郡縣牧羊 皆不下五六十頭 今皆絶種 盖以蒭牧所須 官無所給 勒以倉奴 差爲牧夫 使之字養 歲耗日損 固其勢也云 盖羊之爲物 其力則不足以資用 然毛焉衣之 肉焉食之 一物而兼人衣食之用者也 其爲人厚生之資 豈不大歟

且以馬而言之　雖不服耕田之事 教之則亦無不能之理 往余在合衆國時見之 耒耜之用 率皆以馬爲主 其犂幾三倍於我國之製 故駕二馬而耕之 入地甚深 翻地甚廣 由是觀之 盖牛非獨宜於耕 而馬不能也 特我國不行之而已 至於乘載之任 馬且有過於牛 而武用之不可闕 則有國者之所宜務也 今我國非無牧場之設 且非無牧官之任(缺)

2-5

凡地之肥墝雖異　然辨土宜 用人功 務爲均之可也

今我國之田　有出一等之稅 而不得六等之收者 有出四五等之稅 而反得一二等之收者 是土性變也 有宜麥而不宜稻旱稻者 有宜豆菽而不宜蔬菜者 是土性異也 有甲人耕而不見利 乙人作而多所獲者 此人功之勤惰在焉

田器不講　則農以困 肥料無法 則農以損 種子不擇 則農以荒 是故周禮 大司徒 辨壤物而知其種 以教稼穡樹藝 遂人教土宜勸時器 遂大 簡稼器修稼政 司稼巡野稼 而辨種稑之種與其所宜之地 以爲法而縣于邑閭 草人以物地 相其宜而爲之種 凡糞種 騂剛用牛 赤緹用羊 此皆教民以農利也 民之蚩蚩素無問學君子不有以教之 彼焉能之 茶山氏曰 至愚者下民 至精者農理 必有明理達物之君子爲之農師 教之訓之 辨其土宜 利其器用 以輔其不逮 而後種 民乃循軌 作事有法 吾東之民 自古至今 民自爲農 不聞君子之教誨

12 원문에는 耳로 되어 있음. 그러나《牧民心書》의 내용에는 해당 글자가 있음.

故其擇不精 貯種不謹 播種無法 或先播而後耕 或不耕而埋種 奇奇怪怪 所在成俗 非細憂也 中國種藝之法 與我絶殊 意者 我法盖[13]燧人之本教 傳流至今者也 爲民牧者 苟能誠心訓誨 去其麤[14]俗 喩以精義 一縣食效 數郡傳習 則用力少而出穀多 民財旣阜 國力以裕 豈少補哉

此言眞出於君子之憂民也　方今農理深廣 非學問不成 故別有專門之指授 宜自政府 先擇聰明宜有志之士 使取天下之長而裒之 建農理黌 以敎我國中子弟 而各州置農務場 辨土宜之種 利田器之用 善肥料之法 以示于民 而使得效行也

我國之田　不下三百五十萬頃指可用之土而言也 非謂今盡懇得此數也 復以牧畜樹藝之用 除五十萬頃 只擧三百萬頃 而每三方尺 歲得皮穀二合 則 一頃三十萬方尺可至一百石 全國之作以石當 爲三億 此比於今日歲出之假量 而倍之且有餘矣 可爲一千五百萬人四年之食 而稅用二十取一之規 則得一千五百萬石之皮穀

[2]-6

凡民間田土買賣文券　皆用官紙 而新買與新懇者 亦宜自官立旨成給 以取稅焉

盖民間之田土買賣　無日而無之 無地而無之 官之給紙立旨 豈不煩且擾乎 且有收稅之法 民將匿價 或有以一萬兩爲五千兩者矣 甚者又或私相傳授 不告于官 以圖免稅矣 將何法而鉤其隱 防其弊乎 曰是則不難 若買賣之文券 不用官紙者 雖有紛競 官不許聽訟 而使不得主其買賣 又罰其欺蔽之惡行 視當出稅十倍 則向所謂諸弊俱去矣 且其文券紙與立旨紙 官非行求 其

13 원문에는 盖로 되어 있으나《牧民心書》에는 '皆'로 되어 있음.

14 거칠 추.《牧民心書》에는 '粗'로 되어 있음.

願用之人而授之也 自戶部刻板 必以至巧之紋 防贗造之弊而印之 頒于諸州 諸州分給于各區正處 若於該區統內 有田土買賣 宜收稅而給其紙焉 券成後 該統長署其名于券末 俱稅錢而致之郡 郡達之鎭 鎭呈于州 州成立旨俱其券以下于面長處 其給還之日數 自成券日計 毋過三十日 而其換主之日字 以成券時爲始 權賣與典當 皆用此例(但權賣與典當文券 亦不必上之爲 而其還退之日 皆可收納于法衙 歸之廢紙) 州宜有記帖 類別彙集 以便考覽 可也 苟如是 則僞造之弊絕 而盜賣之患杜 民訟亦隨而簡矣

田地文卷圖式

右不加括號者 刻而印之 加括號者 勿刻而空之 使用者 臨時隨事隨塡可也

州郡印之半面 在券之左右底者 各於隨次傳致之際 記田地賣買主 及年月日于各該管下地券記帖 而分印之半 在帖面 以爲防奸 凡新懇者 亦用此券 措語則隨事任塡 而賣客之行 以懇前原地(如牧場果園之類)書塡 記其尺數 買主之行以懇費幾何書塡 居間人之行 塡以墾主之姓名居住年紀

立旨圖式

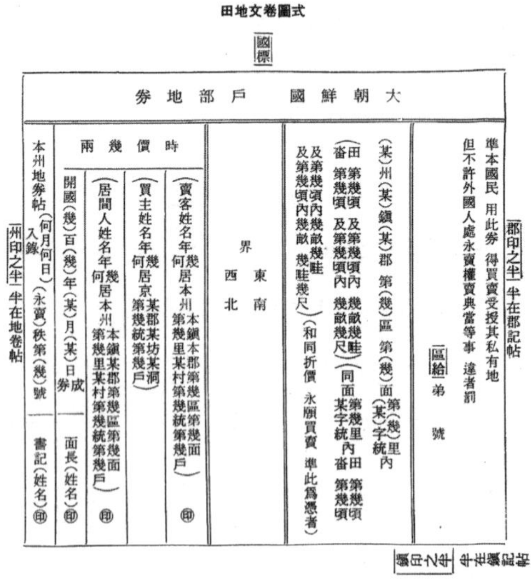
田地文卷圖式

國標

大朝鮮國 戶部地券

郡印之半 半在郡記帖

準本國民 用此券 得買賣受授其私有地
但不許外國人處永賣權賣典當等事 違者罰

區給 第 號

(某)州(某)鎭(某)郡 第(幾)區 第(幾)面 第(幾)里 (某)字統內
(田 第幾頃 及第幾頃內 幾畝幾畦)(同面 第幾里 內田 第幾頃
畓 第幾頃 及第幾頃內 幾畝幾尺)(某字統 內畓 第幾頃
及第幾頃內幾畝幾畦
及第幾頃內幾畝 幾畦幾尺)(和同折價 永願買賣 準此爲憑者)

界 東 南 西 北

時價幾兩

(賣客姓名年幾 何居本州本鎭本郡第幾區第幾面第幾里某村第幾統第幾戶) 印

(買主姓名年幾 何居京某郡某坊某洞第幾統第幾戶)

(居間人姓名年幾 何居本州本鎭某郡第幾區第幾面第幾里某村第幾統第幾戶) 印

開國(幾)百(幾)年(某)月(某)日成券 — 面長(姓名) 印

本州地券帖(何月何日)入錄(永賣)秩第(幾)號 — 書記(姓名) 印

州印之半 半在地卷帖

鎭印之半 半在鎭記帖

右永賣立旨書式也 若新懇 則券面書式當異

立旨圖式

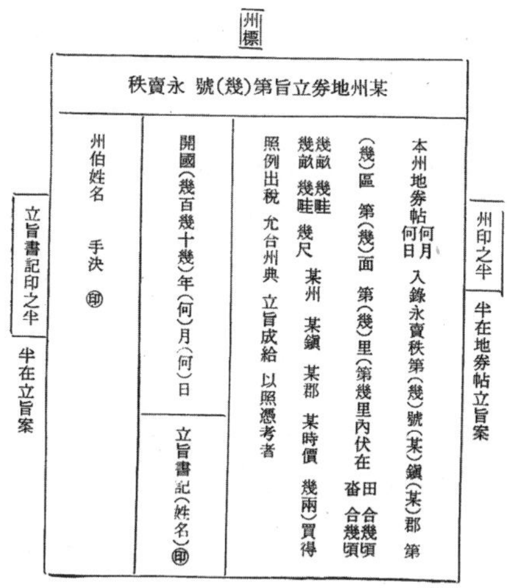

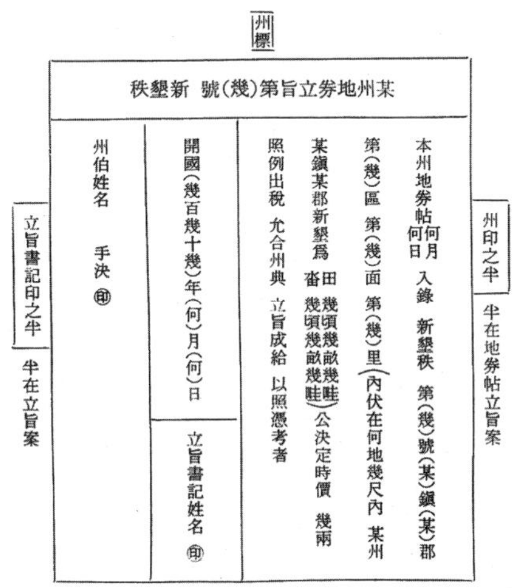

凡新懇者 地券則無稅 而立旨則出稅千一 權賣與典當無立旨

[2]-7

凡田地 不必分等取稅 視價定率 而荒年災減 別有規定

議見稅制

[2]-8

凡山林果園牧場魚池礦所 毋論公私 皆宜有券 而屬于私民者 宜有立旨

山林與果園 尺計其長廣 而兼載其樹木之名 且記其高與圍 牧場尺計記其長廣 而魚池兼量其深 而載其牧養魚獸之名 礦所尺計其長廣 而兼載 其鑛石之名 今所謂空山者 皆當自州計其長廣高低以尺 載之券面 而亦記其樹木有無 作二本 一本置本州 一本上戶部

[2]-9

凡城府閭里 皆宜有圖

城尺計其高及廣 里計其長及圍內地面 府暨閭里 大者里計 其地小者尺計

[3]-1

自秦廢井田之後 論治民之道者 咸曰 井田不復 治不可平 夫穀者人之司命也 地者穀之所生也 天旣生斯民 又有斯地而養之 宜各求自贍 而毋爲相奪 昔者聖人 明經界之政 敷敦倫之教

堯舜之世 洪水爲害 民食以難 禹乃 八年周行九州 辨土定賦 立田之紀 均民之產 以行五十畝什一之貢 而後王不淑 式墜厥典 至桀而大亂 成湯是正承之 以七十畝什一之助

而後王不修 浸壞其紀 至紂而又大亂 武王是正[15]承之 以百畝什一之徹 而後王不王如桀如紂 湯武不作陵夷 至於戰國 而大亂不息 聖王之仁政 遂以亡矣

是故 孟子以王政勸齊梁之君 而首言井田之制 然則三代後王之時 政法無紀 雖因井制之舊 而人未得 均授其侵爭兼并之弊 意者亦如後世之不常乎

秦得岐豊之地 按有文王之跡 而只謀富强之術 不擧仁心之政 遂用商鞅之法 並因井田而廢之 開阡陌之路 而盡其利也 然當時諸國 如趙魏燕韓者 兵雖不出於 而猶有遺制之可據耳 及秦并天下而有之 因孝公之舊而用之 六國弊壞之餘 豪强之濫占不禁 而遂盡九州之田 於是先王之制 不可復見 其影響成古今之一大變 而爲害於萬世之民也

漢承秦弊 去古未遠 其立國之初 君臣上下 相與講究 行均田之政 則時當大亂之後 宜若反手之易 而三代之治可挽 然惜乎 高帝掘起 焚坑之餘 以智謀詐力得天下 故雖有王者之位 而無王者之心 且蕭曹隨陸叔孫之輩 皆秦餘之刀筆也 耳習於秦 目習於秦 所見聞不出於秦 而乘亂爲盜 以取功名 素無王佐之才 而猝當經邦之大任 夏之制 固未知也 殷之典 固未知也 周之法 亦固未知也 而其所知者秦也 則按秦故而襲之 稍濟以寬厚 使漢止於爲不苟之秦而已

秦虎狼也 固不足責以聖人之政 而以漢之寬厚 猶未遑焉 故井田之不復 其咎在漢 漢之不復 其同於秦之廢乎 自是之後 董仲舒 倡跟田之議 而師丹繼之 亦果未行 終漢之世 貧富之不均 亦幾希秦 而歷代因循蹈劉氏轍久矣 逮至後魏 行均田之制 而齊隋鍾之 擧墜無常 及唐其制始云備矣 然不本於地 而本於人 故經界不正 侵爭並起 雖得暫行 而終廢

---

15 원문은 '征'으로 되어 있으나 문맥상 '正'이 맞음.

杜佑所謂國家田政 雖有此制 開元之季 天寶以來 法令弛壞 兼并之弊 有踰於漢成哀之間者 有宋諸儒 惓惓於井田之議 而尙未如隋唐之見施 千載寥寥 只作空言 此漢土前後之田制也

3-2

我國則檀君之世 玄邈不可以考 而箕子之田 尙留典型於平壤一隅之片土 然其因革損益 亦未可以盡知矣 麗太祖 旣一三韓 首正田制 而後置文武田柴之科 國有定制 士庶安業 降至叔季 版籍不明 盡入於巨室兼并 而國日以替 及至本朝 用結負之式 制爲收稅之率 而均田之制 遂不復議 此我國前後之田制也

3-3

竊嘗思之　均田之意 出於天道之至公 而誠爲仁政之本 然今日之爲治者 不必規規然謀奪富者之田 以來怨讟而啓民之倖心也 宜先視寬狹之鄕務均人土 而毋相爲滿[地少而人多曰人滿 人少而地多曰地滿] 使富人之田無分秋穫 而用賭租法 許收什三 官用中正之稅取什一 而令主客各充其半[主客謂 田主與作人 其半謂稅錢之半] 則貧者幾乎得什七 而富者亦無所損 雖不行均田之法 而民力少可以紓矣

지제의 신묘년

지제의(地制議) 신묘년

1-1

우리나라의 땅은 적도로부터 북쪽 34度에서 43度 사이에 있고, 위도에 따르면 길이는 $8\frac{2}{3}$ 도이다. (한반도의) 넓이는 비록 일정하지 않지만 깎고 보태서 경도는 $2\frac{1}{2}$ 도이다. 경도 $2\frac{1}{2}$ 도와 위도 $8\frac{2}{3}$ 도를 곱하면 1,126,320方里[1]를 얻을 수 있다. 삼면이 바다로 둘러싸여 있고 서북쪽만이 오직 中國 및 러시아와 국경을 접하고 있어서 이르기를 半島國이라 한다.

우리나라의 里法으로 5尺이 1步가 되고 사각형 1步[2]의 실제 면적은 25尺^{2}[3]이다. 360步는 1里가 되고 사각형 1里의 실제 면적은 129,600步^{2}이며[4] 尺으로 계산하면 3,240,000步^{2}이다.[5]

1-2

田尺 1等은 길이가 周尺[6]으로 4尺7寸7分5釐에 준한다. 1等尺으로 사각형

1 四方으로 1里가 되는 넓이. 곧 한 변이 1里인 정사각형을 이름.

2 한 변이 1步인 정사각형과 같은 면적을 지닌 사각형을 이름.

3 원문에는 단위가 '尺'으로 표시되어 있다. 하지만 이것은 면적을 구한 값(尺＊尺)이기 때문에 '尺^{2}'으로 표기해 주어야 길이와 면적의 구별이 쉽게 가능하다. 원문에는 제곱 표현이 없지만, 이하 넓이를 표기하는 단위가 나올 때에는 제곱을 표기하도록 하겠다.

4 360步＊360步=129,600步^{2}.

5 5尺=1步이므로, (360＊5)尺＊360尺=3,240,000尺^{2}.

6 중국 周나라에서 제정하여 사용한 자(尺). 우리나라는 예부터 이 제도를 본떠 길이의 단위로 사용하여 왔으나 장소와 시대 및 대상에 따라 많은 변천을 거듭하였다. 주로 토지-도로의 측정과 사격장의 보법(步法) 등에 사용하였으며, 〈경국대전〉에 의하면 주척 1자는 황종척(黃鍾尺) 6치(寸) 6리(釐)로서 곡척(曲尺)으로는 6치 6푼(分)이며 (원기

100尺[7]을 1結로 한다. 周尺으로 재면 1結의 실제 면적은 228,006 $\frac{1}{4}$ 尺^{2}이고,[8] 사각형 1里[9]의 땅은 田 14結과 47,912 $\frac{1}{2}$ 尺^{2}의 면적이 된다.[10]

전척 2등의 길이는 周尺으로 5척 1치 7푼 9리에 준한다. 2등척으로 사각형 100尺을 1結로 한다. 周尺으로 재면 1結의 실제 면적은 268,220 $\frac{41}{100}$ 尺^{2}이고,[11] 사각형 1里의 땅은 田 12結과 21,355 $\frac{6}{100}$ 尺^{2}의 면적이 된다.[12]

전척 3등의 길이는 周尺으로 5척 7치 3리에 준한다. 3등척으로 사각형 100尺을 1結로 한다. 周尺으로 재면 1結의 실제 면적은 325,242 $\frac{9}{100}$ 尺^{2}이고,[13] 사각형 1里의 땅은 田 9結과 212,821 $\frac{9}{100}$ 尺^{2}의 면적이 된다.[14]

전척 4등의 길이는 周尺으로 6척 4치 3푼 4리에 준한다. 4등척으로 사각형 100尺을 1結로 한다. 周尺으로 재면 1結의 실제 면적은 413,963 $\frac{56}{100}$ 尺^{2}이고,[15] 사각

原器 실측 결과는 6치 7푼 5리) 약 20㎝에 해당된다.

7 한 변이 100尺인 정사각형을 이름.

8 1結=(100周尺)^2, 1周尺=4尺7寸7分5釐(≒4.775尺)이므로 1結=(100周尺)^2=(100＊4.775尺)^2= 228,006 $\frac{1}{4}$ 尺.

9 한 변이 1里인 정사각형과 같은 면적을 지닌 사각형을 이름. 1里=360步=(360＊5)尺이므로, 본 사각형의 면적은 1里＊1里=1里^2=360步＊360步=1,800尺＊1,800尺=3,240,000尺^2.

10 위에서 1里^2= 3,240,000尺^2, 1結= 228,006 $\frac{1}{4}$尺^2. 1里^2= 3,240,000尺^2=(14＊228,006 $\frac{1}{4}$)尺^2+47,912 $\frac{1}{2}$尺^2. 따라서1里^{2}는 田 14結과 47,912 $\frac{1}{2}$尺^{2}이 된다.

11 1結=(100周尺)^2, 1周尺=5尺1寸7分9釐(≒5.179尺)이므로 1結=(100周尺)^2=(100＊5.179尺)^2=268,220 $\frac{41}{100}$ 尺^2. (단, 계산기에 의하면 268,220 $\frac{41}{100}$ 이 아닌 268,221 $\frac{41}{100}$ 로 1尺^{2}만큼 오류가 보인다.)

12 위에서 1里^2= 3,240,000尺^2, 1結= 268,221 $\frac{41}{100}$尺^2. 1里^2= 3,240,000尺^2=(12＊268,220$\frac{41}{100}$)尺^2+ 21,355 $\frac{6}{100}$尺^2. 따라서 1里^{2}는 田 12結과 21,355 $\frac{6}{100}$尺^{2}이 된다. (단, 계산기에 의하면 21,355 $\frac{6}{100}$ 이 아닌 21,355 $\frac{8}{100}$ 로 $\frac{2}{100}$ 尺^{2}만큼의 오류가 보인다.)

13 1結=(100周尺)^2, 1周尺=5尺7寸3釐(≒5.703尺)이므로 1結=(100周尺)^2=(100＊5.703尺)^2=325,242 $\frac{9}{100}$尺^2.

14 위에서 1里^2=3,240,000尺^2, 1結=325,242 $\frac{9}{100}$ 尺^2. 1里^2=3,240,000尺^2=(9＊268,220$\frac{41}{100}$)尺^2+312,813 $\frac{9}{100}$ 尺^2. 따라서 1里^{2}는 田 9結과 312,813 $\frac{9}{100}$尺^{2}이 된다. 그런데, 이 부분에서는 유길준의 계산에 오류가 많이 보인다. 원문에는 312,813 $\frac{9}{100}$ 대신 212,821 $\frac{19}{100}$ 를 써넣고 있다. 십만 단위 숫자 3을 2로 쓴 것이 가장 큰 오류이고, 나머지 계산은 다른 계산에서처럼 사소한 수치상의 차이로 파악할 수 있을 것 같다.

15 1結=(100周尺)^2, 1周尺=6尺4寸3分4釐(≒6.434尺)이므로 1結=(100周尺)^2=(100＊5.703尺)^2=413,963 $\frac{56}{100}$ 尺^2.

형 1里의 땅은 田 7結과 342,255$\frac{2}{25}$尺^{2}의 면적이 된다.[16]

전척 5등의 길이는 周尺으로 7척 5치 5푼에 준한다. 5등척으로 사각형 100尺을 1結로 한다. 周尺으로 재면 1結의 실제 면적은 570,025尺^{2}이고,[17] 사각형 1里의 땅은 田 5結과 389,875尺^{2}의 면적이 된다.[18]

전척 6등의 길이는 周尺으로 9척 5치 5푼에 준한다. 6등척으로 사각형 100尺을 1結로 한다. 周尺으로 재면 1結의 실적은 912,025尺^{2}이며,[19] 사각형 1里의 땅은 田 3結과 503,925尺^{2}의 면적이 된다.[20] 현재 이들 각 等의 積尺은《世宗實錄》에 실려 있는 것과 조금 차이가 있다. 대개 당시 修輯한 사람이 단지 成數만을 들은 것이니, 아마도 毫釐의 차이가 실제로는 千里의 오차가 된다는 것을 알지 못한 듯하다.

이로써 생각해 보면 世宗 26년에 정한 田制는 田地를 6등급으로 나누어 각각의 등급마다 전척이 각기 달랐다. 각각의 전척으로 사각형 10尺[21]을 1負로 삼고, 100負를 1結로 삼았다. 각 등급의 1結은 모두 각각의 전척으로 사각형 100尺[22]이니, 실제 면적은 10,000尺^{2}이 된다. 그 의도한 바는 각 등급의 같은 科에 같은 크기의 結을 맞추어,[23] 세법을 편리하게 하고자 한 것이었다. 그러나 田政의 무너짐은 結負가 고르지 않은 데에서 유래되지 않은 적이 없었다. 그 까닭은 무엇인가. 예로부터 땅으로 조세를 받았다는 말은 들어보았어도 조세로써 땅을 정했다는 말은 들어보지 못했다. 量田尺의 길고 짧음이 하나로 통일되어 있지 않

---

16 위에서 1里^2= 3,240,000尺^2, 1結=413,963$\frac{56}{100}$尺^2. 1里^2=3,240,000尺^2=(7∗413,963$\frac{56}{100}$)尺^2+342,255$\frac{2}{25}$尺^2. 따라서 1里^{2}는 田 7結과 342,255$\frac{2}{25}$尺^{2}이 된다.

17 1結=(100周尺)^2, 1周尺=7尺5寸5分(≒7.55尺)이므로 1結=(100周尺)^2=(100∗7.55尺)^2=570,025尺^2.

18 위에서 1里^2= 3,240,000尺^2, 1結=570,025尺^2. 1里^2= 3,240,000尺^2=(5∗570,025)尺^2+389,875尺^2. 따라서 1里^{2}는 田 7結과 389,875尺^{2}이 된다.

19 結=(100周尺)^2, 1周尺=9尺5寸5分(≒9.55尺)이므로 1結=(100周尺)^2=(100∗9.55尺)^2=912,025尺^2.

20 위에서 1里^2= 3,240,000尺^2, 1結=912,025尺^2. 1里^2= 3,240,000尺^2=(3∗912,025)尺^2+503,925尺^2. 따라서 1里^{2}는 田 3結과 503,925尺^{2}이 된다.

21 한 변이 10尺인 정사각형과 같은 면적을 지닌 사각형을 이름.

22 한 변이 100尺인 정사각형과 같은 면적을 지닌 사각형을 이름.

23 田分六等法을 가르키는 것. 예컨대 1등급의 1結과 2등급의 1結은 실제 면적이 다르다. 하지만 1등급의 1結과 2등급의 1結에 같은 조세(科)를 배정하여, 1결당 일정조세를 거두게 정한 방법이다.

아 땅 면적의 넓고 좁음이 가지런하지 않으니, 관은 회계의 번거로움에 현혹되고 인민들은 제대로 알 수가 없어 吏屬들이 쉽사리 농간을 부려도 살필 수 없는 것이다.

磻溪선생은 과거에 頃畝法을 취함으로써 結負制를 대체하고자 하였다. 그 법은 6尺을 1步실제면적은 36尺^{2}로, 100步를 1畝실제면적은 3,600尺^2, 100畝를 1頃실제면적은 360,000尺^{2}으로 하는 것이었다. 그 말은 다음과 같다. 옛날에는 정치의 목적이 인민올 기르는 데 있었으므로 백성들의 능력에 따라 땅을 정하였는데, 그 땅을 모두 100묘로 하였다. 후세에 땅은 오직 조세를 거두는 것이므로 그 조세액에 따라 등급을 같이 하고 또 수량을 정한다. 이런 까닭에 頃畝法은 땅의 넓이를 같게 하고 그 비옥도를 보아 조세에 차등을 두는 것이며, 이는 전지를 주로 삼는다 結負法은 조세액을 모두 동일하게 정하고 그 땅의 비옥도를 보아 땅넓이에 넓고 좁은 차이를 두는 것이다. 이는 조세를 주로 삼는다. 頃과 畝는 땅의 넓이를 가리키며, 結과 負는 조세액을 가리키는 것이다. 무릇 頃畝法은 體이며 根本이고, 結負法은 用이요 末端이다. 그 본을 밝혀 총합을 계산하면 곧 숫자가 눈앞에 갖추어지고 용은 그 가운데 있게 되는 것이다. 그 말단에만 집착하여 經界를 소홀히 하면 근본인 땅이 문란해져버려 고증해서 바로 잡을 바가 없게 되는 것이다.[24]

祖宗이 제도를 세움에 이치를 세밀히 갖추었으니, 인민들을 중히 여기고 나라일에 힘써 賦役과 租稅를 고르게 하고 가볍게 하려는 뜻이 지극하였다. 진실로 이 뜻대로 시행한다면 비록 千萬世에도 폐해가 없을 것이나, 그 법식이 지금에 이르러 結負에 법도가 없고 賦稅가 공평하지 못하게 된 것은 무엇인가. 이것은 다만 정치가 문란하고 吏屬이 나태해서 그렇게 된 것이 아니다. 원래 結負法은 조세의 동일한 세액 부과를 위주로 할 뿐, 땅의 측량 척수를 동일하게 하는 것을 주체로 하지 않아 쉽게 폐단이 생기는 것이다. 結과 負에 尺數가 없는 것은 아니지만 이것으로 帳簿와 文書에 등재되어 있어서 땅의 면적이 고르지 않다. 척의 長短도 여러 개라서 乘除加減의 法을 담당하는 관원들도 다 살피지 못하니 하물며 땅의 백성들이야 어떠하겠는가. 관원들이 다 살필 수 없고 농민들이

---

24 《磻溪隧錄》 卷之一, 田制 上, 分田定稅節.

다 알 수 없게 되면 吏胥들이 농간을 쉽게 하는 것이며, 살피기 힘든 법으로 많은 吏胥들의 농간을 막으려 하니 이는 그 형세가 이룰 수 없는 일이다. 이에 賄賂[25]·請托·漏落·欺穩[26]의 폐단에 없는 것이 있지 않은 바가 없어, 結負는 기강이 없어지고 賦稅도 고르지 못하게 될 것이다. 만일 그 尺을 일정하게 하여 頃畝도 정하고 그 所出의 양을 계산하고 이에 기초하여 賦稅를 균일하게 한다면 토지를 측량하는 방법이 한 가지로 통일되어 사람들이 쉽게 알 수 있고 땅의 면적도 정리되어 농간부리기가 어려워질 것이며, 그 근본이 이미 바르게 되어 말단도 저절로 바르게 설 것이니, 어찌 이런 폐단이 있을 수 있겠는가? 이것은 古人이 반드시 우선적으로 토지의 經界를 명확히 하고자 한 까닭이다. 생각건대 우리 世宗大王은 東方의 聖主이셨다. 애석하도다. 당시 여러 신하들이 千載一遇의 기회를 만났으나 경계의 문제를 임금에게 제의하여 이를 실행함으로써 후손 만대에 행복의 길을 개척하지 못하였구나.[27]

宣祖 때의 壬辰倭亂 이전에 國家 8道의 전결이 총 1,515,500여結이었고, 임진왜란 이후에는 8도의 결수가 674,309結이었다. 지금 壬午年 減省廳 기록을 보면 8도의 전답은 도합 1,348,243結 81負 8束이니, 땅은 그대로인데도 前後의 증감이 이와 같다. 대개 임진왜란 이후는 새로 大亂을 거쳐 형세가 진실로 그러하였다. 그 후 근 3백 년 동안 인민의 번식이 국초보다 증가하였는데 전지가 더 개간되지 않은 것은 어째서인가? 전지의 개간이 없었던 것은 아니다. 특히 結負가 그 폐단이 된 것인데 윗사람이 살피는 바가 없어 吏屬들이 간계를 부리니 나라 안을 통틀어 隱結이 없는 읍이 없게 되었다. 이것에서 그 이유를 가히 알 만하다.

반계 선생은 그 폐단을 깊이 알아 頃畝法을 이야기했고, 실제 쓰이는 方里의 면적으로 田制를 한정하였으니, 그 법이 매우 훌륭한 것이었다. 하지만 미진한 점이 있으니 頃에 剩土를 배치하지 않은 제도라는 것이다. 또 官民이 땅을 받아

25 뇌물(賂物)을 주거나 받는 행위, 또는 그 뇌물을 일컫는 말.

26 기만하는 행위.

27 《磻溪隧錄》 卷之六, 田制攷說 下, 國朝田制.

야 한다는 이야기도 비록 慕古의 뜻에서 나왔으나, 후세의 다스림에는 합당치 않은 것이다. 三代 이전에는 땅은 넓으나 사람은 희소하였고 풍속은 질박하면서 물자는 흔하여 인민들이 스스로 자족하고 안존하면서 부유코자 하는 것을 알지 못하였으니 井田制를 행하여 그 산물을 고르게 할 수 있었다. 오늘날에는 그렇지 않으니, 인민들이 利를 쫓음이 善을 좋아함보다 심하여 부자는 논밭의 길이 연달아 있으나 빈자는 송곳을 세울 땅도 없다. 확고히 국가의 政令으로 부자의 땅를 빼앗아 빈자에게 주는 것이 仁政의 一端인 듯보이고 또 하지 못할 바도 없다. 하지만 그 원리를 세밀히 살펴보면 장차 인민을 병들게 하는 道가 되어 도리어 더 큰 해를 초래하게 될 것이다. 그렇게 하는 것이 전국의 전제를 명확하고 하고 거기서 그치는 것만 못할 것이다.

1-3

본국의 토지는 方里[28]로는 대략 1,126,320里^{2}며,[29] 方尺으로 환산하면 그 면적이 3,649,276,800,000尺^2[30]이 된다. 山澤·道路·園場·城邑·閭里[31]·沙礫[32] 등 경작할 수 없는 땅 $\frac{7}{10}$을 제하고 나머지 $\frac{3}{10}$을 취하면, 337,896里^{2}며 척으로 계산하면 1,094,783,000,000尺^{2}이 된다. 각 등급의 田을 통틀어 4등전으로 환산하면 2,644,636結 96,535$\frac{21}{25}$尺^{2}이 된다.[33] 지금 또 그 成數만을 들어 2,500,000結로 정하고 稅科에 의거하여 생산량을 살펴보면, 매 1結마다 한 해에 皮穀 1,065斗 2升 6$\frac{18}{57}$合을 얻을 수 있다. 이것도 成數만을 들어 1,066斗로 정해 매

---

28 한 변을 里로 계산하는 정사각형과 같은 면적을 지닌 사각형을 이름. 단위는 里^{2}으로 표현.

29 〈지제의〉 원문 1쪽에서 제시한 수치임.

30 3조 6천 4백 92억 7천 6백 80만 평방척. 앞에서 1里=1,800尺. 그러므로 1,126,320里^2 =1,126,320 * 1,800 * 1,800=3,649,276,800,000尺^2.

31 여염(閭閻): 백성의 살림집이 많이 모여 있는 곳.

32 자갈.

33 앞에서 4등전의 1結의 넓이=413,963$\frac{56}{100}$尺^{2}이므로, 계산하면 1,094,783,000,000尺^2 =(2,644,636 * 413,963$\frac{56}{100}$尺^2)+66,535$\frac{84}{100}$尺^2=2,644,636結+66,535$\frac{84}{100}$尺^2. 그런데 여기서는 66,535$\frac{84}{100}$尺^2, 곧 66,535$\frac{21}{25}$尺^2 대신 96,535$\frac{21}{25}$尺^{2}이라 개재하고 있음. 6을 9로 쓰는 오류를 범함. 계산상의 착각이라 생각됨.

년 생산량을 산출해보면 2,665,000,000斗[34] 즉, 124,500,000石[35] 20斗가 1石이다을 얻을 수 있다. 매 1인의 1년치 양식을 5石으로 기준을 삼는다면, 25,700,000명[36]의 1년치 양식이 되는 것이고, 세율을 $\frac{1}{20}$로 하면 5,675,000石[37]을 징수할 수 있는 것이다.

현재 우리나라 인구가 대략 1천 5백만 명이므로 이는 불과 1년 반 이상의 식량에 미치지 못한 것이다. 인민들의 식량난을 가히 미루어 알 수 있는 것이다. 그러나 總結數로서 논하자면 비록 속이고 숨기는 폐단이 있다고 하더라도 어찌 전국 田土의 半 이상이나 농간을 부릴 이치가 있겠는가? 여기에서 풀숲이 다 개척되지 않고 황무지가 다 개간되지 않은 것을 가히 볼 수 있다. 그러나 국민이 1년간 먹을 식량은 부득불 위에서 논한 액수 정도는 있어야만 하므로, 토지의 品等을 4등전 이상으로 높이면 總結數는 위에서 말한 것에는 미치지 못하겠지만, 곡식의 생산량은 증가하지 않겠는가?

위에서 언급한 만큼 곡식량이 생산된다면 稅도 당연히 위에서 든 것만큼 들어올 터이니 5,675,000石의 피곡에서 운반비를 제하고도 국고에 米 4백만 斛10斗가 1斛이다 정도가 들어온다. 이는 많지 않은 것이 아닌데도 國用이 항상 모자란 것은 무슨 까닭인가. 吏胥가 비록 농간을 부리고 떼어먹는다 하여도 어찌 전국의 세곡을 거의 다 고갈시켜서 오늘과 같은 상태에 이르게 할 수 있겠는가. 토지는 다 개간되지 않았어도 곡식은 부득불 위에서 든 액수만큼 생산하여 전국민을 먹여야 하고 1년의 세수도 마땅히 증가해야만 한다. 지금은 이미 20분의 1의 세

34 26억 6천 5백만斗. 20斗=1石이므로, 2,665,000,000斗÷20=133,250,000石이어야 함. 하지만 바로 아래 각주의 값과 같이 124,500,000石을 제시하고 있음. 작자의 계산 오류로 보임.

35 1억 2천 4백 50만石. 1년 총 산출량이 124,500,000石이므로, 1명이 5石을 소비한다면 124,500,000石÷5石=24,900,000명 分의 식량이 될 수 있음. 그런데 작자는 바로 아래 각주의 값과 같이 25,700,000명을 제시하고 있음. 계산 오류로 보임.

36 2천 5백 70만 명.

37 1년 총 산출량이 124,500,000石이므로, 세율을 $\frac{1}{20}$로 하면 일 년에 거둘 수 있는 양은 124,500,000石 $* \frac{21}{25}$ = 6,225,000石이 됨. 그런데 작자는 5,675,000石을 제시하고 있음. 계산 오류로 보임.

율을 넘어서 인민들은 날로 곤궁해지는데도 財用은 도리어 줄어만 간다. 여기서는 그 까닭을 알 수 없는 것이니, 오직 田制를 개정하여 전국의 총결수를 살펴본 연후에야 비로소 이를 논할 수 있을 것이다.

1-4

무릇 땅은 먼저 경계를 정한 다음에 頃畝를 논함이 옳다. 만일 먼저 頃畝를 써서 경계를 정한다면 田制의 문란함이, 비록 결부제의 현혹함과 같지는 않을지라도, 역시 명료하고 쉽게 알기가 어렵게 된다. 田尺은 토지의 비옥도에 구애받지 말고 모두 周尺 1척을 기준을 삼는다. 그러면 사각형 1리[38]가 3,240,000尺^{2}이 되며, 이를 9등분하면 360,000尺^{2}이 된다.

1畦길이 6척 너비 5척의 실제 면적은 30尺^{2}이고, 100畦가 1畝가 된다.

1畝의 실제 면적은 3,000尺^{2}이고, 100畝가 1頃이 된다.

1頃의 실제 면적은 300,000尺^{2}이고, 9頃이 1統이 된다.

1統의 실제 면적은 2,700,000尺^{2}이다.

1里^{2}안에는 田을 9頃 둔다. 1頃마다 剩土 60,000尺^{2}씩 추가하면 剩土의 총합이 540,000尺^{2}이 된다. 그런즉 1頃의 땅은 360,000尺^{2}이 된다. 여기에서 1頃의 $\frac{1}{6}$이나 되는 많은 땅을 잉토로 버려 두는 까닭은 무엇인가. 1頃 내에는 徑塍발 사이의 소로이 있고 溝洫[39]도 있으며, 溪磵이 가로지르기도 하고 혹은 道路가 지나가기도 하기 때문이다. 1里^{2}의 땅이 비록 큰 산과 大川이 없더라도 형세상 다 田土가 될 수 없다면, 우선 衍土나 剩土를 두지 않더라도 이에 대비하여 1里^{2}내에 頃

38 한 변을 1里로 계산하는 정사각형과 같은 면적을 지닌 사각형을 이름. 1里^2=1평방리.
39 길가나 논밭 사이의 작은 도랑.

畝制는 온전하게 갖추어 놓아야 한다. 전국의 땅을 통틀어 平方里[40]로 계산하면 1,126,320里^{2}가 된다. 또 1里^{2}의 땅은 9등분하여 1頃으로 계산하면 10,136,880頃이 된다. 그런데 본국의 땅은 평평하고 넓은 들판이 적어서 1里^2 안의 땅이 田 9頃이 되는 곳이 많지가 않아 몇頃 몇畝가 되는 곳도 있겠고, 혹은 몇里 몇십里를 통틀어 1頃 1畝도 안 되는 곳도 있을 것이다. 또한 이미 위에서 든 것처럼 도로 등으로 제해진 면적이 있었고 지금 전국의 토지를 실제로 量定할 때 이러한 면적들을 또 제한다. 그리하여 원래 국토 면적의 $\frac{3}{10}$을 얻고,[41] 그 나머지인 $\frac{7}{10}$의 $\frac{1}{10}$을 또 취하면,[42] 합계 3,750,625頃[43]을 얻을 수 있다. 성수로는 3,500,000頃으로 환산된다. 매里^{2}는 9頃으로 나누어 1統으로 하며, 이를 도표로 작성해 예시해 보면 다음과 같다.

1-5

田統圖式

田統마다 각각 字號가 있으니 지금의 五字一結의 類와 같다.

頃마다 각각 第號가 있으니 第1에서 第9까지 있다.

곡선 위에 大點을 찍은 것은 山이다.

직선 위에 小點을 찍은 것은 村閭이다.

40 方成里=한 변이 里로 이루어진 사각형. 이것은 里^{2}으로 나타낼 수 있고 또한 평방리로도 표현할 수 있다.

41 전체 국토 면적이 10,136,880頃이므로 $\frac{3}{10}$은 10,136,880頃 $* \frac{3}{10}$ =3,041,064頃.

42 전체 국토 면적의 $\frac{7}{10}$의 $\frac{1}{10}$을 취하므로, 10,136,880頃 $* \frac{7}{10} * \frac{1}{10}$ =709,581.6頃.

43 위의 두 각주의 합계는 3,041,064頃+709,581.6頃=3,750,645.6頃. 그런데 작자는 거의 비슷한 3,750,625頃를 제시하고 있음.

3선을 함께 그은 것은 大路이다.

2선을 함께 그은 것은 小路이다.

1선은 川이다.

직선 위에 굴곡선이 그어진 것은 溝澮[44]이다.

두 선 사이에 點이 자 모양으로 그어진 것은 堤堰이다.

口字모양이 제2경과 제3경에 연해서 日字모양 같은 것은 澤이다.

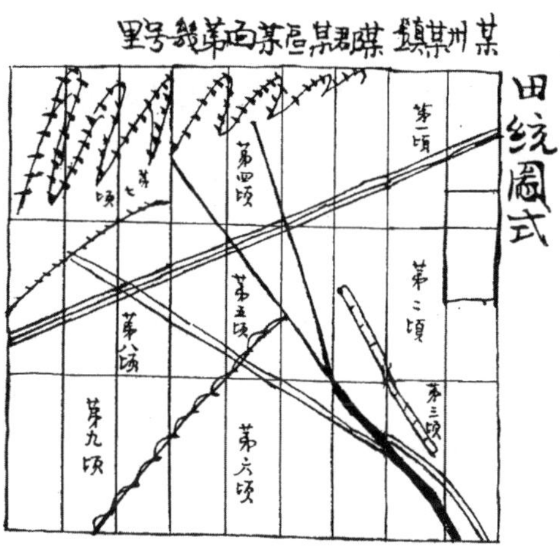

위쪽의 도표는 소략하게 대강을 들어 그 도식을 보인 것이다. 무릇 땅은 높낮이가 고르지 않지만 經界를 획정하면 方里를 만들지 못할 이치가 없다. 山林·川澤·城市·村閭 및 海濱·沮洳·沙石·荒蕪地 등에 구애받지 말고 먼저 1里^{2}의 경계를 구획하여 위와 같은 도식을 작성하고, 각 頃내에 있는 사물은 크든 작든

44 도랑을 이름.

남김없이 등재한다. 평원과 광야를 만나서 里^{2}가 統이 될 수 있으면 田沓을 도표와 같이 기록한다. 만일 경작이 불가능한 땅과 기타 장애물 등이 있어서 땅을 統으로 만들 수 없는 경우에도, 頃마다 전답과 다른 사물을 예시와 같이 기재한다. 果園·수풀·성시·村閭 등도 이 법을 사용한다.

10統10里^{2}을 묶어 1面으로 하고 面에는 戶統長과 地統長 각 1인面내에 人家가 없으면 마땅히 가장 가까운 곳의 통장이 兼官하며, 부통장 1 인을 더 둔다. 區도 역시 이에 준한다.을 둔다. 戶統長은 1面의 人事戶統制 는 戶籍制議를 보라.를 관장하고, 地統長은 1面의 田制를 관장한다. 1面 내에 또 몇몇 村閭가 있고 촌에는 각각 村長 2인을 두어 한 사람은 戶에, 한 사람은 地에 소속되어 각기 그 직무를 담당함으로써 面統長을 보조한다.

10面100里^{2}을 묶어 1區로 하고 區에는 戶統正과 地統正 각 1인씩을 두고 각 副統正 1인을 두어 그 업무를 보좌하게 한다. 각 面統長은 각자 그 사무에 따라 (통정에) 소속한다.

10區1,000里^{2}를 묶어 1郡으로 하고 군에는 戶統監과 地統監 각 1인씩을 두고 또 각 2인의 副統監 및 1인의 書記로써 그 직무를 돕게 한다. 각 區統正은 각자 그 사무에 따라 (통감에) 소속한다.

10郡10,000里^{2}을 묶어 1鎭지금의 鎭. 營과 같은 부류가 아니다.으로 하고 戶統과 地統을 담당하는 管察 1인씩을 두며, 2인의 副管察 및 書記 2인으로써 보조하게 한다. 각 郡統監은 각자 그 직무를 맡아 열심히 근무하며, 관찰은 郡과 區 밑에 소속된 직원의 성실함과 태만함을 감독하고 그 鎭 내의 戶와 地, 兩統의 허실 및 正誤를 살핀다. 郡監은 그 郡을, 區正은 그 區를, 面長은 그 面을 다스리는 것이다. 만일 奸僞의 속임이나 眞假의 가림이 있으면 鎭의 管察이 적발하여 州에 보고하고 징계한다.

4鎭40,000里^{2}을 합쳐 1州로 하고 州에는 伯官制는 職官編을 보라.을 둔다. 대개 1里^{2}가 1 田統이 되며 統에는 統圖를 둔다. 10統이 1面이 되고 面에는 面圖를 두고, 田長의 처소에도 統圖를 둔다. 10面이 1區가 되고 區에는 區圖를 두며, 區正의 처소에도 面圖를 둔다. 10區가 1郡이 되고 郡에는 郡圖를 두며, 郡監의 처소에도 區圖를 둔다. 10郡이 1鎭이 되고 鎭에는 鎭圖가 있으며 鎭管察은 각 郡과 區 이하의

모든 地圖를 두고 아울러 토산물과 생산물을 모두 기록한다. 4鎭이 1州가 되고 州에는 鎭 이하의 모든 地圖를 두고 州圖도 둔다. 각 州는 각각 그 州의 地統과 戶統을 戶部에 올리며, 戶部에서는 戶籍司를 설치하여 전국의 戶統을 관장하고 地籍司를 두어 전국의 地統을 관장한다. 州와 鎭에서부터 面과 統에 이르기까지의 모든 地圖를 각각 종류별로 모아 참고하기에 편하게 하면, 곧 전국의 人戶와 田土 및 모든 사물을 地圖를 살펴 알 수 있을 것이다.

지금 이러한 地圖는 토지를 측량하지 않고서는 제작할 수 없는 것이다. 마땅히 먼저 算術에 밝은 선비(精算之士)산술에 밝은 선비를 많이 얻을 수 없으면, 총명한 청년들을 선발하여 교육한다.를 뽑아 토지를 측량하는 법을 익히게 하고, 각 주에는 測量官長 및 副長 몇 사람을 州伯의 예하에 두어 그 주내의 토지를 측량하게 한다. 각 진에도 1~2인을 두어 주의 측량관에게 협조하게 하며, 그 진내의 측량 임무도 관장하게 한다. 각 군의 경우는 地統監이 測量官의 임무를 겸한다. 전국의 토지를 매 40,000里^{2}마다 州界를 획정하고, 이를 4등분하여 鎭界를 정하고, 각 鎭界내에 郡界를 정하고, 郡界내에 區界를 정하고, 區界내에 面界 및 統界를 정하고 統내에 頃을 정하는 것이다. 주와 진의 측량관은 그 관내 군·구의 관원과 면·통의 직원을 거느리고 그 직무를 수행함으로써 각각의 地圖를 제작하여 담당관서에 두도록 한다. 그 뒤로는 면장이 해마다 地圖을 살피면서 그 면내를 순시하여 산림의 斫伐과 전토의 破落 및 新田의 起闢과 翻墾翻墾이라는 것은 田을 沓으로 만드는 것이다. 등을 頃별로 기재하여 구에 올린다. 구에서는 이것을 모아 군에 올리고, 군에서는 이를 거두어 진에 바친다. 진에서는 이를 합쳐 주에 상달하고 주에서는 5년마다 도본을 改作하여주와 진의 측량관은 수시로 그 경내를 순시하여 도본의 정오를 살핀다.戶部에 올린다. 호부에서는 매 10년마다 전국 地統의 地圖를 개정해야 한다.

[2]-1

江水가 넘치는 지역과 海潮가 드나드는 곳에서부터 平曠하여 갈대와 억새가 우거진 들판에 이르기까지 혹 堤堰이 축조되지 않았거나 혹 관에서 금한 것이 많았기 때문에, 밭이 될 만한 땅인데도 전혀 개간되지 않아 기름진 땅을 버려두어 황무지가 된 지역도 다 頃을 구획하고 統을 만들어 地圖와 籍案에 기재해야 한다. 민간에서 제언을 축조하여 밭을 만들려고 하는 것을 살펴보면, 경비가 부족한 경우에는 官財로 보조하고관에서 재원을 보조해 주는 법은 성공할 것을 보아 허가해야 한다. 상납은 토지의 산출을 계산하여 해마다 그 $\frac{1}{3}$ 한도 내에서 갚게 하고 이자는 받지 말아야 한다. 공사가 끝났음을 고하면 立旨를 작성하여 지급하며, 스스로 개간한 땅은 並作을 주거나 혹 賭租로 收稅를 하더라도 일체를 편의대로 하게 하여 구애됨이 없도록 해야 한다.

지금 혹 제언을 축조하는 자가 있어도 많은 수가 성공하지 못하니 가산만 탕진하여 조금도 효과도 없다. 그래서 세상이 모두 그것을 미친 짓으로 지목한다. 약간이라도 스스로를 아끼는 사람은 그 비옥한 토지가 대단히 탐난다 하더라도 머리를 흔들며 하려 하지 않는다. 오직 부랑, 허망한 무리만이 요행으로 성공하여 큰 이익을 얻게 되기를 바라며 헤아림없이 돌연 시작하니, 이것이 대다수가 실패하는 까닭이다. 적은 재원과 옹졸한 工法을 믿고 庸工을 고용하여 大役事를 시작하려고 하니 그것이 어찌 성공할 수 있겠는가. 그러므로 공법이 옹졸한 경우에는 관에서 그 기술을 연구하여 가르쳐 주고, 재원이 적은 경우에는 관에서 그 경비를 계산해서 융통해 주어 그 공사가 성공으로 끝나게 해야 한다. 이는 爲民興利의 큰 뜻에서 나온 것이다.

또한 평평하고 넓은 땅은 백성을 모으고 옮겨 살도록 하여 개간하며, 貧困하여 스스로 이룰 수 없는 자는 한 해 동안 쓸 식량·주택·농우·농기구 등에 드는 비용을 헤아려 관청에서 빌려 주고, 반드시 田稅를 몇 년간 면제해 주어야 한다. 그리고 해마다 토지 산출의 $\frac{1}{4}$ 을 거두어 관의 빌린 돈을 청산하게 해야 한다.모민사거의 법은 정부가 먼저 1년 전에 發令하여 이주를 원하는 사람들로 하여금 그 성명을 거주하고 있는 면의 戶統長에게 보고하게 하고, 다음으로 戶部에 상달하게 하며, 시기가 되면 각주로 하여금 이들을 차례로 이주지에 호송한다.

혹자가 다음과 같이 말하기를, 제언을 만드는 것에 대한 보조와 이주민에 대한 대부는 그 뜻은 매우 좋지만 관의 재원에도 한계가 있으니 장차 어디에서 변통하겠는가라고 한다. 말하기를 마땅히 개척 비용은 해마다 전국의 인민들에게 징수한다. 만약 백성의 재산(民力)이 넉넉지 않아 거둘 수 없으면, 富民의 재산을 빌려 시행할 수 있다. 만약 富民도 원하지 않는 경우에는 國債를 外邦에서 모집하여 시행하는 것도 역시 가능하다. 또 혹은 말하기를, 民財를 차용하고 국채를 모집하는 것은 다 이자가 있는데 지금 이러한 償納法은 관에서 이자를 받지 않는다고 하니, 장차 어디에서 취하여 그 부족한 것을 보충할 수 있을까. 또한 관이 사람들에게서 차용한 것에는 이자를 계산해 주고 인민들이 관에 상환하는 것에 대해서는 이자를 계산하지 않으니, 어찌 은혜롭기는 하지만 정치하는 도를 모르는 것이 아닌가라고 한다. 대답하면 그렇지 않다. 인민들에게 진실로 이익이 된다면 관은 비용을 아까워해서는 안되고 또한 인민들이 이미 땅을 개간하였으니 관은 반드시 세금을 거둘 수 있게 되는 것이다. 이것은 비록 한때 손실이 된다 해도 실제로는 萬世의 이득이 되는 것이다. 관이 인민에게 재원을 보조하고 대부하는 이유는 產業을 진흥하게 하여 국가가 그 이익을 얻고자 하는 데 있는 것이다. 이제 장차 거둘 큰 이익이 끝이 없는데 잠시 동안의 대출에 대해 구구하게 인민들에게 이자를 부과하겠는가. 그러므로 빌린 것을 관에 상환하는 이자에 관해서는 논할 필요가 없다.

2-2

무릇 崖谷[45]이 험난하여 경작할 수 없는 땅은 (땅의 風土를) 판별해서 인민들로 하여금 과수와 차 등을 재배하게 하는 것이 좋다.

과일이라는 것은 奉祀와 손님 접대에 필요한 물품이며, 차 또한 인간 세상에 중요한 물품이다. 또 과일은 救荒에 보탬이 된다.구황과일은 밤이 최고라 한다. 지난번 丙子年의 기근에 青山과 報恩 지역의 인민들은 대추로 죽을 쑤어 먹고, 豊基와 聞慶 지역의 인민들青報는 청산과 보은, 豊慶은 풍기와 문경을 이른다.은 감으로 떡을 만들어 먹음으로써 많은 사람들이 목숨을 건졌다. 과일이 구황에 보탬이 되지 않는다 하더라도 물량이 풍부하면 인민의 생활을 풍요롭게 할 수 있다. 하물며 과일은 日用에서 빼놓을 수 없는 것이 아닌가. 우리나라의 과일은 그 품종이 많지 않은데도 과일에 대한 국인의 嗜好는 깊다. 시장에서 일본 귤

45 崖谷: 낭떠러지 사이의 깊은 골짜기.

을 파는데 쪼개서 팔기도 하니, 여기서 나라가 매우 가난하다는 점을 알 수 있는 것이며, 인민들의 나쁜 버릇을 볼 수 있다. 인민들이 좋아하는 것을 세상에서 사방으로 구해 나라 안에 심어 四境에 닿게 하는 것도 역시 農政의 일단이다. 제주도에서 생산되는 귤 종류는 대략 15종인데, 이른바 大橘은 숙종때 赴燕使가 가져와 제주도에 보내 종자를 받은 것이라 한다. 또 唐金橘·洞庭橘·唐柚·唐柑 등의 종류도 모두 중국으로부터 전래되었으므로 이러한 이름을 얻은 것이다.

또 嶠南 지리산의 이른바 丹巖茶는 바로 丹巖 閔公이름은 鎭遠이며 英廟朝의 相臣이다.이 赴燕使로 갔을 때에 사가지고 돌아와서 이 산에 심은 것이다. 밀양 지방의 산에는 黃茶가 있다. 이것도 중국에는 있고 우리나라에는 없는 것으로 이 읍에서만 생산되는 것은, 처음에 뜻있는 사람이 있어 이곳에 심었으나 후세 사람들이 전파하지 않았기 때문이다.

선조들은 이와 같이 인민과 나라를 위한 계획에 힘써, 비록 풀 한 포기 나무 한 그루 같은 작은 것이라도 진실로 우리에게는 없지만 厚生에 보탬이 될 만한 것이라면 천리 밖에서라도 가져와 세월이 흐르는 동안 이를 보호하는 데 그 수고로움을 생각하지 않았다. 그런데 후손들은 이렇게 하지 않을 뿐만 아니라, 古今의 사람들이 수고를 무릅쓰고 심어서 이미 우리도 갖게 된 것도 나라 안에 전파하지 않아서 一山이나 一島의 생산품에 그치게 하니 반성하지 않을 수 있을까. 지금 중국과 일본의 귤과 차는 매년 우리나라에 팔리는 액수가 매우 많다. 일찍이 가져왔던 종자를 이에 적합한 각 지역에서 고루 재배하게 했다면, 우리의 귤과 차를 오늘날 도리어 그들에게 팔아 인민들이 이득을 얻을 수 있었으리라는 점을 어찌 모르는가. 손님 중 교남에서 온 사람이 나에게 智異茶를 준 적이 있는데 바로 단암차였다. 우리나라 사람이 차를 말리는 방법을 알지 못해 찌서 햇볕에 널어놓기 때문에 그 상태가 점점 때가 끼어 있으나 오히려 뒷맛과 깊은 향이 있고 담백하기도 하니, 대개 차로서는 좋은 품질이다.

2-3

무릇 頃畝 사이에 잡목을 심는 것은 허용하지 않는다.이미 심어져 있던 것은 반드시 베어 버릴 필요가 없고, 또 대로변에 심는 경우는 금하지 않는다. 단 뽕나무와 밤나무만은 금하지 않되 너무 많이 심어서 응달이 져 밭을 가리게 해서는 안 된다. 또한 산 밑이나 계곡 옆에 밭을 조성할 수 있는 땅에는 땅의 성질이 뽕나무에 적절하면 밭을 만들지 않고 뽕나무를 심는 것을 막지 않는 것이 좋다.

대개 뽕나무는 옷의 근본이다. 그러므로 옛날의 어진 수령은 인민들에게 뽕나무를 심게 하여 죄진 것을 代贖할 수 있게도 했다. 또한 돈을 내 뽕나무를 사들이고 부녀들을 모아 누에 치는 것을 가르치기도 했으니, 여기서 지성으로 인민을 사랑하고 興利厚生하는 뜻을 가히 볼 수 있다. 우리나라의 養蠶法을 살펴보면 상당히 많은 결함이 있고 실을 뽑는 방법도 그 정교함을 다하지 못하고 있다. 마땅히 별도로 사람을 뽑아 양잠술을 익히게 하고 아울러 다른 나라의 기술을 채택하며, 局을 설치해서 기술을 연구하고 서적을 간행해 그 방법을 기록하고 말함으로 나라 안에 전달하여 인민들이 두루 그 묘법을 알 수 있게 해야 한다.

지금 누에고치의 실은 그들이나 우리나 한 가지이나, 그들 실 1斤의 가격은 當五錢 480냥에 달하고 최하가도 300냥 이상이다. 우리 실은 盆絲와 軖絲라 하는 실이 최상품이지만 그 가격은 모두 120~130냥에 불과하다. 이는 다름 아니라 그들은 실 뽑는 기술이 정밀하고 물레의 성능이 날로 새로워지며, 온도와 습도의 적정선에 역시 일정한 규정도 있기 때문이다. 우리는 그렇지 못하니 물레를 改新할 묘책이 없어 단지 사람의 솜씨에만 맡기는데 그칠 뿐이다.

듣건대 中國과 日本은 蠶農이 매우 성해서 해마다 수출하는 견사가 나라 안의 여러 산물과 비교해 최대 액수를 점한다고 한다. 그런데 우리나라는 일찍이 1근도 팔아 본 적이 없으니, 이는 실 뽑는 데 법도가 없어 사용하기에 적합하지 못하므로 그들이 구매하려 하지 않기 때문이다. 이로써 논하면, 養蠶術을 강구하고 뽕나무 심는 법을 살펴서 정하며, 실 뽑는 규정을 익혀 전수하는 것이 진실로 우리나라의 지금 급무이며 전국적인 理財의 大政과도 연결되는 것이다.

2-4

무릇 山谷 사이의 낮고 습한 지역에 물이 맑고 풍부하여 충분히 良田이 될 만한 곳에 牧畜場이 들어서도 금할 필요가 없다. 금하지 말아야 할 뿐 아니라 또한 권장해야만 하는 것이다. 그러나 반드시 尺數를 계산해 頃을 정하여 세금을 거두기에 편리하도록 하는 것이 좋다.

우리나라에서 근일에 기르는 동물은 큰 것이 소와 말이고 작은 것은 돼지이며, 양은 鄕谷의 사람들이 이름을 아는 자도 드물다. 또 닭도 많이 기르지 않고, 거위나 오리 등속은 길들일 수 없는 동물로 안다. 무릇 소는 사람이 이미 그 힘을 이용하고 있으나 과다하게 도살하여 고기를 빼앗기에 마땅치 않다. 소를 農作의 근본으로 여겨야 하는데도, 도리어 수요를 충족치 못할 듯이 도살하여 소가 날로 귀해지게 되었다. 그러므로 농가에서 소 한 마리를 소유한 자가 극히 적어 항상 이웃에서 빌어 경작하니 반드시 농사의 때가 늦어진다. 지금 기르는 것을 도로써 하지 않고 과다하게 도살하나 사람들이 먹고자 하는 食肉은 오직 쇠고기뿐이니, 비록 많이 도살한다 해도 쇠고기는 매우 귀해 가난한 자는 평생 동안 그 맛조차 알지 못한다.

또 우리나라 사람들이 양을 기르는 법을 알지 못해 자취조차 거의 끊어져서 드디어 우리나라에는 양이 없는 것으로 여기고 있으나 어찌 그러하겠는가. 茶山선생성은 丁이고 이름은 若鏞이며, 正朝 때의 사람이다.이 다음과 같이 말하였다. 옛날에 조선에 양이 없다고 칭한 것은 풍토가 적합하지 않아서가 아니고 習俗 때문에 그러했던 것이다. 지금 牲署에서 기르는 양과 栗洲에서 먹이는 양도 다 번식시킨 것이다. 생각건대 내가 어렸을 때는 郡縣에서 기르던 양이 모두 50~60두 이하가 아니었는데 지금은 모두 絶種되었다. 대개 양을 기르는 데 필요한 건출를 관에서 공급하는 바가 없고 倉奴들을 억지로 끌어다가 牧夫로 삼아 기르게 하니, 세월이 흐를수록 그 수가 줄어드는 것은 당연한 것이다.[46] 대개 양이란 동물은 그 힘은 부려먹기에 부족하나 그 털은 옷을 만들고 고기는 먹음이다. 일개 동물이면서 사람이 衣食에 겸용할 수 있는 것이

46 《牧民心書》 권3, 제6부 戶典 六條 2, 제6장 勸農.

니, 사람을 위한 厚生의 자원으로 어찌 크다 하지 않을 수 있겠는가.

또 말로서 말하면, 비록 밭가는 일에 사용할 수 없다고 하지만 가르치면 하지 못할 이유도 없다. 일찍이 내가 미국에 체류할 때 보니 쟁기를 끄는 데 모두 말을 주로 이용하고, 그 쟁기도 우리나라 것보다 약 3배나 큰 것이었다. 그러므로 말 두 마리를 한데 묶어서 갈게 하니 땅을 파는 것이 매우 깊고 흙을 뒤집는 범위도 매우 넓었다. 이로써 보면 대개 소만이 밭가는 데 적합하고, 말은 할 수 없는 것이 아니다. 특별히 우리나라에서는 일을 시키지 않았을 뿐인 것이다. 乘用이나 화물운송용으로도 말이 소보다 낫고 군사용으로도 없어서는 안 되니, 나라에서 마땅히 힘써야 할 바인 것이다. 지금 우리나라에 牧場이 설립되어 있지 않은 것이 아니고 牧官의 직책이 없는 것도 아니다. (빠짐)

2-5

무릇 토지의 비옥도이 비록 다르다고 해도 토질에 적합한 작물을 판별하고 사람의 힘을 써서 균일하게 되도록 노력해야만 한다.

지금 우리나라의 땅은 1등의 세를 내는데 6등의 수확도 거두지 못하는 땅이 있고, 4~5등의 세를 내는데도 도리어 1~2등의 수확을 얻는 땅도 있다. 이는 토지의 성질이 변했기 때문이다. 보리에는 적합하면서 벼(밭에 심는 벼)에는 적합하지 않은 땅이 있고, 콩에는 적합하면서 채소에는 적절치 않은 땅이 있는데, 이는 토지의 성질이 다르기 때문이다. 甲人이 경작해서 이익을 보지 못했지만 乙人이 경작해서 많은 수확을 낼 수도 있는데, 이는 사람의 근면함과 나태함이 좌우한 것이다.

농기구를 연구하지 않으면 농사일이 힘들어지고, 비료 주는데 법도가 없으면 농사에 손실이 많으며, 종자를 잘 택하지 않으면 농사가 황폐해진다. 이런 까닭에 《周禮》는 다음과 같이 말한다. 大司徒는 土質을 살펴서 알맞는 종자를 분별하고, 그 종자를 가려 곡식을 심고 거두어들이는 일을 가르치며, 遂人은 풍토에 적합한 작물을 가르쳐주고 시기에 따라서 사용할 농기구를 권장하고, 遂大夫는 곡식을 심는 농기구를 가려주고 곡식 심는 政事를 닦으며, 司稼는 농토를 순시하면서 만생종 벼와 조생종 벼의 종자를 분별해서 각각에 적합한 토지를 가려 법도로 만들어 각 邑의 성문에 게시하고, 草人은 곡물과 토지가 서로 적합한가를 보아서 씨앗을 심게 하며, 거름을 줄 때는 붉은 빛의 단단한 토질에는 소의 骨汁을 주고 옅은 붉은 빛의 토질에는 양의 골즙을 준다. 이들은 모두 인민들을 農利로써 가르친 것이다. 인민들이 무지하여 평소에 배우려 하지 않고 군자도 그들을 가르치려 하지 않는데 그들이 무엇을 할 수 있겠는가. 다산선생은 다음과 같이 말하였다. 지극히 우매한 자가 下民들이고 지극히 정밀한 것이 농사의 이치이다. 반드시 이치에 밝고 사물에 통달한 군자가 下民들을 위해 農師가 되어 그들을 가르치고 훈도해서 그 풍토에 적합한 작물을 판별하고 농기구의 사용을 편리하게 함으로써 그들이 따라잡지 못한 점을 보충해 준 이후에야 인민들이 곧 본을 떠서 농사를 짓는 것이 농법에 맞게 된다. 우리나라 인민들은 예로부터 지금까지 그들 마음대로 농사를 지었지 군자의 가르침을 들어본 적이 없었다. 그러므로 종자를 택하는 데 정밀하지 않았고 저장하는 방법도 조심스럽지 않았으며, 파종하는 데도 법도가 없어서 혹은 먼저 씨를 뿌린 후에 갈고 혹은 갈지도 않고 씨를 심는 둥 기기괴괴한 일이 곳곳마다 습속을 이루었으니, 작은 근심거리가 아니다. 중국의 농사짓는 법은 우리와 매우 다르다. 생각컨대 우리의 농법은 모두 燧人氏씨의 본래 가르침이 오늘에까지 전래되어 온 것이다. 수령된 자는 진실로 성심껏 가르치고 지도해서 그 조악한 습속을 제거하고 정밀한 이치를 깨우치게 하여 한 縣이 효과를 보고 여러 郡이 전하여 익히게 되면, 힘은 조금 써도 곡식의 생산은 증대되어 인민들의 재산이 늘어나고 국력이 넉넉해질 것이니, 어찌 적은 보탬이겠는가.[47]

이 말은 진실로 군자가 인민을 근심한 데서 나온 것이다. 바야흐로 지금의 농사이론은 매우 넓어 학문이 아니라면 이룰 수 없으므로 별도로 전문가의 가르침이 있어야만 한다. 정부는 우선 총명하고 뜻있는 선비를 뽑아 세계에

47 《牧民心書》 권3, 제6부 戶典 六條 2, 제6장 勸農.

서 제일 좋은 농법을 취해서 모으게 하고, 農理黌을 세워 우리나라 청년들을 가르친다. 그리고 각 州에 農務場을 설치해서 풍토에 맞는 작물의 종자를 가려내고 농기구의 사용을 편리하게 하며, 施肥法을 개선해서 인민들에게 모범을 보여 본받아 행하게 해야 한다.

우리나라의 땅은 3,500,000頃이용 가능한 땅을 가리켜 말한 것이다. 현재 다 개간해서 이러한 면적을 얻었다는 것이 아니다.을 밑돌지 않는다. 또 목축과 造林用으로 500,000頃을 떼어내면 3,000,000頃이 된다. 매 3尺^{2}당 1년 생산량을 皮穀 2合으로 보면, 1頃300,000尺2의 생산량은 100石에 이르고 전국의 피곡 생산량은 3억石[48]이 된다. 이 액수는 현재의 1년 생산량에 비해 어림 양으로도 두 배가 되고도 남는 것이니 15,000,000명이 4년간 먹을 식량[49]이 되며, $\frac{1}{20}$세를 취하는 규정을 사용한다면 15,000,000石의 피곡을 징수할 수 있다.

2-6

민간의 전토를 매매하는 文券은 다 官紙를 쓰게 하고, 새로 매입하거나 개간한 전토는 마땅히 관에서 立旨를 작성하여 발급함으로써 세금을 거둬야 한다.

대개 민간의 전토 매매는 날이면 날마다 땅이 있는 곳 어디에서나 없을 수 없는 일인데, 관에서 용지를 공급하여 立旨를 발급한다면 어찌 번거롭고 소란스럽지 않겠는가. 또 收稅法이 있다 해도 인민들이 장차 거래가격을 속여 혹 만 냥을 5천 냥으로 하고, 심한 경우 은밀하게 서로 사고팔고서도 관에 보고하지 않음으로써 세금을 면하려 하는 자가 나올 것이다. 장차 어떤 방법으로 거래 가격을 은폐하는 것을 막고 폐단을 방지하겠는가. 말하기를 이것은 어렵지 않다. 만약 매매하는 문권으로 관지를 쓰지 않은 경우에는 비록 분쟁이 일어나도 관에서 소송을 들어주지 않고 그 땅도 매매할 수 없게

48 1頃의 생산량은 100石이므로, 우리나라 可耕地(3,000,000頃)에서 생산량은 100石 * 3,000,000=300,000,000石=3억石.

49 앞에서 1인당 1년에 5石을 소비한다고 하였으므로, 300,000,000石 * 5=60,000,000. 곧 6천만 명이 먹을 수 있는 숫자. 이는 1,500백만 명이 4년간 먹을 수 있는 양.

하며, 또한 거래 사실을 숨기고 속인 惡行도 벌해서 10배의 세금을 내게 하면 여러 폐단들은 모두 제거할 수 있다. 또 그 문권용 용지와 입지용 용지도 관에서 찾아다니지 않고 사용을 바라는 자에게 내주기만 하면 된다. 戶部에서는 관지를 찍어 내는 판형에 반드시 매우 교묘한 문양을 집어넣어 위조의 폐단을 방지할 수 있도록 인쇄하여 모든 州에 나눠주며, 각 주는 각 區正처소에 나누어 준다. 만약 해당 구와 통내에서 땅의 매매가 있는 경우 稅를 받고 그 용지를 발급해 주게 한다. 문권이 작성된 뒤에 해당 統長은 그 끝부분에 서명해서 稅錢과 함께 郡으로 보낸다. 군에서 鎭으로 송달하고 진에서 州에 올리면, 주에서는 立旨를 작성하여 그 문권과 함께 면장 처소에 보낸다. 입지 발급에 소요되는 기간은 문권이 작성된 날로부터 계산해서 30일을 넘기지 않도록 하되 주인이 바뀌는 날짜는 문권이 작성된 날부터로 한다. 權賣와 典當의 경우에도 모두 이 예에 준한다.단 권매 문권과 전당 문권은 반드시 위와 같이 할 필요가 없고, 계약이 해제될 때에는 그 문권들은 法衙에 수납하여 폐기 처분한다. 州에서는 記帖을 마련하여 각종 문권을 分類·彙集함으로써 열람에 편리하게 함이 좋다. 참으로 이와 같이 한다면 위조의 폐단은 근절되고 盜賣에 대한 우려도 막을 수 있으며 民訟도 따라서 줄어들게 될 것이다.

토지문권도식

오른쪽의 서식에서 괄호를 하지 않은 것은 인쇄한 것이고, 괄호를 한 것은 인쇄하지 않고 비워 놓아 사용자로 하여금 때와 일에 따라 써넣도록 한다.

주·군의 인장 반쪽만을 문권의 좌우측 하단에 찍은 것은 문권이 단계에 따라 전달될 때 땅의 賣買主 및 년월일을 각 해당 관청이 관리하는 地卷記帖에 기재하고, 인장의 나머지 반을 그 기첩에 찍음으로써 사기를 방지한다. 새로 개간한 전지의 경우도 이와 같은 문권을 사용하며, 내용은 일에 따라 적절히 기재한다. 賣客의 항에는 개간 전의 原地목장과 과원 같은 類를 쓰기로 하고 그 척수도 기재한다. 買主의 항에는 개간 비용이 얼마인가를 써 넣고 居間人의 항에는 개간주의 성명과 거주지 및 나이를 써 넣는다.

田地文券圖式

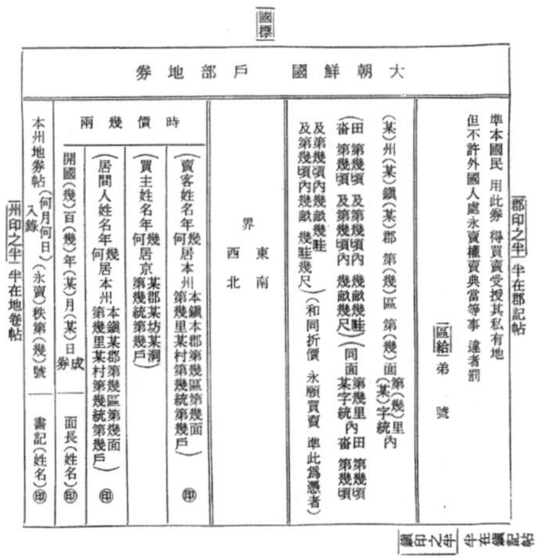

立旨圖式

다음은 永賣立旨書式이다. 만약 새로 개간한 경우라면 권면의 서식이 아래와 같이 당연히 달라져야 한다.

立旨圖式

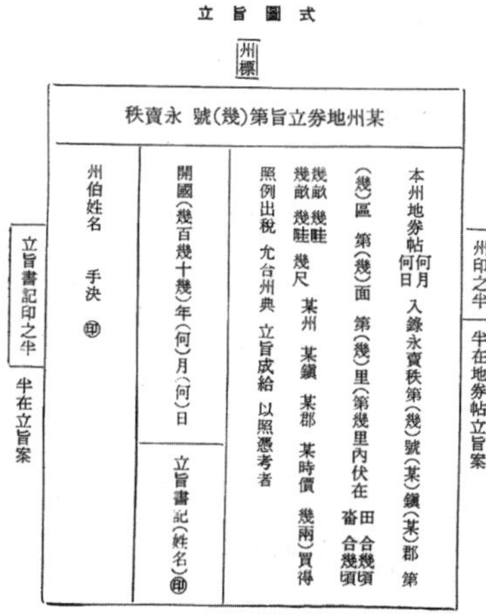

대체로 새로 개간한 전지의 경우 지권을 발급할 때 세전을 받지 않으며, 立旨 발급시에는 세전으로 地價의 $\frac{1}{1000}$을 받는다. 권매와 전당의 경우에는 입지가 없다.

[2]-7

무릇 田地는 등급을 나누어 세금을 거둘 필요가 없고 지가를 보아 세율을 정하며, 흉년에 재앙을 입은 논밭의 세금을 감해 주는 것은 별도의 규정을 둔다.

이에 대한 논의는 稅制를 보라.

[2]-8

무릇 山林·果園·牧場·漁池·礦所는 공유지와 사유지를 막론하고 모두 地券이 있어야 하며, 사유지의 경우에는 立旨도 있어야만 한다.

산림과 과원은 그 길이와 너비를 척으로 재어 그 樹木名과 함께 기재하며, 그 높이와 범위도 기록한다. 목장은 그 길이와 너비를 척으로 재고, 漁池는 그 水深까지도 재서 거기서 기르는 물고기나 가축의 종류와 함께 기재한다. 礦所는 그 길이와 너비를 척으로 재어 생산되는 광물명과 함께 적는다. 지금 이른바 空山이라는 것도 다 州에서 그 길이·너비·높낮이를 척으로 재어서 권면에 기재하고 樹木의 유무도 기록하며, 문권을 2부 작성하여 한 부는 本州에 비치하고 나머지 한 부는 호부에 올린다.

[2]-9

무릇 城과 府와 閭里는 모두 地圖가 있어야 한다.

성은 그 높이와 너비는 척으로 재고, 그 길이와 성내 지면은 里로 맨다. 부와 여리는 지역이 넓은 곳은 里로, 협소한 곳은 尺으로 계산한다.

[3]-1

秦나라가 井田制를 폐지한 이후 治民之道를 논하는 사람들은 모두 이르기를

井田이 복구되지 않으면 태평하게 다스려질 수 없다고 말하였다. 대개 곡식은 사람의 생명을 맡은 것이며, 땅은 곡식이 자라는 곳이다. 하늘이 이미 이 인민들을 내었고 또 이 땅을 두어 그들을 기르니, 각자 스스로 넉넉함을 구하되 서로 빼앗지 말도록 했다. 예전의 성인이 經界의 정사를 명확히 하였고 敎倫의 敎化를 펼쳤다.

堯舜의 치세에는 홍수의 피해 때문에 인민들이 먹기가 힘들었다. 禹가 이에 8년 동안 9州를 다니며 토지를 판별하여 賦稅를 정하였고, 田의 법도를 세워서 民產을 균등하게 하여 50畝에 $\frac{1}{10}$세를 취하는 貢法을 시행하였다. 후왕들이 잘 운용하지 못하여 법식이 무너져 桀에 이르러 크게 어지러워졌다. 湯王이 이를 바로 이어 70畝에 $\frac{1}{10}$세를 취하는 助法을 만들었다.

그러나 후왕들이 잘 시행하지 않아서 그 법도도 점차로 무너져 紂에 이르러 또 크게 어지러워졌다. 武王 이를 바로 이어 100畝에 $\frac{1}{10}$세를 취하는 徹法[50]으로 계승하였다. 후왕들이 왕노릇하지 못함이 桀, 紂와 같고 湯왕, 武왕과 같은 왕도 일어나지 않아 점점 쇠퇴하여져서 戰國時代에 이르러서는 大亂이 그치지 않고 聖王의 仁政은 드디어 망실되었다.

이런 까닭에 孟子가 齊나라와 梁나라의 왕에게 王政을 권유할 때 井田制를 먼저 말하였다. 그런 즉 3代 이후의 왕 때에는 정치와 법령에 기강이 없어서 비록 井田制의 옛제도를 그대로 따르지는 못했으나, 토지를 侵爭하고 兼併하는 폐해를 두루 가르쳤다. 이러니 뜻한 바가 역시 후세의 常道에서 벗어난 것과 같겠는가.

秦나라가 岐豊땅을 얻어 문왕의 遺跡을 살폈으나 단지 富强之術을 도모하고 仁心之政은 펴지 않아 마침내 商鞅의 법을 채택하고 井田制를 폐지하였으며, 阡陌의 길을 설치하여 토지에서 나는 이익을 전부 짜내었다. 그러나 당시 趙·魏·燕·漢 같은 나라들은 땅에서 병사를 뽑아내지 않았으니(兵農一致制를 시행하지 않았으니) 아직 참고할 만한 遺制가 남아 있었다. 그러나 秦나라는 천

50 중국 주나라 때의 논밭에 대한 세법. 춘추 시대 중기 무렵부터 공전과 사전의 구별을 없애고 수확의 1할을 거두어들였다.

하를 병탄하여 갖게 된 후에도 秦孝公의 옛 제도를 그대로 襲用하였다. 六國이 弊壞한 나머지 豪强한 진나라의 濫占을 막지 못해 드디어 九州의 땅을 다 차지하게 하였으므로 이에 선왕의 제도는 다시는 그 影響을 보고 들을 수 없게 되었으니, 古今의 크나큰 변고이자 萬世의 인민들에게 해를 끼친 것이다.

그런데 漢이 진의 弊風을 이어 받았지만 上古에서 멀지 않았다. 立國 초에 군신상하가 서로 더불어 강구하여 均田의 정사를 펼쳤더라면, 곧 시기상 大亂을 거친 뒤라, 손바닥을 뒤집듯이 쉽게 3代의 치적을 만회할 수 있었을 것이다. 그러나 애석하구나. 高帝가 우뚝 솟아 焚書坑儒에서 살아남은 나머지 무리들과 함께 지모와 기만과 무력으로 천하를 얻었으므로, 비록 王의 지위는 갖고 있었다 해도 王의 마음은 갖고 있지 못했다. 蕭曹·隨陸·叔孫 등의 무리들은 모두 다 진의 나머지 刀筆의 무리였다. 귀와 눈이 진에 익숙하고 견문한 바도 진에서 벗어나지 못했으니 난세를 틈타 도적이 되어 공명을 취한 것이다. 평소에 왕을 보좌할 자질이 없었는데 갑자기 나라를 다스리는 큰 임무를 맡았으니, 夏나라의 제도는 원래 모르는 바요, 殷나라의 典規도 본래 모르는 바이며, 周나라의 법식도 역시 모르는 바였다. 그 아는 바라는 것이 진나라인 즉, 진의 옛 제도를 襲用하면서 조금 너그럽고 후하게 한 것이었으니, 한나라로 하여금 덜 가혹한 진이 되는 데 머무르게 할 뿐이었다.

秦나라는 범이나 이리였다. 성인의 정사를 펴지 못했음을 책할 필요도 없으며, 한나라의 너그럽고 후함에도 훨씬 미치지 못했다. 정전제가 복구되지 못한 것은 그 허물이 한나라에 있는 것이다. 한나라의 복구하지 못함이 진나라의 폐지함과 같다. 이후 董仲舒[51]가 限田論을 주창하고 師丹[52]이 이를 계승하였지만 역시 실행하지는 못하였으니, 한의 세대가 다 끝나도록 빈부의 고르지 못함이 역시 진나라와 같이 거의 희미했다. 歷代로 劉氏의 전철을 이어 밟은 것이 오래

51 중국 前漢 때의 유학자. 武帝가 즉위하여 인재를 구하므로 賢良對策을 올려 인정을 받았다. 전한의 새로운 문교정책에 참여했다. 국가 문교의 중심이 儒家에 통일된 것은 그의 영향이 크다.

52 한나라 때 東武人. 충절로 이름난 사람.

였다가 後魏에 이르러 均田制를 시행하였고, 齊나라와 隋나라가 이를 이었지만 모두 무상하게 무너졌으며 唐나라에 이르러서 均田制가 비로소 갖추어졌다. 그러나 토지를 근본으로 하지 않고 사람을 근본으로 하였으므로 토지의 경계가 바르지 않아서 侵爭이 아울러 일어나 비록 잠시 시행할 수는 있었다 해도 끝내 쇠퇴하였다.

杜佑[53]가 말하기를 국가의 田政에 비록 이런 제도가 있었을지라도 開元 말부터 天寶 이래[54]로 법령이 해이해지고 무너져서 토지를 겸병하는 폐단이 한나라의 成帝·哀帝 年間[55]보다도 심하였다. 宋나라의 여러 儒者들이 정전의 논의에 열중하였지만 오히려 수·당 때 시행한 것만 같지 못하였으며, 천년간 적적하게 단지 空言만을 만들었다. 이것이 漢대 儒者들 전후의 田制이다.

3-2

우리나라에서 擅君의 세대는 아득히 멀어서 생각할 수 없고, 箕子의 田은 아직 평양의 한 모퉁이 편토에 典型이 남아 있다. 그러나 연혁이나 손익은 또한 다 알 수가 없다. 高麗 太祖가 三韓을 통일하고 우선 전제를 바르게 하였고 후왕들이 文武田柴科를 설치하여 나라에는 정해진 제도가 있고 백성들은 모두 자기 본업에 안착하도록 하였다. 말기에 다다를수록 版籍이 불명하고 모든 토지를 巨室이 겸병하여 나라가 날로 기울어졌다. 本朝에 이르러 結負制를 써서 수세의 세율을 정하니 균전제는 마침내 다시 의논할 수 없었다. 이것이 우리나라 전후의 전제이다.

53 중국 당나라의 정치가(735~812). 덕종 때 혼란한 국가 재정을 정리하였고, 806년에는 司徒 동평장사가 되어 기국공에 봉해졌다.

54 開元: 중국 당나라 현종 때의 연호(713~741), 天寶: 당나라 현종의 후기시대. 곧 741~756년을 말함. 현종은 재위 기간이 44년이었는데, 초기에 정사를 바로잡아 盛唐시대를 이룬 때가 開元연간이었고, 후기에 양귀비에 빠져 정사를 돌보지 않다가 安綠山의 亂을 만나 나라가 어지럽게 된 시대가 天寶 연간이었음.

55 成帝: 중국 전한의 제11대 황제(B.C.33~B.C.7재위), 哀帝: 중국 전한의 제12대 황제(B.C.26~B.C.1 재위).

3-3

마음속으로 그것을 생각하건대, 균전의 뜻은 天道의 지극히 공평함에서 비 롯되었고 진실로 仁政의 근본이다. 그러나 오늘날의 治者된 자는 소소하게 부자의 전토를 빼앗아 그들의 원망을 초래하고 인민들의 요행심을 만들 필요가 없다. 당연히 먼저 큰고을(寬鄕)인지 작은 고을(狹鄕)인지를 살펴 인구와 토지를 균등하게 하는 데 힘써 서로 넘치지 않게 해야만 한다. 땅은 적고 사람은 많은 경우는 人滿이라 하고, 사람은 적고 땅은 많은 경우는 地滿이라 한다. 부자의 땅은 수확하는 것에 관계없이 賭租法을 사용하여 $\frac{3}{10}$을 걷게 한다. 관에서는 공정한 세율로 $\frac{1}{10}$을 수취하는데, 主客이 각각 그 반을 主客은 田主와 作人을 이름. 그 반은 稅錢의 반을 이른다. 부담하게 한다. 그러면 빈자는 거의 $\frac{7}{10}$을 얻을 것이며 부자도 손해나는 바가 없을 것이니, 비록 균전법을 시행하지 않더라도 백성의 재력(民力)이 조금은 나아질 수 있을 것이다.

본서 수록 논문의 출전

1부

최덕수, 〈서거 100주년 유길준 연구의 현황과 과제〉, 《韓國史學報》 53, 고려사학회, 2013년 11월.

이토 슌스케, 〈일본에서의 유길준 연구 — 그 현황과 과제〉, 《유길준 서거 100주년 기념 학술회의》 발표문, 고려대학교 박물관·고려대학교 한국사연구소 주관, 2014년 10월 17일.

2부

박한민, 〈유길준 《世界大勢論》(1883)의 전거(典據)와 저술의 성격〉, 《韓國史學報》 53, 고려사학회, 2013년 11월.

김형근, 〈兪吉濬作 〈地制議〉의 구조와 특징〉, 《韓國史學報》 53, 고려사학회, 2013년 11월.

유바다, 〈兪吉濬의 贈貢國 獨立論에 대한 비판적 검토〉, 《韓國史學報》 53, 고려사학회, 2013년 11월.

양진아, 〈갑신정변 이후 유길준의 재정개혁론〉, 《韓國史學報》 57, 고려사학회, 2014년 11월.

김윤희, 〈근대 노동 개념의 위계성 — 《서유견문》에서 《노동야학독본》까지〉, 《史林》 52, 수선사학회, 2015년 4월.

집필자(수록순)

최덕수
고려대학교 문과대학 한국사학과 교수.
근대 한국 정치사상사 및 외교사 전공. 저서로는《개항과 朝日관계》(2004, 고려대학교출판부)와《대한제국과 국제환경》(선인, 2005), 공저로《조약으로 본 한국 근대사》(열린책들, 2010)가 있다. 역서로는《조선의 개화사상과 내셔널리즘》(열린책들, 2014),《근대 조선과 일본》(열린책들, 2015) 등이 있다.

이토 슌스케(伊藤俊介)
日本 福島大學 經濟經營學類 准教授.
조선 근대사 전공. 주요 논문으로는〈甲午改革と王權構想〉(《歷史學硏究》864, 2010),〈甲午改革期の警察と民衆〉(《千葉史學》61, 2012),〈戰爭芝居と川上音二郎 —《壯絶快絶日淸戰爭》の分析をもとに〉(《日本歷史》805, 2015) 등이 있다.

박한민
고려대학교 일반대학원 한국사학과 박사수료.
한국근대사 및 한일관계사 전공. 논문으로는〈1878년 두모진 수세를 둘러싼 조일 양국의 인식과 대응〉(《韓日關係史硏究》39, 2011),〈조일수호조규 관철을 위한 일본의 정찰활동과 조선의 대응〉(《歷史學報》217, 2013),〈개항장 '間行里程' 운영에 나타난 조일 양국의 인식과 대응〉(《韓國史硏究》165, 2014)가 있다.

김형근
고려대학교 일반대학원 한국사학과 박사수료.
현재 미국 UCLA 한국학센터 방문연구원(2014-15년). 19세기 중후반 동아시아 국가들의 정치, 외교, 경제 시스템에 관심을 두며 공부하고 있다.

유바다
고려대학교 일반대학원 한국사학과 박사수료.
한국근대사 전공. 주요 논저로〈1883년 김옥균 차관교섭의 의미와 한계〉(《한국근현대사연구》54, 2010) 등이 있으며, 공저로《조선 전기의 국가 의례와 의주》(민속원, 2015)가 있다.

양진아
고려대학교 일반대학원 한국사학과 박사수료.
한국근대경제사 전공. 논문으로는〈갑신정변 이후 유길준의 재정개혁론〉(《韓國史學報》57, 2014)이 있다.

김윤희
고려대학교 한국사연구소 연구교수.
근대 한국 경제사 및 사회사 전공. 저서로는《근대 동아시아와 한국자본주의》(2012, 고려대학교민족문화연구원),《이완용평전 — 극단의 시대, 합리성에 포획된 근대적 인간》(2011, 한겨레출판),《마주보는 한국사교실 7 — 개혁과 자주를 외치다》(2011, 웅진주니어), 공저로《쌀은 우리에게 무엇이었나》(2009, 두산동아) 등이 있다.

자료 번역

김희연
고려대학교 일반대학원 한국사학과 박사과정.
근대 한국 정치사 및 외교사 전공.

근대 한국의 개혁 구상과 유길준

초판발행 1쇄 2015년 8월 25일
지은이 최덕수 외
펴낸곳 고려대학교출판문화원
www.kupress.com
kupress@korea.ac.kr
02841 서울특별시 성북구 안암로 145
02-3290-4230, 4232
Fax 923-6311
찍은곳 네오프린텍(주)

ISBN 978-89-7641-885-2 93910

값 27,000원

*잘못 만들어진 책은 바꿔드립니다.